全国大学通识教育系列教材

U0744401

土地关系 与农村社会

刘 淼 ◎编著

TUDI GUANXI YU NONGCUN SHEHUI

暨南大学出版社
JINAN UNIVERSITY PRESS

中国·广州

图书在版编目（CIP）数据

土地关系与农村社会/刘淼编著．—广州：暨南大学出版社，2011.8
（全国大学通识教育系列教材）
ISBN 978 - 7 - 81135 - 909 - 1

Ⅰ.①土…　Ⅱ.①刘…　Ⅲ.①土地制度—经济史—研究—中国—明清时代
Ⅳ.①F329.04

中国版本图书馆 CIP 数据核字（2011）第 138413 号

出版发行：暨南大学出版社

地　　址：	中国广州暨南大学
电　　话：	总编室（8620）85221601
	营销部（8620）85225284　85228291　85228292（邮购）
传　　真：	（8620）85221583（办公室）　85223774（营销部）
邮　　编：	510630
网　　址：	http：//www.jnupress.com　http：//press.jnu.edu.cn
排　　版：	广州市天河星辰文化发展部照排中心
印　　刷：	广州市怡升印刷有限公司
开　　本：	787mm×1092mm　1/16
印　　张：	15.5
字　　数：	387 千
版　　次：	2011 年 8 月第 1 版
印　　次：	2011 年 8 月第 1 次
定　　价：	32.00 元

编者的话

经过三年多的筹备，"全国大学通识教育系列教材"终于面世了。作为本套丛书的主编，总有话想说，故特作一说明。

这套丛书之所以这样称呼，主要是因为该丛书汲取了近年来关于大学通识教育研究、通识教育报告及大学通识教育教材的精华，形式多样，内容丰富，此其一。其二，既然是大学通识教育，就同基础教育中所说的通识教育有很大的不同，基础教育中的通识教育侧重于知识的学习，讲求的是对新知识的了解和掌握，而大学通识教育的要求是在专业基础知识及专业学习之上的跨学科、跨领域、跨文化的学习。大学通识教育之所以以人文教育作为基础，目的在于能够为大学教育提供人文科学、社会科学、自然科学的学科理论与方法，这就更能够了解和掌握各学科之间的联系，同时也便于从整体上思考进行综合研究的价值和意义。通识教育和大学阶段所进行的专业教育也是有紧密联系的。换句话说，如果大学期间仅仅进行专业教育，高等教育的成效则很难真正体现出来。

对每个人来说，学习都是终生的事，只不过有些学习的形式不同于在校读书罢了。既然如此，大学的通识教育，其根本任务是要在大学阶段激发出适合个人的学习兴趣和学习方式，激活个人的思维，培养善于学习、有效学习的能力。大学提供的通识教育课程，其目的在于为学生的思考和学习拓展更为广阔的空间。不同学科专业的学生都可以通过通识教育的形式自主选择感兴趣的课程，通过通识教育课程的学习拓展自己的认知领域，这也是大学期间的一种收获，对于未来的人生道路显然是大有裨益的。

通识教育所涵盖的人文科学、社会科学、自然科学的学科领域之广泛，不是专业教育所能替代的。在现代社会，大学教育首先是人的教育，是培养人的全面的、自由发展的教育，因此需要教育机构提供完整的通识教育体系来解决人才培养问题。只有受过良好教育的人，对未来社会的适应性才能更强。当然，通识教育不是"百科全书"式的教育，并不需要去开设所有学科领域的课程；通识教育不是专业课的浓缩，不是将文科的专业课程给理工科学生学、将理工科的专业课程给文科学生学；不是科普性、基础性、常识性的教育，不是越简单越好；当然也不是所谓的"营养学分"，不是大学专业学习的调剂或补充。大学通识教育的基本要求是对学科基本原理及相关学科关联性进行整合，侧重学科之间的关系及跨学科领域学习。只有这样，才能从大学通识教育中体味认识自然与社会的学术价值和大学的意义。当然，仅仅通过几门通识教育课程是不能完全解决跨学科、跨领域、跨文化问题的。对于大学学习，只能说在个人能力可承受的范围内学习的内容越广博越好，因为人类所积累的知识体系，按今天的学科专业来说，也不过是为学生更好地学习和掌握学科知识而提供的范围和框架而已，把已有的知识转化为个人的经验和能力，需要个人对知识的实践，才能最终成为个人的思想和行为。而通识教育所提供的跨学科领域的学术研究理论与方法，对于从不同角度进行思维是很受用的。如果在大学期间学生不能很好地解决跨学科领域有效学习的问题，今后的路难免会遇到阻碍。

本套丛书正是在上述原则指导下编写的。从大学通识教育的角度看，这套书可能并不像其他教材那样以讲解课程知识点为重点，而是从学术研究和学科关系的角度，提供另一种思维和想象的空间。从通识教育教学的角度看，大学教育是从以教师讲授教学为主向以学生独立学习、团队学习、有效学习为主的转变，这也是传统教育向现代教育转型的重要内容之一，采用这种方式的人才培养，最终受益的是学生。因为学生是为提升自我而学习，不是为考试或为别人而学习，这道理很简单。当然，实现这种转变需要学校、老师和同学们的共同努力。这也可以说是本丛书编写的初衷吧。

特代为序。

张湘伟

2010 年 5 月 20 日于广州

前 言

　　随着中国改革开放的不断深入，农村土地制度变革成为我国经济增长、社会发展的新课题。应该说，我国"三农"问题逐渐成为经济社会发展的难题，其根本原因在于土地制度的改革。由于城市化、工业化进程加快，同土地密切相关的各种社会经济关系也随之进行调整。而在农村、农业、农民同土地所形成的各种关系中，土地地权关系及在此基础之上所形成的土地收益与分配关系，直接关系到农民生产、生活水平的提高。在形成内需经济的过程中，拉动、促进农村市场的形成，提高农民的购买力，则成为中国社会经济发展的关键所在。无论怎样讲，以土地资产关系为核心的土地流转政策的实行，对于建设具有中国特色的新农村来说，就显得更为重要。

　　中国是长期以农业立国的文明古国，在传统的农村社会中，土地关系早已成为天下人户赖以生存的政治经济基础。在土地地权、土地处置、土地收益与分配及以土地为中心所形成的各种政治、经济、社会、文化关系方面，可以说已积累了非常成熟的经验，关于传统农村社会对土地的处置，至今仍保存有大量的土地关系文书和各种私家档案资料，为今天认识中国传统土地关系和农村社会提供了翔实的资料。随着我国学术界对农村地区现存档案资料的收集、整理、研究，有更多关于传统农村社会处理土地关系的做法和有关土地资产处置的习惯做法的资料可供参考，在土地关系较为成熟的地区，其土地交易、土地市场已为当地民众所熟悉，并且形成了一整套有关土地产权确认及土地买卖、典当、租佃、继承、转让等的交易方式。因此，进一步认识我国传统社会中的土地关系和农村社会状况，对于今天土地流转政策的实行、加快新农村建设步伐，应该也是有所帮助的。

　　目前在读的大学生中，尽管有不少来自农村，但他们对于土地关系却不甚了解。即便是在城市生活的人，也会碰到土地关系问题，会产生不少疑问。正因为如此，将土地关系和农村社会的有关情况作为大学通识教育课程，目的只是向大家提供认识土地问题的理论与方法，同时就中国传统社会的土地地权关系、土地交易形式、土地与国家、家族及个人的关系进行探讨，以便对今天的土地流转政策的实行有更好的理解。如果说本教材对大家有所帮助的话，那么，在未来需要解决土地问题时，也是可以参考借鉴的。

　　由于本教材所使用的资料均为官方文献或私家档案文书资料，大部分收藏在国家和地方的档案馆、博物馆、图书馆中，查阅较为困难，为方便阅读与查询，故均保留注释。这样，一是可为高年级学生作为通识教育研究性课程教材使用；二是为对土地问题感兴趣及相关专业的学生学习、研究使用，或可作为进一步深入研究的参考资料；三是为实际工作部门或个人提供有关实际操作的案例。至于本教材所涉及的地方文献资料及土地关系所存在的地域文化差异问题，则可通过学术讨论来加深认识，这对于加深对中国农村社会的认识也是有益的。

编　者

2010 年 10 月 28 日于广州翠云山下

目 录

第一章

导 言

中国长期是农业国家，对于土地制度、土地交易已有成熟的经验。通过对中国土地问题进行长时间的考察，大体上可以说相应的土地制度是随着社会的发展变化来制定的，以保证土地的生产能满足社会的需求。尤其是在中国传统社会中，对土地政策的调整，也是对于现行不合理的土地制度进行变革，由此形成新的土地关系。因此，从中国传统社会的土地关系的角度来分析社会转型期的土地制度及进入现代农业阶段的土地关系，就显得更为重要。

第一节 土地关系的基本理论

土地关系是指围绕土地制度及其土地政策所形成的整个社会关系，其影响不仅在于农业经济部门，而且对于整个社会经济都产生广泛影响。在中国传统社会中，长期形成的小农经济的土地制度，虽然没有严格意义上的国有经济体制，但实际上也经历了"普天之下，莫非王土"的国有土地制度，当然这是以帝王所有为标志的。至于农民的私有土地制度，则限定在相当小的范围内。农民的土地所有制是由宗族公堂及农民私有土地两部分构成的。这样的土地制度，决定了以宗族血缘组织、里社行政组织为基本单位的农村社会结构。农民的私有土地也是在这个框架下进行生产和处置的。唯为说明在不同的土地制度下土地与农民同社会所形成的关系，有必要对土地关系的构成进行理论分析。

一、土地关系的构成

从理论上讲，只有从事直接农业生产的人才能被界定为农民，而农民是与土地联系在一起的，没有土地或失去土地的人，则不能称为"农民"。无论在传统社会还是现代社会，这在理论上并无异议。问题的关键在于，农民究竟如何获得土地，农民与土地结合的收益该如何保障，农民经营土地到底会形成怎样的政治、经济、社会、文化关系。如果带着以上诸多疑问来重新考察土地关系的话，那么，对于土地关系构成，大体上可作如下解释：

1. 土地制度在土地关系中的地位问题

目前，国内理论界对"土地制度"的内涵尚有争议，一般认为"土地制度"是指在一定的社会条件下国家对土地所有制所作的法律规定，如土地国有制度、土地集体所有制度、土地私有制度。如何取得土地的所有权，显然同该历史时期的土地所有制度有直接的关系。土地所有权性质问题，归根到底是由国家社会形态决定的。在私有制下，土地自然成为私有财产的一部分，但在集权制国家，土地则作为国家统一政权的经济基础，为国家所有。当然，在君主立宪的帝制时代，国家形态是以君主的意志来表现的。但无论怎样讲，土地制度的确立，不仅在占有和利用土地的过程中形成人与人之间的关系，同时也上升为国家与土地的关系，国家意志形成地权归属的土地法律和政策。从这个意义上讲，土地制度本身不仅包括土地经济关系，同时也反映了土地法权关系及因土地制度而建立的社会、文化关系。

正因为土地法权的存在，在土地制度建立时就必须明确土地归谁所有的产权制度。无论在何种社会形态下，土地作为资产形态，其本身就具有在市场上进行处置的价值。不动产的资产属性决定了土地制度的具体化表现在土地权益的债务与债权关系。应该承认，土地的自然属性是没有价值的，因为纯自然状态的土地并没有产生土地收益。而当自然状态的土地与人的劳动相结合，就使土地产生收益，其表现形式就是土地的价格及地租。土地经济的形成，显然是对土地法权处置的结果。在土地的实际经营过程中，土地经营的形态不同，对土地所拥有的产权形态也就不一样。换句话说，在土地的实际利用中，土地的法权是可以分割的。如对于同一地块，其所有权与经营权、使用权、农地耕种权、宅基地的使用权、建造权、青苗权等不同权益的出现，原本是同究竟如何取得对该土地耕种、经营、买卖、继承、转让、租赁等权益有直接的关系。在土地国有制度下，一切土地归国家所有，但经营、耕种、使用的权益则归受业人所有，这就是说，所有权与土地经营权、使用权是可以分离的。地权分离的出现，其原因在于国民可以通过一定的途径获得国家所认可的土地。在中国传统社会中，农民获得土地经营权、使用权是通过国家授田、均田等土地制度实现的，因为国家需要将土地与劳动力相结合，从而形成社会生产力。而大量无地或失地人口的存在，势必导致国家要通过社会救济的方式解决其口食之需的问题，因此在中国历史上所形成的土地革命和土地改革，其基本目标都是实现将天下人口与土地有效地结合起来，这是确立传统国家政治的经济基础。而传统国家经济的建立及运行，无非就是天下丁、田二者结合的结果，如果没有实现丁与田的结合，提高国家经济水平无疑就是一句空话。基本的土地占有形态并不能解决土地收益问题，随着农业人口及土地变动情况，必然出现土地与人口政策的调整。对于土地处置权如买卖、典当、租赁、继承等因地权分割所形成的处置方式，也就自然成为土地地权关系改变的主要形式。随着土地交易日益扩大，地权转化也就成为普遍的社会现象，土地关系随着地权关系的变化而变化，这是传统社会中极为常见的社会经济现象。

现阶段的中国土地制度

《中华人民共和国农村土地承包法》总则明确指出："农村土地是指农民集体所有和虽为国家所有但依法由农民集体使用的耕地、林地、草地，以及其他依法用于农业的土地。"因此，本书所研究的农村土地就界定为农用地，简称农地。我们日常所熟悉的农民所用的土地，就是指所有权归村集体所有，由农民承包使用的土地。

在我国，按照土地区位的不同，可以把土地分为农村土地和城市土地两类。它们所运用的土地制度不相同：农村土地大部分实行的是集体所有制，有小部分实行国家所有制，而城市土地实行的是国家所有制。目前，家庭联产承包责任制是我国农村土地制度的核心制度，这种土地制度是我国历史的独特产物。从制度方面而言，家庭联产承包的土地仍然属于集体土地所有制，但所有权与使用权分离了，国家承认农民以家庭承包形式获得土地使用权。这种土地制度既保留集体对土地的所有权，又在一段时间内允许农民拥有排他性的承包经营权，因而兼顾一定范围之内的公平与效率，大大提高了生产效率，增强了农民的劳动积极性。

在家庭联产承包责任制的框架下，我国农地产权被分为三部分：所有权、承包权和经营权（使用权）。现阶段，我国土地管理中除国家征用外，农地所有权不得随意转让。因此，我们所谈的"农地流转"是指集体所有和国家所有但依法归农村集体使用、为农民所承包的农村土地承包经营使用权的流转。

2. 地权分割的意义

从理论上讲，在漫长的中国传统社会中，土地所具有的法权关系如所有权、经营权、使用权等，都经历了地权分割的过程。所有权与经营权的分离，一方面表明土地所有者并不直接从事土地的经营与管理，土地经营者从土地所有者那里获得经营权，实际上意味着要向土地所有者交纳土地经营的地租。无论是在帝制时期还是在今天，土地制度依然是处理土地关系的核心。

一般来说，土地制度是决定土地所有权归属的基本制度。土地为谁所有，谁就具有土地的处置权，其中包括对土地地权分割的形式与种类。在帝制时期，土地的所有权归皇帝所有，皇帝即是国家土地的代表，是国家中最大的地主，而其地权分割所形成的所有权与经营使用权，使天下的农民获得土地经营权。农民经营皇帝所有的土地，就必须向皇帝交纳地租，即是通常所说的"皇粮"。农民自己开垦的土地，由于投入了开垦成本，因此在一定时期内免除赋税，但经过一段时间的耕种而变成"熟田"后，国家则通过清丈土地将其纳入国家土地的范畴，那么农民就必须交纳赋税了。因此，在中国传统社会中，尽管有土地私有的说法，但这实际上是在土地为皇帝所有的国家土地所有制下地权分割的结果，只不过国家的土地是通过农民的"户"来实现土地经营权的。至于土地经营者处置田地产，也是处置其土地经营权，随着土地地权分割的细化，出现了"一田二主"、"一田三主"甚至更多土地权益人的现象，这是中国传统社会中普遍存在的社会现象，而农民对于土地权分割过程中自己的权益及其地权分割做法，都是十分清楚的。

在中国传统社会中，随着地权分割的演化，土地关系也随之发生变化。归纳起来，主要有以下方面：

土地法律方面的规定及法权关系，形成了不同历史阶段的土地制度体系。随着土地处置内容的增加，土地法权关系也随着土地地权的转移而形成新的土地法权关系，如在地权分割过程中，土地的地权是随着土地买卖、继承、捐赠等处置方式转移的。典当和租赁关系的确立，虽然没有改变其地权性质，如经营权仍掌握在地主手中，但其使用权已发生转移，甚至经过一段时间的耕种，土地青苗权也具有地权关系。由于土地权益逐渐细化，分别占有其地权的农民即在其土地收益中参与地租的分配，这是地权关系得到体现的重要标志。换句话说，如果不具有其地权，则没有资格参与土地地租的分配。正因为在土地中的利益表现为土地法权关系，所以这种关系受到官方和民间的认同和保护。但对于所有的地权关系者而言，无论具有何种地权，都必须承担国家的赋税，这一点也是十分清楚的。

值得注意的是，在中国传统社会中，乡村的土地有相当大的部分为家族、宗族组织或祠堂所占有，被称为家族或宗族中的"公产"。这部分土地的地权关系，从法理上说，应该是属于该家族、宗族或祠堂所属全体族人的财产，国家对于这部分土地的管理，仍采取对天下人户所具有的土地经营权的管理办法，在官府"立户"，并作为上缴土地钱粮的赋役户，该族产的管理者即具有向国家"包税"的责任与义务，至于其土地由谁交纳地租，则根据土地买卖、租佃的契约规定来收缴，以免脱逃赋税。当然，在传统社会条件下，耕种土地不仅涉及土地所承担的钱粮赋税，还涉及土地耕种者与国家及地方官府的人身依附关系，即以应"不时之需"的各种"杂役"。"杂役"为其土地关系内的人丁所承担的力役，属于强制性的劳役范畴，任何人都不得脱役，而各种名目的"摊派"即传统社会中征发的"科派"，则成为土地耕种者最为沉重的负担。

土地收益的分配及地权所有者对其收益所享有的权益，成为历代土地制度的核心内容。正因为对土地的地权有某种法的权利，因此地权关系反映到地租分配方面，就具有实际意义。换句话说，尽管土地所有者、经营者或使用者等具有地权的人户并不直接参与农业生产，但实际耕种该土地的人户必须承担以上所有地权人的地租。其中上缴国家的那部分地租在古代文献中被称为"正役"、"硬租"、"大租"、"正赋钱粮"等，虽然各地对上缴国家的田赋有不同的称谓，但其本质并未改变。正因为如此，在传统社会土地制度下，拥有大量田地经营权的地主不参与土地的农业生产，但却能通过土地租佃关系获得大量的地租。大地主一般都是国家赋税的包税人，同时也是支配地方社会组织如家族、宗族或祠堂地产的最大受益人，在地租分配的过程中，实际耕种土地的下层土地租佃人的收益是微不足道的。

正因为中国土地地权关系分割已成为土地收益分配的基本制度，而大量占有土地的人可以从对地权占有中获得利益，其结果就是大量的社会投资涌向土地。在中国传统社会中，无论是大地产者还是大商人、大官僚，甚至普通的农民都以获得土地地权作为获取土地收益的重要渠道。在中国传统社会晚期常见的大商人投资农村家族、宗族土地的现象，实际上是中国大土地形成的重要标志，而土地的集中方式和集中程度如何，则与该地方大商人的社会地位有关，同时也说明大土地形成与当时的土地地权关系息息相关。

3. 土地市场的形成及其意义

如果说中国传统社会的土地制度是土地国有的话，那么，在中国城市与农村中的土地地权关系的分割，就必然带动土地交易的盛行，而土地市场的形成，也就顺理成章了。

应该承认，在中国传统社会中，土地作为不动产进入市场交易，原本是调节土地关系的主要方式之一。中国传统土地制度的本意是将农民束缚在土地上以承担国家的赋税和劳役，并在制度安排上极力促进土地与劳动力结合政策。而农民之所以对土地进行买卖，根本原因在于其不得不出售土地以解决困境。在早期的中国土地交易契约中，大量的出产人是出于缺少劳力、家中出现重大变故、无法交纳钱粮等原因而被迫进入土地市场的。此外，随着王朝统治时间的推移，新王朝建立初期农民分配土地的制度难以为继，社会上开始出现"地少人稠"的情况，剩余劳动力从土地收益中已无法维持正常生活。但从另一方面来看，人地压力增加的同时，恰恰是地方社会中"有力人户"争夺土地的开始。土地兼并情况的加剧直接导致"富者田连阡陌，贫者无立锥之地"社会现象的出现，大量的无业流民脱离土地，对于社会稳定造成极大的冲击，当社会矛盾激化时，王朝的覆灭也就不可避免了。不过，从土地交易的层面来看，在民间土地兼并的过程中，绝大部分的土地交易是通过官府实现的，而留存至今的大量土地交易契约中所见官府主持的交易量也是相当惊人的，这也直接证明了土地交易是被官方和民间所认可的正常交易活动。

4. 土地关系的社会意义

在中国传统社会中，农民将其土地参与乡村的"会"与"社"的社会保障组织，实际上已具有以土地入股作为赡养鳏寡孤独人群的社会福利含义。此外，对于农村中的修桥补路及乡村贫困户的救济，也是通过土地入股的方式实现的。而在家族、宗族的活动中，如祭祀祖先、扶持宗族中的俊秀读书等，也与土地入股有直接的关系。当然，将土地作为农村社会保障，一方面可以通过土地入股转化成为农村借贷资本或商业资本，另一方面则通过土地入股而获得地租收入，这显然也是乡村中公共、公益性事业的主要资金来源。传统社会中农村社会保障和社会福利是较为完善的社会系统，其基本的经济来源显然也在于土地所形成的社会关系。

5. 土地关系在农业社会中的文化意义

在长期的以农业为本的社会中，土地的观念深入人心，这不仅表现在农民对土地经济的依赖及由土地地权关系形成的对土地价值的认同关系上，同时也反映在对土地问题的认识和情感上。农民为拥有自己的土地权而进行的抗争，早就成为中国历史中人所共知的史实。由于中国幅员辽阔，各地形成独特的地方文化，地方文化的核心则与当地的土地相联系，脱离土地的地方文化是不存在的。而风土人情之所以成为中国传统文化的重要组成部分，其重要原因在于承载地方文化的土地乃是孕育乡土文化的摇篮。土地文化，将永远成为中国文化的核心内容。

二、土地制度的基本理论

无论在什么样的社会形态下，土地制度都是以其土地基础理论作为该社会一定历史时期的基本制度，而土地制度一旦确立，对于农业社会所产生的影响及其意义，则是不言而喻的。例如，在中国传统社会中，土地国有制即是以官地如没官田、皇家用地、军队用地为主，而私有土地则是百姓新开垦的无主荒地等。不过，垦荒地日渐成熟后，也会成为国家的土地，这是后话。

1. 土地制度的基本形态

从理论上说，在国家土地国有制度下，国民对土地的占有都是以其拥有土地经营权、使用权等地权分割形式实现的，但土地占有是有期限规定的，同时，在其占有期间，须承担国家的地税或地租及因土地关系所形成的其他政治、经济、社会、文化关系。更进一步说，在国家土地国有制度下，无论城市还是乡村中的土地均为国有，国家及代表国家的政府才拥有土地所有权，因此政府也相应地承担国有土地管理、处置、收缴税费的责任与义务，同时协调与分配国民的土地收益，在国家土地经营中承担国民公共产品。在农村中，政府承担农业生产组织与管理的责任，同时收缴地租，并进行地租分配。土地价格也由政府所决定。由于土地国有制度对所有国民公平对待，即便是农村的农民，也没有私有土地，农民耕种的农地及居住生活所必需的宅基地、菜地，其土地法权的性质也是国有土地，只不过通过国有土地制度确定该土地使用者有较长时间的租用期而已。农民的土地包括水面、林地、道路及农地等都是租用国家的土地，因此需要确定较长期限或永久性的租种权，当然，具体期限多长，则根据国家社会经济发展状况进行宏观调控。城市中的人户也可以通过土地和房产交易市场获得土地的租用权，而在土地类别划分方面，可以规定商业用地、工业用地、教育用地及其他公共用地的使用期限，国家根据土地类别划分确定土地租金的标准，同时对于获得土地经营使用权者进行地权处置，国家征收交易税。

在土地私有制度下，国内所有的土地实行私人所有制度，土地的地权处置由土地私有者决定，并具有对其私有土地收益的分配权和土地定价权。私有土地者承担国家的义务，则是通过土地收益交纳营业税的方式实现的，私有土地者也需要交纳个人所得税，其土地经营是土地收益的基础，土地所生产的产品、劳务、服务及土地处置如出租所产生的收益，其定价权归土地所有者，土地收益的大小则根据该国家所确定的税率进行征收。国家如果需要进行征地，政府则同土地所有者进行交易，其私有土地可以作为固定资产进行市场化交易。此外，任何机构或个人都可以通过市场获得土地的所有权、经营权、使用权，原则是土地私有者同意对其土地资产进行处置。当然，在土地等固定资产进入土地市场交易时，政府将根据交易额来征收土地交易税，而不能由土地私有者私下进行交易，私下交易不受法律保护，由个人承担全部交易风险。

在土地集体所有制的情况下，土地归该集体或机构的全体成员所有，土地的处置、经营、使用以及土地收益的获得与分配均由该集体成员共同决定。在中国传统社会中，土地归宗族或家族集体所有的部分即是公有的族产及村落所有的里社土地，其土地的获得大多是通过土地交易实现的。当然，在帝制时期，土地是否完全实现集体所有还是有疑问的，至少是不完全集体所有，这同纯粹的土地私有制的性质大体相同。从理论上讲，土地集体所有制的存在，与国家的关系同土地私有制大体相同。

混合型的土地所有制度，即是国家所有、私有、集体所有制度并存的土地制度。从理论上看，不同的土地所有制应分别有不同的地权主体的存在，而各地权主体之间实现对土地资产的占有、分配和处置。只有明晰其土地地权关系，各土地所有的主体才能在市场上确立其主体地位，否则任何组织机构和个人都无权处置他人的财产。当国家、机构或个人需要同集体土地所有者进行土地交易时，集体土地所代表的一部分权益人的土地利益则成为该集体整体利益的收益人或亏损人，承担利益最大化的集体土地收益可以向国家、机构、个人或其他集体转移。当然，集体土地的处置不仅要通过集体决定，同时也需要向国家交纳交易税，以取得国家法律保护。

2. 土地关系的理论

如前所述，土地关系是包括土地经济关系、政治关系、社会关系、文化关系在内的各种因土地制度而形成的关系总和。土地关系的形成是经历相当长的历史阶段而逐渐趋于稳定的社会经济结构，在以土地为核心的城市与乡村、国家政权与地方社会、不同的经济组织与社会团体、乡村农民各阶层关系的形成过程，也是国家各区域社会经济整合、融合的历史演变过程。因此，研究土地关系对于正确认识因土地制度变革对社会经济所产生的影响具有促进作用，同时土地关系与社会政治稳定、社会文化发展也有直接的关系。

在通常情况下，土地关系中最为常见的是官方与民间认同的土地交易关系、土地收益分配关系和土地生产品交易与市场关系，以及建立在工业品与农产品交易基础上的城乡经济关系。所谓土地交易关系，是指因土地地权关系变更而形成新的土地关系。在土地交易的场合，随着土地市场活动的展开，农地、宅基地、菜地、林地、牧场、水塘等地目的土地及房产等固定资产进入交易市场，土地买卖、典当、租赁、转让、转租、捐赠、继承等地权关系的转换成为社会固定资产交易的主要内容，国家以房地产交易市场的形式规范和管理固定资产交易，实际上形成动产与不动产两种交易方式并存的局面，有利于土地交易关系的成长，对于盘活经济、动员不动产进入市场有积极作用；而土地收益分配关系，则是指在制度安排上明确土地收益的制度及其基本政策。由于各地区土地收益不同，需要借鉴外国和中国传统社会土地地价标准的确定，土地收益标准与交易原则，国家、机构征用土地的土地收益补偿办法及收购、征用土地对土地资产评估及收益补偿办法等，以最大限度地保护土地出让人的权益；在土地生产品交易与市场关系中，重点是解决土地生产品价格决定与国家对于工农业产品价格补贴的政策，在大幅度提高农产品收购价格的同时，国家对于农产品价格的补贴则是通过提高农民的土地收益来解决的，而不是通过国家财政进行直接性补贴。从理论上讲，无论是城市居民还是农村居民，其收入很大程度上是通过在市场上出售产品、劳务、服务的收入所得及其工资性、财产性收入获得的，而在农村，因土地进入市场交易，农民普遍拥有较多的资产性收入，城乡经济关系也就不必再通过工业反哺农业的制度来实现了。在农村收入水平得到较大改善的情况下，城乡经济共同发展的社会经济结构已开始形成。

3. 人地压力的理论

同世界上其他发展中国家一样，由于传统农业经济结构的制约，大量的农业人口成为国民经济的主体。在工业化和城市化进程中，随着农村人口的大量增加，农村中的剩余劳动力被新兴工业和城市化所吸纳。在传统的人口理论看来，人口的自然增殖过程与土地的增长始终是有矛盾的，人口增加并不意味着相应的土地增长，而现实情况是土地不仅得不到增加反而减少，随着环境保护的弱化，土地的地力也在逐渐减弱，现有的农业用地即可耕地面积越来越小，土地质量也日趋下降。但人口的增长速度却在逐年上升，因此现有土地已经很难养活更多的人口。从长期来看，人口增长与土地面积不足造成的人地压力将会逐渐增大，粮食供应也日趋紧张。

在中国，无论是传统社会还是现代社会，土地与人口的矛盾始终存在，而且中国是目前世界上人地压力最大的国家之一。尽管在农业技术改良及现代农业发展的作用下，短时期内不会引发大的粮食危机，但人口增长的速度与可耕地面积减少的事实，始终是中国面临的难题。正因为如此，在现有城乡土地关系中，始终存在房地产、农地、林地等土地资源严重不足问题，直接导致大量农村居民失地、少地、无地，而农村人口的增长，土地收益严重不足，又造成农村贫困化问题突出。因此，无论是传统社会的人地压力问题还是现代社会的农村剩余劳动力问题，都需要通过重新探讨土地制度与土地关系的理论与实践经验，从根本上提高农民土地资产收益来解决。而建立农村生产品交易市场、农村土地与房地产交易市场，提供不动产交易及提高土地收益、增加农民收入、改善农村社会面貌，都不失为可尝试的根本途径。

4. 土地价格理论及其应用

由于土地和房产等不动产具有资产的性质，房地产的投资行为，本身就决定了土地资产的收入与土地关系的调整。在房地产交易过程中，其核心问题是土地价格的确定与农村经济增长和社会稳定的关系问题。从理论上讲，土地价格的形成与土地所带来的经济收益有直接关系。土地价格的上涨或跌落，则与土地收益预期和土地供求关系有关。一般来说，土地价格决定与土地收益预期的关系，取决于土地的肥沃与成熟程度、土地生产品的交易成本、土地的运输与道路、水利设施状况、土地所在地段与区位、土地的供求关系及其变动等多方面的因素，土地价格的上涨及其上涨幅度，也是由土地投资人对土地收益的总体预期、土地投资成本及投资收益来决定的。在土地高度零细化的情况下，小土地对于土地的投资是极为有限的，只有当小的地块通过土地处置关系成为大土地的情况下，土地的规模投资和经营才成为可能。实践证明，在长期的中国传统社会中，小土地缺乏农业经营的抗风险能力，同时也很难实现土地的集约经营。小土地可以精耕细作，对于拥有土地的农民也容易调动生产积极性，但由于其经营成本高，抗风险能力弱，农业技术改造也难以展开，同时很难满足其水利、运输等生产要求，生产效率低下。在现代农业规模经营中，只要保护好农民的土地地权关系，农村中分散的小土地也可以实现集约式经营，以土地生产要素入股成为大土地现代农业经营的根本出路。而实现土地入股的土地资产重组，也需要对土地资产进行评估，明确土地入股的价格，并以此决定股权，参与土地收益分配。这从道理上也讲得通。

5. 地租理论

应该承认，没有收益的土地没有地租，只有当人的劳动与土地结合才能产生土地的收益，同时也因国家土地制度而产生地租。地租是对土地所有权人承担的租种其土地所交纳的租金，这同土地租赁所产生的货币租道理一样，只不过在农业经营中通常是以实物地租来交纳罢了。

在现代社会中，土地地租的获得是对土地投资的回报。即便是对新开垦的土地，因为有早期的土地投资，因此形成土地法权关系。在土地国有制度下，国家对垦荒地实行奖励政策。土地为国家所有，但在未开垦前则不产生地租。随着新土地的开垦，国家因新土地还未形成土地收益，所以并不收取地租，这是国家给予垦荒者收益补偿的政策，一旦土地收益正常化后，新垦地则要开始征收赋税，只是开始时期的赋税较低，具有补贴或奖励垦荒的意义。这一点，无论是传统社会还是现代社会，在政策上并无多大的差异。

关于土地地租形态，应该说地权所有人上缴的土地收获物均为地租。在土地国有的情况下，上缴给国家的赋税，即是土地收益中的一部分，可以是实物地租，也可以是货币租，只是按照国家对土地划定的等级，按其赋税的税率如期交纳，如因荒歉而减免地租，也是通过国家来决定的。当然，国家也可以决定由国家分配土地的人户对于国家所承担的责任与义务，同时规定对其免除承担劳役优待的政策。而对于经营国家土地即拥有土地经营权、使用权的人户，因参与土地地租的分配，因此在其购置土地资产的同时，即对于地价、地租标准、地租质量都与出让土地的人签订契约，土地购置越多，其对国家所承担的土地赋税总量也就越多，最终成为民间的大土地经营者，这是不言而喻的。

在中国传统社会中，所谓"集体公有"的土地，通常是由国家所设立的集体户来征收地租，像其他人户一样上缴国家赋税，其余在集体户中进行分配，其严密的集体管理制度规定该集体组织的所有人都要"眼同"其地租的分配活动，而集体户在城市或乡村中购置与出卖田地、水塘、山地、林地、牧地、墓地及其他公共用地的经营行为，甚至乡村中的借贷、宗族经商活动等，都必须经该组织全体成员表决通过，并由大家推选出来的人执行集体财产的处置活动。因此，从传统社会"公堂地主"的宗族田地房产的经营活动中，大体可以看出中国乡村共同体存在的意义及其生活实态。由于自北宋以来农村中集体公共地产持续扩大，乡村中的大地主实际上已是宗族地主，私营大地主实际上也开始同退休官僚、大商人、大地主相结合，成为地方乡村中宗族的统治者，不仅对其族人，而且对外姓、小姓者均具有支配关系。

6. 传统农村社会保障理论

农民的根本权益在于永久性地拥有土地的经营使用权，一旦拥有这样的权益，实际上即实现了农民世世代代梦寐以求的"耕者有其田"的政治理想。在漫长的中国社会发展过程中，仁人志士为之奋斗终生的政治目标和社会理想，都是与土地地权关系者的权益联系在一起的。换句话说，农民拥有了土地，就从根本上解决了农民的社会保障问题，这是与城市人口最大的区别。一旦农民失去土地，大量的农民将流离失所，失去基本的生活生产来源，而失地农民对于中国社会稳定所造成的冲击和影响，将是不可估量的。

如果从土地经济的基本原理上说，土地本身就具有社会保障功能，但其功能并不完全反映到农村社会中，同时对于城市经济社会也有影响。可以说农村社会各阶层通过土地获得生活必需品和在市场进行交换的农副产品，其生产的剩余产品则作为农村社会保障分配到不同社会人群中。在传统中国社会中，土地经济与乡村中的社会保障和社会福利体系是相关联的。而在"聚族而居"的传统乡村生活中，族人之间与异族人群的社会保障和社会福利，显然有相当大的差距。宗族社会中所实行的"族会"组织，甚至是宗族组织中，族人生、老、病、死及鳏、寡、孤、独人群的社会保障，也形成了较为严密的制度体系。这一点，是需要给予肯定的。

7. 土地关系与城乡关系的理论

在中国传统社会中，农村经济的发展状况显然取决于土地数量、质量和农业生产品状况。在乡村中，农村市场的开发与形成过程同城市中的市场具有紧密的联系。在不同的中国区域社会和地方社会中，各区域显然都是以大都会城市为中心，将周边小城镇乃至乡村农村集贸市场联系在一起，周边的市镇成为农村市场与城市市场的连接点。而脱离农业生产的农民逐渐成为农村市场和城市商业的主体，而在早期中国地方商人集团如徽州商人、山西与陕西商人中，可以明显发现这些商人从农村走向城市的历程，而"在乡地主"和"在城地主"的出现表明脱离土地的商人也有不同的社会划分。此外，随着农业商品化进程的推进，城镇发展成为商人的聚集地，商人在原籍的土地尽管仍然保留上缴赋税的义务，但实际上早已同农业生产经营没有什么关系。在商人资本得以迅速发展的明清时期，农民"举族经商"的结果即是促使大量的土地交易资金纷纷流向城市，商人在城市获得商业利润再返回乡村，这已成为明清时期极为常见的社会现象。商人资本从城市流入农村的结果，乃在于导致农村土地的迅速集中，大土地的出现，想必是大商人资本与农业土地结合的结果。当然，商人购置土地等不动产，其原因并不完全在于回归农业，而是促使宗族组织的进一步壮大，随着土地的集中日益加剧，城乡之间的资金与产品流动的速度加快，促使农村土地效益得到更大的发挥。其直接的表现乃在于农村消费量增长和农民购买力提高，这在中国早期工业化时期已得到证明。其中最有说服力的事实是，在先发达地区如江南地区，城镇工业品的生产促使专业市镇进一步发展，工农业产品也开始形成交换关系，专门从事手工业生产或农业生产的人口开始相对稳定，其产品与资本间的交换也随即展开。早期中国城市化进程的加快，显然同与之相适应的农村经济增长有直接关系。

8. 中国传统社会的土地流转及其基本理论

从理论上讲，无论是传统社会还是现代社会，土地作为资产形式都可以进入市场，土地的权益也在土地的流转过程中实现其土地的价值。虽然土地无法带走，但土地的交易资金却可以在土地之外进行资本运作。应该说，社会发展速度越快，土地作为资产在市场上交易的量就越大，交易也日趋频繁。土地流转是社会经济发展、产业结构调整的必然结果。随着我国早期工业化进程的加速及城市化进程的推进，城市劳动力需求量增大，就业机会增多，许多农业劳动力不断转移到非农产业，农地较多荒废，农业生产效率低下。因此，农地流转可使无心种地的人将土地转让给想种地的人，保持了生产要素的优化组合。

在现代社会，土地流转是发展现代农业，进行规模经营的客观要求。由于我国农村现行的家庭联产承包责任制造成了土地零散分割，农户经营规模小，导致土地规模经营难以实现，成为农业进一步发展的瓶颈。农村土地的集中和农业经营的扩大是现代农业发展的必然趋势，只有通过土地流转和规模经营的实现，家庭联产承包责任制才能重新焕发活力。

第二节　我国土地流转政策与发展前景

20世纪90年代中期以前，我国农村土地使用权流转的发生率偏低。农业部1993年的抽样调查显示，1992年全国有473.3万承包农户转包、转让农地77.4万平方公顷，分别占承包土地农户总数的2.3%和承包土地总面积的2.9%。至1995年，尽管全国有75%的乡村实行农地流转政策，农地流转率却仅为3%，即使是在非农产业发展较快的地区，土地流转率也不足8%。为了提高农业生产规模化、专业化、产业化经营水平，2004年国务院颁布《关于深化改革严格土地管理的决定》，其中规定"农民集体所有建设用地使用权可以依法流转"，并强调"在符合规划的前提下，村庄、集镇、建制镇中的农民集体所有建设用地使用权可以依法流转"。同时，广东、浙江、江苏、上海、安徽、天津等地的农村建设用地使用权流转开始了局部或区域试验，并发展出了重庆农地入股，广东、海南出租农地，北京郊区等地小产权房等模式。由于许多县镇开始进行农业产业结构调整，土地流转数量进一步增长，土地流转规模呈扩大趋势。据统计，至2006年初，全国农户家庭承包耕地流转总面积已达370.08万平方公顷，占承包经营农地的4.57%。

一、土地流转政策及其效应

中国农村土地使用权流转的政策一出台，上海就对农村集体土地使用权流转政策进行探索。其基本框架是：按照"土地确权、两权（所有权和使用权）分离、价值显化、市场运作、利益共享"方针，依据土地有偿使用原则，对上海郊区农业用地和建设用地使用权实行有偿有期限流转制度。农业用地在土地承包期限内，可以通过转包、转让、入股、合作、租赁、互换等方式出让承包权，鼓励农民将承包的土地向专业大户、合作农场和农业园区流转，发展农业规模经营。集体建设用地可通过土地使用权的合作、入股、联营、转换等方式进行流转，鼓励集体建设用地向城镇和工业园区集中。其要点是：在不改变家庭承包经营基本制度的基础上，把股份制引入土地制度建设，建立以土地为主要内容的农村股份合作制，把农民承包的土地从实物形态变为价值形态，让一部分农民获得股权后安心从事二、三产业；另一部分农民可以扩大土地经营规模，实现市郊农业由传统向现代转型。

农村土地承包经营权流转管理办法

第一章　总则

第一条　为规范农村土地承包经营权流转行为，维护流转双方当事人合法权益，促进农业和农村经济发展，根据《农村土地承包法》及有关规定制定本办法。

第二条　农村土地承包经营权流转应当在坚持农户家庭承包经营制度和稳定农村土地承包关系的基础上，遵循平等协商、依法、自愿、有偿的原则。

第三条　农村土地承包经营权流转不得改变承包土地的农业用途，流转期限不得超过承包期的剩余期限，不得损害利害关系人和农村集体经济组织的合法权益。

第四条　农村土地承包经营权流转应当规范有序。依法形成的流转关系应当受到保护。

第五条　县级以上人民政府农业行政主管（或农村经营管理）部门依照同级人民政府规定的职责负责本行政区域内的农村土地承包经营权流转及合同管理的指导。

第二章　流转当事人

第六条　承包方有权依法自主决定承包土地是否流转、流转的对象和方式。任何单位和个人不得强迫或者阻碍承包方依法流转其承包土地。

第七条　农村土地承包经营权流转收益归承包方所有，任何组织和个人不得侵占、截留、扣缴。

第八条　承包方自愿委托发包方或中介组织流转其承包土地的，应当由承包方出具土地流转委托书。委托书应当载明委托的事项、权限和期限等，并有委托人的签名或盖章。没有承包方的书面委托，任何组织和个人无权以任何方式决定流转农户的承包土地。

第九条　农村土地承包经营权流转的受让方可以是承包农户，也可以是其他按有关法律及有关规定允许从事农业生产经营的组织和个人。在同等条件下，本集体经济组织成员享有优先权。受让方应当具有农业经营能力。

第十条　农村土地承包经营权流转方式、期限和具体条件，由流转双方平等协商确定。

第十一条　承包方与受让方达成流转意向后，以转包、出租、互换或者其他方式流转的，承包方应当及时向发包方备案；以转让方式流转的，应当事先向发包方提出转让申请。

第十二条　受让方应当依照有关法律、法规的规定保护土地，禁止改变流转土地的农业用途。

第十三条　受让方将承包方以转包、出租方式流转的土地实行再流转，应当取得原承包方的同意。

第十四条　受让方在流转期间因投入而提高土地生产能力的，土地流转合同到期或者未到期由承包方依法收回承包土地时，受让方有权获得相应的补偿。具体补偿办法可以在土地流转合同中约定或双方通过协商解决。

第三章　流转方式

第十五条　承包方依法取得的农村土地承包经营权可以采取转包、出租、互换、转让或者其他符合有关法律和国家政策规定的方式流转。

第十六条　承包方依法采取转包、出租、入股方式将农村土地承包经营权部分或者全部流转的，承包方与发包方的承包关系不变，双方享有的权利和承担的义务不变。

第十七条　同一集体经济组织的承包方之间自愿将土地承包经营权进行互换，双方对互换土地原享有的承包权利和承担的义务也相应互换，当事人可以要求办理农村土地承包经营权证变更登记手续。

第十八条　承包方采取转让方式流转农村土地承包经营权的，经发包方同意后，当事人可以要求及时办理农村土地承包经营权证变更、注销或重发手续。

第十九条　承包方之间可以自愿将承包土地入股发展农业合作生产，但股份合作解散时入股土地应当退回原承包农户。

第二十条　通过转让、互换方式取得的土地承包经营权经依法登记获得土地承包经营权证后，可以依法采取转包、出租、互换、转让或者其他符合法律和国家政策规定的方式流转。

第四章　流转合同

第二十一条　承包方流转农村土地承包经营权，应当与受让方在协商一致的基础上签订书面流转合同。农村土地承包经营权流转合同一式四份，流转双方各执一份，发包方和乡（镇）人民政府农村土地承包管理部门各备案一份。承包方将土地交由他人代耕不超过一年的，可以不签订书面合同。

第二十二条　承包方委托发包方或者中介服务组织流转其承包土地的，流转合同应当由承包方或其书面委托的代理人签订。

第二十三条　农村土地承包经营权流转合同一般包括以下内容：（一）双方当事人的姓名、住所；（二）流转土地的四至、坐落、面积、质量等级；（三）流转的期限和起止日期；（四）流转方式；（五）流转土地的用途；（六）双方当事人的权利和义务；（七）流转价款及支付方式；（八）流转合同到期后地上附着物及相关设施的处理；（九）违约责任。农村土地承包经营权流转合同文本格式由省级人民政府农业行政主管部门确定。

第二十四条　农村土地承包经营权流转当事人可以向乡（镇）人民政府农村土地承包管理部门申请合同鉴证。乡（镇）人民政府农村土地承包管理部门不得强迫土地承包经营权流转当事人接受鉴证。

第五章　流转管理

第二十五条　发包方对承包方提出的转包、出租、互换或者其他方式流转承包土地的要求，应当及时办理备案，并报告乡（镇）人民政府农村土地承包管理部门。承包方转让承包土地，发包方同意转让的，应当及时向乡（镇）人民政府农村土地承包管理部门报告，并配合办理有关变更手续；发包方不同意转让的，应当于七日内向承包方书面说明理由。

第二十六条　乡（镇）人民政府农村土地承包管理部门应当及时向达成流转意向的承包方提供统一文本格式的流转合同，并指导签订。

第二十七条　乡（镇）人民政府农村土地承包管理部门应当建立农村土地承包经营权流转情况登记册，及时准确记载农村土地承包经营权流转情况。以转包、出租或者其他方式流转承包土地的，及时办理相关登记；以转让、互换方式流转承包土地的，及时办理有关承包合同和土地承包经营权证变更等手续。

第二十八条　乡（镇）人民政府农村土地承包管理部门应当对农村土地承包经营权流转合同及有关文件、文本、资料等进行归档并妥善保管。

第二十九条　采取互换、转让方式流转土地承包经营权，当事人申请办理土地承包经营权流转登记的，县级人民政府农业行政（或农村经营管理）主管部门应当予以受理，并依照《农村土地承包经营权证管理办法》的规定办理。

第三十条　从事农村土地承包经营权流转服务的中介组织应当向县级以上地方人民政府农业行政（或农村经营管理）主管部门备案并接受其指导，依照法律和有关规定提供流转中介服务。

第三十一条　乡（镇）人民政府农村土地承包管理部门在指导流转合同签订或流转合同鉴证中，发现流转双方有违反法律法规的约定，要及时予以纠正。

第三十二条　县级以上地方人民政府农业行政（或农村经营管理）主管部门应当加强对乡（镇）人民政府农村土地承包管理部门工作的指导。乡（镇）人民政府农村土地承包管理部门应当依法开展农村土地承包经营权流转的指导和管理工作，正确履行职责。

第三十三条　农村土地承包经营权流转发生争议或者纠纷，当事人应当依法协商解决。当事人协商不成的，可以请求村民委员会、乡（镇）人民政府调解。当事人不愿协商或者调解不成的，可以向农村土地承包仲裁机构申请仲裁，也可以直接向人民法院起诉。

第六章　附则

第三十四条　通过招标、拍卖和公开协商等方式承包荒山、荒沟、荒丘、荒滩等农村土地，经依法登记取得农村土地承包经营权证的，可以采取转让、出租、入股、抵押或者其他方式流转，其流转管理参照本办法执行。

第三十五条　本办法所称转让是指承包方有稳定的非农职业或者有稳定的收入来源，经承包方申请和发包方同意，将部分或全部土地承包经营权让渡给其他从事农业生产经营的农户，由其履行相应土地承包合同的权利和义务。转让后原土地承包关系自行终止，原承包方承包期内的土地承包经营权部分或全部灭失。转包是指承包方将部分或全部土地承包经营权以一定期限转给同一集体经济组织的其他农户从事农业生产经营。转包后原土地承包关系不变，原承包方继续履行原土地承包合同规定的权利和义务。接包方按转包时约定的条件对转包方负责。承包方将土地交他人代耕不足一年的除外。互换是指承包方之间为方便耕作或者各自需要，对属于同一集体经济组织的承包地块进行交换，同时交换相应的土地承包经营权。入股是指实行家庭承包方式的承包方之间为发展农业经济，将土地承包经营权作为股权，自愿联合从事农业合作生产经营；其他承包方式的承包方将土地承包经营权量化为股权，入股组成股份公司或者合作社等，从事农业生产经营。出租是指承包方将部分或全部土地承包经营权以一定期限租赁给他人从事农业生产经营。出租后原土地承包关系不变，原承包方继续履行原土地承包合同规定的权利和义务。承租方按出租时约定的条件对承包方负责。本办法所称受让方包括接包方、承租方等。

第三十六条　本办法自2005年3月1日起正式施行。

如果对我国现阶段土地流转方式进行归纳的话，那么，目前我国农村土地流转已初步形成五大模式：

1. 土地互换

土地流转试点互换土地，是农村集体经济组织内部的农户为方便耕种和各自的需要，对各自土地的承包经营权进行的简单交换，是促进农村规模化、产业化、集约化经营的必由之路。30年前，中国农村实行土地联产承包责任制，农民分到了土地。但由于土地肥瘦不一，大块的土地被分割成条条块块。划分土地时留下的种种弊病，严重制约着生产力的发展和产量的提高。为了让土地集中连片，实现规模化、集约化经营，互换这种最为原始的交易方式仍是现阶段土地流转最常见的方式。

2. 土地出租

在市场利益驱动和政府的引导下，农民将其承包土地经营权出租给大户、业主或企业法人等承租方，出租的期限和租金支付方式由双方自行约定，承租方获得一定期限的土地经营权，出租方按年度以实物或货币的形式获得土地经营权租金。其中，土地出租有大户承租型、公司租赁型、反租倒包型等形式。

3. 土地入股

入股，亦称"股田制"或股份合作经营，是指在承包户自愿的基础上，将承包土地经营权作价入股，成立股份公司。在土地入股过程中，实行农村土地经营的双向选择（农民将土地入股给公司后，既可继续参与土地经营，也可不参与土地经营），农民凭借土地承包权可拥有公司股份，并可按股分红。该形式的最大优点在于产权清晰、利益直接，以价值形态形式把农户的土地承包经营权长期确定下来，农民既是公司经营的参与者，也是利益的所有者，土地入股是当前农村土地流转机制的新突破。

4. 宅基地换住房，承包地换社保

我国从农村进入城市非农产业就业的农民工规模巨大，他们是城市建设和城市经济发展的贡献者，有权利享受与城市居民同样的公共服务。如果这些群体长期感觉受到歧视，

他们就会演变为城市稳定发展的破坏者，不利于社会稳定和治安稳定。国家发改委副主任朱之鑫明确表示，加大大中城市户籍制度改革，探索把在城镇有稳定职业和固定居所的农民登记为城市居民的办法。在具体实现的路径上，全国工商联常委刘迎霞建议，在自愿的基础上，让那些在城市具有稳定就业和基本住所的进城农民和直系亲属获得城市户口，并采取社保换土地的方式，通过为这些群体提供等同于城市居民的社会保障和公共服务，让他们放弃在农村的承包地和宅基地。而目前重庆市实行的农民工将其农村宅基地转换成城市社会保障的做法，也得到社会的广泛关注。

5. "股份＋合作"

"股份＋合作"的土地流转分配方式，则是农户以土地经营权为股份共同组建合作社。村里按照"群众自愿、土地入股、集约经营、收益分红、利益保障"的原则，引导农户以土地承包经营权入股。合作社按照民主原则对土地统一管理，不再由农民分散经营。合作社挂靠龙头企业进行生产经营。合作社实行按土地保底和按效益分红的方式，年度分配时，首先支付社员土地保底收益每股（亩）700元，留足公积公益金、风险金，然后再按股进行二次分红。

二、土地流转现状

在土地流转的现实中，仍存在不少制约因素，对土地正常流转产生负面影响，主要是：

1. 现行的土地制度导致土地产权不清

农村土地流转的种种问题，归根到底是我国现行土地制度的问题。在家庭联产承包责任制下，土地归国家和集体所有，而这个集体又没有明确的范畴。因此，土地产权不明晰是造成我国农村土地流转不良现象的一个重要原因。产权不明晰，使得农民不能拥有自己所承包土地的完整产权，为农地的流转设置了障碍。另一方面，农地所有权属于集体，而集体这一范畴的缺位，使得集体所有事实上沦为村干部所有或权力所有，导致土地的频繁调整，土地不定期而又频繁的调整严重限制了农地流转市场的发展。

2. 法规不健全，农民利益没有得到保障

我国目前虽然对于农地流转制定了相应的法律制度，但这些制度往往过于笼统，在实际的操作过程中不够具体全面，可操作性差，一些不法分子甚至钻空子，损害了农民的利益，导致纠纷不断。农民的利益得不到保障，损害了他们对于土地流转的积极性。此外，农村的社会保障制度尚不完善，农民不愿意进行土地流转。土地是重要的农业生产要素，农民进行土地经营获得收益，或者出租土地获取租金，土地是他们基本的生活保障。在城市就业机会缺乏的情况下，即使农民丧失了非农就业的机会，他们仍可以返乡从事农业生产，在当前我国农村社会保障制度不尽完善的情况下，土地充当了社会保障的角色，导致农民对土地有较强的依赖。

3. 中介组织缺乏，农地流转信息不畅

当前，土地流转的市场中介组织相当匮乏，使得农地流转的信息不能及时地传送到有关方面。需求方——愿投资农业的工商业主、种植大户由于信息不畅，不知道农户转出土

地的情况，不能及时找到自己所需要的土地；而供给方——农户则不能主动寻找承租者，在农村土地流转的过程中，农民始终处于被动地位。另外，中介组织的缺乏还导致了农村土地流转一般只发生在集体内部，限制了农地流转市场的规模和效率，扭曲了农地流转的价格。

4. 流转行为欠规范、缺少管理

流转行为严重不规范，表现为自行流转多，报批准、报备案的少，申请变更登记的更少；口头协议多，书面协议少；约定不明的多，约定明确的少；书面协议内容不规范的多，规范的少，等等。有些村存在连锁流转现象，接受流转的农户又将自己享有的土地承包经营权流转给其他农户，形成锁链式流转。镇、村对土地承包经营权流转行为普遍缺乏严格规范的管理。

5. 部分耕地被非农业化，有极少量的非法流转行为存在

有的耕地被转为非农用途，主要用于招商引资、工业园区、小城镇等项目建设。尽管大部分的建设用地履行了审批手续，但也出现有的地方乡镇为完成工业发展等任务，未经批准就擅自以镇政府或用地单位的名义向农户租赁土地，并将土地使用权流转到自己名下，用于非农建设，以致大量的农地流失。

随着政府对农村土地流转引导和服务功能的逐步加强，目前，农村土地流转的行为逐步趋于规范，主要体现在三个方面：一是由过去以农户间、业主与农户间的自发流转为主向当前的政府和市场引导与自发并重的自主流转转变；二是由过去无偿代耕向按市场规律的有偿流转转变；三是由过去依靠口头协议的不规范流转向签订书面协议的规范流转转变。同时，土地流转进程加快，规模逐年增大。而土地流转的日趋规范所依靠的是制度创新与突破，主要表现在以下几个方面：

（1）建立农地产权交易市场。山东省枣庄市通过给农民发放土地使用产权证，建立农地产权交易市场和推进农村合作社建设，在土地所有权、承包权和农地性质"三不变"的前提下，走出一条农村土地改革的新路子。

（2）政府对流转行为进行规范。例如，在《农村土地承包法》、《农村土地承包经营权流转管理办法》颁布实施后，河南省为规范全省农村土地流转，经过认真调研，制定下发了《农村土地承包经营权流转规则》，从流转主体、流转方式、流转程序等几个方面对农户的土地流转行为进行了规范。同时，制作并向农户提供了全省统一的转让、转包、出租、互换及流转委托书等合同示范文本。对流转双方可能涉及的一些权利、义务、违约责任等进行了明确。

（3）完善土地流转纠纷仲裁、调解机制。对于中国来说，传统社会中土地交易已成为常见的交易内容，但在现阶段，由于土地承包制度并没有土地流转的法律规定，因此在现实生活中私下的土地流转出现纠纷较多，又缺乏法律支持和调解委员会的机制，导致农民权益受到损害。尤其是在国家、地方政府、企业的征地过程中，因缺乏法律规范，农民的土地权益很难得到保障。失地、少地农民增多，其中也有一部分是因土地流转、征用没有法律保护造成的。因此在农村推行土地流转政策时，相应的法律建设就显得格外重要，以防止在土地流转过程中发生不必要的纠纷，确保农民的土地使用权、财产处置权等基本的权益。

三、土地流转的意义与发展前景

新中国成立以来，农村土地经营模式大体上经历了三个历史阶段：第一个阶段以"耕者有其田"为标志。它是以政权的力量将土地的地主所有变为广大农民所有，从而结束了中国2 000多年来的封建土地所有制，形成了农民个体所有个体经营的农村土地制度。第二个阶段是自耕农制度转变为农村土地集体所有制。中国土地革命解决了土地农民个体所有问题，随着新中国建设的发展，农民个体所有提出合作化的要求，土地由农民集体所有的改革形成了以自然村生产队的"队为基础，集体所有"的土地所有制度。第三个阶段即是1979年农村实行的家庭联产承包责任制度。该制度使集体所有的土地所有权与使用权相分离，在集体所有基本制度不变的前提下，农民以户为单位承包集体土地，同时上缴土地税收即公粮，余粮则由农民销售。当然，农民在土地承包经营期内根据自身的实际情况对所种植农作物进行独立经营，但要保证粮食种植的农业用地不改变其用途。这一改革在今天看来，应该说对于改变农业生产中"大呼笼"、"干不干都一样"状况有积极作用，因此始终被视为中国农村土地制度变迁的重要标志之一。以家庭承包经营为基础、统分结合的双层经营体制，成为我国农村的基本经营制度及农村经济体制改革创新的主要成果。农村基本经营制度是现阶段农村政策的基石，对农业生产发展和农村社会稳定具有决定性意义，必须毫不动摇地坚持。改革开放30多年来，我国农村经济社会发展的实践已经证明以家庭承包经营为基础的农业制度有利于推动农村生产力的发展。但问题是，人多地少仍是我国农业的基本特点。据统计，我国农户平均承包土地为7.5亩，但这些承包土地被分为若干块，耕地规模小、地块零碎，成为提高农业生产率及实现农业生产社会化的根本制约因素。扩大土地经营规模，发展设施农业，调整农业种植结构，提高土地产出率，加快实现由自然半自然经济向社会化生产的转变，显然已成为发展和完善家庭经营制度的迫切需要。

毫无疑问，土地流转将是我国自实行土地家庭联产承包经营制以来乡村财产制度的又一次重大变革，对农村经济发展、乡村社会综合治理、新农村建设及缩小城乡差别都将产生重大影响。其一，在城市化的推动下，大批农民进城变身为农民工，导致农村大片土地撂荒，危及粮食安全；其二，先前的家庭联产承包制，多是以家庭为单位小块经营，缺乏规模化、集约化经营，导致效率低下，农业产出低；其三，城乡二元体制束缚了农村的发展，一边是城市化一路高歌猛进，另一边却是农村经济发展停滞不前，导致城乡差距越来越大。基于此，政府希望以土地流转的形式作为农村改革的突破口，放宽农民对承包土地的转让权、出租权、入股权及抵押权的限制，农民可用土地向金融机构融资贷款，更可以把零散的土地合并，扩大经营规模，提升农业产出。这样农民即可在拥有土地使用权的基础上，享有土地增值的最大利益，从根本上提升农民的收入。如果将这次土地改革放到经济发展的大背景下，显然还具有更深层次的含义。那就是以土地的流转来加速农业的现代化，通过增加农民收入的途径来刺激内部需求，改变经济发展过分依赖出口贸易的外向型经济结构，而更多地转向内需型经济发展模式。特别是在全球金融危机蔓延的情况下，拉动8亿农民的消费力，形成一个持久稳定的内需市场，无疑显得格外重要。

从目前我国社会经济发展情况来看，制约中国内需经济发展的关键在农村，农民增产增收成为提高农村购买力的必然途径。而要真正解决农业、农村、农民问题，土地流转是基本途径。土地不仅是农业生产要素，也是农民赖以从事农业生产和保障生活的重要资源。农民以地为本，但以家庭户为单位守着零碎的"责任田"，很难同城市化、工业化、现代化进程相适应，现代经济社会必须以高效的现代农业为支撑，现代农业技术发展、现代金融投资支持、现代企业经济组织管理才能带来农业的高收益，农民的生活质量才能提高。土地流转的重大改革，其根本目标就是要赋予农民土地经营权、使用权及转让权，不仅要提高农民种粮的积极性，同时还要从土地资源优化配置上确保农民能从土地上获得更多利益，这显然对保障我国农民的根本利益、整体利益、长远利益有积极意义，同时又能保障农业粮食生产的稳定。只要土地能合法地流转，农民无论是承包大块土地规模化经营，还是以土地入股获取分红，又或者以土地为抵押获得创业贷款，都将改变我国农业、农村和农民的面貌。

（1）完善土地制度，明晰农地产权主体。农村土地产权不清是当前限制我国农地流转的主要因素。要促进农地流转，必须进一步推动中国农地产权制度创新，以法律的形式将土地的各项权利关系明确下来，明确土地的所有权、承包权、使用权各包括哪些具体内容，分别归哪些主体所有。对于农民拥有的土地权利给予充分的法律保护，提高他们对于土地流转的主动权。

（2）加快完善农村社会保障机制。农村社会保障体系主要由三个方面构成：农村社会救济、农村社会保险、农村社会福利。在当前我国农村社会保障体系尚不完善的情况下，土地承担着这种保障角色。因此，要保障农民在土地承包经营权流转中的利益，必须加快建立多层次的农村社会保障体系，逐步弱化土地的福利和社会保障功能，为土地转出者解决后顾之忧，才能有效地促进土地流转的实施。

（3）促进农地流转中介组织的建立和完善。当前，我国农地流转市场仍处于初级阶段，农地流转受行政干预过多，导致了农民在土地流转中的被动局面及流转价格的不合理。这种不规范流转的原因主要是农地流转信息的不对称，因此，要促进土地有效流转，必须加快农地流转市场中介组织的建立，及时提供农地供求信息。同时，在农地流转中介组织培育的过程中，一方面，必须出台农地流转中介组织条例，规范中介组织的功能与职责，制定执业人员标准等；另一方面，从一开始就应保证这一组织的市场独立性。

随着我国工业化、城镇化、市场化、信息化的推进以及现代农业的发展，农村基本经营制度也需要与时俱进，不断完善。在强调稳定农村基本经营制度的基础上，十七届三中全会提出"推进农业经营体制机制创新，加快农业经营方式转变"，正顺应了这一客观要求。粗放、分散的农业传统耕作方式将日益集约化，资源配置也将更趋于合理和高效，利于进一步提高我国农业、农产品在国际市场的竞争力。而土地流转政策的实行，显然更有利于国家对农业生产有一个清晰的、整体的、系统的、中长期的产业发展规划，现代农业所要求的大土地集约经营对于形成农业产业规模经济，推动农业优势区域综合发展，加速农业内部各行业的企业整合，从根本上确保国家的农业生产稳定乃至国家粮食安全，都具有重大的战略意义。

我国耕地面积减少

近年来，我国耕地面积减少速度惊人。2001 年全国耕地面积为 19.14 亿亩，2007 年减少至 18.26 亿亩。为保证 18 亿亩的红线，今后每年可供占用耕地不能超过 2 600 万亩。"十一五"期间需占用和消耗的耕地近 4 000 万亩。

若干年后中国人口将增加到 15 亿。对于中国来说，没有比 15 亿人口吃饭的问题更大的事情。据农业部测算，今后几年每年需要增加 40 万吨粮食、80 万吨肉菜、100 万吨油料，才能满足人口增长的需求。因此，土地流转必须以实现粮食为主的农业增产增收、实现农业规模经营和农业现代化为目的。

对国家来说，粮食安全关乎国家安全。2007 年下半年到 2008 年上半年，由于粮食价格的一路攀升，导致孟加拉国、塞拉利昂、科特迪瓦等几个国家相继陷入社会动荡和骚乱的境地。正如美国作家恩道尔借用基辛格的名言："控制了石油，就控制了所有国家；控制了粮食，就控制了所有的人。"当前的粮食和石油，已不再是普通的食物和能源供应的经济问题，而成为影响国家安全的战略物质。尤其是对于中国这样的人口大国，粮食安全已成为国家安全战略。由于粮食有可能成为敌对势力攻击的对象，从这个意义上讲，粮食不该是武器，但却要防止别人拿它作为攻击他人的武器。

从土地流转发展的趋势来看，由于盘活了农村的土地资产，对于从事农业种植的农民来说，必然促使农业生产的组织形式发生根本性变化。而以土地流转为核心的农业生产要素重组，建立在土地出租、转包、互换、转让、股份合作等多种模式基础上的土地流转必然导致土地集中。但问题是，未来的农村土地向谁集中？是向种田大户集中还是向城市中的企业集中？从目前我国农地集中情况看，未来种地的人可能主要不是传统意义上的农民，而是城市投资者在农村兴办的农业企业，传统意义上的承包制农民将成为新"食利阶层"，靠出租、入股土地权益获取地租、红利等资产性收入，或者通过转让土地而成为农业工人。如果坚持土地流转政策不变的话，那么，随着时间的推移和土地处置的深化，承包制农民的身份将发生根本性的改变，农民社会地位的变化，对于形成新的农村社会经济结构也将发生积极作用。

在土地入股的情况下，承包制农民将其土地集中办农业合作社，也是农民集中的方式之一。由于农民经济实力的增长，农民异地承包土地的现象也很普遍。如海南、广东就有很多浙江、四川的农民在当地承包土地，少则几百亩，多则上千亩。未来的农民是有组织、有规模的农民，无论哪种形式都会使农业生产资料如农药、种子、化肥、农膜等团购的成本更低，使用也更趋合理，农业企业的公司治理结构和现代企业制度促使农业生产改变承包制农民分散经营的盲目性和农产品销售的被动局面，使农业社会化、商品化生产水平大幅提高，农产品的市场销售、农产品销售价格及农业利润更有保证。正因为农业生产的企业组织的行为模式同以家庭为单位的家庭联产承包责任制有本质的区别，农业规模经济的资本投入、技术进步、生产管理都将同现代企业制度相结合，从而出现生产、销售、研发三位一体的现代农业体系，承包制农民将逐步退出历史舞台。从这个意义上讲，土地流转的本质和结果是以推进土地生产要素的市场化为根本目标的，其农村不动产进入现代市场交易，就必然会引发其他生产要素包括农村资本市场的发育，构建和规范农村集体用地的流转机制，可以使农民更充分地参与分享城市化、工业化的成果，不仅促使现有集体土地资产增值保值，同时还可以获得更大的收益，农民从土地流转中获得财产性收入，将成为中国经济增长、社会发展的基础。

此外，农村土地流转对于城市工业也有经济互补关系，尤其是农资生产和流通企业将从土地流转中获得大的收益。对农资生产和流通企业而言，由于农业耕作方式的改变，促进了适用大土地、大农业的农业机械生产、销售、研究开发需求，农资的销售和服务的对象已不再是单个的农民，而是现代农业企业及形式多样的农业生产组织机构，农民的专业合作社也必将在大土地经营中获得收益。当然，我国农资企业、经销商也将从土地流转中获得利益。

第三节　学习方法

土地与农村问题是中国社会发展的根本问题之一。认识和解决中国土地与农村问题，也并不是在今天才显得重要，而是中国传统社会一直存在的重大难题之一。在漫长的中国传统社会发展进程中，历朝历代的经世名臣长期致力于解决农村社会中的土地和农民问题，而中国历史上的重大社会变革，也是同土地和农民的关系相联系的。所以说，了解中国社会的土地与农村问题，就必须将学术视野放到更为广阔的历史中，考察不同历史阶段的土地制度和土地关系，才能对极为错综复杂的土地与农村社会的问题有所了解。可以说，通过对中国极为复杂的土地制度及土地关系有清楚的认识，才能解释和真正了解中国传统社会乃至现代中国所碰到的土地流转改革的历史意义。

对于初学者而言，要想对土地与农村问题形成基本的认识，关键在于如何运用经济学、管理学、社会学、历史学等多学科研究的理论方法，对土地经济形成、发展、演变的过程和土地关系的社会经济学意义进行合理的解释。这也是对此重大问题进行有效学习必须具备的前提条件之一。

从有效学习的角度来设计本课程的学习，大体上应注意以下三个问题：

（1）注重学习基本概念与基础理论。土地关系与农村社会发展密切相关，农业是国民经济的重要产业部门，不仅是国民经济的基础，同时也是国家战略产业。当今世界各国都把农业作为基础产业，这也是不言而喻的。农业生产的基本要素是土地，解决土地问题，就是从根本上解决中国农业、农村、农民即"三农"问题的关键所在。而土地问题解决的好坏，是直接关系到中国经济是否持续稳定增长和社会安定的大问题。现在的问题是，由于土地问题涉及的学科领域广泛，不仅包含农业经济学、产业经济学、劳动经济学、社会经济学知识，同时也需要运用管理学、文化学、社会学、历史学、法学等其他学科的理论与方法，特别是还涉及农业科技及农业工程技术、自然科学中的气候气象、地质、生态与环境等方面的内容，这就需要通过不断学习来提高认知水平，否则会对由土地所形成的各种关系难以理解。正因为如此，在本课程的学习过程中，需要不断地学习和掌握不同学科的基本概念与基础理论，从土地关系的理论中学习和掌握认知工具，才能对因土地所形成的"三农"问题及社会经济现象有较为合理的解释，并建立土地制度的理论体系，为我国制定"三农"的政策提供理论借鉴。

更进一步说，在认识土地经济与管理学科概念的基础上，对于与土地相关联的学科概念，也需要有较为系统的认识。从土地与农村社会的角度看，建立在土地制度基础上的农村社会，其社会、经济、文化的结构显然有相当大的不同，农村社会的生活样式和精神面貌也不一样，对于从农村角度观察事物的观念形态也具有特殊性。随着现代社会的发展，中国农村社会同城市之间的关系究竟会有什么样的变化，今后各区域地方社会的城乡差别、城市与乡村间经济关系如生产、贸易与投资、现代农业产业结构及其调整、农业生产组织如企业、合作社的公司制度，都是需要学习研究的重要内容。

（2）必须进行长时间的历史考察。应该承认，中国土地制度与土地关系是在漫长的历史中形成的，并已成为较为完整的中国传统制度文化的重要组成部分，中国文化的核心价值观，实际上也是紧紧围绕土地关系问题展开的，并且形成能够长期延续而不衰亡的中华文化体系。中国政治制度、经济政策和社会体制与国家经济社会运行的机制表明，长时间地观察、研究、学习中国土地与社会关系问题，实际上具有中国文化核心体系的传承意义，同时历史的经验也可以为今天观察处理土地与农村问题提供历史借鉴。如果将目光投向世界各国土地与农村问题的话，中国历史上所实行的土地制度与各种土地政策，实际上为今天的土地流转改革提供了中国社会熟知的基本理念与做法，中国农民对此是不陌生的。而在现实生活中，很多地方早已开始的土地流转的做法，如果同历史上的做法相比较的话，应该说其本身即具有传承传统土地制度的性质，而以发展现代农业为目标的土地制度改革，也将同中国土地制度的传统相联系。任何割断历史与传统的做法，可以说是很难长久的。问题是，在今天我国国民经济的产业结构调整中，究竟如何在农业产业结构调整过程中找到适合中国现代农业的发展道路，很大程度上来说，还是要从中国历史与传统本身去探索。至于发达国家土地经济与农村问题的理论与政策，想必也是根据其国家不同的社会、经济、文化情况而制定的，对于中国来说，当然也有参考和借鉴的价值，但并不意味着能照搬照套。中国现代大土地农业经济的形成，需要在中国所特有的传统经济中寻求途径。因此，对于中国早期土地制度与土地关系，需要花大力气进行研究，以为中国现代农业发展提供历史和理论依据。

（3）对农村地方社会现存历史文契等地方文献资料进行整理和研究。中国土地问题尤其是民间的土地处置方式及其演变，仍有相当丰富的历史文献资料，这与中国有保存历史图书资料的传统有关。在中国各地的农村中，甚至保存了不少自宋代以来的地方文书和私家档案资料。如果对这些资料进行整理和研究的话，中国自古代社会以来的土地关系文书资料并不少见，这对于了解和解读中国土地制度实行的基本情况及其历史演变有极为重大的学术价值。通过对中国古代文献资料的整理，究竟应对其做什么样的解释呢？这可以说是全面了解中国土地制度与现代土地问题的关键所在。正因为有如此价值，研究这些资料对于了解中国土地关系与农村社会十分重要。通过学习中国早期土地文献资料，对中国土地经济及土地关系理论的理解也就会更为准确与深刻，这对于运用土地经济基本原理指导实际工作也能提供帮助。

拓展学习

农民致富慢如何解决？

如何解决农民致富慢、农业水平低的难题？这就要由家庭联产承包责任制逐步转向土地的规模经营，即通过健全土地承包经营权的自由流转制度，实现部分农民从土地上解脱出来，另外一部分农民则实现规模种植。毕竟一亩几分地，农民怎么种都难富起来。而最终解决土地与中国农村的问题，其核心内容即是怎样将农民已有的资产盘活，在制度安排上解决承包制农民在农业规模经营中怎样才能获得更大的收益的问题。而农业的规模经营，其核心即是土地集中成为农业企业，以现代企业制度的公司治理结构来改造分散的、零碎的小土地联产承包责任制。现代农业经营的不断升级改造，将成为中国城乡经济共同增长的重要路径选择。

目前，我国的《农村土地承包法》承认"农地转让权"，但《土地管理法》又规定"农民集体所有的土地的使用权不得出让、转让或者出租用于非农业建设"，由此造成征地补偿不公平等问题。目前全国各地纷纷创新土地流转方式，探索出农村土地流转新模式，在保证土地总面积、耕地性质和粮食产量不变的前提下，提高土地利用效率，把土地流动起来。因此，这些改革举措被一些专家称为"将带来新中国成立以来第三次土地革命"。

问题与讨论

1. 中国传统社会的土地交易制度与现阶段我国土地流转政策有什么异同？究竟怎样理解中国传统土地制度与土地流转政策的传承关系？

2. 为什么说土地流转政策是新中国成立以来的第三次土地革命？请查阅网络资料，简要地归纳各地土地流转模式，并撰写发言提纲，在课堂讨论会上进行演讲。

3. 土地流转可以进行土地买卖吗？从中国传统社会的土地处置范围看，土地交易包括土地买卖、典当、租赁、继承、捐赠、转租及转当等各种形式，这对于今天有什么启示？

分组讨论

1. 实行大包干即土地承包制释放出巨大的促进经济发展的能量。数据显示，1978 年至 1984 年，中国农业产出平均每年保持 7.7% 的增长速度。1984 年与 1978 年相比，农业总产值以不变价计算增加了 42.23%，按照生产函数估算，其中约有一半来自家庭联产承包责任制改革带来的生产率的提高。你认为土地以农民家庭户为单位会促进劳动生产率的提高吗？

2. 土地承包制改革让农民脱贫致富，解决了温饱问题，也促进了中国农业的发展，并奠定了工业发展和改革开放的物质基础，但却没有打破城乡二元制，而且农村和城市的差距越来越大。土地是农民最大、最主要的生产要素，但它却不能变成资本，不能变成资本就不能实现利益的最大化。你认为以上说法对吗？该怎样评价新中国成立以来土地制度与土地政策的实用性问题？请查阅网络资料，撰写读书报告，并准备发言提纲在课堂讨论中演讲。

3. 中国现行的农村土地归集体所有制度，从理论上说，集体是由该社区的农民组成的，由民主选举出的领导人代表该社区的农民行使权利，集体与农民是一体的。但谁代表集体行使权利，在集体用地转为非农业用地时，或集体土地用于农业时，集体对土地的所有权怎么行使，怎样体现？

思考题

1. 日本的农业生产条件与中国有很多相似之处，人多地少，地块小且不平，但日本城市化率由 20 世纪 50 年代的 37% 上升到 70 年代的 76%。在城市化的进程中，日本避免了因城市化而出现大量失地的流民和难民的社会现象。究其原因，主要是因为城市为离开土地的农民提供了稳定的就业机会和收入。你认为中国在城市化的过程中，应怎样借鉴日本的经验？中国的城市能为失地农民提供就业机会和收入吗？

2. 怎样理解土地流转的目的是实现以粮食为主的农业增产增收和农业现代化？如果土地流转按此目标进行制度设计，你认为该政策的利弊得失该如何权衡更为有利？

3. 土地流转是土地私有化吗？如果不是，你怎样看待土地增值和资本化问题？如果农民将土地使用权作为个人的产权，这与土地流转政策相符合吗？

第二章

传统乡村公有地的土地关系

在中国传统社会中，乡村中的公有土地是以宗族、家族及其祠堂占有土地为标志的。如果需要了解中国传统农村社会经济的话，那么，对于乡村中这种所谓的"公产"土地关系的认识，就是必不可少的了。在这里，以江南徽州地区宗族祠堂的祠产购置、产权形态及交易情况作一案例，大体上可以对中国农村中常见的公有地土地关系有一定的了解。

第一节　宗族置产与公有土地关系的形成

在清代，徽州宗族建祠置产的普遍化，使当地民间土地迅速集中，形成以宗祠为中心的共同占有地产现象。由于徽州歙县西乡棠樾鲍氏[①]、唐模许氏[②]祠产土地资料得以大量保存，为蠡测清代民间公堂地主祠产的内在结构及祠产盛行的原因提供了依据。

一、家族、宗族置产情况

棠樾村位于歙县西乡 22 都 9 图，东至歙县城 15 华里。北宋时，其鲍氏始祖文学荣公在此创建别墅。南宋时，荣公曾孙鲍居美、鲍居安率其族人由歙县西门迁徙至此，遂为鲍氏宗族世居之地。据《棠樾鲍氏宣忠堂支谱》卷二十二所载，元至正年间，其族人伯源公倡率宗人兴修水利，可耕地为 600 余亩。清代乾隆嘉庆间，由于徽商鲍志道、其妻汪氏、其弟鲍启运等捐置祠产，鲍氏宗族成为当时拥有大量地产的名族之一。

唐模位于歙县西乡 21 都 2 图，距棠樾甚近。唐模的经济开发亦在北宋时期，乃系歙县许村许氏族人分析移居于此。至清代嘉庆年间，据《许荫祠实征归户册》[③] 统计，仅许氏荫祠即拥有田产 559 亩，地 70 亩，山 7 亩，塘 16 亩，总计 652 亩。

这两个宗族的宗祠置产形式有明显不同，反映了商人资本与公堂地主土地资本运行方式的不同特点。

先看鲍氏置产过程。乾隆三十年（1765 年），鲍志道自扬州归里，呈立"宣忠户"，置田 53.725 亩，塘 0.26 亩，后又续置西沙护坟地 2 宗，共 0.274 亩。[④] 乾隆五十八年

---

① 棠樾鲍氏家族的研究，参见叶显恩：《明清徽州农村社会与佃仆制》，安徽人民出版社 1983 年版。又见拙作《徽商鲍志道及其家世考述》，载《江淮论坛》1983 年第 3 期。

② 参见彭超：《歙县唐模村许荫祠文书研究》，载《中国社会经济史研究》1985 年第 2 期。

③ 原件藏安徽省博物馆，藏号 2：238560。

④ 鲍琮：《棠樾鲍氏宣忠堂支谱》卷二二《新置祀产》、《重修宣忠堂堂约》。

（1793 年），宣忠堂支派三大房因护祖全事，公订祔葬者输银 1 000 两，其中 200 两为庄仆完婚，其余 800 两于嘉庆八年（1803 年）冬月公同置产，归入宣忠户，共置田 31.885 亩，塘 0.284 亩。① 鲍志道妻汪氏于嘉庆五年（1800 年）六月立"节俭户"，置田 99.956 7 亩，地 1.129 9 亩。② 鲍志道弟鲍启运因"长服贾四方"③ 于乾隆五十年（1785 年）自扬州归里省墓，因当年干旱歉收，恐"明年春米价腾贵"，于是"私名其户，曰体源"，开始置产，然当时仅"得三亩有奇"。嗣后，鲍启运"岁有所入，即以置田，田悉归体源户"。按这种方式置产，"岁可八十亩"，"如是者十有余年，综先后所置田得五百 40 亩"。④ 根据该谱开列田亩字号统计，体源户于乾隆之际共置田 540.738 5 亩，塘 7.212 15 亩；嘉庆时，又续置田 165.581 84 亩，塘 2.335 355 亩，地 2.46 亩，总计体源户有田 706.32 亩，塘 9.54 亩，地 2.46 亩。体源户置产之后，鲍启运又立"敦本户"，置田 503.875 1 亩，塘 8.593 5 亩，⑤ 其田性质与体源户相同，均属宗祠义田。连同鲍志道所置祀田统计，自乾隆三十年至嘉庆十年的 40 年间，鲍氏共置田 1 396.762 14 亩，塘 18.68 亩，地 21.545 9 亩。鲍氏兄弟的置产过程，可见是在十余年间完成的。

再看唐模许氏荫祠。为便于反映宗祠置产的实态，特将许荫祠清代置产田契列表 2-1 如下：

表 2-1　清代歙县唐模许荫祠置产表

年代	出产人	出产原因	田税 亩	塘税 亩	价银 （两）	契号
顺治十七年	许志尹	送主入祠	2.714	无	25	2：23029
顺治十七年	许明恺	神主入祠	2.318	0.15	24	2：23030
康熙五年	许志义	送父母神主入祠	2.573 5	无	26	2：23033
康熙八年	许恩德	管业不便	0.079 5	无	0.64	2：23032
康熙九年	许宁邦	因粮长站柜缺少使用	0.486	无	3.3	2：23031
康熙十一年	许广	欠少祠银	0.873	无	7	2：23035
康熙十二年	许士知	欠少使用	9.35	0.01	70	2：23037
康熙十三年	许志淮	许氏存礼户急用	2.628	0.03	18	2：23040
康熙十六年	许怀德	无	2.604	0.03	22	2：23021
康熙十九年	鲍元玉	钱粮紧急	0.895 8	0.04	5	2：23006
康熙十九年	许予清	无	1.242	无	10	2：23007
康熙十九年	许孝仪	粮差欠缺并赎当价	0.331 3	0.05	5.2	2：23005
康熙二十六年	许铭	因奉神主之用	0.985	无	12.5	2：2342
康熙三十年	许芳叶	因奉神主入祠	0.93	无	10	2：2347

---

① 鲍琮：《祔葬银两公置祀产敬设冬祭缘由》。
② 鲍琮：《节俭户缘旧》。
③ 鲍琮：《棠樾鲍氏宣忠堂支谱》卷一九《敦本户田记》。
④ 鲍琮：《棠樾鲍氏宣忠堂支谱》卷一九《义田·体源户田记》。
⑤ 鲍琮：《棠樾鲍氏宣忠堂支谱》卷一九《义田·体源户田记》、《敦本户田记》。

（续上表）

年代	出产人	出产原因	田税亩	塘税亩	价银（两）	契号
康熙三十六年	许用羽	缺少钱粮，粮长无措	1.105	0.06	11	2：23343
康熙四十三年	许龙文	无	1.186 3	无	15.6	2：23323
康熙四十五年	许光潢	欠少神主银	0.773	无	11	2：23321
康熙四十九年	王启周	无	1.354	0.062	13	2：23142
康熙五十一年	许自迩	为变换契	0.828 7	无	15	2：23147
康熙五十三年	汪楚玉	讼费无措	2.416	0.03	33.8	2：23150
康熙五十三年	汪景魏	讼费无措	1.737	0.2	22.2	2：23151
康熙五十五年	汪楚玉	因乏用	1.5	0.02	20	2：23153
康熙五十五年	汪景魏	祖坟讼费无措	2.9	0.08	37.3	2：23159
康熙五十六年	黄华德	欠少使用	0.715 4	无	10	2：23155
康熙五十七年	许繁扯	管业不便	1.115	0.066	25	2：23154
康熙五十七年	叶子龙	欠少粮差使用	1.615	0.02	20	2：23157
康熙五十七年	许阿汪	欠少使用	1.85	0.053 25	21.2	2：23158
康熙五十七年	许焕章	欠少使用	0.878	1.17	16.8	2：23162
康熙五十七年	许舜玉	无	0.215	无	2	2：23163
康熙五十八年	许虞功	无	2.634 5	0.08	31	2：23164
康熙五十九年	胡阿王	欠少使用	1.64	0.05	20.7	2：23168
雍正元年	洪阿宋	因欠少使用	1.3	无	16.9	2：23177
雍正三年	朱阿岑	欠少粮差使用	2.93	0.08	36	2：23178
雍正三年	叶仲文	欠少粮差使用	0.3	无	4	2：23174
雍正四年	叶子龙	欠少粮差使用	0.78	无	10.9	2：23406
雍正五年	汪子严	钱粮紧急	1.379	0.01	16	2：23183
雍正七年	许君逢	今因乏用	0.300 25（地税1亩）	无	12.5	2：23393
雍正七年	汪楚玉	钱粮紧急	0.442	无	6	2：23394
雍正八年	王廷昭	钱粮紧急	0.275	无	4	2：23387
雍正十年	黄永成	欠少使用	0.8	无	11	2：23374
雍正十三年	汪子严	钱粮紧急	0.936 4	无	6.8	2：23359
雍正十三年	赵德芳	缺少使用	0.964	0.08	11	2：23358
乾隆五年	汪树周	管业不便	0.8	0.01	11	2：23200
乾隆六年	许阿汪	欠缺使用	0.277	无	2.7	2：23203
乾隆六年	成阿叶	因乏用	1.321 1	无	11.5	2：23202

（续上表）

年代	出产人	出产原因	田税亩	塘税亩	价银（两）	契号
乾隆九年	汪羽仪	无	0.2	无	4	2：23209
乾隆十年	张华山	欠少使用	1.635 9	无	26.4	2：23214
乾隆十三年	王文瑞	欠粮差使用	0.275	无	5.5	2：03221
乾隆十四年	程天祥	欠少使用	0.9	无	13	2：23225
乾隆十四年	叶阿方	欠少使用	1.573	0.01	20	2：23224
乾隆十八年	许悟恒	为弟媳进主	1.1	0.004	20	2：23227
乾隆二十六年	许阿鲍	因公事乏用	1.989	无	80	2：22900
乾隆三十年	吴根汉	管业不便	1.965 6	0.143 73	30	无契号
乾隆三十二年	许阿江	今因正用	3.508	0.01	86.19	2：23489
乾隆四十三年	许疑鹿	无	3.867	0.04	140	2：23499
乾隆四十五年	黄瑶珍	欠少使用	2.093 2	无	50.24	2：23500
乾隆五十三年	许景洛	欠少使用	5.097	0.019	172	2：23423
乾隆五十六年	程仲威	今因正用	4.92	0.186	100	2：23506
嘉庆十年	胡曙光	今因正用	1.32	0.012	22	2：23259
嘉庆十七年	洪阿吴	今因正用	5.403 5	无	76	2：23280
嘉庆十七年	程新彩	今因正用	2.25	无	63	无契号
嘉庆十八年	汪慎先	今因正用	2.6	无	57.2	2：23265
嘉庆十八年	汪灿封	今因正用	24.491 01	0.949 478	640	2：23260
道光三年	许汉文	今因正用	9.857	0.344	213	2：23073
道光三年	程光大	今因正用	1.514	无	30.88	2：23075
咸丰六年	许毕氏	今因正用	4.092 9	0.31	31.5	2：23044
咸丰七年	许阿郭	钱粮紧急	2.3	无	23	2：23047
咸丰七年	许慎修	今因正用	7.552	0.19	80	2：23046
光绪二十四年	许仇氏	无	6.191	0.019	50	2：23424
光绪三十三年	许继伯	无	4.226	无	鹰洋56元合银40.32两，其大小买银共64.32两	无契号

　　表中所列许荫祠购置田产共 70 宗，因年代久远，难免遗失阙漏。但从置产活动的角度进行分析，说明：①许氏荫祠置买本村田土为 29 宗，购外村土地为 41 宗。②出产原因：因宗族关系出卖田产的有 13 宗，占总数的 19%；因田赋关系卖田的有 24 宗，占总数的 34%；管业不便为 5 宗，占总数的 7%；以"今因正用"为由及情况不详者有 28 宗，占总数的 40%。③宗祠购置田产，是利用民间私人土地买卖制度，逐渐完成田产积累过程。其土地交易方式与民间土地买卖并无多大差异，所不同的仅仅是因宗法关系而构成的

田产交易。

宗祠兼并族人产业，主要是利用宗祠的功能，以收缴进主银积累一定量的货币资本。[①] 在清初徽州族规中，对进主入祠有严格的规定。以歙县新馆鲍氏宗祠为例，其族人进主入祠，出银 3 钱，配飨设席，出银 10 两，"支下有立配飨席者，出银三十两，永以为例"。但对于无嗣、庶母、异姓承继子、未娶而殇者、罪囚死于刑狱者、母亲改嫁者，则严禁进主入祠。

随着置产规模的扩大，对于不许入祠的人，则成为宗祠索取高额进主银的对象。例如无嗣者，则视其捐监与否，以确定进主银额。若捐监无嗣，"捐银二十八两"，仍待其立继之后，再"照已捐例加捐二十八两"，则"入祠无异"。如此来看，生子无嗣，只要捐银 56 两，即可入主于祠。又如庶母，清初，新馆鲍氏宗祠规定"庶母不得入祠之例"，但至乾隆六十年（1795 年），因其族人鲍曾栓以"本生庶曾祖母胡氏不能入祠，其祖父孝思未遂"为由，"捐银五百两，以充公祠之用"，于是"阖族公议"，"已准入祠"。[②] 以捐银入祠公用为进神主银，成为祠银积累的重要方面。乾隆后，宗祠入主规条重新修订，规定加捐职衔，以其所捐官银数为入祠银数，"以归祠用"，从事农耕者，仍"以二十八两为定例，读书入伴者，量力而行"。嘉庆三年（1798 年），新馆鲍氏宗祠又规定庶母"捐良田二亩，亦准入祠，以广祀产"[③]。道光六年（1826 年）八月，仿照立继捐银 20 两之例，庶母可以入祠。[④] 同年十二月修订《祠规》，申明庶母子捐银 28 两，后嗣捐功名者捐祠银 56 两，庶母无子者捐银 112 两，均可入祠。此后，对庶母入祠条件多变，捐祠银数时有增减。如咸丰元年（1851 年），为大钱 14 千文，光绪时为钱 10 千文。

由于入主所缴纳的主要是银两，对于族人无银两来源者，上述"捐良田二亩"[⑤]，的新规定，就直接导致乡村中变卖产业现象的出现，并逐渐成为社会普遍现象，这从表 2–1 所示许氏出卖田产以作神主银诸例中即可窥见。因此，在田产易银过程中，往往容易出现宗祠吞并族人产业，甚至以欺骗的手段敲剥族人现象。最明显的实例，有嘉庆十一年（1806 年）五月许元庶交税契：

二十一都二图立交税契支丁元庶、元富率侄凤祥等，凭中出税荫祠为业。缘支丁元庶鲍氏婶母孀老无依，于嘉庆五年奉神主八名入祠。经托族分尊长将承祖分受住屋一所，坐落场字二千二百八十号。地税一分一厘，土名后库，公同估值价银四十两，归入荫祠，以作进神主例银。言定：俟鲍氏婶母身故之后，即交业过税，入祠户内支解输粮。其时已定墨据，交分长茂位叔公收存。今婶母业已身故，理由［应］交业入祠。其前所立墨据，茂位叔公未行交出，今询伊子，茫然不知，究竟不识茂位叔公遗失，抑是位子失记？嗣后检出，不得行用。恐口无凭，立此交税契永远存照。

嘉庆十一年五月　日立税契支　丁元庶（具名略）

---

① 祠银收入，并非仅入主银一项。他如嫁女门庭礼银、添丁进口银、罚银、富户捐银、责令富户承买产业滩银，等等。祠银的用途，主要用于入典生息。一般来说，其息银是宗族祭祀、置买田产的主要资金来源。而商人巨额捐助，就徽州整个宗族来说，似乎多系清代盐商巨富所为。

② 鲍诚献：《歙新馆鲍氏著存堂宗谱·祠规》。

③ 鲍诚献：《歙新馆鲍氏著存堂宗谱·庶母入祠》"嘉庆三年岁次丙午孟夏四月《祠规》"。

④ 鲍诚献：《公议》"光乾公"条。

⑤ 据该宗谱记载，"良田二亩"即为银 28 两，说明良田每亩地价银 14 两，这是以田折银进为主的重要例证。

许元庶在其姊母生前即将此房估价作为入主银，并立有墨据，申明待姊母死后即交业过割地税。这说明在其姊母生前，其房地产权已归荫祠所有。这种生前即以其产业估银入祠的做法，显然是明代以来输产入祠进主制度的延续。而宗祠以一纸墨据来占有族人产业，其以宗祠名目夺产方式较购置地产似乎要简单得多。因此说，祠产的迅速发展，是与利用宗法关系，巧取豪夺族人产业的置产方式分不开的。

二、祠产结构与地权形态

从徽州宗谱来看，祠产在名义上皆为宗族或支派、门、房所有，并非私人占有，即便是个人独立捐置产业，其产权亦同个人产权相分离。如前述棠樾鲍志道个人独捐的产业，按族谱所载："爰捐己赀，置田五十亩，立鲍宣忠户，永远归公，为贴补管年敬办祭田之用，他人固不能典卖。"①

宗祠公有产业的内在结构究竟怎样，这是不清楚的，从棠樾鲍志道所立宣忠户，鲍启运所立体源户、敦本户及鲍志道妻汪氏所立节俭户来看，其置产方式及产业的经营、分配，均以同一祠户为基本单位进行。可以说，祠户产业是宗祠产业的一个单元，若干祠户单元的组合，从而构成宗祠共有财产整体结构。所以说，分析祠产内在结构，必须重点研究祠户的实态。

祠户的形成，是任何一个宗祠建立财产共有制不可缺少的条件。例如唐模许氏，前录70宗零散的土地买卖文契，其受产人多系宗祠某祠户。明文记载的有"许孝睦户"、"许竟立户"、"许森作户"、"许存礼户"，等等。其祠户名称，可以是以祠户的法人来命名，或具有一定的含义，以表示该祠户的性质，如棠樾鲍氏宣忠祠户，即是以其始祖鲍象贤《诰敕》中有"中柱下宣忠"一语而命名。

祠户的功能不仅在于置产方面，同时也是收取地租、上缴田赋的基本单位。仍以棠樾鲍氏祠户为例，其土地占有、租额情况如表2-2所示。

表2-2　歙县棠樾鲍氏宣忠堂祠户地产、租额表

祠户	田税亩	塘税亩	地税亩	时租额（斗）	硬租额（斗）	田赋额	捐产人
宣忠户（祔葬银置产）	53. 725 31. 885	0. 26 0. 284	续置西沙护坟地0. 274亩，收租钱48文	1 251. 5 643. 6	221 137		鲍志道 祔葬公捐
节俭户	99. 956 7		义家、仓基地1. 129 9	1 140. 6	1 144. 42	正则钱粮银12. 616两，营米4. 17石	鲍志道 妻汪氏
体源户	707. 285 69	9. 547 538	20. 142	6 457. 5	7 251. 25	正则钱粮银90. 305两，营米3. 1石	鲍启运

---

① 鲍琮：《棠樾鲍氏宣忠堂支谱》卷二二《新置祀产》。

（续上表）

祠户	田税亩	塘税亩	地税亩	时租额（斗）	硬租额（斗）	田赋额	捐产人
敦本户	503.875 1	8.593 5		3 073.95	6 053.81	正则钱粮银63.61两，营米2.118石	鲍启运
合计	1 396.727 49	18.69	21.545 9	12 567.15	14 807.48	正则钱粮银166.531两，营米9.388石	

根据上表，可以看出棠樾宣忠派[①]支祠产业的构造，是以宣忠户、节俭户、体源户、敦本户四个祠户组成，其中宣忠户为祀产，其他三户为义田。宣忠派凭借这四个祠户，迅速集中大量土地。每年约收取时租12 567.15斗，硬租14 807.48斗，每年缴纳正则钱粮银166.531两，营米9.388石。

祠户产业结构，包括的地目有田、塘、地（其中包括坟地、房基地等）、山场。《歙新馆鲍氏著存堂宗祠谱》记载康熙十五年（1676年）三月该祠各户产业结构状况，如表2-3所示。

表2-3　歙县新馆鲍氏祠户产业状况

祠户	字号	田		地		山		塘		备注
		税亩	处数	税亩	处数	税亩	处数	税亩	处数	
著存户	荒字	10.264 4	13	7.644	18	0.65	4	0.23	2	原名"宗义户"
	日字	1.228	2	3.412	1	1.144	1			
	列字			0.83	1					
	知字	0.079 8	1	0.272 4	2					
	芥字	0.291 2	6	0.01	1	0.92	5			
鲍懋户	洪字	2.38	2							荒字田2.52亩，塘0.106 2亩，后入鲍氏缵德堂
	荒字	8.602	9	1.803	2	0.115	1	0.346 2	4	
	日字	8.063	10					0.635	6	
	列字	1.375	1					0.043	1	
鲍宗祠户	荒字	18.574 5	27	1.617	5	0.15	1	0.1	1	地税0.015亩，拨入曹懋梓户
	日字	18.256 6	24							
合计		69.654 5		15.588 4		2.979		1.354 2		出产田2.52亩，地0.015亩，塘0.106 2亩

① 所谓"宣忠派"，即系明嘉靖赠工部尚书鲍象贤支派后裔。据徽州宗祠习俗，其始祖的确立，是以该支派中官位最高、对宗族有功德的祖先为始祖。而最初迁入该地的祖先，则称"始迁祖"。始祖确立后，以其子孙划分门、房、派。如鲍象贤有三孙即鲍齐英、鲍孟英、鲍同英，乃分为三房，统称"宣忠派"。

歙县新馆鲍氏著存堂支派亦有著存户、鲍懋户、鲍宗祠户三祠户。康熙后，其祠产略有所出。同治年间，族人鲍志桐、鲍存晓捐资置产，设立"清节户"，有田产17宗，共20.66亩，塘产2宗，有0.09亩。这种以田产为主，兼有其他地产的产业结构与棠樾宣忠堂无异。

祠户的设立，源于明代。较早的实例有隆庆三年（1569年）三月朱熹十二代孙朱墅、朱钟要求府县允许为朱子建祠置产的呈文。隆庆六年（1572年），正值大造，朱兴铭等人则要求正式置立祠户，其呈文可以说明祠户制度的内容。

二十一都五图朱兴铭等呈为尊立户事。户因祠立，税以户收。会族世袭翰林院五经博士朱墅议建唐始祖环公、宋献靖公、文公祠宇，蒙段太爷赐匾，众置祭田，以备春秋祭仪，税无所归。今值大造，望乞垂念先贤，准立文公儒籍收税。

隆庆六年五月　日具①

从当时歙县知县姚侯批文，知其文公儒籍祠户已得到批准。这说明：①祠户于明代后期已作为一种专门的户籍，并得到官府的认可，而歙县民间所立朱文公祠户，尚未完全脱离明代户籍制度，仍隶属于民户之儒籍之列。②官府允许民间呈立祠户，其目的显然是便于征税。从其呈文"户以祠立，税以户收"一句，可以反映立祠与收税的关系。③宗祠的建立，并不意味着祠户的确立，明代祠户呈立，往往是大造年进行并得到官府的批准。

三、祠户的管理制度

明代以祠户征收田赋的原则，清代依然得以保留。如清代康熙年间刊行的《茗洲吴氏家典》说："朝廷国课，小民输纳"。"凡公户、己户，每年正供、杂项，当预为筹划，及时上官，毋作顽民，致取追呼，亦不得故意拖延，希冀朝廷蠲免意外之恩。"② 宗族以《家规》、《族规》、《家典》的形式，保证祠户之"公户"和族人之"己户"，按时按量缴纳田赋，这就不难看出官府对祠户的认可，是便于催征田赋，有利于国家财政收入。

祠户置产活动，称作"归户"。例如棠樾鲍氏体源户，则立有"归户一本"，敦本户也存有"敦本户归户一本"。③ 归户册的形式，可以唐模许氏归户册为例（见表2-4）。经官府批准的祠户，其祠产文书主要包括：①归户册；②赤契税票；③收置田塘地亩底簿；④立案田地字号县印簿；⑤立碑府县禁示；⑥立案收租县示；⑦宗族合议保祀合同等。在祠户证明文书中，归户册居于首位，显然具有特殊的使用功能，可能是以所谓"归户"田产多寡来表示祖先功德，并以此激励族人投资置产进入"归户"行列。

表2-4　歙县唐模许修业归户册产业表

年代	田税亩	地税亩	塘税亩（亩）	地价银（两）	出产人
嘉庆十二年十月			0.148	4.5	程荫之

① 朱墅：《歙西碣田朱氏祠志》。
② 吴翟：《茗洲吴氏家典》卷一《家规八十条》。
③ 鲍琮：《棠樾鲍氏宣忠堂支谱》卷一九《义田·公议敦本户规条》。

（续上表）

年代	田税亩	地税亩	塘税亩（亩）	地价银（两）	出产人
嘉庆十三年十二月	8.502		0.08	194.9	许书堂
嘉庆十六年十一月	2.069 4		0.01	40	洪冠五
嘉庆十八年三月	2.474		0.136 8	63.8	成天培等
嘉庆十八年十月	4.087		0.01	105	鲍宁椿
嘉庆十九年六月	2.223			56	洪九如
嘉庆二十二年十一月	2.03		0.06	44.5	宋松顺
嘉庆二十二年十二月	9.428		0.267 5	226.272	徐德超
道光二年八月	1.842			41.26	许阿汪
道光二年十二月	0.9			16.2	胡汪氏
道光二年十二月	3.3			59.4	胡沧屿
道光二年十二月	6.228		0.01	123.3	程锡候
道光三年十二月	1.514	0.088 5		30.88	程光大
道光三年十二月	9.857		0.344	213	许汉文
总计	54.454 4	0.088 5	1.066 3	1219.012	

祠户管理是以司祠、司年或称督总、襄事①、总理、分理等人组成的法人经营集团，共同从事祠户经营管理。宗族的族长、房长或由宗族耆老乡绅组成的文会、堂会，对祠产经营则负有监督的责任。法人集团的经营方式，是采取轮流管年，由各房派承管，且互相监督。棠樾鲍氏祠产，即"公议三大房合管，逐年订以各房承管，齐英、孟英、同英公三家轮流挨办外，另金贤能者一人总理祠务，俾有专责"②。这种以门、房派合管，轮流管年的经营方式，在徽州流为乡俗。如新馆鲍氏著存堂派支祠，则以橐、檀、耀、烨、乐、栾、集、概 8 人"轮流管年三年"，其原因在于这 8 人"捐金建祠，即费至数千"③。这 8 人的身份，均系盐商。由于他们建祠置产，不仅轮流管年 3 年，而且以 8 人配飨其始祖，"八公之子孙轮流主祭。且司祠事者，表立祠之功德，报输田之大义也"④。由商人捐资建祠，购置祠产，轮流主持祠事 3 年，并世代以其子孙承管祠产，可见宗祠法人集团对祠产占有支配地位，祠产公有不过只是一种形式而已。

祠产地权形态，主要以占有大买田（田骨田）或大小买田（田皮、田骨田合一）为

---

① 关于"督总"，《公议体源户规条》言："督总以宣忠支下司敦本祠者管理，如宣忠支下不司祠总，则听族长、文会议金，以宣忠支下贤而能者承管。"说明督总是由宣忠支派司祠者管理。关于"襄事"，同上书言："襄事三人，在宣忠支下长、二、三房每房各挨一人，连管四年，以年三十岁能襄办者承办。"

② 吴翟：《茗洲吴氏家典》卷十七《值年规则》。

③ 鲍雯宗：《著存堂祠规序》，载《歙新馆鲍氏著存堂宗祠谱》。

④ 鲍元仪：《著存堂重订祠规序》。关于这 8 人的身份，该《序》言："时则有若集公、概公、乐公、栾公、橐公、檀公、烨公、耀公八人，所各挟盐筴，遂致不赀。素怀大志，倜傥非常，慨捐己赀，共成巨万，建立宗祠，并输祭产。"

主，小买田（田皮田）占有较少。以棠樾鲍氏宣忠户为例，可以反映乾隆年间宗祠置产的倾向及地权形态（见表2-5）。

表2-5　歙县棠樾鲍氏宣忠户地权形态分析表

大买税亩	小买税亩	塘税亩	承佃人	时租额（斗）	硬租额（斗）	每亩地租量（斗）
	3.35		程连进	100	16	34.7
1.5	5.92		徐婢妾	5	35	31.8
1.2			王天进	202		30
1.22			汪照堂	36		30
0.97			鲍同贤	36.6		30
			族人	29.1		
0.9			方灶顺			30
1.358			鲍裕兆	27		29.9
			族人	40.7		
1.47			鲍以纯			30
			族人	44.1		
2.232			昊西华			30
1			徐灶狗	67		30
0.953			许三冈	30		25.1
1.8			刘聚堂	24		30
1.5		0.095	方观金	54		25.3
1.163			胡和尚	38		29.2
1.53			鲍刘氏	34		29.4
1.978		0.04	李观志	45		28.9
1.953			吴洪寿	143		27.6
2.4			程魁	54		25
1.2			鲍兆丰	60		1
			族人	18	5	
2.3			王天贵		35	
0.914			黄国栋			15.2
1.214			黄正贵	27	24	29.5
0.758			江全			19.7
3.273		0.035	汪添闹	25	56	32.9
2.75			汪细兴		55	17.1

33

（续上表）

地权形态		塘税亩	承佃人	时租额（斗）	硬租额（斗）	每亩地租量（斗）
大买税亩	小买税亩					
1.086 4			郑叙源	30		27.6
2.85			汪天福	86.5		30.3
2.023			陈三宝	50.5		24.9
2.2			陈明椿	55		25
2.1			郑天顺	52.5		25
1.51			陈观美	37.7		24.9
1.086			许社寿	27		24.8
1.04			刘松友	26		2.5
1.1			陈六喜		6	5.5
3.757			刘聚堂		66	17.5
1.8			汪冬喜	46.8		26
3.39			陈景川	100		29.5
2.045			李世盛		40	19.5
1.28			吴文珍	37		28.9
0.923 2			鲍大缓	27		29.2
			族人			
1.1			鲍祖寿	33		30
			族人			
1.23			李柯	36.9		30
0.931 2			李全保	28		31.1
	1.3		吴细和尚	25		19.2
1.469 6			程华	38.2		25.9
0.8			程美福	24		30
0.8			汪圣遂	24		30
共计						
72.057 4	10.57	0.17		1 924.6	338	20

注：其中塘 11 宗，共 0.31 亩，未注明佃人及租额。

如表 2-5 所示，鲍氏宣忠户置有大买田 72.057 4 亩，小买田 10.57 亩，共有田税亩 82.628 亩，其中大买田占祠田总数的 87%，小买田则占 13%。除宣忠户外，节俭户所置祠田，亦"置大买田一百亩"。由此可见，徽州宗祠置产是以大买田为主要对象。这是因为地权分割为大小买田，在土地买卖过程中则表现为大小买田地价的差额，由此影响大小买田地租量的不同。置购大买田，其大买田租收入显然高于小买田租，并且可以减少田皮转卖、顶种方面的麻烦，防止祠田脱产失业。诸多因素，可能是宗祠注重大买田的主要原因。

第二节　乡村公有土地的租佃关系

土地自由买卖促使当地私人地主、自耕农和半自耕农破产，私人土地迅速流向宗祠，即便是中小宗族的祠田，也逐渐转入强宗豪族手中。这样集中大量地产的宗祠是否对旧有的私人土地租佃关系有所改变？这就需要从有关徽州祠产资料来看祠田佃户与宗祠法人集团形成的租佃关系同私人土地租佃关系有无本质上的差异。

一、公有地出租与佃种形态

简单地说，私人土地租户租佃土地以维持其生存的形式有两种：一是种主田，住主屋，葬主山，除缴纳地租外，还为其主服各种劳役，负有沉重的封建义务，与其主有复杂的人身依附关系，这即是庄仆；[1] 二是在租佃制下，佃地主田，或田皮，或田骨，缴纳地租，佃户与地主的关系主要是经济关系。

清代徽州祠产租佃关系的主要形式是庄仆制。从佃户身份看，《棠樾鲍氏宣忠堂支谱》卷二二所记"节俭户"祠田，即"庄仆六十八户，鲍姓四户"。至于"宣忠户"佃人是否为庄仆，宗谱中没有明确记载。但乾隆三十八年（1773年）三大房系合议公置袝葬银两敬设冬祭时，曾规定"袝葬者输费银一千两，先兑二百两，为二房庄仆完婚活家之计"。而鲍逢仁支派随即"兑银二百两，交公安顿庄仆急务"[2]。此外，在清初《旧有祀租》中，则有将该祠崇本银28两"拨给里田庄仆退承种小买田业"及"将山租赏给庄仆"等记述。这说明棠樾鲍氏自清初直至乾嘉时期，依然是以庄仆作为祠田的主要租佃人。宗祠采用"召庄承佃"的方式，吸收无业、无屋居住佃户为庄仆，目的是为了使庄仆为宗祠提供稳定的地租收入，宗祠以其投入建造庄屋的费用为资本，收取庄屋租息，而这种庄屋房地产租息则表现为庄仆力役形态。所以说，庄仆不仅是宗祠的力役来源和榨取实物地租的对象，而且也是宗祠获取劳役地租的主要承受者。以役代租，应是宗祠庄仆制的重要特点。这一点，理论上已很清楚，故不赘言。

租佃关系的第二种类型，则是祠产法人与佃户签订租批，从而确定租佃关系。租批的使用，如《歙新馆鲍氏著存堂宗祠谱》云："祠中有余赀，置产会众，看田高下定价，当即割税入户。佃户当立租批，方行会众兑价。"这就是说，宗祠租佃关系的确立是在宗祠报官割税后支付地价前，通过与佃户签订租批的方式完成的。这种情况，可能是对佃户与出产人并非一人而言，对于卖业人转为佃户，可能是在当他们出卖产业的同时，即承租自

---

① 参见刘重日、曹贵林：《明代徽州庄仆制研究》，《明史研究论丛》第一辑。又，[日] 仁井田升：《明末徽州的庄仆制——特别是关于劳役婚》，载《和田博士古稀纪念东洋史论丛》，1961年2月。关于清代庄仆，参见章有义：《清代徽州庄仆制管窥——休宁吴葆和堂庄仆条规剖析》。

② 鲍琮：《棠樾鲍氏宣忠堂支谱》卷二二《节俭户田缘由》。

己所卖之产业。如棠樾宣忠户继置西沙护坟地，其中有女字 875 号，地税 0.124 亩，"现佃陈黄氏，原卖业人。每年交租钱二十四文"。又，女字 876 号，地税 0.15 亩，"现佃陈定兴，原卖业人。每年交租钱二十四文"。从佃户身份已确认来讲，这种情况当属另一形态。

祠田租佃期限，租批中未予限定。从地租收入考虑，宗祠一般不轻易抽田退佃换佃，这显然是大土地经营的一个特点。如歙县棠樾鲍氏宗祠设有征租簿一本，其中规定："先载田亩、字号、土名、租额及佃人姓名，再将实收谷数于佃人名下载明。倘遇佃人顶种未换租批，征租时查出，着令顶种人换写收执，仍于前佃人名下注明某年某人顶种字样，以免失业。"① 宗祠注重原佃，即使原佃转佃顶种，宗祠并不采取抽田退佃的方式，而是由顶种人另立租批，仍立于原佃名下。这样做的目的，除防止脱产"失业"外，主要还是从原佃最初议定的地租量来考虑，所以仍继续承认其原佃，至于原佃人与顶佃人之间的地租关系，宗祠则不予过问，但要以顶种人仍然按原佃议定的地租量并缴纳宗祠为条件。在这种情况下，原佃往往转化为佃首，以收取顶种人交纳的顶种地租，同时负有完纳祠租的义务。因此，原佃也不会轻易割断与宗祠的联系。即使原佃无力交纳祠租，宗祠也不轻易退佃。例如歙县唐模许荫祠佃户赵惟宪、赵连生、赵杜富、赵万寿，其先人赵初高于乾隆三年（1738 年）租许荫祠田 1.6 亩，并披屋、花园围墙一并在内，"原议每年交纳租谷三十八斗，历年已久，无力交纳"。至嘉庆九年（1804 年）十一月，只好"将己业坐落溪塝旁上大梓树一株、小樟树一株、择树二株，凭中出卖于许祠名下，听凭养取两便，得受树价银四十两，其银当送许祠收存。言定：银不起利，田不起租。候身等将田交还之日，其银再付身等收领"②。赵姓佃户与许荫祠的租佃期已有 69 年，其先人即系宗祠原佃。在累年积欠、实在无力交租的情况下则采取变卖产业、折银抵押方式，同宗祠继续保持原佃租佃关系，而宗祠则以"押租制"③ 来获取其押银利息，以补偿所欠宗祠支付土地资本的利息。当然，对于穷困潦倒、无从榨取欠租的佃户，宗祠有可能采取起业另佃的方式，解除原佃租佃关系。在宗祠租批中，常常看到"倘有欠少，听凭业主换佃"，而房地产租批中则注明"其租金如有欠少，另召他人居住"等条文，说明这种租赁制度也是存在的。究竟采取怎样的方式，关键则在于宗祠地租收入是否受到影响。

二、公有地的地租形态

祠租形态，一般来说，祠田主要缴纳实物租，同时也有少量缴纳货币租，而宗祠房地产几乎全为租金形式，劳役租则仅限于庄仆。

（1）实物租。实物租的主体是谷物，少量的以租豆、租柴缴纳。谷租征收采用定额租制，分成租在清代已见衰微。如前所述，宗祠与佃户租佃关系确立的同时，其应缴纳的地

---

① 鲍琮：《棠樾鲍氏宣忠堂支谱》卷一九《义田》。
② 原件藏安徽省博物馆，藏号 2：23197。
③ 押租制的一般形态，即在租佃关系确立时，必须缴纳一定的押租银，以其银利作为地租收入即是"田不起租"；对于佃户来说，则"银不起利"。如唐模许氏租批一纸，即系典型的押租契："立租批人许友彰，今租到郎尊叔公名下楼屋三间，厨房一所，一应墙垣门窗（扇）俱全，当交押租时平纹银一百两正。言明：银不起利，屋不起租。期以十二年为满，迁移之日，银屋两缴。今恐无凭，立此租批存照。乾隆三十七年十月十八日立租批人许友彰。"而赵姓佃户欠租折银抵押而形成的"押租制"，实际上是以其抵押租银利息偿付土地资本利息的一种形式。

租定额即随之确定。但由于农业生产时有丰歉，定额租制难以实行，因此，宗祠在规定地租定额的基础上，对灾年实收租、硬收租都预先规定减少的比例。如棠樾鲍氏祀田，旧存田1.8亩，时租54斗，又有张良坛、张园塘硬租谷10斗，新置田时租1 895.1斗，硬租358斗，新旧共有时租1 949.1斗，硬租368斗。"丰歉约扯，时租三分半，硬租六分正"，总计约有毛谷时租682.2斗，硬租谷228.8斗。①按这个比例，灾荒年分，时租谷可减少65%，实收35%；硬租谷可减少40%，实收60%。如此来看，所谓"硬租"，也不是不可减额的。所以说，宗祠是以定额租为基数，实际上实行实收制。

实收比例的大小，宗祠则采用监收法，以确保租谷收入。监收的内容：一是"收租由三大房房长监收，司祠及三大房管年经收。眼同晒干，上宣忠堂仓内"②；二是根据年成丰歉，确定时租实收比例，有时甚至可以降低硬租谷定额。定额租与监收法相结合，是宗祠收租制的特点。

（2）货币租。清代货币租大多限于地税、山税，但也有谷租折银的实例。据棠樾鲍氏银钱祀租的统计：旧存庙冲地租钱198文；古城关田租9宗，有田1.8亩，收租54斗，后改为银0.65两，折实0.585两，地租3宗，实银0.62两，后山窖租银0.1两，横楼下屋租钱1 100文；万石仓膺屋六棺租钱1 440文，西沙溪护坟地租钱48文，共有租银1.305两，租钱2 786文。乾隆年间，又一次清查祀租，共有田2处，租谷18斗；地7处，租银0.88两，租豆3升；山3处，租银0.8两，同时查出佃户欠租谷2 200斤。上示棠樾鲍氏银钱租实收数目，在该祠年租谷总收入中所占比例甚小。

（3）劳役租。以役代租的形式，大多见于佃仆、庄仆，佃户则无须为宗祠服力役，这在前引研究成果中可以看得很清楚，无须另作说明。

宗祠佃户每亩承受的地租量是反映祠产剥削深度的重要指标。在清初，棠樾鲍氏旧有祀租田1.8亩，租谷54斗，每亩收租为30斗，折租银共0.65两，每斗约0.012两，每亩折地租银则为0.36两。乾嘉时期，《棠樾鲍氏宣忠堂支谱》卷一七载乾隆年间宗祠平粜谷价，其规定云："每元银一两，作粜谷五斗五升。租少之年，谷价必贵，租多之年，谷价必贱。丰歉约扯，五斗五升宽绰有余。"平粜谷5.5斗为元银1两，因系扯平计算的平均谷价，而并非时价，这正可用于计算乾隆年间徽州谷价的标准基数；再以唐模许荫祠乾隆二十六年（1761年）汪阿胡当屋契③所载本银月息为0.016两计算，年息当为0.192两，又乾隆二十六年（1761年）许永熙当契④所记当价足纹银10两，"其银利每年秋收交纳风车净谷十八斗"，即本银10两，年息为1.92两，以平粜谷银1两谷5.5斗折算，其银利合谷1.056石，而实物租利谷为1.8石，则较银利多纳谷0.744石，亦等于多缴利息银1.35两。按上述银利、利谷和平均谷价来考察棠樾宣忠堂祠产地租总量，其每亩地租量及折银量如表2-6所示：

---

① 鲍琮：《棠樾鲍氏宣忠堂支谱》卷一七。
② 鲍琮：《棠樾鲍氏宣忠堂支谱》卷二二《节俭户田缘由》。
③ 原件藏安徽省博物馆，藏号2：23464。
④ 原件藏安徽省博物馆，藏号2：23463。

表 2-6　歙县棠樾宣忠堂祠户税亩地租量示例表

祠户	税亩总额（亩）	地租总额（斗）	平均每亩地租量（斗）	每亩地租折银（两）
宣忠户*	53.985	1 472.5	27.2	4.94
（祔葬）	32.169	780.6	24.2	4.4
节俭户**	100	2 285	22.9	4.16
体源户**	736.975 1	13 708.75	18	3.27
敦本户*	512.468 6	9 137.76	17.8	3.41

注：*祀产，**义田。

按祠田总额及地租总量计算，每亩平均地租量为 22 斗，折银 4.18 两。由于土地质量、道路远近或其他因素，每亩地租量则具有相对差额，据前列表 2-5 的统计，宣忠户佃人佃田共为 47 宗，如果以 5 斗作为一个级差，那么，每亩租量在 30 斗以上者有 17 宗，占总数的 36.2%；25 斗以上的有 17 宗，占 36.2%；20 斗以上的有 3 宗，占 6.4%，15 斗以上 6 宗，占 12.8%；15 斗以下 3 宗，占 6.4%。而每亩地租量在 20 斗以上者，亦占佃田总数的 78.9%。其中保持清初每亩地租量 30 斗的即占总佃户的 36.2%，这说明乾隆年间的地租量仍维持在较高水平。

乾隆以后，高额地租的现象比较少见。从宗祠与佃户签订的租批中，可以看出清代中晚期歙县西乡一带宗祠每亩地租量的相对稳定状态（见表 2-7）。

表 2-7　歙县许氏荫祠租批地租量示例表

年代	承租人	出租人	田亩数	租数（斗）	每亩地租量（斗）	每亩租折银（两）	契号
乾隆二十五年	谢锡藩	许荫祠	4.62	105	20.5	3.72	2：23568
嘉庆十八年	黄来旺	许荫祠	1.67	41.5	24.8	4.50	2：23569
道光十年	黄细保	族名下	1.5	20	13.3	2.41	无契号
咸丰元年	黄官全	许荫祠	1.045	24	22.9	4.18	2：23571/1
咸丰元年	黄霏临	许荫祠	5.66	132	23.3	4.23	2：23571/2
光绪五年	鲍有义	许恩养堂	1.85	44.4	24	4.36	2：23573/1
光绪五年	黄天鸿	许恩养堂	1.427	34.3	24	4.36	2：23573/2
光绪五年	叶台升	许恩养堂	1.043	25	23.9	4.34	2：23573/3
光绪六年	汪应泰	许荫祠	3.7	80	21.6	3.92	2：23573/4

如果仍以银 1 两谷价 5.5 斗标准谷价计算，其每亩地租量及折银数都与乾嘉之际数据相类。这说明歙县西乡祠田地租量于清前期有高达每亩 30 斗以上者，乾隆至清末，即为每亩 23 斗左右。根据章有义《明清徽州土地关系研究》一书所载《从万历初年的一册地租簿看当时徽州地区的土地关系——歙县黄姓祀租簿内容简介》的统计，明万历年间徽州宗祠祀产每亩租额约为 9 斗，可见清代徽州祠田地租收入超过明代 2 倍以上。

三、公有地的地租分配

从理论上讲，由于土地与劳动的结合，土地所有制度及在此基础上所形成的土地关系决定了地租制度。至于其地租怎样进行分配，则是同土地所有权者和使用土地租佃关系来决定的。地租分配主要有三方面：一是缴纳田赋，二是宗族的祭祀性开支，三是分粜义谷。公有地产的支付手段，则系地租的"祠租银钱"和"祠租谷"。

（1）缴纳田赋。祠户缴纳地租分为两种：一是正则钱粮及营米等赋税，在祠租收入中仅占2%左右；二是宗族所有的地租。关于上缴赋税部分，根据康熙四十一年（1702年）黟县《征粮簿》的记载，该县每亩夏秋两税不过4升至5升。而在田赋折银的情况下，据棠樾鲍氏所藏《宪示》所云："以体源、敦本两户应纳钱粮营米作为价值，逢春粜与族众，即以其值上完国课，计课取值，每谷一升，仅钱四五文。"[①] 田赋银的来源，则取决于族众粜买义谷的谷价，这是确信无疑的。当然，由其任官之族人奏请，其祠产税亩免征田赋的情况也很常见，如祁门汪氏即是如此。[②]

（2）祭祀性开支。属于宗族公有地租收入，主要用于宗祠祭祀活动的开支。随着乡村中货币经济的发展，宗族活动大多支付银钱，很少支用租谷。其银钱来源和用途广泛，以致宗族公有田地经营的主要活动是以租谷易银，这成为宗族祠产经营重要组成部分。关于公有地租开支项目及银钱额，可以歙县棠樾鲍氏宗族活动为例，大体上可以说明传统社会中的宗族地租使用情况。

表 2 - 8　歙县棠樾鲍氏开支项目

项目	支银额（两）	支钱额（文）	占总数（%）
挂容		640	1.1
元旦、元宵收容、春斋社事		4 742	8.2
春社祭品			
清明古城关祭品		4 098	7.1
清明里田祭品		5 815	10.0
清明画山园、西沙溪祭品		4 812	8.3
中元祭品		3 576	6.2
秋社祭品			
冬至祭品		2 884	5.0
烧年祭品		4 098	7.1

---

① 鲍琮：《棠樾鲍氏宣忠堂支谱》卷一九《义田》。

② 祁门汪氏六族公所编《汪氏登原藏稿》（光绪二十二年刊）载：同治八年九月七日，户部奏准：翰林院编修汪鸣变、吏部主事汪文枢、刑部主事汪正元、工部主事汪鸿逮援例呈请其汪氏四十四世祖汪华"歙县地方祠墓五处，税亩免征，明著典册"。

（续上表）

项目	支银额（两）	支钱额（文）	占总数（%）
祖先七次忌辰		18 877	33.0
册书新旧贴头		4 098	7.1
征租酒、开祠祀租		4 008	6.9
仓福物、茶叶、柴炭	0.79		3.4
箱、纸、笔、墨	4		17.3
晒谷工食	2.4		
司祠年资、饭食	16		10.4
总计	23.19	57 648	68.9

宗祠祭祀性活动以钱支付，祠租事务则支付银两。从银、钱支付比例，可以认定乾隆时期祠租的主要支出是祭祀性活动。随着宗法制的松弛及祠产大量脱业，祭祀性开支比重则相对减少。例如表2-9所示光绪年间唐模许氏《荫祠收支总誊》所载祠产分配开支比例，许荫祠于光绪年间祭祀性开支仅占支出总额的17%，而有关祠租的开支则占83%，这种开支比重的变化，表明祠产分配中经济利益已占主要地位。

（3）粜谷与乡村救济制度。祠产中的义田收入，主要用于所谓"赡济贫乏"的救助活动。其主要做法即是以谷易银，以租种宗族或祠堂公有田地的佃户所交纳的实物地租粜卖，以此收入作为赈济宗族中的贫乏族人。不过，在相当多的情况下，以公有田地地租获得货币收入，或进行借贷，或作为商业资本，多为宗祠公有田地的祠户或族户支配人所占有。随着粜谷在市场获得利益越多，宗族支配人分沾租利的机会也就越多。

粜谷实态，以棠樾鲍氏宗族为例，有如下内容：

第一，粜谷日期及程序。应粜谷者于正月二十五日至仓所报名登记，次日司祠人和文会将体源、敦本两户应纳正则钱粮、营米数折算银若干，并查上年实收谷数，提出30石作"备荒谷"，然后计算每升粜价及每人应粜谷数，于二月初五日收钱，初十日发谷。至于"已报名届期不交钱者，即将应粜之谷给与一半，仍一半听祠事变价充公"。

第二，粜谷办法。每年征收租谷，"进仓以租斗，出仓以店斗，其差额作为鼠耗"。并规定"每人每月给谷三斗"，即是说列入粜谷之列的族人，可以平粜谷价每年得谷36斗，以银1两粜谷5.5斗计算，需年交粜谷银6.55两，如以钱50文粜谷1斗计算，年需钱1 800文。

第三，粜谷范围。按其宗谱所载粜谷规条所言，凡鳏、寡、孤、独四穷者，均为粜谷之人。其具体规定，一是孤子年18停发，孤女出嫁日停发；二是鳏、独年至60岁，有愿为继子者，均予给领；三是孀后有子，其子25岁停发；四是上述给领粜谷之人死亡，给谷36斗，孤子女15岁以内给谷24斗，10岁以内给谷18斗，5岁以内给谷9斗。无论怎样讲，在早期中国传统农村社会中，对于族人的生、老、病、死及鳏、寡、孤、独的赡养及幼子女的养育都有较为具体的规定，这显然是取自于宗族公有田地产的地租。不过，尽管如此，族人中享受粜谷待遇的人毕竟有限，况且对于虽属于上述情况的族人却不予给谷，其宗族粜谷也有规定，以致上述应粜谷之人也大都排斥在外。如对于鳏、寡、孤、独"四穷之人"，宗祠则规定："总以自宋至今住居本村者，准其给领。"此外，宗族还规定对于族人寓居他方、孀居母家、盗卖祖坟公产及损害宗族利益者，以至于出村庸工糊口之人、鲜独子干犯长上、行为不端者和妇人打街骂巷者等，均取消其粜谷资格。这样，可以平价粜谷的人，自然就很少了。这一方面说明中国农村社会中已存在社会保障的基本制度，其来源是宗族的公产所带来的地租收入。但由于各地宗族组织或公产规模的限制，乡村中真正实现有效的社会保障，还是相当困难的。至于宗族中对于粜谷人资格的限定，说明宗族组织在维护地方社会及族人行为方面，显然也是有积极作用的。

表 2-9　歙县唐模许荫祠主要开支项目比例表

开支项目	金额（元）	占总支出（%）
祭祀	98.11	17
征租	123.32	21
收租场仓	71.69	12
钱粮、房捐	91	16
诉讼费	51	9
杂费	140.155	24

（4）宗族"备荒谷"的储备机制。在中国传统农村社会中，乡村中对于应对灾荒的重大措施，则是以自然村落的宗族或祠堂公有土地的地租作为"备荒谷"，这是宗族公有仓储中的实物储存部分。备荒谷分为两种：一是所谓"呆存谷"，即系义谷仓所存老底，是宗祠固定的贮存谷数。其收贮办法：每年以新谷替出旧谷，其基本存额 600 石不变。替出的旧谷，一部分平粜，以缴纳田赋银和营米，其余或投入市场，或作为每年征租酒、修理水冲沙涨田亩等开支。二是"备荒谷"，或称"提备谷"，其固定额为每年 40 石，贮于他仓。由此可见宗族中的公有田地的地租，一方面是宗族银两收入的来源之一，成为交纳国家赋税和救济族人的经济支撑，另一方面也是宗族共有田地救灾经费的主要来源。在地处山地的农村中，其土壤保持和兴修水利事业，是维系当地生产生活的头等大事，而处于自然状态的山地聚落中，如果没有相应的属于集体公有的资产，其单个农户是无力与自然灾害相抗争的。所以说，早期中国农村中的自助自救活动，只能依靠宗族内部的组织来实现。中国传统农村社会中宗族组织的发展，想必与宗族的经济活动有相当大的关系，因为在荒歉时期的救灾物资，大多是由宗族公有田地的财政积累支付的。

（5）司祠等人"薪水谷"。在公有田地管理中，按宗祠规定，其呆存谷 600 石，除上述有限开支外，"其余五股均分，以作薪水"。督总者得 2 股，襄事 3 人各得 1 股。同时规定，谷仓"羡余谷，归管年三人公分"[①]。按照其祠规，鲍氏宣忠堂祠年收租共 27 374.63 斗，上缴田赋即为平粜谷价银，每年"可银一百二十七两"，银 1 两粜谷 5.5 斗，共粜谷 698.5 石，其余开支想必不会太大。仅此"呆存谷"一项，司祠等人即凭借"五股均分"

---

① 鲍琮：《棠樾鲍氏宣忠堂支谱》卷一七《义田》。

的所谓祠规，就可以有恃无恐地恣意侵吞祠租谷，这是毫无疑问的。

根据棠樾宣忠派支祠地租总额统计，来进一步考察各项开支情况，其总分配即如表2—10所示。

表2—10 棠樾鲍氏祠产租谷总分配表

项目	开支银（两）	开支钱（文）	开支租谷（斗）	折租谷（斗）	占定额租总额（%）	占歉年最低租额（%）
祭祀		57.654		1 133.08	4.1	8.5
征租	23.19			127.545	0.4	0.8
平粜	127			698.5	2.6	5.2
呆存谷			6 000		21.8	43.6
备荒谷			400		1.5	3.0
合计			6 400	1 959.125	30.4	61.1

按照以上统计资料，其地租总额，时租12 567.15斗，硬租14 807.48斗，共有定额租27 374.63斗，歉年最低租额，其支出额不变，即占最低租额总量的61.1%。其定额租每年余谷额为19 015.505斗，歉年最低租余额4 923.865 5斗。如此巨额的余租谷，究竟流向何处，宗谱中并未明确交代，难以遽断。但据《棠樾鲍氏安素轩藏书画目录》[1]及《棠樾鲍氏安素轩制砚及储物簿计》[2]所载鲍氏宣忠堂所购物料品类及制作砚、墨、笔和其他文房用品，其价值和数量极为可观，而且大都运送扬州，作为鲍氏盐商[3]和寓居扬州的鲍氏族人用于结交官府，送礼行贿。这种以宗祠经营的手工作坊，生产徽州传统手工艺品和文房用具，同时收购衣料、珠宝、书籍、字画及农副产品如棉絮等，其资金来源很可能是由地租余谷转化的。

通过对徽州歙县棠樾、新馆鲍氏、唐模许氏宗祠土地关系的考察，可以看到：清代祠产的盛行，与徽州籍的两淮盐商有密切关系。富商巨贾以在其故乡呈立祠户的方式，迅速集中民间土地，并以祠户去支配佃户的分散经营，从而为宗祠法人集团提供大量的地租收入。尽管徽州商人打着"尊祖敬宗"的旗号恣意购置地产，但其真正用于宗族方面的资金却并不多，随着宗法制的削弱，祠产收入的大部分，有可能转化为法人集团成员的私产；另一方面，祠产以宗族或支派共同占有的名义，其剥削深度超过私人地主，从而加速了农业经济的危机，促使农民阶级分化，这是造成清晚期社会经济总危机的重要原因之一。

---

① 《棠樾鲍氏安素轩藏书画目录》（抄本），安徽省博物馆藏书号：00839。安素轩即为鲍志道长子鲍淑芳堂号。鲍淑芳亦为嘉庆年间两淮盐商。

② 《棠樾鲍氏安素轩制砚及储物簿计》，道光二十一年重立，抄本。安徽省博物馆藏书号：00840。

③ 清代鲍氏盐商，以鲍志道、鲍启运兄弟最为著名。其父鲍宜瑗亦为盐商，年老还乡后，在棠樾主持祠务，是鲍氏法人集团的重要人物。尽管鲍志道、鲍启运置产时均申明其产业归宗祠公有，但实际上操纵于其父之手。因此，宗祠提供的地租收入，完全有可能转向徽商的商业尤其是盐业经营。上述安素轩的活动，可以证明这一点。

第三节 中国传统乡村的"会"组织及其土地关系

在中国传统社会中，农村中的"会"与"社"的组织相当活跃，成为中国农村中有别于宗族、家族组织的公有土地关系。"会"有"族会"即是以血缘关系为纽带的宗族族人所举办的"会"，随着"会"的发展，异姓人所组织的"会"或乡村行政性的里社组织所形成的"社"，也开始成为社会经济活动中的组织形式。问题是，"会"与"社"组织举办的社会公益、慈善与福利事业，同传统的土地关系一样，也是通过购置田地房产实现的。在现今所见的"会"与"社"的土地契约中，可以清楚地看到该组织的土地关系及其在社会中的作用，有极高的学术研究价值。这些珍贵的地方私家文书，为今天深入认识传统中国农村社会宗族族会土地经济运行状态及早期以"会"、"社"为组织形式的产业组织的出现提供了历史依据。

徽州现存文书档案中保存有大量的有关宗族"族会"的会社文书，如祭社、爆竹会、人力车会、佛事会等，其中有不少是关于会社田地产的处置文书。从其产业的购置及处置过程、交易方式及族会产业经营状况等方面的记载，大体上可以看出中国传统社会的会社产业的经营活动及产业经营的性质等问题。

一、族会产权关系的形成及其基本制度

族会产权关系是极为错综复杂的。为便于对族会问题的研究，这里采用的研究方法，一是将不同功能的会社如祭祀性会社即祭祖、佛事、乡土神祭祀所成立的会社进行分类；二是依其文书所涉及交易形式的不同，分为买卖、典当、出息、寄产等各种会社产业处置文书，按其文书所反映的经济关系再进行分类，如置产关系、交易关系、产权转移的程序及文书经济关系的变化等，最终形成族会产权关系及其基本制度的结论。

当然，由于会社关系文书在很大程度上与其他土地契约所反映的经济关系有许多类似之处，因此在土地买卖、典当等交易的场合，其交易的程序、手续、价格确定等，可以说与当地民间土地的交易制度及惯习有相当密切的关系，不可能出现较大的出入[1]，因此，对会社产业交易制度及惯习的分析，姑略而不赘。而令人感兴趣的，则是会社组织对其产业究竟如何处置的问题。弄清楚这一问题，对于认识地方社会会社组织产权关系的变迁，显然是有帮助的。因为会社对其产业究竟怎样处置，说明此时的会社已作为独立的社会经济组织进行活动，传统地方社会组织及宗法关系的支配和控制力开始削弱，从而有可能生成出新的社会经济关系，而这种新的社会经济关系的成长，最终会起到促使传统农业宗法关系解体的作用，这一点是决不能忽视的，正因为如此，所以有必要对会社产业处置的基本制度进行分析。

一般来说，会社产权关系是在会社成立之时即已由会员共同议定的，并且作为"会

---

① 关于徽州民间田地房产交易形态的研究，参见拙作《明清间徽州的房地产交易》，见《平准学刊》第五辑，光明日报出版社 1985 年版；《明清时期徽州民田买卖制度》，载《阜阳师院学报》1987 年第 1 期；《徽州民间田地房产典当契研究》，见《文物研究》，黄山书社 1988 年版。

规"对会人起到规制作用。从会社组织成立的前提条件来说，则必须具备与会组织活动相应的财产。正因为如此，会社组织对于会众入会产业、会社自置产、会产的处置等产权问题，想必是十分重视的。从会社组织产权处置制度安排方面看，不用说是以维护其产业的稳定为原则。但在现实生活中，由于会社组织对于财产处置的情况不尽相同，所以在会规之外的变通性做法，就在会产处置的个案性文书中反映出来。从会社组织的财产处置制度分析，这种变通性的个案文书，显然更具有反映实态的意义，殊值注意。

从制度设计的层面分析，关于会产出卖的场合，如果将所见会社文书稍作归纳，大致有如下几方面：

（1）依会规定制。由于会产是以"同财共产"的原则所集合的公共产业，所以无论田地还是银钱，一旦入会，其田地产所承担的会租谷或会租银是不允许拖欠的，这可以说是所有会社组织的定规。其典型的例证，如清顺治十五年（1658年）癸巳十月歙县蓝渡"立祭社合同人十五户陈受惠等"①，因领"会内祀银，账目久未清算，以致陈世远、陈一沧互相评告"。经徽州府裁决，认为所入会产"如有取赎，必要十五户人齐到，照契原价现银取赎，不许转领转当"；此外还规定"不许私自盗卖、赎回"，如果其会产生利息，"再有余银，凭众眼同共封，亦随即买填，不许会内私自盗领"。既经地方官府裁定，想必在官僚士大夫及民间社会的观念形态上是认为会产不能由会中个人自行处置的。如果个人自行处置其已入会的财产，则被公认为是"盗"的行为，"违者，众共闻官，以更祀废典论罪"。可见官方对会产的"同财共产"原则是持维护的态度，而对于有违者的处罚，自然是相当严厉的。

（2）既然官方规定会产不许盗卖，那么，在会内的产业如果必须进行出卖的场合，会社组织应如何处理呢？在通常情况下，会产的处置方式，必须由所有会人到齐，共同商议，并出具买卖文书，由当年及前届会值、会首签署其交易文书，才被视为合法行为。如雍正十一年（1733年）九月"程崇文支裔房长程君所、廷木、锦章、公五等，因会中乏用"，出卖其会产田租"三分四厘三毫五丝，共租十一秤半②，出卖到程处为业，得受时值价九五银十六两一钱"，即是由会众公同处置其会产的③。程氏出卖会产文书，可以视为"同财共产"原则得以实施的例证。

（3）应该承认，如果就会社组织成立的经济目的来考察，分散的个人财产的集中，显然是为了加快会产规模的扩大，其意义不用说是在于会产的独立经营性的强化，并进而成长为与传统社会经济组织相对应的营利性机构。如"光绪三十四年岁在戊申季春望日"所立"光义聚孤会"，其会规说"光绪二十一年共邀七名，每名助洋不等，除朝拜小华山赈孤外，仍余之钱，每年二分行息，出放至三十三年，共蓄积有五十余元"。因"恐后染指之弊生"，于是采取"汇收公放"之法。其规定，一是会内选年于八月初一日当众清算，上交下领，不得科派；二是会内所积银钱，公议放出会外，会内人一概不许押当；三是会社的活动，会人必须参加，"如有一名不到，罚钱四百文，以充公用"。同时，会规就会社

① 原件藏安徽省徽州地区博物馆，未编号。

② 秤，徽州乡间重量的计量单位，每秤斤数，各不相同。一般来说，明正德前公田收租每秤约为15斤，正德后每秤为18市斤，沿及清代无改。另有"诅"的计量单位，一诅为26～27市斤。关于此，参见拙著《清代祁门善和里程氏宗族的"会"组织》。

③ 此契藏安徽博物馆，藏号2：16819/7。

活动的内容也作了详尽的规定①。如汪长烘等人的"关帝会"所立会规，其中规定：一是到埠挑货，轮流挨转，不准争先，不准私囤。违者，罚洋二元。二是到埠挑货，负有责任，不准擅动及有不规则之行为。违者，罚洋四元。三是到埠服务，须系本人或其子孙，不准租抵。违者，降名迫交合同。四是在会之人，如有年老不能到埠服务，应向车会交替，如果无人承受，方准替与外人。替会每股以五元为限。违者除名，追缴合同。五是埠头遇有差役，轮流往应，不准退后，不准取巧。违者，罚洋二元。六是在会之人，不准酗酒滋事，结队横行，致坏会誉。违者除名，追缴合同。此人力车会所定会规，大体上可以说明会社成立的原则是由与会全体会人所认同的，会规对会人均具有规范作用，会规是入股参会人共同的利益，其组织行为的收益，则是同会组织的效率相联系的。由于会社经济利益同会产利息、违规罚银及会产增值相联系，同入会人所交纳的会股银共同形成会产，其会社组织的独立经营性质也是显而易见的。

二、入会人的会产处置

以上仅是就制度的层面来说明会产的管制形态。但在现实生活中，由于入会人的财产状况有相当大的差距，如果对其财产的处置权加以严格地限制，想必难以适应会产的运作。在这种情况下，入会人对其入会产业的处置权有所提升。而在考察中国会社组织产权形态时，入会人对其入会财产究竟有多少处置权，显然是令人感兴趣的问题。

关于会人对其产业所享有的处分权，仅从现存徽州文契中，即见有田地产买卖文书、会寄产文书及替会文书等。唯为对此问题有进一步的认识，姑将不同场合下的会人自行处置其入会产业的文契，备录于兹，以期对此有清楚的认识。

1. 入会人的田地产业交易

就通常情况而言，田地房产交易在徽州民间已成定势，这从大量的徽州文书中得以证明②。但会社组织的会产如何处置，仍不清楚。这里仅从会人交易的角度来分析会产问题。其典型文契，如下纸：

二十一都二图立杜卖田契爆竹会人胡仕芳、胡之焕、胡自荣、胡仕万、胡于发、胡于槐、汪士镛等，今因正用，自愿将自置化字三千七百五十二号田税七分九厘四毫、又化字三千七百五十三号田税五分二厘九毫，土名杨儿田；又化字三千七百二十二号塘税一分二厘九毫，土名沿山塘，凭中立契出卖与本都本图程名下为业。三面言定，得受田价库平纹银十五两正。其银当即收足，其田即交管业。自卖之后，随[遂]即过割，推入买人户内支解输粮。其田从前至今并未抵押他人，亦无重复交易。此文[系]两相情愿，并无威逼等情，倘有内外人等异说，具[俱]系出卖人一力承担，不涉受业人之事。今恐无凭，立此杜卖田契永远存照。

---

① 在异姓会社中，会规具有约束行业经营行为的作用。如下契："立合同人汪长洪、黄元芝等，今因埠章紊乱，弊窦丛生，挑货则争先者有之，私囤者有之，遇事则退后之，取巧者有之。甚有藉合埠之名义，便一己之私图者。前事不忘后事之师，前车之覆，后车之鉴。由是组织关帝神会，重议规条。凡属在埠之人，入会以后，皆当谨守会规，如敢故违，照章处治。计立合同二十七纸，除将一纸存公外，余人各执其一，以作凭证，而资信守。民国二年×月×日立合同人等　戴旺发等（具名略）代书　吴吉瑞"。

② 关于此，参见拙作《略论明代徽州的土地占有形态》，载《中国社会经济史研究》1986 年第 2 期；《从徽州土地文书看地权关系的演变》，载《徽州社会科学》1995 年第 1、2 期合刊。

咸丰元年十二月　日立杜卖田契爆竹会人　胡仕万　胡之荣　胡之焕（余略）①

这是一纸典型的会人出卖其"自置"产业文契。这里所说的"自置"，如果理解不错的话，应是指会社组织所购置的产业。从前述会规及会产增值的情况来看，会社组织自行置产的现象，在经济较为发达的江南地区是相当普遍的。就文契的格式及其交易内容而言，应该说会人自置产业同民田地交易的一般形态几乎没有太大的差别。但应该注意的是，这里所说的"爆竹会人"，无疑是指"爆竹会"组织，而不是入会的个人成员，这一点是很清楚的。站在会社组织的立场上出卖其田地产业，无论是在观念形态、会社易产制度上还是现实生活中，都可以认为是会社组织处置其财产的行为。换句话说，作为会社组织，既然具有"自置"产业的权利，也应可自行处分其产业，否则从道理上是说不通的。再者，会社组织处置其财产，则意味着会社组织已具有独立经营的权利，而从会社组织的发展趋势来看，显然是具有积极意义的。

2. 关于"值会"的会产经营

在会产处置的场合，依制应由全体会人齐集，公同处置。但在日常情况下，作为会组织的值会人，其对会产是否具有一定的处置权，不得而知。在徽州契约文书中，可以反映会首、值会人与会产处置关系的例证，亦如下议字：

立议字人关帝会经手人王克章等人，今因九保土名柏杨坡田一号，先年洪水余损，今经造半成田，费用佃人垫出，面议本祀租谷，丙戌年起至辛卯年止，其六年租谷以佃人垫出成田半费，六年之外佃人照额交租。今欲有凭，立此议字为据。

光绪十一年十月二十日立议字人关帝会经手人　王克章（余略）②

这里暂不就该文契所反映的租佃关系进行讨论，仅从会产处置权的角度，可知这里所说的"经手人王克章等人"实系此关帝会的"值会"，其对于会产是具有"管业"权的，即作为该土地的"业主"与佃人结成租佃关系。不过，作为会社组织，由于会产的耕作经营是掌握在"佃人"手中，其中就包括对其租种田地的维护及水利兴修等，而会社组织实际上是持有该田地的"业权"，业主对这种耕作经营权是无须过问的。业主的利益主要表现在对于租谷的占有和分配上即"管业收租"权。从这个意义上讲，会组织因具有对佃户租谷的处置权，所以实际上即是改变其田地在会期间的"业主"，如果会人将其产业退会，会社组织理当失去其产业的处置权。

所谓"非族会"，是指异姓人所组成的"会"组织。在农村宗族组织盛行的时期，异姓"会"组织的出现，标志着会组织已脱离传统的"族会"组织体系，而作为独立的社会经济组织参与社会活动。正是在这样的意义上，可以说这类会组织已具有近代经济的因素。

在徽州，非族会组织的出现，应该说是在族会组织的基础上产生的。其最初的组织形态，想必是明末清初的佛事会。民间将土地入会，恐与明中后期寄产盛行有直接的关系。在农村地方社会与国家的关系中，地方的佛教组织具有相应的赋税减免权，而民户为逃避

---

① 原契藏安徽省博物馆，藏号2：27990。
② 原契藏安徽省徽州地区博物馆，无藏号。

朝廷差役①，遂"寄产"于僧道户，这意味着其田地产业或者说其地租收取及分配权已由宗族组织让渡给异姓的"会"组织。在徽州明代土地文契中，歙县长寿会寄产文书甚为珍贵，大体上可以说明明代中后期民间房地产转移的实况，姑备录如下：

　　立合同僧悟林同长寿会谢资等，原会众递年生放银买□五都珠溪僧田，土名方盘丘葫芦丘田二号，计租三十秤。众议规定递年天分荒熟，硬租付寺僧收贮，每秤价银七分算，共计谷纹银二两一钱正。约定每年七月三十日僧将谷银付出与当年注会，当日头首将谷内银支一两三钱付僧管办祝寿，□□□人众将税粮寄在寺户供解，每年议定编税粮与杂差，贴僧纹银三钱上官交纳，仍剩银五钱付会首收。立文之后，二各子孙永远遵守，无端异。违者，许执文理论。恐人心不一，立此合同二纸，各执一纸为照。

　　再批：谷银迭年做三次，除仍支会付寺买办果饼献佛，照股散胙。讫照。（余略）

　　万历四十二年二月二十五日立会合同　僧悟林　徒清震（具名略）

　　由于此契是明末祭祀会的会契，所以该契反映的寄产内容、谷银租征收额、会银分配及寄产的赋税关系等，可以说是研究明代会社经济的重要实例。按此文契所说，长寿会是以每年的"生放银"置买田产，向佃人收取"硬租"谷银作为每年祭祀活动的费用，而租银之剩余部分，则作为会社"照股散胙"的开支。其中"股份"的含义，想必与徽州会社组织的"股份"制度相同②。此外，作为寄产关系，则是说会社组织自置产业的"会产"要挂靠在朝廷所编定的"役户"内"纳粮当差"，即是文书合同中所说"将税粮寄在寺户供解"之意。而长寿会税粮及杂差银共为"三钱"，而会社所收租银为"二两一钱"，除每年献佛费用外，所余之银即由会社内部进行再分配。

　　如果说以上的例证仍不具有典型的异姓会组织的形态的话，那么，在议墨即合同的会社文书中，则可以祭祀神灵的"卞王古会"的成立文书作为分析案例：

　　立议合墨金、汪、陈、朱四姓，缘于先年立有卞王古会，置有田、山、银两，以为祀神演戏之需。迨后人心不古，所欠之租银及利，弱者难以取讨，以致各户有苦乐不均也。今于雍正九年十户齐集，着议将从前所置之山、田及欠会本逐一开列，立一合墨，各户收执一纸，以为久远之计。其有租银利息，轮流挨管，以为迎神费用。不得倚强欺弱，以恶凌善。如有不遵议者，十户齐集公举，毋得畏缩不前。欲有凭，立此议墨一样十纸，各批一纸，永远存照。

　　雍正九年四月　日立合墨人　金全五、金志亮、陈辉甫、陈时五、汪仲际、汪文广、汪公执、宋有吉、宋子臣、金子成（余略）

　　很清楚，上纸合墨文书显然是异姓"同财共产"经营会产的典型事例，其性质已完全不同于宗族组织的族会，因不是同姓，其资产组合及经营形态就更值得注意。

　　应该进一步说明的是，无论是寄产还是在会入股产业，其所入会之田产、本银，均作为祖遗产业由子孙继承，其中也包括"会"的利益分配、入会人所承担的义务甚至是会产

　　①　关于明清时期的差役性质问题，参见王毓铨：《明朝徭役的审编与土地》，载《历史研究》1988 年第 1 期；《纳粮也是当差》，载《史学史研究》1989 年第 1 期；《明朝的配户当差制》，载《中国史研究》1991 年第 1 期。拙著《明代盐业经济研究》（汕头大学出版社 1996 年版）第四章"灶户组织"；又《明代茶业经济研究》，汕头大学出版社 1997 年版。

　　②　所谓"股份"制度，是徽州会社中相当流行的集资办法，同时也是"会社"组织资本运作的组织形式。关于此，参见拙作《清代祁门善和里程氏宗族的"会"组织》第三部分"会的组织形式"。

经营过程中所共同承担的债务，也一并纳入继承人承继的范畴。这就是会产经营中"不得倚强欺弱，以恶凌善"的含义。从这一点来说，"会"组织在经营过程中已经开始建立了公平的原则，这是没有疑问的。

三、"替会"的产权形态

如前所述，在继承会产的场合，一方面，入会产业经营权的归属，本身如同民产，则是必须由子孙来继承的；另一方面，在继承者方面，其子孙应按祖遗产业的规定定期缴纳会租或会银，同时也具有将其祖遗会产进行出替交易的权利。

关于会人子孙必须按期缴纳会租的例证，如歙县十七都四图契人胡玉章于乾隆二十六年（1761年）十一月所立卖田缴纳会银契。其契文曰："今因父手银会临期，缺乏应付，无从措办，自愿将承祖遗受拱字七百三十九号，计田税五分七厘七毫一丝，土名合丘；又拱字七百四十一号，计田税七分五厘二毫，土名同，四至照依清册，凭中立契出卖与本都本图户胡名下为业。三面议定，得受时值纹银二十五两五钱正。"[①] 很清楚，立契人胡玉章出卖田产的直接原因，是为其父缴纳会租，为不违定制，并仍保持会人资格，才不得不出卖田产的。这说明会规制度对会人出产有相当大的约束力。

至于"替会"制度及其现实形态，可从下列两纸典型替会文书中体察[②]。

其一：

立替会人金舜绅，缘因正事急用，将自置文昌会十二股之一；又将张仙会九股之一；尽行出卖替与金乾源名下迎神做会吃会。当面议定得受大钱四千二百文，是身一并收足讫，两无异说。恐口无凭，立此替会字存，当付上首字四纸为据。

同治十一年二月 日立替会人 金舜绅（余略）

其二：

立替会字人金阿九，今因急用，自愿将祖父遗下关帝神会共成十四股半，该身得半股，出替与金乾源名下，当面言定替价大钱一千五百文正，其钱是身一并收足讫，其会交当受替人迎神轮年十五股做会吃会，两无异说。恐口无凭，立此替会字存据。

同治十一年五月 日立替会人 金阿九（具名略）

以上两纸替会文书，说明替会制度是：

（1）所谓"替会"，即是将其会租谷或租银转由他人缴纳，从而取得"做会吃会"权的一种交易形式。如此说来，会社中之会人资格，乃是在该会社成立之时就已确定的，只是日后因无力缴纳入会之田地产或会租会银，其会人资格就要以"出替"的形式让给别人代替。可见入会人也可以对其入会协议加以改变。但如果无人替会，其会人与会的关系则很难继续维系，如大家都要求替会，会组织必将会有更大的发展。至于"受替人"的权益，显然是因为已购买会人的"轮年做会吃会"的权利，这实际上与其他以收取会租会银的性质是一样的。如果"受替人"顺利进入会社组织中，其"替会"人的地位与权益，想必应与其他会人相同，同样可以"做会吃会"。

（2）值得注意的是，在"替会"的情况下，替会人的会产，如果同买卖过割其田地

---

① 原契藏安徽省博物馆，藏号 2：27587 3/10。

② 原契均藏安徽省徽州地区博物馆，未编号。

产形态相比，替会人的入会财产似乎是无须过割的。这就是说，在"替会"的场合，替会人仍对其产业拥有产权，所替出之权利，仅仅是"吃会做会"权而已。但这样做并不意味着"替会"人因"乏力"而不能出卖其会产。典型的例证如同治七年（1868年）四月陈秋力所立卖会契。其文曰："缺少使用，自情愿将祖遗下魁版会该身分法八股只一股，立契卖为金佐臣、乾源名下祭神做会吃会，当面言定时值价银四百文正。"①如果同前示替会文书进行比较的话，这里虽仍沿用"替会"的概念，但在事实上却与田地产的买卖性质相同。可以说，在徽州会社的替会文书中，陈秋力之契的署名中写明是"立卖会人"的，所以应该认定这是一纸典型的由"替会"向"卖会"过渡的文契。当然，其虽出卖其会产的八分之一，但从制度上说，如果将其股份全部出卖，大概也是没有问题的。

（3）正因为"替会"一般是为了获得"做会吃会"的权益，这就从根本上保证了会社资产的稳定性，而对于"做会吃会"人而言，因已替代原会人交纳入会的田地产，也就具有从会的收益中获取自己该得份额的权益。换句话说，由于会社组织的存在具有制度上的保证，在资金短缺尤其是对于以宗族组织占主导地位的农村社会来说，无论是族会还是异姓的会组织，以集资方式组成具有一定经营能力的经济性组织的意义，也就显现出来了。

通过对徽州会产处置问题的考察，大体可以说明如下问题：

（1）传统中国社会的会社组织是由自愿加入该会的会人组成，其入会的条件之一，即须将其田地等不动产作为会社组织的公产，这是"同财共产"制度的基本原则。

（2）会产在会社组织内，一般是由会首、值年等会社首领进行经营的。会首的产生，一般采取"轮年"制，与会人入会财产的多寡无关。但会人的财产一旦成为"同财共产"的公产，会人对其入会产业的经营权就受到限制。可以说会人以出让会产经营权的形式共同管理会社产业，当是会社组织产业经营的一种情况。

（3）另一种会产经营形式，则是其产业仍由会人自己经营，会人与会社组织的关系，实际上是定期缴纳会租或会租银。在这种情况下，会人如果无力缴纳会租，即可采取"替会"的形式，由受会人付给替会人"替价"，即取得"吃会做会"的权利，这意味着受会人已取得会人的资格。在"替会"的情况下，一般是先会内后会外，这与宗族产业交易规定大体相同。

（4）如果将视野扩大些的话，在行业或公益性会社组织中，由于会社社会性的扩展，其经济利益和社会地位也必然随着经营状况有所变化。在会社会产的经营管理中，则更加重视会人"轮年"管理制度的建立，尤其是在异姓会社中，"轮年"管办会产的规制及对会人的社会性约束似有强化的趋势②。

🌑 拓展学习

小岗村的农民与土地流转

30年前，安徽省凤阳县小岗村的18位农民在一纸分田到户"大包干"生死契约上按

---

① 原契均藏安徽省徽州地区博物馆，未编号。

② 关于会产"轮年"管办之制，可以合墨文书为例。合墨文书显然是异姓"同财共产"经营会产的典型事例，其性质已完全不同于宗族组织的族会，因不是同姓，其资产组合及经营形态是非常值得注意的问题。

下鲜红的手印，从此拉开了中国农村土地制度改革的序幕。近年来，小岗村开始进行以承包制为基础的土地流转制度改革，开展多种形式的土地集中经营，探索致富之路，仍不失为我国农村土地流转改革中的典型案例。

小岗村严德友一家有200亩葡萄园，2001年葡萄出园价每斤4元，进入产果期的80亩老园子今年纯收入超过30万元。全村106户种植的368亩葡萄收入都比往年高。这个葡萄园是安徽省凤阳县小岗村第一次实行土地流转后建立起来的，它发生在2001年，距离1978年12月18户农民冒着"杀头坐牢"危险而实行的大包干时达23年。它也是小岗村实行规模经营的第一例，也是迄今为止最成功的一例。严德友种葡萄的纯收入是散户种小麦和水稻纯收入的10倍。

2001年，小岗村粮食大丰收，但由于生产资料价格上涨过大，加上分散种植，粮食增产不增收，有的甚至出现亏损。大包干带头人之一的严俊昌说："小岗村的出路，一是办工业，二是把土地搞活。"小岗村的土地流转是在外力的作用下发生的。先富裕起来的张家港市长江村为了帮助小岗村，计划在小岗建设一个工业园，后来由于地处偏僻和基础太差而未能实施，于是就改种葡萄，目的是给小岗村的产业结构调整作出示范。2003年，小岗村进行了第二次土地流转，上海三农公司租用214亩地建了一个养猪场。由于效益不好，2007年便停办了，现在留下179亩地养猪，并种花卉苗木，办农家乐。2006年，小岗村进行了第三次土地流转，一些大学生在政府资金支持下来到小岗村创业，建起了双孢菇生产大棚，并带动了一些农民种蘑菇。三次共流转土地378.5亩，约占原小岗村总耕地1800亩的21%。

在安徽省凤阳县，像小岗村这样高比例的流转土地还是极少数。不过，对于小岗村的土地流转，看法各异。2003年，小岗村开始尝试进行大规模的土地集中流转，同上海一家企业建设养殖基地，不少人认为小岗村是重回大集体，一些村民也担心失去土地，县乡村的一些干部也担心引发矛盾。按理说土地流转是村民自愿的行为，但谁来组织，是农民自己还是村委会、村民小组，或者是县乡政府？谁也不清楚。对于政府来说，如果农民自己或集体可以决定土地流转的话，今后发生的土地纠纷谁来解决？产生了流民、难民怎么办？原小岗村470人，长期在外打工的约50人，在附近打短工的约120人，在外打工的人占村民总数的36.17%。已经住在城里不回村子的只有极少数人，大部分的收入还是来自农业生产。如果作为国家基本政策进行大面积土地流转的话，全县外出打工的人数也就会大幅增加，可以想见因土地流转产生纠纷的情况也将会更严重。

小岗村地处江淮分水岭，都是丘陵地，土地高低不平，落差3米；地块小，20亩地分成三四十个地块，最小一块地只有2分，户均土地30块左右；基本靠天吃饭，三天不下雨就干旱。近几年小岗村虽然坚持不懈地搞土地整理，以适应规模经营的需要，但土地条件仍然十分差。据说大部分农户愿意土地流转，但却没有企业来租。当然，尽管目前农民生产耕作方式在转变，农业机械化水平在提高，但生产方式还停留在原来的分散经营上。只有让使用权流动起来，土地才能实现效益最大化，规模经营才能实现。农民要通过组织形成新的农民生产合作社或土地合作社，构成新的生产关系，实现农业规模经营和农业现代化。土地条件的改变只有通过土地流转来实现，如果单靠改变土地条件，农民的家庭户是很难承受的。

通过农业规模经营，实现农业现代化，这是中国农业的必然道路。如在秋收时，统一收割能减少成本，大块地机械收割每亩40元，人家愿意，小块地每亩60元人家也不愿意。分散种的小麦比大面积种的小麦每斤价格少1角钱。统一打农药治虫效果更好。按照当地人的说法："一家一户的分散经营抑制了农民的生产经营水平，只有实行规模经营，才能使优秀的农民留在农村。"如何通过土地流转实现农业规模经营，目前较为常见的是采取"公司＋股份＋合作"的方式。现代农业的标志是形成一大批大规模从事农业生产的农业企业，城市工商企业进入农业领域，同时带进大量的资金投入，不仅对传统种植业进行改造，同时开发出新的农业品种。农村通过土地入股的方式进入工业企业，而同租赁农户所承包的土地相联系的是从事农业的主体由家庭经营转为雇用工人。当然，在鼓励土地集中、发展农业规模经营的同时，必须防止以发展现代农业为名、圈占农民的土地、损害和侵犯农民经济利益的现象发生。

问题与讨论

1. 阅读小岗村土地流转的有关报道，你认为像小岗村这样的中国农村该如何实行土地流转？如果经营条件较差，其农民的土地使用权是否可以顺利流转？如果不行，你认为该地的农民该怎样做才能使土地获得更多的收益？

2. 家庭联产责任制的实行，标志着新中国成立以来集体土地所有权的分割，农民拥有土地使用权，但土地所有权仍然在集体，这意味着农民与集体之间的社会经济关系是农民要向集体交纳地租，但国家与集体之间是什么关系？农民是否还要向国家交纳地租？如果不交，上缴的"公粮"属于什么性质？

3. 土地使用权的流转同集体所有制是什么关系？请运用土地经济的基本原理，对个人、家庭、集体、国家同土地的法权关系进行解释，并撰写发言提纲，在课堂讨论会上发表自己的看法。

分组讨论

1. 土地分配给农户后，经过两三代，就出现土地集中的现象，历史上记载最多的是豪强兼并土地，在政治经济上无法遏制豪强兼并土地，失去土地的农民必然增多，遂产生严重的社会问题。一般来说，中国传统社会农民起义的经济原因之一，主要是失去土地，你怎么理解农民失去土地与农民起义的关系？

2. "耕者有其田"不仅是经济主张，同时在政治上也具有极大的号召力，提出这样的口号，必然得到天下的拥护，尤其是失地农民的拥护。但问题是，这一政治经济主张，其基本出发点与中国历史上新王朝分配土地的思想是一致的，你对此有什么看法？

3. 为什么说将土地与人户的结合是中国传统社会的基本经济政策？其政策实行的结果如何？请举例说明。

思考题

1. 在中国传统社会，由于土地地权关系发生演变，所有权、使用权、耕种权、租权、转租权、典当权等多种权利可以相互流转，如果土地权益人对其土地相关权利进行处置，其地权关系也就随之发生变化。请根据我国传统社会的地权关系变化的历史演变过程，分析土地流转所带来的土地法权变化及其趋势。

2. 土地所有权究竟是怎样发生演变的？土地在交易、继承地权关系发生变化时，其地权关系是怎样随着交易过程而变化的？

3. 如果说中国传统社会的王权对土地拥有所有权的话，那么，如何理解传统社会的经济基础是土地私有制这种说法呢？如果地主对其私有土地拥有所有权可以成立的话，那么，地主主要通过什么途径获得土地呢？

🍷作业题

1. 以明朝为例，说明"户役"制度在国家基本政策中的作用。

2. 太平天国提出的"永佃权"是一种什么地权关系？为什么说争取佃农的权利问题成为太平军号召天下的力量，当时的土地关系发生了什么变化？

3. 北宋时期的王安石变法中，有哪些是属于土地关系调整的范围？请举例说明。

第三章

新垦地的土地关系

明清时期，由于沿海各地自然地理、社会、经济、文化及历史传统的差异性，构成沿海荡地开发的区域性特点。而在特定的经济区域体系中，由于具体的社会经济发展阶段不同，因此也表现出社会经济组织开发新区程度的不同。本章以明清时期屯垦为例，具体考察屯军与民屯占垦沿海荡地的基本制度，进而反映屯垦与都转运盐使司（盐课提举司）官拨荡地垦种和地方有司报垦制度的差异性。

第一节 明清沿海荡地屯垦的基本制度

中国海洋经济发展包括海洋、沿海陆域荡地及岛屿三部分的开发①。沿海荡地处于陆域与海洋开发的前缘地位，其开发程度对中国海洋发展进程影响极大。作为中国海洋发展基地的沿海地区，通过对外延海荡的开发，为海洋发展提供了深厚的物质基础。因此，把海荡开发的研究，置于中国海洋社会经济史的视野之下，从中国传统农耕文化与海洋发展的结合方面，来系统地探究沿海荡地的开发特点，无论是对今天还是对未来的沿海土地开发利用，促进沿海地区经济增长，发掘中国海洋发展的潜能，都具有重大的历史意义和现实意义。

一、沿海滩涂地屯垦背景

明清时期是我国沿海荡地大规模开发的重要时期。辽东、黄河入海口地区、苏北苏南、珠江三角洲地区大面积冲积平原的形成，为沿海荡地开发提供了先决条件。

综观明清沿海开发文献资料，可知沿海荡地开发，分别是由濒海的都转运盐使司（盐课提举司）、卫所屯军和地方府县三个系统完成的。由于这三个系统对于濒海荡地的管理制度不同，开发方式及发展趋势也不尽一致。这里拟就明清时期海荡开发基本制度、屯垦的社会经济形态诸问题，作初步考察。

在中国传统文献中，关于沿海土地开发的史料不多，概念也因地域关系极不一致，最常见的是草荡、沙荡、海荡、沙坦、荒坦、沙圩、涂、丘、埕、壕、屿，等等。然因时间

---

① 关于"荡地"的概念，明清时期已多见于文献。所谓"荡地"，其实是泛指沿海滩涂地及各种类型的海岸地带，包括海岸荡地（或滩涂、海涂）的类型，大体有沙滩、沙砾滩、沙泥滩、淤泥滩、红树林滩、珊瑚滩、岩滩等。各类滩涂，依其发育状况，进行不同层次的开发。视点集中于濒海荡地开发问题上，具有特殊的战略意义和经济价值。

和地域、方言的不同，对荡地的称谓也不一样。如在广东，荡地一般称为沙地、沙田、潮田等，而在福建，除上述常见称谓外，又有称为浦、峙、步、渚、埭的。例如在福建莆田，即见有以此称谓命名的村落，实际上最初都是海潮出没之地。据《（乾隆）莆田县志·里图考》记载，莆田有新浦、芦浦和清浦的地名，这里的"浦"，即是海滩之意。峙涵江附近有岩峙、中峙两村，"峙"读"寻"，乡人以水中露出之地为"峙"①，想必与浙江所称之"台"、"带"相同。渚，有澄渚村，在莆田城北。《（弘治）兴化府志·里图考》云："莆未滕海时，潮至此，故曰渚。"步，有七步村，亦在莆田城北。同上书有云："考纪部韵略，谓水际渡头曰步，七其数也。莆未滕海时，居民多际水。"至于以"埭"字作村名者，更为普遍。同上书《水利志》云："平地筑堤障海，谓之埭。"以"埭"名地，如东埭、下埭、游埭、前埭、后埭等。以上仅是就莆田一地而言，如果细究各地沿海荡地名称，实在难以枚举。大体说来，无论其称谓如何，濒海土地作为封建国家的课税地，则是依其开发利用的程度来确定税目，其税目名称，即为官府、朝廷、民间所认同。例如在海盐业，蓄养柴草以供煎盐燃料的"草荡"，因已为制盐业所利用，故课之以盐课。"摊场"、"灰池"、"仓基地"、"灶舍基地"，一般作为"未垦沙荡"（即摊灰淋卤的作业地，又称为卤地、斥卤之地）、"盐田"，征收盐课。一旦上述燃料地、作业地开耕成田地（无论种植水稻、旱粮或其他经济作物），即名之为"升科草荡"、"新升沙荡"（系指在第一次清查升科沙荡亩领之外陆续开耕升科的沙荡），课以赋税。此外，因海潮淹没无常，对统计清丈在册的草荡、沙荡，又立有"新涨"和"坍没"项，以便于官员掌握实际纳课的荡地亩额。在明清荡地的管理体系内，为便于区分不同的隶属关系，又依其行业或承当朝廷户役的役名来作为荡地的地目。例如在制盐户，则称为"灶荡"、"灶地"，民户称为"民荡"、"民地"，渔业荡地即称为"渔荡"，屯军荡地称为"屯地"。之所以作如是区分，当是因各类田地所征发的税率不同所致。在这里，作为对"荡地"概念的解说，其抽象的含义，应该是明确的。

沿海县份的濒海田土，大体上可以距海15公里的地带为"荡地"区，或称为"濒海"地带，15公里以内则视为"内地"。这一界限的划定，可以从明清时期的官员奏疏或有关政策的表述中窥知。明弘治二年（1489年）对"不谙煎盐"的"水乡灶户"②施行盐课折银制，规定"各场灶丁，离场三十里内者（指濒海煎盐灶丁），全数煎办；三十里外者（水乡灶丁），全准折银"③。这里虽以距离盐场的远近作为折银与否的界限，实际上是以灶户是否具备"濒海"的煎盐作业条件为政策依据的。离盐场较近的则系濒海、附海户，而居住在离盐场30里外的灶户，则系"水乡"、"依山"户。可见以"三十里"作为濒海地带标准的观念已于明中期形成。此外，清初顺治至康熙年间在沿海地区施行迁界，其迁界令根据地理形势的不同，规定有内徙30里、40里、50里甚至一迁再迁至100里

---

① 《（弘治）兴化府志·里图考》。
② 明代对灶户分为"濒海"、"水乡"两部分，濒海灶户即系煎盐户，而"水乡"则是明初编金"丁田相应"的民户，因入灶籍，故承办盐课。
③ 《万历会典》卷三二《盐法一》。

的[①]。清廷最初规定内徙 30 里的基本政策，这至少说明在清代最高统治者是承袭明朝"三十里"以外即系濒海地区的观念，并以此作为制度依据。如果这种认识不错的话，那么以今日的版图计算，我国海岸线约为 1.8 万公里，濒海土地约为 27 万平方公里，占全国土地总面积的 2.8%。若加上奴儿干都司的沿海土地，明清时代濒海土地约为 50 万平方公里。这片广袤的沿海地带是我国人口密度最大、经济最为发达的地区，无论是封建时代还是今天，都是支撑国家政治、经济正常运转的"财赋之区"。因此，把研究视点集中于濒海荡地开发问题上，具有特殊的战略意义和经济价值。

仅就明清两代而言，屯垦的持续时间，即从明王朝建立的 14 世纪始，延及清前期的康雍时代即 18 世纪止，由国家组织的大规模屯垦活动延续长达 400 余年。其间屯垦制度虽多有变化，但从整体上看，明朝屯政的基本制度一直延续到清前期，少有变化。濒海屯垦制度的连续性，成为沿海地方社会结构的组合层面之一。明朝屯政罢革后，旧有的屯垦一方面向清代营田、伍田转化，另一方面则划归地方有司统辖。而明代卫所屯军垦种的滨海荡地，大部分转化为县级地方社会的赋税系统，其屯田地的赋税，为与旧有的县级赋税民户相区别，仅保留"屯"的名义而已。尽管明初设屯的政治、军事意义已不复存在，但明屯在清代地方社会中，由于长达数百年的垦殖经营，濒海卫所屯军与沿海地方社会的社会文化乃至经济的联系，当是十分密切的。

二、军屯的基本制度

如果在客观上把朝廷在沿海设官制盐看作是一种政府的海洋开发活动的话，那么，在沿海地区的卫所屯戍垦种，也应当视为是另一种国家组织开发形式。

就屯田而论，明清时期的屯田主要是军屯和民屯两种。从国家组织沿海屯垦的角度看，军屯的屯种垦殖当是主体。大凡以农为本的传统社会，其军队兵员的来源及粮草供给，皆取自于农。平时务农，战时从伍，由此演变为军屯。同前朝一样，明清时期也大兴屯田，以屯养军。然若就明朝屯田之兴的缘由作具体考察的话，当与前朝有别。腹里地区姑且不论，仅就沿海屯田而言，其设屯原因大体一是罢海运，二是防倭。以上原因虽然成为中断海洋发展的契机，却为沿海荡地垦种提供了制度保证。

明王朝建立，辽东驻军的军需供给，主要依赖于海运江南税粮。洪武二年（1369年），太祖朱元璋"命户部于苏州太仓储粮二十万石，命都督张赫督备海运供辽东"[②]。七年（1374 年），在太仓城东建海运总兵衙门，命靖海侯吴桢充海运总兵，督运辽饷。二十六年（1393 年），明廷在太仓南门外娄江北岸南码头建仓储 91 座 919 间，收贮浙江、南直隶各地税米数百万石，俗称"百万仓"。至永乐初，命平江伯陈瑄充总兵官，前军都督宣信充副总兵，继续督海运于太仓。九年（1411 年），始命工部尚书宋礼、都督周长等发山东民 16.5 万人，"浚元会通河，自济宁至临清三百八十五里，以通漕舟"[③]。次年，由

---

① 参见朱德兰：《清初迁界令时明郑商船之研究》，载《史联杂志》1985 年第 7 期；又，朱德兰：《清初迁界令时中国船海上贸易之研究》，见中国海洋发展史论文集编辑委员会主编：《中国海洋发展史论文集（二）》，台湾"中央研究院"三民主义研究所，1986 年版。

② 张采：《（崇祯）太仓州志》卷九。

③ 永乐建都北京，江南粮一仍海运，一渡江，由淮入河，抵阳武，陆运至卫辉，沿卫、沂、潞达通州。后因"北京军饷河运不能给"，永乐五年（1407 年）仍议行"须兼海运"。见郑晓：《郑端简公今言类编》一。

宋礼奏请造河运"浅船五百，由会通河运淮扬徐兖诸郡粮百万石，补海运一年之数"①。十三年，明廷终以河运行而"罢海运"，"令浙江嘉、湖、杭，与直隶苏、松、常、镇等秋粮，除存留并起运南京供内府等项外，余原坐太仓海运数，尽改拨运淮安仓交收"②。河运取代海运，恐系海运成本过高，且运粮额数亦不及河运之故③。北京河运的另一成因，则是由于开通清江浦（今淮安）、会通河（今山东临清至东平），大运河全线通航，这较"风涛多险"的"由苏州刘家港、海门黄连沙，开洋直抵天津"的海运更为安全④。但问题是，自洪武初以来，辽东军饷俱仰赖海运江南税粮，自永乐十三年"罢海运"的同时，朝廷又下令"罢海运遮洋船"，转而"增造浅船三千余"，至于漕运粮所入仓口，据郑晓所说，共兑粮 30 万石，其中 6 万石入天津仓，24 万石由"直沽渡海入蓟州仓"⑤。这里所说的显然不是指江浙海运，而是渤海内的沿海航运⑥，且漕粮仓口与辽东无关。辽东军饷如何供给？实有疑问。据成化十九年（1483 年）户部郎中毛泰《条陈辽东屯田疏》所述，"洪武初，辽东粮料，俱从太仓海运。其后罢海运，置屯田，八分屯种，二分戍逻"⑦。由此可知永乐十三年（1415 年）罢海运，辽东军饷供应遂转为屯田。军屯的发轫，实始于兹。但问题是，辽东军屯究竟是否始于永乐十三年罢海运之时呢？按常理推之，辽东每年海运约 70 万石的粮料，此偌大数目必转由屯田承当，其屯种的始种年限当早于永乐十三年，这是不言而喻的。查明代屯田文献，据《崇武所城志》⑧记载，"屯田之制，始于明洪武二十九年。奉户部及前军都督府贯字一千八百十七号勘合，为屯种事。度民间荒田，括拨军士屯种"。辽东屯种是否开始于洪武二十九年（1396 年），难以遽断。永乐二年（1404 年），"奉户部湖字八百三十号勘合：除远年为事充军故绝人户遗下抛荒田地，括与本所无田旗军领种"。由于有洪武、永乐两道屯垦勘合，以致在卫所屯军作出"在洪武年间者为旧屯，在永乐年间者为新屯"的划分。在这里，我们至少可知，辽东地区在洪武末至永乐初即始行屯田，由军屯的生产解决军饷，而正是这一原因促使明廷于永乐十三年罢革海运。反过来说，海运的罢革，却进一步推动沿海屯田规模的扩大化，其沿海滩涂荡地由之开发。

　　沿海军屯设置的另一原因是防倭。设屯驻防，首要的是在沿海地带积聚相当多的屯垦劳动力，至于劳力问题，其解决的办法，一是徙民，二是籍民，所括之民，则作为军屯进行屯垦。

---

　　① 郑晓：《郑端简公今言类编》一。

　　② 张采：《（崇祯）太仓州志》卷九。

　　③ 海运成本高，大概是"海船少"，且"海船造办太迫"之故（《郑端简公今言类编》一载宋礼奏疏）。而运粮额数，同书有云："洪武三十年，海运赴辽东七十万石有奇。永乐六年六十五万有奇。十二年，北京五十万由卫河，通州四十万由海。"

　　④ 宋应星：《天工开物》卷中《舟车清舫》。

　　⑤ 郑晓：《郑端简公今言类编》一。

　　⑥ 明朝江浙海运，隆庆末曾一度恢复。其时黄河横决，内河潜舟"做者几二千，而漂没者又八百艘"。于是，"科官宋良佐等议主海运，朝廷从之。遂自淮出海以抵天津。行之数年，遇龙跃搜，溺粮数万，言者交击之，乃罢"（黄道周：《博物典汇》卷十五）。可见明代海运不兴的原因，主要是恐海运有风涛之险。

　　⑦ 陈仁锡：《皇明世法录》卷三〇《屯政》。

　　⑧ 《崇武所城志》，抄本，嘉靖二十一年（1542 年），朱彤宾海甫纂集，崇祯七年（1643 年）陈敬法心放甫增补，清代续有补。所记皆明清时的资料，十分珍贵。点校本为《惠安政书》附录，由福建人民出版社于 1987 年点校出版。

关于"徙民",如洪武二十年（1387年），"废宁波府昌国县，徙其民为宁波卫卒。以昌国濒海民尝从倭为寇，故徙之"①。太祖之所以废县设卫徙民，的确为刚建立的明王朝海防起见，以防止倭寇的侵扰②。此外，据嘉靖年间胡宗宪《筹海图编》卷五《浙江事宜》记载，"国初，定海之外，秀、岱、兰、剑、金塘五山争利，内相仇杀，外连倭夷，岁为边患。信国公经略海上，起遣其民，尽入内地，不容得业，乃清野之策也"。依此记述，濒海岛民"内相仇杀"，致使海疆不靖，也是徙民原因之一。关于此，《九朝谈纂》③也有记述："金塘、兰、秀等山人民，诈倭为寇，屡以事闻。太祖命信国公汤和巡历边境。凡僻居外海，不堪护卫之处，悉遣人于附近卫分充军，是谓海岛居民之军。宁波旧有六县，定海之外，有名昌国者，数被夷患，改为卫所。于是增城堡，设关墩，边海之备，从此加严。"《九朝谈纂》所记，大体可信。其中说定海外海岛之民"诈倭为寇"，恐是借"倭寇"之名而行"仇杀"之实。太祖在此地设卫所，徙民入卫，无论怎样讲，都是明廷整备海防的重大举措。不仅如此，明廷还采取籍民为兵的办法，重新组合濒海卫所的兵员成分。这一点，可从信国公汤和的奏疏中得知。其奏疏言："宁海临山诸卫滨海之地，见筑五十九城，籍绍兴等府民四丁以上者，以一丁为戍兵，凡得兵五万八千七百五十余人。先是，命和往浙西沿海筑城，籍兵戍守，以防倭寇。至是，事毕还，奏之。"④显而易见，信国公汤和在浙江沿海设置卫所，乃采取徙民和籍括民户丁多之家为军户的措施来建立明王朝的海防。对于沿海岛屿所设置的卫所屯田，明人称之为"海屯"。海屯成立的物质基础，除徙民、籍民作为军屯的屯种劳动力外，其卫所所在海岛存在大量荒闲土地可供开耕养军，当是卫所生存、发展的基础条件。仅以前述昌国县为例，元人吴莱有云："昌国，古会稽海东洲也。东控三韩、日本，北抵登莱海泗，南抵庆元，四面环海，中多大山。人居篁竹芦苇之间，或散在沙头，习于舟航，风帆便利。虽田种差少，而附近大山，如秀、岱、兰、剑、金塘五山，每岁垦之，可得数十万石，盖亦形胜之地矣。"⑤假设浙江沿海的秀、岱、兰、剑、金塘山中无地可垦，想必明廷即便有设卫所之意图，恐亦难实现。换言之，此处海岛不仅战略位置重要，而且具备屯兵驻守的物质条件，在明初因社会治安及海防的需要，太祖在此处设置卫所，应该说是正确的决定。如果将浙江沿海设屯防倭的原则推而广之，至少可以认定当时东部及东南沿海地区因防倭而设屯的情况是相当普遍的。

对于军屯的制度及其沿革，沿海卫所与内地腹里卫所的区别不大。就军卫屯种制度论，明代分为屯军与操军，规定屯军分拨屯地的亩额、征收屯田籽粒额，以及对屯种征收籽粒的分配与处置，等等。

关于沿海屯军与操军的比例，因时因地不同，比例多有差异，并不统一。在明初，"命诸将分屯于龙江（应天府）等处，后设各卫所，创制屯田，以都司统摄"。其时尚未见有屯军与操军的称谓，仅规定"军士三分守城，七分屯种，又有二八、四六、一九、中

① 《明太祖实录》卷一八二"洪武二十年六月丁亥"条。
② 在当代日本学者看来，从14世纪中期起，日本南北朝时代的破落武士和破产农民不断在朝鲜半岛打劫，朝鲜人称其为"倭寇"。以后这个名词一直出现在朝鲜和中国的文献中，泛指两国沿海的日本海盗。十四五世纪以来，东亚大陆的海盗以日本人为主体，称之"倭寇"是正确的。16世纪中叶的中国沿海海盗当以中国沿海居民为主体，日本人处于附庸的地位，称为"倭寇"，容易被人误解。详见［日］田中健夫：《倭寇》，教育社，东京，1982年。
③ 佚名：《九朝谈纂》。收录于《清代禁毁书丛刊》（台北伟文图书公司1977年影印本）上册。
④ 《明太祖实录》卷一八七"洪武二十年十一月己丑"条。
⑤ 顾祖禹：《读史方舆纪要》卷九二。

半等例，皆以田土肥瘠、地方冲缓有差"①。明初制定的卫所屯军比例，乃是由其卫所所在地的屯田土地肥瘠程度及卫所所处的战略位置决定的，这一原则的确定，表明屯军与操军并无一定比例，乃因地、因时、因事而变化。例如，当地方不靖时，"又令少壮者守城，老弱者屯种。余丁多者，亦许其征收则例或增减殊数，本折互收，皆因时因地而异云"②。其结果是正统九年（1444年）颁布诏令，对"浙江等处屯军，遗下田地，尽见在旗军拨与屯种，余剩顷亩，验官军户下馀丁，有三四丁者，摘拨一丁，丁多者以是为率，摘拨下屯。若田地尚有余剩，官旗军民，愿承种者，一体拨与。其抛久积荒，须开垦者，待三年成熟之后，俱照例征收子粒。就于附近官仓交纳，候有军之日，拨军屯种"③。在屯军人数不足、屯田荒闲的情况下，明廷采取验丁摘拨、屯田民佃④、鼓励垦荒的政策，其意在增加屯种收入以养其庞大的海防军队。至景泰六年（1455年），又议准"沿边关营城堡，附近空闲地土，将见在关营军士，二分守关，一分屯种，见在守城军士，一分操练，一分屯种"⑤。至此，其边关的屯军与操军的比例已同明初腹里地区的屯操比例相近，这无疑是正统时期扩大屯种规模政策的继续。同时，景泰时期议准的沿边城堡扩大屯种之制，也适用于沿海地区。这同前示正统诏令一样，对沿海地区的荒地垦种，必定产生积极作用。

明廷不断扩大屯军与操军的比例，就等于扩大了屯田的规模。这是因为，明代屯军的给拨亩额是按军士分拨，并按军士人数征收屯租（明代亦称"屯田籽粒"）。屯军的比例小，屯地亩额自然就少，反之亦然。仍以前示辽东屯军为例，其屯田军士，"每军限田五十亩，租十五石。以指挥、千百户为田官，都指挥使为总督。岁夏秋二征，以资官军俸粮"⑥。这就是说，辽东屯军每名军士给授官屯田最多为50亩，每年征收定额租15石，每亩科租3斗。限田与租额的规定，似成为明代军屯拨军、拨田、征租的标准⑦。然在其他地区，"每军限田五十亩"仅作为规定而已，实际上"或百亩，或七十亩，或三十亩、二十亩不等"，当是现实生活的真实写照⑧。如谈迁的《枣林杂俎》智集记载的屯军分拨屯地亩额、征租额，显然与《明会典》、《皇明世法录》的说法有很大的出入。谈迁说："国初，屯军七，操军三。屯军每人二十亩，种谷三石二斗，牛犁，岁征谷五十石，入屯仓。每月征（支）谷二石，⑨岁支二十四石为家小粮，三石二斗为种谷。后以米四斗折谷一石，岁纳米九石一斗二升。"如果将此视为明代军屯的基本制度的话，那么，至少说明明初屯军是由官拨屯地、官给牛具种子的，此外每月还由官支付家小口粮谷2石，如此计算，每军士拨屯地20亩，每年以纳租谷50石计，其官支家小月粮及种谷共27.2石，扣除后剩下的22.8石则为上纳屯仓的屯田籽粒。嗣后以租谷折租米，每名屯军应纳屯租谷

---

① 陈仁锡：《皇明世法录》卷三〇《屯政》。这里所说的"操军"，明代文献又称为"常操军"。

② 陈仁锡：《皇明世法录》卷三〇《屯政》。

③ 陈仁锡：《皇明世法录》卷三〇《屯政·拨军开垦》。

④ 屯田民佃，在明清文献中或称为"民佃屯田"，其始行年代当在正统九年。这里所说的"民"，其实包括官吏、军民人诸色人户。"民佃屯田"，实即民佃官地之一种。

⑤ 陈仁锡：《皇明世法录》卷三〇《屯政》。

⑥ 陈仁锡：《皇明世法录》。

⑦ 在明代文献中，把每名军士种田50亩，作为太祖时期的屯政制度，云"每军种田五十亩为一分"，即可说明50亩乃是标准基数。参见陈仁锡：《皇明世法录》卷三〇《屯政》。

⑧ 陈仁锡：《皇明世法录》卷三〇《屯政》。

⑨ "每月征谷二石"，当为"每月支谷二石"之误，否则，与后文文意相悖。

22.8 石则改征租米 9.12 石。作为基本制度，其覆盖面相当大，沿海地区的屯军亦当如是。但由于地域的差别，每军 50 亩或 20 亩的拨地制度实难兑现。结果，屯军中拨地的亩额也多寡不等，造成制度的不统一。仅以沿海屯军为例。如浙江嘉兴府屯军，其拨给屯地亩额，"总旗十八亩，小旗十六亩，军十二亩，各粮六石，本折均平"①。与嘉兴府屯军相近的还有杭州府。《枣林杂俎》引《杭州府志》云："总旗人十八亩，粮二十四石。小旗人十四亩，粮二十石四斗。军人十二亩，粮十八石。"② 除小旗人稍有不同外，总旗人和军人的分拨屯地额则与嘉兴府屯军相同。又如福建，其屯军拨种的屯地则在 30 亩左右。据前示《崇武所城志》记载，"永乐二年，奉红牌事例，拨本所旗军一百二十名，委百户一员领去下庄屯种。宣德六年为改拨事例，又将本所寄操军并拨金门所，寄操军共一百三十一名，拨去大中屯种。通共屯军二百四十三名，共种下庄、大中田地七十二顷九十亩，每名种田三十亩，纳米六石，共纳米一千四百五十八石，贮于城仓"③。沿海"海屯"土地，尽管各地领种亩步多寡不一，但从总体上讲，海防屯田的设置，实际上就是垛集民产为军，民人入军籍之时也将其地产入屯军户，籍民为军并且有组织地开垦沿海荡地，不仅为明代海防提供了兵源及军饷，而且为清代营田、伍田等军垦制度的实行提供了历史依据。

明代于沿边卫所设置屯守，尽管有限田的规定，但从屯守的本身意义看，并不限制屯守军开垦荒地，而是鼓励垦荒④。成化十七年（1481 年）正月，经户部题准行移南北直隶浙江等处布政司《许令军民耕赁住起科则例》⑤，进一步将明初鼓励军民垦种制度具体化、扩大化了。其则例规定：今后住有军民人等，将官地、荒地及山场、水州，情愿领种起科者，许令具告本管官司，申达司府，先行查勘。如果无碍，着令照依今定则例："凡城第官地，每地阔一丈，长三丈，每岁纳粮一石。若附近城郭好地，阔二丈，长五丈者，每岁纳米五石，馀皆仿此地。如田野山场、水地，俱照旧例起科。其前项纳米，各于官仓收贮，以行赈济。"成化开垦则例的颁行，无疑对海屯地的垦辟提供了法律依据，自此之后，无论腹里还是边地，也不管城郭还是田野，只要"无碍"都可以呈官垦种。这里姑先撇下"民人"不论，仅屯田军的垦荒，即可以辽东为例。嘉靖二十六年（1547 年）六月，辽东金州等城指挥金事郭承恩所上《为周铎等军余连名报请开荒情愿照例起科事》给巡按山东监察御史的呈文说："告状人周铎、牛伯安等，各年甲不齐，俱系金州卫前所百户黄流所纳粮军余，连名状告为乞明查处荒佃以便下情事。于弘〔洪〕武设立官屯，在于地名龙凤寺住种。"旧规"每军止拨官田五十亩"，"递年额办谷豆"银 1.8 两，"铎现纳米豆谷一

---

① 谈迁：《枣林杂俎》智集引《嘉兴府志》。
② 关于屯田科则，这里暂不讨论，拟于"荡地课斌"中专论。
③ 下庄、大中屯地，为崇武所屯军管种。其田额统计，当为 75 顷 90 亩，原文中所说的"七十二顷九十亩"有误。据同书所记，下庄屯在晋江县四十等都，屯田地 3 660 亩，屯军旗舍余 112 名，本色旗军 74 名，共种田 2 220 亩，旧额折色余丁 2 名，新增折色军丁 36 名。大中屯在惠安县十七等都，屯田地 3 930 亩，屯种旗军舍余 131 名，其中本色旗军 81 名，旧额折色余丁 2 名，新增折色军丁 48 名。
④ 禁垦亦不乏其例。究其原因，主要是海防之需要，并非限于屯种制度。如福建晋江崇武所，"惠安县戍地也"。其城外"斥卤广漠，飞沙所掩。国初，留近城地禁民耕垦，使其沙莽漫生，缀带盘根，则土膏丙坚，风尘不动"。见万历四十五年（1617 年）丁巳秋八月晋江何乔远撰《惠安仁侯靖予陈公禁垦护城碑记》，载《崇武所城志》。又，泉州府惠安县《为海氛警急城堑平地乞除沙患以固边防事》所示，惠安县对"后湖埔一带荒地"，"经该县清查，立定界址，建竖石碑，世代永永不许开垦"。见《后湖埔即赤土墩禁示碑》（同上书）。此种情况，当不止惠安一地，他处亦当有之。
⑤ 戴金：《皇明条法事类纂》卷十三。

59

石，变易谷豆九石"①。此状系嘉靖二十五年（1546 年）正月所告，告状人据其状纸所列有常青、周时、李文举、王秀、周铎、牛伯安、季原、许成、周能、黄佃、任佑、韩真、黄霁等 13 人，想必其身份均系屯军舍余。次年四月，由指挥佥事刘云翰"亲诣地名龙凤寺告田处所，招集乡副长田秀、知识董秀□□，眼同告人周铎等，从公踏勘，得堪种荒佃二段，丈量一顷三十亩，其水洼去处，不堪开种，照旧牧畜。除将堪种者拨给周铎等一十三名领种，照依下等田事例，每亩纳谷五升，共六石五斗"。同年六月，又经指挥佥事郭承恩再行勘实，"比时铎与牛伯安、季原、许成、周能、黄佃、任佑、周方、王秀、李文举、周时、戴文举、黄霁，各不合不候明文辄便开种，各又不合乘机盗耕相连荒佃五十四亩五分，各分均种"。根据郭承恩的勘查，周铎等"乘机盗耕相连荒佃共计三丘，栽种水稻，每丘不足一亩"，连同告佃荒田，共计 184.5 亩。又经周铎等告佃"仍照原议下等田事例，每亩纳谷五升，共九石四斗二升五合"。②辽东军余告佃垦荒案例，其各类文件均存于辽东"屏风档"，除个别缺字外，所记史事部分均相当完整。这大概是今天窥知明代屯军告垦荒田的最可宝贵的资料了。此案所反映的实态说明屯田定额外的荒闲田土，只要军余舍人呈官告佃，就可以取得耕种权；反之，未经管领所司官查勘的荒田，如果被开垦，则以"盗耕"论。而一经告佃，所辟垦荒田就被列入屯田官地之内，只是其纳粮科则与"原拨"屯地有所差别而已。就滨海地区而言，呈官告佃的荒地，恐大部分系"濒海荡地"。

三、民人占耕与开垦

如前所述，包括沿海广大地区的边卫屯地，除屯种军余舍人垦种之外，地方有力"民人"也多有开垦。这方面的例证很多，如前示福建惠安县崇武所城郭"后湖埔一带荒地"，则为"奸民假名给帖，违禁垦种"③。民人"开其埔，阑入近城地插薯，取煨煤"④。民人占耕卫所屯地，并非是屯政崩坏的原因。其实，早在"正统后，屯政稍弛"，"其后屯田多为内监、军官占夺，法尽坏"。至弘治、正德年间，屯粮征收远较明初为轻，"有亩止三升者"。正德时，以颇富有成效的辽东屯田而论，其屯田总额"较永乐间田赢万八千余顷，而粮乃缩四万六千余石"⑤。以上记述，可大体反映明中期以来的屯军垦种实态，即荒地的开垦终未停止，但屯田的利益却并未能由朝廷所收夺。屯田利益分流最终导致明朝屯政的失败。其主要原因，乃在于最初领种的屯军日渐贫困，其屯田遂为"势豪"即《明史》所说的"内监、军官"所侵夺，其利益自然也随之转移。关于此，这里仍以前示《崇武所城志·屯田坐垠》的具体记载来透视明代沿海屯田制度演化之一斑。其文曰："屯田之制，原系本军管耕，历明二百八十载。年久改更，本军多有转兑于势豪富宦之手。"入清，由于"历年征战，兵马络绎，人民奔窜，田地抛荒，米价腾涌，有轮及应当屯田者，辄倾家赔累，甚有□弃妻子拆宇屋之惨。遂有将田送人管掌者，或有加贴馀银两

---

① 《明代辽东档案汇编》第 619 页。
② 以上均见《明代辽东档案汇编》第 619 ~ 621 页。此处征收屯租当为"九石二斗二升五合"。
③ 《后湖埔即赤土撤禁示碑》，载《崇武所城志》。
④ 何乔远：《惠安仁侯靖予陈公禁垦护城碑记》。这里所说的"插薯"，即种植番薯。
⑤ 以上均见《明史·食货一》。

与人者，此受屯田之累也"①。这至少可以看到明清之际福建屯田的变迁，已并非前朝的格局。至康熙二十二年（1683年），经"总督部院姚公启圣题革闽省催粮见年之害，并革去屯田之弊，随户纳粮，始见轻逸"。总之，入清后，随着明卫所制的罢革，其屯军也没有什么存在的意义。旧有的卫所屯田遂转入所在地的地方有司管掌。然由于作为地方有司管领的屯种官地的性质并未改变，所以明代屯军的种种名目及征收屯粮的项额，就仍然保留在清代沿海州县的册籍之中。

第二节　清代民间的土地开垦制度

清代屯田"由卫改县"，乃是官土地制度的重大演变。这里拟选择南北沿海卫所，特别是明清两代的海防重地的例证，来说明"由卫改县"的大致演化过程。

一、清代军屯制度的演变

入清，沿海军屯制度亦多有变化。其主要原因在于清代与明代军制不同，早先的军户制度自然已不适用于清代的八旗制度，而沿海地区以汉人为主体的海防体制，显然也不同于满族政权的军制及对汉人所实行的绿营之制。究竟如何建立适应清军的屯垦制度，则是清代初期需要解决的大问题。

军制变更对于屯垦来说，其较为典型的例证之一，即山东半岛威海卫制度的改变。明洪武三十一年（1398年），析文登县辛汪都三里置威海卫。永乐元年（1403年）建城，领左、前、后三所。据康熙二十年（1681年）《阖卫绅士留卫条议》所记，威海卫"明初设操军二千余名，明末设营兵二千五百名。今我清又调防文登县营千总一员，营兵二百五十名协理戒备"②。由明至清，威海卫均系海防要地无疑。该卫屯地，依明代屯制，亦当由官划拨"设屯养军"。然屯地来源，实系由州县民地划拨屯种。以威海卫而言，因"建设州县境内，城隍而外，寸土皆民，卫人多买耕焉"。该卫的官地，只有所建城隍庙一处而已。由于"卫屯星置于各州县"，屯卫之地，"民人多佃耕之"，这种军民田地相互佃耕的现状，致使"民佃军屯，未佃军差，故耕屯地者，民也；而征屯粮则系卫催，惟卫催故曰军差，军买民地，未买民差，故耕民地者，军也。而征民粮则系民催，惟民催故曰民差"③。明代军屯民地互相耕佃的现实，为清朝所认可，仍依明代旧例，"军耕民地，正粮之外，每亩加银四厘，名曰寄庄，以为不当民差而设。军之不可为民，犹民之不可为军也"④。这是一种情况。

另一种情况是"鼎革而来，军去屯存，而佃耕屯地者，始输纳屯粮，因屯系卫地，故

①　关于势要强占耕地，明代文献记述甚多，兹不赘引。比较可靠的材料，如关于屯地占耕的奏疏，戴金《皇明条法事类纂》、陈仁锡《皇明世法录》多有收录。

②　毕懋第：《威海卫志》卷九《艺文》。

③　《威海卫志》卷九《艺文》载顺治九年（1652年）金华府经历邑人戚若鳃《按院冯公批准军民照旧各差碑记》。

④　戚若鳃：《按院冯公批准军民照旧各差碑记》。

x

加卫官以兼理之责"①。非但是军民互佃造成屯粮征解的困难，即便是屯地与民地的清丈管理，对卫所州县而言，都有困难。据文登知县王郱《附文登县留成靖二卫详文》② 称："两卫屯地，有在他州别县数百里外者，若一议并，而县境内者可核，县境外者亦可核乎？况军民混杂，民地入于军户，军地入于民户，疆界不清，争讼不已，则地亩亦未易核也。"文登县详文与前示戚若鳃撰《按院冯公批准军民照旧各差碑记》说威海卫"世耕文邑辛汪都三里田地，本里之民世催本里之粮，从无变更"的说法不相吻合。然文登县详文显然是在"由卫改县"前呈详的，其在县外屯田地亩，恐系靖海卫③，抑或威海卫也有少量军置民地在外县的情况。正因为威海卫屯地关系错综复杂，雍正施行"由卫改县"，多有掣肘。对此，王庭槐于乾隆七年（1742 年）所作《裁卫记略》记述甚详。其记云："雍正十三年（1735），河东总督王士俊行部至登，谕意属员欲裁并边卫，整顿封疆。登莱青道董自超、登州府于斐，及该管各该州县四卫守备望风承旨，不敢异词。各卫士民纷纷具呈，牢不可破，靖海触怒尤甚，拿送宁海州监禁，以奸匪论罪。巡抚岳浚洞知情节，碍难掣肘。总督王遂题请将成山改为荣成县，大嵩改为海阳县，威海、靖海疆域绅民俱归文登。"④

例证之二，即广东番禺卫屯。广州卫所设于洪武八年（1375 年），然直至弘治初，才"诏治屯田之法"。"洲分左右前后四卫，又置左右中前后五所，分授管军百户十五，皆勋旧世职。"⑤ 至清代，"罢军不用，仍置守备一人，掌其屯粮"。广东裁撤卫所，行于雍正三年至八年（1725—1730 年），其明设 49 卫所屯田归州县管辖，分隶于番禺等 67 州县，由地方官招丁佃种⑥。据清户部统计，广东裁撤卫所屯田共 494 890 亩零，屯粮 88 997 石零，屯丁 6 594 丁，屯丁银 1 693 两零⑦。仅以前述番禺县而论，雍正三年（1725 年）裁并卫所之时，"其屯田粮丁并归附近州县。而左卫、前卫及从化所，则近属番禺境内，是以归并番禺"⑧ 管理。

以上南北地区两个不同的例证，大体可以说明沿海地区明初所设卫所屯田，至清雍正时已并入卫所附近州县。尽管明代兵制、屯政已不复存在，但屯垦的经济形式却依然在后世沿海农业经济中发挥作用，并对地方的荡地垦种产生影响。

二、州县的民屯

与卫所屯田相表里的是州县的民屯。明制："移民就宽乡，或招募或罪徙者为民屯，皆领之有司。"⑨ 这显然与"金民为军"而"领之卫所"的屯军形式有所不同。从民屯的

---

① 康熙二十年《阖卫绅士留卫条议》，载《威海卫志》卷九《艺文》。
② 载《威海卫志》卷九《艺文》。
③ 靖海卫"三面环海，当东南出入要地，地多斥卤，居民仰渔利以自给。自明以来生齿渐繁，科甲相继，材能辈出"。既如此，其地开发想必颇有成效。其卫屯田共 43 处，有墩 20 座，堡 3 座。见《靖海卫志》卷三一《屯名》。
④ 载《威海卫志》卷九《艺文》。
⑤ 《番禺县志》卷一九《经政》。
⑥ 《（雍正）广东通志》卷二四《屯田》。
⑦ 《（雍正）大清会典》卷二九〇《户部·田土四·屯田》。
⑧ 据《番禺县志》卷一九〇《经政》记载，广州左卫，洪武八年设，官 41 员，旗军 1 324 名。前卫，官 30 员，旗军 1 540 名。
⑨ 《明史·食货一·田制》。

分布及规模来看，明初沿海地区民屯的发展不及军屯，这显然与太祖的海洋政策及经济发展重心的确定有关。然延及明末，由于人口增长及国家财政需要，发展沿海的"海屯"之议日盛。从明清之际海屯的设立及清代沿海州县海荡的开发来看，明代民屯的影响，是应当予以重视的。

重视内陆地区的农事，以内陆统治为中心，是历代最高统治者的基本国策，明代亦不例外。明建国前的元至正二十六年（1366年）正月初九，太祖即命有司劝民农事①。次年七月二十七日，置司农司，"计民授田"②。洪武元年（1368年）八月初九，定吏、户、礼、兵、刑、工六部，革去司农③。同年十一月，大赦天下，同时奖励垦荒。三年（1370年）五月初六，又命省臣议计民授田，复设司农司，设治所于河南④。可见明初太祖把农业恢复的重点放在腹里地区，以便尽快建立财政基础，确立农本主义的传统社会秩序。在奖励垦荒政策下，将狭乡之民迁往宽乡的"徙民"屯田，这也是太祖稳定农业秩序的重要措施⑤。然从《明史》的记载来看，太祖徙民的流向，主要是从沿海地区向腹里地区迁徙，腹里地区向沿海地区的逆向移民流动，则主要是通过军屯形式表现出来的，但也不排除民屯迁徙中有腹里地区向沿海民屯移动的可能性⑥。据《明史》记载，"太祖仍元里社制，河北诸州县土著者以社会分里甲，迁民分屯之地以屯分里甲。社民先占亩广，屯民新占亩狭，故屯地谓之小亩，社地谓之广亩"。而屯地之中，大多系"开垦荒田及洿下斥卤无粮者"⑦，此类田土，想必指濒海荡地无疑。除河北外，明代文献中屡屡言及山东布政司及南直隶淮安等府"徙民"设屯，也应当包括濒海地区在内，这是毋庸置疑的，只是明初在荒田大量存在的情况下，濒海荡地的设屯开垦，并未形成沿海农业开发的主体趋势而已。

沿及明末，由于军屯、民屯制度的松弛，屯政日趋解体。"沿边屯地，或变为斥卤沙碛"，万历时，计天下屯田之数仅644 000余顷，较洪武时亏额249 000余顷。⑧为挽回明王朝的颓势，朝野兴沿海屯田之议日盛，一时成为明清之际开发沿海荡地、发展海洋经济的契机。

三、明代末期之海屯

明末海屯兴起，最为突出的地区是福建、浙江、山东及天津。如在福建、浙江，"福建巡抚许孚远垦闽海坛山田成，请复开南日山、澎湖"。嗣后，许孚远又奏请开垦"浙江滨海诸山，若陈钱、金塘、补〔普〕陀、玉环、南鹿等地。而在山东，由"山东巡抚郑汝璧请开登州海北长山诸岛田"⑨。而天津屯田，则是朝廷官员议垦的重点地区。据当时

① 《明太祖实录》卷一九"丙午年正月辛卯"条。
② 《明太祖实录》卷二四"吴元年六月辛丑"条。
③ 《明太祖实录》卷二八○"洪武元年八月丁丑"条。
④ 《明太祖实录》卷五三"洪武三年六月丁丑"条。
⑤ 《明史·食货一·户口》记载"太祖时徙民最多，其间有以罪徙者"，即说明明初民屯建立的规模和形式。
⑥ 例如在今河北津沿海地区，其明代所置屯田民，即大部分来自山西和山东地区。洪武二十六年（1393年），其地人均耕地已达30亩。参见《河北经济地理》。
⑦ 《明史·食货一·田制》。
⑧ 《明史·田制·屯田》。
⑨ 《明史·食货一》。

力言在天津兴屯的保定巡抚王应蛟奏疏云："天津一路，从来斥卤，无人耕垦。臣以江浙治地之法行之，今春买牛制器，开渠筑堤，耕得五千余亩。其蒔水稻者，每亩收四五石，蒔菽豆者，亦可一二石，始信斥卤可变为上腴也。"① 可见王应蛟已采用江浙沿海地区的垦种荡地的方法，即明人常说的"江南圩田"法，垦种濒海斥卤地5 000余亩，并种植水稻、菽豆，由此证明兴海屯的可行性。按王应蛟的估计，天津海屯之兴，如果按江南圩田之法整治荡地，大致可"垦得七千顷，可得谷二百万石"。他主张以"防海官军，用之海滨垦地。每岁开渠筑堤，尽成良田，一面召民承佃，数年后荒芜尽辟。军民且屯且守，民无养兵之费，而保障益固矣"。

除王应蛟外，万历二十五年（1597年）"万邱泽世德开府天津，建议兴水利，都水主事沈朝焕继之"。万世德、沈朝焕都力倡天津兴屯。如万世德疏言："天津濒海，荒芜地土，俱可屯粮，宜设法召集开垦。"其屯垦的实施方法，则是由"抚臣开谕军民，自备工本，官给印照，俾永为己业。三年之后，方许收税，每亩输谷一斗，中等六升，下者三升"。与王应蛟兴海屯开发沿海荡地方案比较，万世德和沈朝焕则主张招募民垦，以"永为己业"的经济利益，刺激民间有力人户"自备工本"垦种荒荡。殊途同归，主张开发天津海涂以增加财政收入这一点则是相同的。②

海荡滩涂的垦种开发，关键是如何兴水利。关于天津海屯的水利建设，明代水利专家徐贞明的《潞水客谈》中，就言及天津沿海荡地改造之事。其中说："京东者辅郡，而蓟又重镇，矧其地负山控海，负山则泉深而土泽，控海则潮淤而壤沃，兴水利尤易易也。"对于丰润地区沿海荡地如何开发问题，徐贞明亦认为"濒海可田"。他说："自水道沽关、黑崖子墩起，至开平卫南宋家营之地，东西度之百余里，南北度之百八十里，皆隶丰润，其地与吴越濒海之沃区相等。今萑苇弥望，而悉据为势家之产。然苇之利微，即势族亦无厚利于其间也。若如吴越耕之，则利十倍于苇。即捐其一以与势族，使不失其旧入，势家亦何憾焉？昔虞文靖公之议，东极辽海，南滨青、徐，濒海皆可田之地，今丰润实其中。"③ 按徐贞明的说法，对于津唐地区的海涂开发，元人虞集就曾提出"欲于京东滨海地，筑塘捍水，以成稻田"的看法④。对于沿海荡地的改造，徐贞明同虞集一样，都主张"招徕南人"，不仅依江南治水利法来修北方水利，同时还需南人教北人"耕艺"⑤，只有这样，北起辽海，南滨青徐的广大渤海地区海涂，才可改造成为良田。

明清之际海荡开发的代表人物徐贞明，字孺东，贵溪人，隆庆五年（1571年）进士，《明史》有传。他阅历山海京东数处，为工科给事中，尝请兴西北水利，未果行，及累谪

---

① 沈德符：《万历野获编》卷一二。
② 在滨海设屯垦种，又如明人崔嘉祥《崔鸣吾纪事》云："今直隶、山东滨海之地，荆、襄、唐、邓沮沼之场，无虑万顷。若设官开屯，数年即为胶产，岁人奚啻百万。"从以上奏请可以推知设屯垦种乃是当时最有成效的经济形式。
③ 徐贞明：《潞水客谈》。津唐濒海荡地以种苇为主，与东南沿海的草荡相当。
④ 法式善：《陶庐杂录》卷五。
⑤ 对北方沿海滩涂的改造，明清时人多主张学习江浙地区的海荡开垦经验，这说明当时南人开发海荡的技术水平已达到相当高的水准。关于江浙地区的海荡开发技术，参见本书第四章。至于北人，明末时对海荡开发的兴趣似乎不大，以致力主兴屯的官员发出"明旨再三申嘱，徒付空间。盖北人滞执偏见，难以理喻如此"的感叹。（沈德符：《万历野获编》卷十）这当然不能作为北方沿海滩涂开发成效不大的主要原因，但南人与北人在开发海荡以及在农耕方面的文化差异，是应当承认的。

太平。还朝，给事中王敬民荐其西北水利议，会巡抚张国彦方开水利于蓟州，遂命他为监察御史，领垦田使，"先议于永平等处募南人为倡"，至次年，即"垦三万九千余亩"。对徐贞明用南人之法整修滨海水利，时人评价甚高，为后世所推崇。清人法式善《陶庐杂录》卷五引盛柚堂先生《间水漫录》云："徐子之议，因势利导，实有裨于民。当今之时，有能举行之者，垦荒闲之地，疏水泉之利，如南人田而耕之，一亩数钟，可得谷岁倍万万，则西北之民可致赡给，而称富饶，东南百万之漕，亦可省已，民力有不大纾也哉！"甚至法式善也认为徐贞明提出的滨海治水改造海荡方案很有价值，"谓言水利者，不可不知！"天津、山东滨海荡地开发有利于国计民生，这一点在明清时期朝野上下取得共识，朝廷屡下"明旨"垦种，地方官府则大兴屯田，以推进天津沿海荡地的开发。如"熹宗时，巡按张慎合复议天津屯田"；御史左光斗命管河通判卢观象大兴水田之利；太常少卿董应举继左光斗之后，在天津滨海兴屯垦种；左光斗则又于"河间、天津设屯学，试骑射，为武生给田百亩"，于天津海屯设立"屯学"，想必当时海屯开发已具相当规模。嗣后，"李继贞巡抚天津，亦力于屯务"。此外，天津滨海地区由"南人"修水利、兴屯田的例证，还可以见沈德符的《万历野获编》卷一二所记："京师蛙、蟹、鳗、虾、螺蚌之属，余幼目未及见，今腥风满市廛矣。皆浙东人牟利，堰荒积不毛之地，潴水养育，以致蕃盛耳。"塘堰水利设施的兴修，对"江南圩田之法"在北方地区的推广，无疑会产生积极的促进作用。

第三节 沿海地区屯垦的运作形态

明清时期民屯的运作形态，取决于所开垦的沿海土地究竟是谁投资、谁开垦的。在民间自行开发的情况下，如果仅仅是官府提倡或号召民间自投资本开发的话，那么，其新垦地的开发过程，想必与官府的关系不大，这即视为民间的开垦；而如果是官方或军队的开发，其土地的性质显然是属于官地，这与民间资本开发的产权形态显然有本质的区别。

一、"民筑屯田"的运作方式

如前示万世德、沈朝焕的召民屯垦之法。地方官府招募有力民人垦辟沿海荡地，由官给帖，垦种者才享有开垦权。垦种者自行投资，按垦帖所载四至亩步，将荒荡开垦为熟田，三年内免纳赋，三年后即视其垦种程度升科纳粮。如果垦种者不由官给帖或不按官帖告垦地亩四至开垦，其所告垦屯荡地即系"盗垦"，一经官受理，则须由官府重新勘丈，补纳盗垦土地税。所垦海荡屯地，分为"永为己业"的"私有"田土及"官筑屯田"两种，在后世的田土交易即买卖、典当时，均须明记该屯田地的地权属性，向该屯地所有者交纳地租，然后方可交易过割。"永为己业"的私有屯田称为"民筑屯田"，其与"官筑屯田"的差别主要在于所有权不同而造成土地关系的不同而已。

无论怎样讲，"官筑屯田"、"民筑屯田"都与前述的军屯地权形态不同。关于明清时期沿海民屯的实际状况，可以通过广东东莞县开垦万顷沙的"屯坦"交易文契，来观察民筑屯田的内部构造。关于万顷沙"民筑屯坦"土名、给照年代、坐落坦位，如表3-1所示：

表 3-1　东莞万顷沙"民筑屯坦"统计

土名	给照年代	坐落坦位	顷额	备注
万顷沙东北段	道光二十五年道宪给照	公安围	10	
大旗万顷沙	道光二十五年承兑郑荣福	旧宝安上围、旧宝安下围、均安围、福安围、公安围、新宝安围、下泰安围	40	光绪十五年缴价承升
大旗沙屯坦	道光二十九年接佃陈德如	旧宝安上围、上永安围、中新围、旧宝安下围	15	光绪十五年拨广雅书院缴价承升
同上	道光二十九年接佃梁立登	中新围、均安围、西永安围、中永围、上泰安围、福安围、新宝安围、全安围	15	同上
同上	道光二十九年接佃李械	下同安泰围	10	光绪十五年缴价承升
同上	道光二十九年接佃胡宏业	务安围、均和围	4	同上
同上	道光二十九年接佃胡昌成	务安围	12	光绪十五年拨广雅书院缴价承升
正江执丁沙屯坦	咸丰十年接佃潘敬义	新中和围、中永安围、东永安围、宝成围、庆安围、定安围、上安围	36	光绪十五年拨广雅书院缴价承升
合计			142	

　　以上"民筑屯坦"共 142 顷，均系广东番禺县民潘敬义等人"用工圈筑，历十余年，筑坝积淤，始竟其功"。但表中所记接佃沙坦，如土名正江执丁沙屯坦，恐并非潘敬义等筑坝围垦。道光三十年（1850 年）五月初一潘敬义所立送帖云："立送沙坦帖人番禺县潘敬义、保佃绅潘彭龄，今有道光二十八年在香山县承受屯坦一段，土名正江执丁沙，计坦三十八，每年共纳租银七百六十两。自咸丰六年起至九年止，共欠租银三千零四十两。又于道光二十三年买受香山县民税土名正江执丁沙一十五顷八十亩。自道光三十年起至咸丰九年止，共欠税银五百五十余两。"因潘敬义无力缴纳租银，遂于光绪十五年（1889 年）"一并送于（与）东莞明伦堂全受"。"明伦堂"系东莞县学，其缴价承升潘敬义沙坦共53.33 顷，所余 80.67 顷，奉批由广雅书院缴价承升，"仍由邑学明伦堂保佃承耕。是为"民筑屯田"①。既为"民筑"名目，在潘敬义立送沙坦帖之时，明伦堂首事谭晋生、何星湖、袁亥亭、王象虚等念潘敬义"上年承受沙价及历年填筑工本"的"费本太重，于心

①《东莞县志》卷一〇二《沙田志》。

不安，情愿补回银三千两"。如果这样解说无误的话，那么，民筑屯田的领照人有权处理其所筑屯田，这一点当与官筑屯田迥然有别。

与前述军屯比较，可知民屯有官屯和民屯之分。而无论官屯、民屯，皆"领之州县"。所以说，明清时期的民屯亦可归于地方有司的开发活动内容，这是不言自明的。

二、传统社会的屯田制度要点

以上仅就明清时期屯垦的形式、基本制度和屯垦实态进行考察，由此大体可得出如下看法：

（1）从国家的角度看，中央集权的朝廷对沿海国土资源的控制及开发利用，设屯垦种当是传统社会必然采取的形式。在屯军设置的场合，不仅具有满足驻屯军口食之需的经济意义，同时更具有加强海防、弹压地方的政治意义。如果我们将视野稍稍扩大些的话，那么，沿海各地屯军设屯的意义，绝不仅限于濒海地区，因为国家军费的节省，也包括减少米粮、布匹、草料等实物军饷的调配转输量，实际上就意味着沿海及腹里地区人民负担的减轻和国家财政压力的减小，这对于以户役制为核心的中央集权国家来说，无疑是找到了"长治久安"的最佳途径。

（2）无论在什么朝代，军事组织远较其他产业组织如海盐业、渔业、民户组织农耕更为严密。在沿海荡地生成面积较大的情况下，动员和调配屯军或民间社会有力人户组织民屯，无疑比农业的家庭式经营更容易获得收益。在明代户役制下，承担国家军役的军户，是由国家强制编金的，甚至有将沿海其他人户徙民、籍民为军的情况，军户编入沿海卫所，国家很少负担其防守、生活费用，而是采取授田的传统农业方式组织沿海屯垦大军，这样的组织结构，与其说是传统的兵农模式，倒不如说是凭借户役制由国家组织富有成效的移民活动更为贴切。

（3）国家强制性屯垦向招民垦种、官批民屯形式的转化，实际上意味着国家的屯政由权力支配向经济开发演变的过程。客观上讲，国家的强制性屯垦荡地具有国家组织沿海土地资源开发的积极意义。随着国家的权力约束力松弛，强制性开发逐渐解体，国家对荡地屯垦的所有权关系亦随之动摇，并逐渐向地方社会转移，荡地屯垦的利益分配方式也因此而得到改变。屯政的诸多弊端，早在明代中期就已显露出来，并成为明代社会经济的严重问题之一。即便不存在明清的社会大变革，传统的军屯制也是不能持久的。而明清之际东南沿海地区动乱频仍，沿海屯军制度的崩演当是其中的原因之一。

（4）军屯、官屯、民屯、私屯即"私筑屯坦"的转化，不仅反映了屯垦发展的不同阶段，同时也说明了屯垦内部结构的变迁。沿海屯垦的结构变迁，应该说是沿海地方社会变迁的重要组成部分。传统屯垦组织的分化，必然带来地方社会经济的进一步整合，而在新土地关系形成的过程中，其土地开垦者身份及社会地位也随垦种收益变化而变化，这也是顺理成章的事了。

🔵拓展学习

"均包制"潜在问题在工业化城市化中异常突出

目前我国农村实行的家庭联产承包制度，同中国传统社会实行小农经济背景下均田承包制度并无太大的差异，在传统经济条件下，应该说是相对有效率的。一旦人口流动与社会变化，农业生产因土地与人口的不稳定性与分散性，则必然显现出制度性缺陷，农民农业经营环境条件的变化，对农村土地制度变革提出了新需求。

从理论上讲，1979年中国农村的土地改革，实际上是财产关系与利益关系的调整。从"包产到户"到"大包干"的土地制度变革，确定了农户家庭经营的主导地位，实现了土地所有权与经营权的分离，因此满足了农民对土地经营的权利，从而使广大农民获得了土地集体所有制时期的财产支配权与经济民主权，由此产生激励机制，推动了农业资源配置效率的提高，农业产业结构调整和非粮食种植产业的发展成为可能，从而引发了农村经济总量的迅速扩张，有力地改变了国民计划经济的格局。但由于均田承包适用于小农经济经营环境，随着农村人口变动，初始时期的土地分配则随着人口的变化而表现为农业生产不稳定性与分散性，特别是伴随着工业化与城市化的快速发展，原来"均包制"的弊端显现出来，并变得异常突出，成为城乡差别的主要社会矛盾之一。一是家庭联产承包责任制所规定的产权形式即土地所有权集体共有同土地使用权个人享有的双重产权，因个人的家庭以承包的方式向集体所有者取得土地使用权，家庭经营的封闭性及农业生产的分散性导致对土地制度改革的社会需求。二是随着农村非农产业的发展，普遍出现了半自给性小规模土地经营基础的农户从事非农性经营活动，一方面是致使土地抛荒、农地面积缩小、侵占农地及农地改变其用途的情况十分普遍；而另一方面则是农地严重不足，无地、失地农民人数增加，农民破产被迫进入城市的现象也极为普遍。随着城市化进程，大量的农村剩余劳动力涌向城市，留守农村的大多是老人和小孩，又反过来造成农业生产劳动力严重不足，这就直接导致土地与人口关系破裂。三是随着农村城市化的快速推进，大量的农地转为工业用地，地价及土地资本收益也随之提高。农户原来视土地为不可或缺的福利保障，现在却进一步视土地为增值手段。在此情形下，土地的集中与流转对土地的管理使用制度提出了重新调整的要求。四是如果土地收益合理分配问题没有处理好，政府与农民、农民与集体的关系没有理顺，保障农民的合法权益也就成为一句空话，这实际上也是因为土地关系问题没有处理好而可能造成更为严重的政治信任危机和社会危机。可以说，经过长期的家庭均包土地改革后，今天已到了需要对我国土地关系重新进行调整的时候了。

✴ 问题与讨论

1. 我国历史上实行均田制度，试比较现在所采取的均田承包制与中国传统社会的均田制度有什么异同。

2. 环境条件的变化对农村土地制度变革提出了新的需求。经过一次又一次的土地制度变革之后，农民对土地产权明晰的要求十分迫切。请运用经济学原理重点分析和讨论土地需求的生产性努力和对利益调整需求的分配性努力与制度创新的关系。

3. 为什么说土地制度改革同中国社会稳定、政治安定有直接的关系？有人说中国的问题是农村问题，农村的问题是土地问题。请举例说明目前实行的土地流转政策同解决中国"三农"问题有什么关系。

👥 分组讨论

1. 传统中国是农业国家，农民与土地的关系如何，决定国家是否长治久安。历史上中国的帝王是怎样看待土地、人口与社会安定问题的？

2. 中国传统社会中出现严重的两极分化问题，其主要的表现，一是土地迅速集中形成大土地，导致大量的农民失去土地；二是大量的农村剩余劳动力流向城市，进入工厂的农村剩余劳动力就成为早期工业化时期的无产者。在早期资本原始积累时期的这一现象，是否仍是全世界经济发展过程中的必然现象？有什么办法可以解决农村剩余劳动力问题呢？

3. 我国历史上始终存在的突出问题即"人地压力"问题。早期解决人口与土地的矛盾，主要采取什么政策？

思考题

1. 明代万历年间张居正的"一条鞭法"主要解决什么问题？从土地法的角度进行分析。

2. 清代雍正时期颁布解放奴婢的制度，其核心是什么？

3. 人与土地的结合，成为中国传统社会的基本特征，学术界常说的"人身依附关系"与人地关系的结合程度，成为中国传统社会是否稳定的判断依据之一。你怎样看待当代社会人与土地的关系问题？

作业题

1. 中国传统社会对农民新垦地的政策是什么？

2. 为什么说土地赋役制度曾是调整国家、土地所有者、耕种者关系的杠杆？你如何看待国家赋役政策的变化？我国免除农业税的现代意义是什么？

3. 古人常说的"有恒产才有恒心"是什么意思？这种说法对吗？你怎样理解"恒产"与"恒心"的关系？请撰写发言提纲，在课堂讨论中演讲。

第四章

传统工业用地的土地关系

在中国传统社会中，国家控制的产业，其土地来源，一是通过政权的力量圈占；二是以前朝已有的土地作为工业用地，一般称为"官地"；三是通过向民间购置，由此形成国家主要产业或工业的用地。

在中国传统社会中，最大的官方工业则是盐业，而盐的生产需要占用大量的土地，尤其是沿海地带的盐生产滩涂地及盐业人户所必需的生活用地，即"水乡灶户"用以生产粮食的农地，构成中国早期工业用地。因此在了解中国传统工业生产问题时，也需要对工业生产要素之一的土地有较为清楚的认识。

第一节　明代盐业土地关系

明代灶户占有的土地有着十分复杂而且极为特殊的形态。[①]对于这个问题，有学者做了许多研究工作，并且发表了研究成果[②]，但从总体上看，专论盐业土地的却并不多，讨论也不够深入。因此，本节拟以官拨荡地为中心，兼及灶户私有田土，对明代灶丁土地占有关系及地权演化概况，作初步考察。

一、官拨盐业土地的业权形态

明代嘉靖年间的两淮巡盐御史雷应龙曾说："灶丁办盐，以丁力为主，以卤池为本，以草荡为资，以盘铁为器，以灶房为所。数者一有未备，则盐业有妨。"[③]而其中"草荡"、"卤池"、"灶房"（即置盘铁煎盐之处）乃是明代制盐业不可缺少的生产要素。[④]

---

① 关于此，日本学者仁井田陞的《古代支那、日本的土地私有制》（载《国家学会杂志》第四十三卷第十二号）一文认为，"灶户对于滩场、草荡的所有权，应属于极为严密而又独特的范畴。因为灶户所有权与'一田二主'制的田面权迥异，同日本德川时代的'上地持'、'永小作'也不同，更与西洋中世纪分割所有权的下级所有权相异"。他认为，"灶户滩场、草荡的负担，远比一般佃户沉重，他们与荡地的关系，如同西欧中世纪庄园中'直接经营地'与农奴的关系"。

② 关于明代荡地的系统研究，有日本学者藤井宏的《明代灶田考》（见《小野博士还历纪念东洋农业经济史研究》）；此外，藤井氏的《明代盐场的研究》（分载《北海道大学文学部纪要》，1952 年第 1 期、1954 年第 3 期）则系统地论述了盐场组织结构以及灶户与土地的关系。笔者认为，这两部文献是研究明代盐业土地关系的必读之作。

③ 朱廷立：《盐政志》卷十《雷应龙禁约》。

④ 明代制盐技术以煎盐为主体，晒盐尚未普及。然无论煎晒，其取卤工序是一致的。参见拙作《明代海盐制法考》，载《盐业史研究》1988 年第 4 期。

关于草荡、卤池、灶房之所有制形态，一般说来，草荡、卤池系官有，而灶房则属灶户私有。此外，灶户之田产亦属私有田土之列。

按《明史》的记载，"明初，仍宋元旧制，所以优恤灶户者甚厚，给草场以供樵采，堪耕者许开垦"①，这里所说的官拨地似唯草场一种，诸如取卤作业中之滩地②、灰场等盐田③是否为官拨不得而知。而此种情况，查宋元旧志，亦只知官拨草荡，其他殆无记述。如元陈椿《熬波图》曰："亡宋年间，官拨草荡，此时盐数少。近年累蒙官司增添盐额，别无添拨草荡，以是每岁煎盐不敷。"陈椿所记述的虽仅是两浙下砂场之情况，④ 但基本上可以反映元代两浙地区官拨草荡的性质，而"别无添拨草荡"一语则又表明明代初期的实际草荡亩数乃为南宋旧额，或说明初官拨草荡是在南宋旧额的基础上添拨的。

明初官拨草荡制度及拨荡顷亩，可从后世盐务官员的奏疏中得到证明。如弘治元年（1488年）两淮巡盐御史史简《盐法疏》言："鬻海之利，所资者草荡。灶户每丁岁办大引盐十引，该用草二十余束。洪武年间编充灶丁，每丁拨与草荡一段，令其自行砍伐煎烧，不相侵夺。"⑤而明初两淮草荡亩额，据嘉靖年间两淮巡盐御史朱廷立的统计，明初两淮官草荡共为 8 140 781 亩，至弘治时，两淮三十场共有草荡 662 977 亩。⑥由于官拨草荡，所以利于灶户煎盐，正如嘉靖四十二年（1563年）两淮巡盐御史徐扩题议《照引给荡》所说，"祖宗立盐政之初……其荡皆顺总挨户，各有定界，不相假借，与之世守，似恒产然，故灶丁各守其业，办盐颇易"⑦，似与元代记载相类似。

但实际上，官拨地不光是草荡，在其他盐区，还见有官拨卤池、亭场的记载，由此证明了明代官拨地的扩大。例如，两浙官拨草荡，杭州分司，"旧制：每灶丁一人，给草荡九亩或八亩"⑧；松江分司，"各场分拨草荡顷亩有差"。如浦东场，灶户 3 430 丁，共受草荡 66 152.7 亩，平均每丁受荡 19.3。又如袁浦场，灶户 3 462 丁，共受草荡 33 993.01 亩，平均每丁受荡 9.8 亩；再如青村场灶户 4 001 丁，共受草荡 54 642.14 亩，平均每丁分拨荡地 13.7 亩。⑨但在两浙西路场，则情形迥异，"每丁派亭七尺……而且绝无卷石之山（即指柴山）、寻丈之荡（即草荡）"⑩。此外，鲍郎场、海砂场、芦沥诸场，均"丁给卤地"，鲍郎场每丁二弓五寸，海砂场每丁四弓⑪，永嘉场"每丁分与沙坛一坵"⑫。地目不

① 《明史》卷八〇《食货四·盐法》。
② "滩地"，又作"摊地"，如陈椿《熬波图》是也。
③ 关于"盐田"，吴震方《岭南杂记》云："其间潮来斥卤之地，稍可杞煎者，则为盐田。"可知盐田乃是取卤滩地的总称，并非灶户私有田地之意。
④ 《熬波图》虽是一部专门记述两浙下砂场制盐技术的书，但此书也被认为反映了宋元时期盐业之概貌。关于此，参见［日］吉日寅：《元代制盐技术资料〈熬波图〉的研究》，汲古书院1983年版。
⑤ 朱廷立：《盐政志》卷七《疏议下》所载史简《盐法疏·七曰均草荡》。
⑥ 此统计数，不唯朱廷立所言，后世盐法志书多引用。如吉庆的《（乾隆）两淮盐法志》即引《（弘治）运司志》所载。但令人怀疑的是，明洪武时官拨荡地若果真有 8 140 781 亩的话，那么弘治时期实际共有的草荡 662 977 亩，则不过是明初的8.14%，而其减额的 7 477 804 亩则为明初的91.85%。
⑦ 陈士夏：《（雍正）两淮盐法志》卷四《场灶》。
⑧ 《（万历）杭州府志》卷三一。
⑨ 关于松江分司统计数，见《（正德）华亭县志》卷四。
⑩ 星石：《上陆都运灶议》，见徐元旸《剂和悃诚》（天启刊本）。
⑪ 《海盐县图经》（天启二年刊本）卷六。
⑫ 《（万历）温州府志》（天启三十二年刊本）卷五。

同，官拨盐业用地的数量也不一样。

在长芦，其官拨灶户土地地之目有三。据段如蕙《（雍正）新修长芦盐法志》卷六《灶籍·各场地亩》记载，"濒海地土，区分界画，量给灶户。以为恒产者，名为灶地；樵采草荡煎办盐课者，名为草荡；斥卤不毛之地，刮碱取土，盘煎池晒，资以成盐者，名为滩地"。无论是灶地、草荡还是滩地，均由官拨给，这一点似乎已无疑问。而官拨之土地，其业权也应当归之官有，这也不成问题。如嘉靖十二年（1533 年）长芦山东巡盐御史邓直卿在《清摊荡以补课额疏》中就说得十分清楚："各场灶滩所以刮土淋卤，草场所以刈草煎盐，寸土尺地，皆属之官，自有界限，例禁不得开耕变卖。"① 此外，从成化、弘治、正德、嘉靖各朝大规模进行清查草荡的盐务官员上疏中，也无不论及草荡、灶地、滩地的官有性质②，在此姑不赘述。但问题是，前示段如蕙《新修长芦盐法志》所说"以为恒产者"之"灶地"，其性质虽为官拨官有，但实际上从拨给灶户之日起，此种田土即具有"恒产"即灶户私有地的属性。因此，长芦灶地大概也具有明初江浙水乡灶户"赡盐田土"的性质。

二、供给盐业生产者的生活用地制度

在传统社会中，由朝廷提供给盐业工人生活必需品的土地，明代称为"水乡灶地"，或"赡盐田土"。其记载，最早见于明初两浙地区。《明太祖实录》卷二二"吴元年春正月戊寅"条记云：浙东"每田八亩，办盐一引。田入盐籍，谓之赡盐田土"。这里所说的"盐籍"即"灶籍"，属于明代专门从事盐业生产的户籍。由于明初实行"佥拨"民户为灶户的制度，所以编入灶籍的田土，均被作为"灶地"。但问题在于，从明代文献中，对于早期最大的盐业产业用地的来源情况，却无法得知，究竟是来自于官拨灶地还是前朝世代以煮盐为生的灶户的私有田地事产③。据正统三年（1438 年）巡抚直隶行在工部右侍郎周忱上言盐课四事，其中言及"赡盐田土"问题，其土地的性质，似乎是前朝所拨的官地。其奏文曰："卤丁谙练煎盐，然贫困者多。使其食足，何患盐课不完？前代尝有赡盐官田，洪武初虽给耕种，俱起科纳粮。今二县灶丁每年应运征秋粮无虑五六余万，欲将灶丁秋粮存留本处，免其充军远运，却以所省节耗米于各场收贮，养赡贫难卤丁及雇人补煎逃户额盐。"④周忱所提出的改赡盐田土纳粮办法，虽然在此之后确在两浙地区实行，并作为经世名臣周忱的政绩而被史家所称道，但作为官办工业的盐业产业而言，官方对盐业人户拨给生活用的土地，应是普遍实行的基本政策。但问题是，《明太祖实录》吴元年的记事所说的"赡盐田土"，乃是承办盐课的依据，而不像周忱说的是"俱起科纳粮"的农地，这两种土地制度的纳赋形式是有差异的，或许正统三年以前赡盐田土的纳赋制度已有所变更。但有一点可以肯定，从吴元年至正统年间拨给灶丁的可耕田地即是"赡盐田土"，这部分土地乃是拨给办纳盐课的卤丁，而不是新编入灶籍的民户，即不办纳盐课的"水乡

---

① 《（万历）山东盐法志》卷三，又见《（雍正）山东盐法志》卷一一。

② 参见陈仁锡《皇明世法录》卷二八《盐法·凡优处灶丁》、朱廷立《盐政志》卷七《疏议下》、吉庆《（乾隆）两淮盐法志》卷一六《场灶·草荡》诸文献。

③ 所谓"事产"，即指灶户私有田、地、塘、山、房基地等，此外还包括耕牛和大农具，即灶户资产。

④ 《明英宗实录》卷四七"正统三年冬十月乙丑"条。

灶丁"①。而办纳盐课的"卤丁",则靠耕作这类官给田土维持生计。这种情况,显然并不仅限于两浙地区。除前述长芦外,广东"灶籍之民,所居房屋则为灶地,种禾之田、种树之山则为灶田、灶山"②。其灶田、灶山之中,想必有一定量的地产是属于"赡盐田土"的。

三、盐业生产用地的类别

（1）关于新涨沙地、海滩。大凡说来,沿海滩涂地,原不属于官拨之地,而是灶户开垦之荒地。但明代灶户挑修海滩沙地,官府亦按其比例征发课税,并在法制上将此类土地归属官有。例如在长芦,据嘉靖元年（1522年）统计,灶户出资挑修海滩共101 280亩,户部奏准,"以十分为率,三分补纳逃亡额数,七分给与各家,偿其挑修各费"③。而开垦之荡地,其业权则属于官有。然以所修海滩之收益分成,其中30 384亩为办纳逃移灶户遗课,而70 896亩则给予灶户。仍以长芦为例,其海风、海盈二场之间,有灶民高登等收买修海滩60余里,共立滩池427处,每年可得盐利10余万引。对此,直隶巡按御史卢踪奏请"十税其五,以补逃亡课"。经户部议,改为"量征共十之三,而以七分与之"④。由此观之,对于灶户收买民户摊荡,则按一定比例征收盐税,其业权似属于灶户,这与灶户开垦滩荡有所不同。⑤

（2）关于亭灶、卤池和灰坑。其业权形态,因地不同而相异。例如两淮、两浙、山东、福建等处,此类生产性用地均为官有。据《（嘉靖）两淮盐法志》统计,两淮亭灶共有21 668面,卤池计有17 394口。灶数:泰州分司,明初定额5 314口,嘉靖时为7 483口;淮安分司,原额为2 292口,嘉靖时增至21 368口;通州分司,原额为5 087口,后为5 105口,三司明初共计12 693口,嘉靖时为33 956口,较明初增加约1.6倍。依此记述,可见两淮亭灶、卤池和灰坑皆为官设官有。但在广东,其产权似属于灶户。孙玉庭《盐法隅说》云:"粤中各盐场滨临海洋,遇风潮涌溢,损坏基围池漏,必须修复。因灶晒之民均系贫民,无力抢修,有碍产盐。闻系运司查明,酌借工本,饬场官督令修理,俟收盐时,于盐价内扣还。"按此记述,可见广东盐户的"基围池漏",因是灶户的私有产业,只有在灶户无力修复时,才由盐运司"酌借工本",而灶户所借维修费用,则是以出卖其盐货的盐价来偿还的。

（3）关于灶房与仓基地。所谓"灶房",即指"跨卤池盘灶而屋之,以避风雨,谓之灶房"。可知灶房乃煎盐之工作场所按理应官建官有。在明初,灶房则为灶户所自置,《明太祖实录》卷十九"丙午春正月己巳"条即有"灶户自置灶房"的记载,这说明灶房归灶户所有,乃明初盐业生产制度之定制。既然如此,灶房之修缮,自然也由灶户自己承担。如嘉靖年间灶房破损严重,五年,两淮巡盐御史戴金曾立《禁约》,督促灶丁修理灶

---

① 明初,两淮、两浙、福建等盐运司,均金拨盐场附近丁田有力之民户为灶户,此种灶户虽不从事盐的煎晒活动,却承办额定盐课。

② 吴震方:《岭南杂记》。

③ 邓直卿:《清滩荡以补课额》。

④ 《明世宗实录》卷二一"嘉靖元年十二丙戌"条。

⑤ 关于灶户买民户之滩地,似与灶户置买民田制度相近,所以说,这种场合下的滩荡,应属于灶户私有田地产之范畴,而不应视为官有。

房。其《禁约》有言："各场安置灶房，安置铁盘，督令灶丁团灶煎鬻必修齐备，斯煎办得所。今各场灶丁但知煎盐度日，取办日前……其灶房不过编草为篷，仅容出入，一遇阴雨，不堪遮避。"灶房自建自修的性质十分明显。

此外，盐场之仓廒，明初因施行官收盐制，仓廒均系官建官有，称为"盐仓"，即收贮正盐之所。"余盐开禁"之后，又设"便仓"。明代便仓的创始年代，一般认为是在正统年间。①《明会典》云："正统十二年，令两淮运司于各场便利处置立仓囤。每年以扬州、苏州、嘉兴三府所属附近州县及淮安仓并兑军余米内量拨收贮。凡灶户若有余盐送赴该场，每二百斤为一引，给与米一石，年终具造册申部。"其便仓之功能亦十分清楚，一是收贮米谷；二是收买灶户余盐；三是以米偿付灶户余盐价值，进行官灶交易。万历四十五年（1617年）龙遇奇变盐法，便仓制度遂以废除，商人建仓立垣的收盐制取代了官收之法，这是明代盐政史上的一次重大变革。以两浙为例，"西路场仓廒，创自明天启间"，此仓垣乃是休宁商人吴万镇"相度地势"，"开河道，辟草莱，建廒十所，越三载而告竣。迄今廒房栉比，商贾云集，较他场为盛"②。

（4）灶户私有田地产是盐业土地关系的又一大类型。由于明初编金民户为灶籍制度的施行，大量拥有相应人力、产业的富民被列入灶籍，从而促进了富灶经济的成长。③如谢肇淛所编《福建运司志》，记录了各盐场灶户灶丁的田地产亩额。又如两淮，洪武二十三年（1390年）七月淮安府海州临洪场灶户纪德山言："灶户去场不下三二百里，丁男尽遣上灶煎盐，妨废耕业。"④这里所说的"耕业"，无疑是指灶户的私有田地。又如《（嘉靖）两淮盐法志》卷六云："富安等场灶户……田遗原籍，缺人耕种。"而在长芦、山东，"各灶户事产地土，系一家一户所有，皆得典卖承佃，代办产盐"⑤。这种允许灶民"典卖承佃"的田土，其业权性质显然与"例禁不得开耕变卖"的官拨荡地迥异。此外，灶户置买民间田地，亦是灶户私有地产的重要组成部分。弘治二年（1489年）以后，由于朝廷实行灶田优免政策，致使"灶丁之登册者日众，灶户之买民产者日多"⑥，这种现象，不独两浙运司有之，而是全国各盐区都有的普遍现象。

总之，明代灶户占有的土地，不外是官地和私有田地两种类型。由于明朝政府一向以官拨荡地的顷亩作为征发灶户盐课（即赋）福役的依据，因此，官方历次清查和登记入册的官有荡地亩数也比较详细，这就为我们考察明代灶丁占有草荡滩地的具体实态提供了可供分析的素材。而灶户私有田土，在赋役征收方面，当属于另一种形态，姑且不论。

---

① "便仓"之名，宋元已有之，《熬波图·团内便仓》即有明确记载。然明代便仓的功能，似与元代有所不同。元代以灶户自备木石，在团内起盖，其作用是贮存灶户每日所煎之盐。而明代便仓则为盐场官设，用于贮存米石和盐货。明中叶后，便仓多改为灶设或商设。
② 《（嘉庆）两浙盐法志》卷六《场灶一》转引《海宁州志》。
③ 据《熬波图》所载，宋元以来富灶经济已经形成，灶户占有相当多的田产和海滩沙地成为普遍现象。
④ 《明太祖实录》卷二○三"洪武二十三年秋七月"条。
⑤ 邓直卿：《清滩荡以补课额》。
⑥ 《（万历）杭州府志》卷三一《征役》。

第二节 官拨荡地与灶户分地实态

沿海草荡、滩地是盐业生产的燃料及煎盐用地。传统社会沿海地区盐的生产方式是"煮海为盐",不是直接熬煮海水以取盐,而是经过淋滤之后获得盐卤,这成为海盐生产的关键技术。正因为如此,在国家所控制的制盐业中,就必须在盐业生产区划定相当数量的柴草供应地。从其土地产权关系上讲,在法制上无疑是属于官地。但亩数究竟有多少,恐难以测定,即使洪武、弘治、嘉靖、万历时期曾进行过大规模的清荡分荡,统计入册的荡地亩额还是令人怀疑,因为很难弄清楚当时是用什么方法进行丈量的,此其一;其二,即便归属官有的荡地亩数比较准确,在现实中灶丁分拨荡地又是怎样进行的,在分拨中灶丁实际占荡的亩数究竟是多少,这也是不清楚的。

一、官拨盐业用地制度的实行

在明清时代盐法关系的相关文献中,官拨荡地均以丁计,而不是以户分拨,这几乎已成为常识。在前示零星记载中,除反映荡地产权归属问题外,还涉及各盐区灶丁占有草荡滩地的差异性,因为地日和分拨的亩额均不相同,但从原则上看,所谓"计丁拨荡",即是以其地所有的荡地额按灶丁总额平均分拨。如在浙西,"地广处,每丁有二三十亩,狭处每丁不及十亩"[①],这反映了官有荡地的平均分拨制度。但是,对于灶丁的具体占荡额,此处交代尚不清楚。更为含混的记述,还有如史简的《盐法疏》所说的"每丁拨与草荡一段",这"一段"究竟是多少,实难估量。比较明确的有萧良幹的《拙斋十议》,其《盐法议》说两淮灶丁每丁分拨草荡13亩5分,最多的"每丁给草荡一顷有余"。这虽然已指出灶丁占荡的差异性,但究竟是指哪个盐场,又怎样得出每丁平均占荡13亩5分的数字,均不明了。所以说,按明代文献记载的大致数字,根本无法了解和认识明代灶丁占荡的实态。至于官方统计的荡地额和灶丁额是否准确,也是令人怀疑的。[②]

在两淮盐运司,仅以草荡而论,洪武年间草荡额,据朱廷立《盐政志》卷七所载为8 140 781亩;至弘治年间,据《(弘治)运司志》记载:"本司三十场,共草荡六千六百二十九顷七十七亩",较洪武时减额7 477 804亩。关于弘治时期的草荡亩数,朱廷立《盐政志》卷四《制度下》则记为6 662 977亩,与前示盐法志记载出入较大。至明末,据清顺治十六年(1659年)两淮巡盐御史高尔位题称,分列明季两淮三分司草荡额是:通州分司46 364亩,泰州分司136 039.334亩,淮安分司73 188.11亩,共计255 591.444亩,则又较弘治减额407 385 .556亩。但《(乾隆)两淮盐法志》所载明嘉靖年间清查草荡统计数字,却又与高尔位题称所说的数字相差甚远。为反映明弘治至嘉靖时期草荡以及卤

---

① 彭韶:《彭惠安集》卷一。又见《(正德)松江府志》卷八、《(正德)华亭县志》卷四。然此种情况,当是指弘治清查草荡,而不是指明初。

② 明代田土、丁力、赋役的统计数据的准确性,难以令人置信。特别是作为赋役基础的田土的统计,也具有极大的随意性。关于此,参见〔日〕藤井宏《明代田土统计的一考察》(《东洋学报》第30卷第4号、第31卷第1号)。因此,我们目前依据盐法志书的数据,只能是相对数字。

池、亭场、灶房的实际状态，同时说明灶丁平均占荡的亩数，姑将弘治、嘉靖时的清查统计列表如下（见表4-1、表4-2）：

表4-1　明代弘治时期两淮盐灶生产资料统计表

灶房（座）	卤池（口）	亭场（口）	篾笿（只）	盘铁（个）	草荡（亩）
5 894	13 780	21 915	1 167	2 715角1分7厘，计8 681块	6 662 977

表4-1是根据朱廷立的《盐政志》卷四《制度下》编制而成的。需要说明的是，其中所说的"篾笿"，乃是用以收纳灶盐的工具，因是国家所配给的盐业生产工具，故列之。据记载，"收纳灶盆，每笿一百斤，四笿为一大引"，可见篾笿是作为度量器使用的。至于盘铁，朱廷立言："每一盘铁四角，一角该铁五千斤，一角昼夜煎盆六千，得盐六百斤，共计两千四百斤。"据此计算，两淮盐场昼夜产量当为6 516 000斤，折合大引盐为16 290引。

此外，两淮地区各盐场统计数，两淮运司初原额草荡为7 970 416.3亩，沙荡原额为402 723亩，合计8 373 139.3亩。可见此额比朱廷立《盐政志》卷四所记的8 140 781亩多232 358.3亩。如果仅以草荡计之，则"原额"栏所载亩数，又比洪武时少170 364.7亩。因此，若加上"新拨"草荡195 025.42亩，则与明初之额相近。由此可知朱廷立所记的明初亩额与弘治时期的草荡亩额比较可靠。至于弘治时期即《（弘治）运司志》所载662 977亩之数，如果以朱廷立所记为准的话，则疑漏刻"六万"二字，应为"六万六千六百二十九顷七十七亩"，此数额比较接近明初之额。至于嘉万时期，应以"原额"加上"新拨"之数，即为8 165 441.72亩，而不是像顺治时所说的255 591.44亩。当然，嘉靖时期的盐务官员为何"新拨"草荡使之接近明初之原额的问题至今依然有疑问，或许是为了所谓"不违祖制"才凑足定额的。这样一来，其草荡的实际亩数的准确性似乎就更成问题了。从明清两代官修盐法志书记录的统计数据来看，如嘉靖年间的所谓"现额"[①]，与《（雍正）两淮盐法志》和《（乾隆）两淮盐法志》等志书的记录则完全一样，甚至有的项目的"原额"数据也相同，这说明明初或弘治时期的统计数，多为后世盐书编纂者所沿袭，换句话说，明清两代的盐务官员，大概很少有人知道确切的官拨荡地额。

此外，表4-2所示两淮灶丁占荡额数，也值得注意。如前所述，明代实行荡地（包括草荡、沙荡、滩地、灰场及各类相近地土）平均分拨灶丁制度，这就是说，如果以荡地总额除以灶丁总额，即可得到灶丁分荡平均数据，尽管在现实中灶丁并没有分得其应得之额，但这毕竟是现代研究灶丁占荡实态的唯一途径。按照这一原理具体地考察两淮灶丁占荡情况，则会发现各盐场灶丁实际占荡额有相当大的差异。正如表4-2所示，分荡额最高的每丁占荡3 470.54亩，而最低的则仅为7.86亩。可以说，每丁分拨草荡在50亩以上的场份，共占盐场总数的68.75%，而不足10亩的仅有2场，占盐场总数的6.25%。因此，可以认为两淮明代灶丁平均占荡10亩以上的场份占93.75%。

---

① "现额"不只见于草荡和沙荡，亭场、卤池、盘铁、仓基均有此项统计，甚至灶丁数亦如之。

表4-2 两淮荡地及灶丁占荡表

分司	场名	草荡（亩）		沙荡（亩）		仓基（亩）	灶丁（丁）	每丁平均分拨地额（亩）
		原额	新拨	原额	新升科			
通州分司	丰利	141 598.1		4 488			3 065	47.66
	掘港	153 560.78		11 122		18.88	1 681	97.97
	石港	106 087.5		3 306	2 203		2 850	38.38
	马塘	52 306.62		340	408	9.3	623	84.51
	西亭	40 880		382			951	43.25
	金沙	109 333.2		6 750	729		1 930	60.15
	吕四	131 657.2	97 784.58				346	380.51
	余西	83 670.33	42 752.14	3 061	395	28.37	1 626	53.34
	余中	16.491		7 346.74			1 101	21.65
	余东	123 751.66		16 927.49			2 410	58.37
泰州分司	角斜	55 110.9				3.1	309	178.35
	栟茶	213 331.3				20.04	4 752	44.89
	富安	3 786 008.5		28 119.1		5.8	1 099	3 470.54
	安丰	282 050.02		17 186.24	10 500		1 585	188.79
	梁垛	191 442.92		4 720.72		28.63	3 385	57.95
	东台	233 436		8 216.08	5 462		1 906	126.78
	何垛	210 212.27		46 375.75	18 775.53	31.73	2 541	100.98
	丁溪	287 796.38		36 880.10			1 077	301.46
	草堰	219 194.38		15 183.86	2 772.39	23.44	1 051	223
	白驹	121 976.86		1 133.7	3 597	8.11	4 417	27.87
	小海	176 952.29		37 378.33	686.83	13.3	441	486.01
	刘庄	229 287.5		58 984.7	4 586.07	17.3	10 664	27.03
	伍祐	234 300		8 125.5	14 887.53	9.62	7 121	34.04
	新兴	145 574		4 068.5	26 069.2	50.08	2 322	64.45
	庙湾	174 265		27 841.46	237 719.09		2 321	87.8
	天赐	8 717.12	54 488.7	125.97			54	183.95
淮安分司	板浦	16 406.2				24.23	1 853	8.85
	徐渎	27 784.8					850	92.69
	中正	13 833.1				5	1 756	7.86
	莞渎	305 787.06		53 619.67			1 500	239.6
	临洪	53 071.22					242	319.13
	兴庄	24 542.7					406	60.65
合计		7 720 659.837	195 025.42	401 682.91	328 790.64	296.93	68 235	7 218.46

资料来源：根据吉庆《（乾隆）两淮盐法志》卷十六《场灶·草荡》编制。

二、官拨地的主要问题

但在全国第二大盐产区的两浙运司，却出现荡地分拨总额与灶丁总额难以吻合的情况。《重订两浙鹾规》（万历刊本）卷三记录了两浙运司嘉靖十二年（1533年）及万历二十六年（1598年）两次清查草荡、灶丁及各盐场每丁分拨荡地的标准，按理说，这三个基本数据的统计结果应当吻合，但却出现了参与分拨荡地的灶丁数与荡地总额两歧的情况。为便于分析，兹详列表如下（见表4-3）：

表4-3　两浙嘉万时期灶丁分荡表[①]

场名	滩荡原额	每丁分拨原额	分拨灶丁原额（丁）	滩荡现额	每丁分拨现额	分拨灶丁现额（丁）	灶丁总额(丁)		分荡灶丁额与总额之差额（丁）	
							原额	现额	原额	现额
西路				东仓沙亭 16 214尺 西仓沙亭 16 365.89尺	7尺 4 583尺	2 316 3 571	4 868	5 373		3 057 1 802
鲍郎				滩荡 20 531.5尺 草荡 9 210.95亩	10.5尺 15.68亩	1 955 587	1 720	3 141		1 186 2 551
芦沥				海滩 13 783.2尺 灰场672亩 草荡 107 447.97亩 旧熟荡 40 406.4亩 新耕荡 47 521.44亩 荒荡 8 520.48亩	3 898尺 0.75亩 18 827亩 4.6亩 5.41亩 0.97亩	3 536 896 5 707 8 784 8 784 8 784	5 707	8 784		5 248 7 888 3 077
海沙				滩场 60 480尺 草荡 71 945.71亩	20尺 23.13亩	3 024 3 110	2 356	5 720		2.696 2 610
横浦				沙场 18 354.91尺 草荡 20 024.73亩 旧熟荡、新耕荡、荒荡、灰场共 27 128.1亩	9.858尺 5.684亩	1 862 3 523	2 021	4 777		2 915 1 254

（续上表）

场名	滩荡原额	每丁分拨原额	分拨灶丁原额（丁）	滩荡现额	每丁分拨现额	分拨灶丁现额（丁）	灶丁总额(丁)		分荡灶丁额与总额之差额（丁）	
							原额	现额	原额	现额
浦东	滩场 3 375.67 亩	0.657 亩	5 138	草荡 40 909.24 亩 滩场 2 101.64 亩	7.748 亩 0.398 4 亩	5 280 5 275	5 138	5 280	相等	相等 5
袁浦	滩场 95 023 尺 草荡 17 396.23 亩	13 尺 2.13 亩	7 309 8 167	草荡 6 032.3 亩 滩墩 3 837.87 亩	0.897 亩 0.577 亩	6 725 6 651	3 462	6 720	3 847 4 705	5 69
青村				草荡 37 076.74 亩 滩墩 11 819.11 亩	1.584 亩 0.923 3 亩	23 407 12 801	4 130	12 800		10 607 1
下砂	滩场 38 724.8 尺 草荡 73 897.84 亩	10.2 尺 17.811 亩	3 797 4 149	草荡 65 031.1 亩 滩墩 5 534 亩	4.516 亩 0.384 3 亩	14 400 14 411	4 149	14 400	352 相等	相等 11
下砂二场	滩场 15 122.88 亩 草荡 70 640.48 亩	4.1 亩 18.5 亩	3 689 3 818	草荡 63 950 亩 滩墩 18 692 亩	4.381 1 亩 1.282 7 亩	14 597 14 572	5 252	14 600	1 563 1 434	3 28
下砂三场				草荡 49 950 亩 滩墩 8 187.63 亩	5.449 5 亩 0.861 8 亩	9 166 9 500	5 253	9 500		334 相等
清浦	滩场 3 660 亩 草荡 21 660 亩	5 亩 30 亩	732 732	草荡 5 599.1 亩	1.063 亩	5 267	732	5 882	相等 相等	615
钱清				滩场 42 200 尺 滩荡 37 664 尺	12 尺 10 尺	3 517 3 766	3 817	4 147		630 381
三江				滩场 82 330 尺	27 尺	3 049	7 253	4 727		1 678

（续上表）

场名	滩荡原额	每丁分拨原额	分拨灶丁原额（丁）	滩荡现额	每丁分拨现额	分拨灶丁现额（丁）	灶丁总额（丁）		分荡灶丁额与总额之差额（丁）	
							原额	现额	原额	现额
石堰				滩荡 55 556.99亩 荒荡 13 872亩	4亩 1亩	13 889 13 872	3 781	13 872		17 相等
鸣鹤				草荡 25 586亩 课荡 2 773.9亩 子沙 910.5亩	2.8亩② 0.914亩 0.3亩	9 138 3 035 3 035	2 481	2 545		6 593 490 490
龙头				滩荡 11 656.15亩	3.4亩	3 252	1 085	2 138		1 114
清泉				滩场 111 230尺 海滩 5 427.7亩	29尺 1.19亩	3 836 4 612	2 756	4 957		1 121 345
穿山				滩场 16 110尺	15尺	1 074	940	702		372
太嵩				滩场 25 075尺 滩荡 80.590尺	1尺 50尺	2 508 1 612	1 533	1 168		1 340 444
杜渎				滩荡 59 585尺	5.746尺	10 370	477	6 871		3 499
北监	滩荡 43 530尺 荒坦 8 295.06尺	2.664 2尺 1.829尺	16 339 4 535				416	5 045		15 923 4 119
长林				土滩 39 445尺 沙滩 382亩	50尺 2.4亩	789 159	4 254	11 012		10 223 10 853
永嘉				沙滩 2 388.19亩 沙坛 1 194.9亩	0.22亩 0.093 6亩	10 855 12 766	1 993	12 759		1 904 7

说明：①为便于计算，原书所用计量单位不变。又，滩荡总额及每丁分拨额四舍五入至"厘"；此表"原额"即嘉靖十二年定额，"现额"即万历二十六年定额。②原文记为"每丁分拨二弓八分"，疑"弓"字为"亩"字之误。因为若以"二弓八分"计算，能够分得荡地的灶丁数则为3 082 650丁，一盐场拥有灶丁三百余万，诚不可信。

此外，前面所说的《重订两浙鹾规》关于嘉靖年间荡地分拨的记录，仅见于浦东、袁浦、下砂、下砂二场、清浦和北监6场，而万历六年（1578年）分拨荡地的记载则为25

场，缺仁和、许村等9个盐场的统计数字。①即便是记录在册的25场，亦有19场未载其嘉靖年间的荡地、灶丁额数以及分拨标准。表中所列"每丁分拨额"，即是《重订两浙鹾规》所载嘉靖、万历时期所规定的分拨亩、尺②之标准；而"分拨灶丁额"，即是将草荡滩地总额除以每丁规定分配额所得出的实际分荡灶丁数；"灶丁总额"栏，乃是官方规定的灶丁定额，以实际分配灶丁额与官定灶丁额相较，则得出"分荡灶丁额与总额之差额"栏的数字。《重订两浙鹾规》记录了官方分拨荡地的标准这一基数，从而为我们测定实际分拨荡地的灶丁数与官定灶丁额的差额提供了翔实的数据，这是在前面分析两淮灶丁占荡实态时所没有的。而重新计算的结果，正如"分荡灶丁额与总额之差额"栏所表明的，其"原额"（即嘉靖十二年数据）与"现额"（即万历二十六年数据）中标明"相等"的，"原额"有4项，"现额"有4项；而不相等的，"原额"有5项，"现额"即为41项。这些所谓"不相等"的项目中，表现出两种情况：一是如袁浦场滩荡分拨中，共定额灶丁为3 462丁，而实际分拨灶丁则为7 309丁，多出3 847丁。换言之，按其分拨荡地标准亩数，定额灶丁每人分得自己应得的一份即45 006尺后，尚余滩场50 011尺；而草荡分拨亦如滩场，即比原额灶丁3 462丁多出4 705丁，此即意味着多出草荡10 021.65亩。这种情况，当然不仅限于袁浦场。如北监场，滩荡可分配给16 339丁，此比定额灶丁416丁则多出15 923丁，按每丁分荡2.664 2尺计算，则多出滩荡42 422.057尺；荒坦可分4 535丁，则比定额灶丁多4 119丁，按每丁分荒坦1.829尺计算，乃多出7 533.651尺，其多出滩荡的比例也相当惊人。如北监场添荡则多出97.45%，实际交下去的滩荡仅占2.55%；荒坦则多出90.8%，实际分坦则占9.18%。由此可见，此种情况是由分拨标准过低所致。仍以北监场为例，其滩荡原额为43 530尺，灶丁为416丁，其分拨标准应为每丁104.64尺；荒坦共为8 295.06尺，每丁应拨19.94尺。另一种情况，则是实际分拨灶丁比定额灶丁少，这即是说参加分拨荡地的灶丁只是灶丁总额的一部分，而另一部分则被排除在外。以下砂二场为例，参与分拨荡地的灶丁，滩场为3 689丁，比"原额"灶丁5 252丁少1 563丁，草荡则又比"原额"少1 434丁。这种情况表明有1 563丁不参加滩场分拨，有1 434丁分不到草荡，这显然是由分拨标准过高而致。总而言之，两浙运司出现的上述三种情况，绝不仅仅出现在两浙，应当说是明代实行官拨荡地制度不可避免的普遍现象。因为在灶丁分荡不均的表象之下，隐蔽着更为深刻的社会经济要因。

三、荡地占耕及其影响

按《明史·食货志》的记载，洪武时期国家对于官拨荡地施行允许民人自由开垦的政策，因此说，荡地开耕成为明初垦荒政策之一部分。

随着时间的推移，"有力"灶户开耕的官拨荡地逐渐私有化，灶户层的阶级分化也日益加速，大量失去荡地无以煎办的贫灶纷纷逃移，以致"盐课日亏"。至景泰元年（1450

---

① 明嘉万时期，两浙运司下属34个盐场。《重订两浙鹾规》之所以不记载仁和、许村等9场的荡池分拨额，显然是因为这9场无甚变化，只将需要记载重新制定分荡标准的25场即可，故以此25场统计为研究依据。

② 明制："五尺为步，步二百四十为亩，亩百为顷。"按《明史》卷七七《食货一·户口·田制》的规定计算，明代1 200尺当为1亩。明嘉靖工部营造尺长0.817公尺，合今市尺0.95尺，故今市4.75尺为1步，1 140尺则为1亩。

年），国家对于盐业荡地不得不重新规定："各运司、提举司及所属盐课司，原有在场滩荡供采柴薪者，不许诸人侵占。"①景泰元年的这一规定，为后世所沿用。如正德六年（1511年）议准：附近州县人民"如侵占草场，运司行文提问，有司无得坐视"。②又如嘉靖十三年（1534年）规定：草场如"为豪强所侵，或转相贸易"者，"宜清查还官，分给各灶"③。因此，在荡地是否允许民户和灶户开耕的政策方面，景泰以前施行的是自由开垦政策，而景泰后则严禁民灶占耕。

关于盐业荡地开耕的原因，顾炎武及包括方志编纂者的看法，似与世人有所不同。他在《天下郡国利病书》中转引《（万历）上海县志》一段话，对荡地占耕现象分析说："该管田地滩荡，志册所载悬殊，实因田地连接民产"，"难以丈量，册籍顷亩，俱是随意捏写，以应官司督责。若论原有土地，十才开报一二"。顾炎武还认为，占耕官拨荡地，不是从明朝才开始，宋元时期亦即如之。他说："自前元时，附近大家往往据为私业，至于国朝，旧习犹存。"④如此说来，荡地为沿海富灶占耕，是因为沿海滩地、草荡与民户田地相连，而且淹没无常，根本无法丈量测定，所以盐册上所登载的官拨草荡滩地，不过是实际顷亩的"十之一二"。为了探究明代荡地占耕的真正原因，有必要对荡地占耕实态进行分析。

明代关于荡地占耕的最早记载，见于景泰二年（1451年）的户部奏文。其文曰："各处盐场原有山场滩荡，供采柴薪烧盐，近年多被权豪侵占。"⑤至成化年间，南京江南道御史邹鲁应诏言十事，其中就言及"灶户芦场草荡，亦为富豪所据"⑥。如就盐运司言之，淮、浙乃是灶地占耕最甚之区。如弘治元年（1488年）两淮巡盐御史史简的《盐法疏》就力言荡地开耕之弊，其中说："近年草荡有被豪强军民、总灶恃强占种者；有纠合人众公然采打货卖者；又有通同逃移灶丁捏称'荒闲田土'，立约盗卖者，其所出之价甚少，而递年所得之利甚多。既不纳升合之粮，而灶丁取赎者，反被虚词假契，买雇积年刁泼证人，贿嘱有司贪婪官吏以行告害，有司官吏又不审查，辄差人勾拿，掩禁经年，累岁不得归结，致使草荡日见侵没，盐课愈加亏兑。"⑦由此可知侵占灶户荡地的人，乃是具有权势的豪强军人、民户和总催，他们大多采用"恃强占种"、"公然采打货卖"柴草⑧，依靠官府势力，加害灶户，侵占灶户官拨荡地。至万历时，草荡占耕愈演愈烈。万历三十四年（1606年），督理两淮盐课御史乔应甲奉命巡视各盐场后，在其所上的奏折中说："今查扬

① 转引自莽鹄立：《（雍正）山东盐法志》卷一《诏敕·前朝诏敕附》。此诏令与《（万历）大明会典》卷三四记载无异。

② 陈仁锡：《皇明世法录》卷二八《盐法·凡优处灶丁》。

③ 《明世宗实录》卷一六六"嘉靖十三年八月癸丑"条。

④ 元代的典型例证，如《山居新话》所云："松江下砂场瞿霆发，尝为两浙运司。延祐间，以松江府拨属嘉兴路括田定役，榜示其家出等上户，有当役民田二千七百顷，并佃官田共及万项。浙西有田之家，无出其右者，此可为'多田翁'矣。"关于瞿霆发的身份，本系浙西富裕灶户。元大中时，"以功授承务郎两浙转运司副使。仁宗时，拜转运使"。参见［日］吉田寅：《元代制盐技术资料〈熬波图〉研究》，汲古书院1983年版。

⑤ 《明代宗实录》"景泰二年八月己巳"条。但荡地占耕作为一种社会现象，其出现的时间肯定早于景泰时期。

⑥ 《明宪宗实录》"成化二十一年三月己丑"条。

⑦ 朱廷立：《盐政志》卷七《疏议下》。

⑧ 关于货卖柴草之事，嘉靖六年（1527年）两淮巡盐御史雷应龙御史《禁约》中亦云："草荡多被势豪侵占，开垦成田，或取草载船发卖。"（见朱廷立：《盐政志》卷十）由此推测，在燃料缺乏的情况下，沿海各盐产区恐多有规模不等的柴草市场。

州荡地，庙湾一场开至九万九千二百余亩。一场如此，则三十场可知。况延袤千有余里，即可比拟三十郡县。"而两淮范公堤以东之荡地，甚至"不知何年由何人私垦成田"，"初则数亩，渐至数顷，而今计百千万不可数计。"①

与两淮相比，两浙荡地占耕的情况似更为严重。弘治时，彭韶说："豪强灶户，田亩千余，人丁百十。"②其田地产业，相当部分则来源于荡地。至明末，两浙富灶有占耕熟荡和海滩沙地数千亩，纳税达千金的。③据万历时人庞尚鹏《清理盐法疏》所说，明季两浙豪富者"于一切有利处所，或占为田，或占为庄，此富者所以日富也。其贫弱灶户业无片田，荡无寸沙，既无别项规利，不免照丁办课，催征之急，不至卖鬻逃亡未已也"④。换言之，贫灶与富灶之差别，乃在于"业无片田"（包括赡盐田土及私有事产）、"荡无寸沙"（即官拨草荡、滩地），因此只有煎办盐课。由于明中叶官付工本钞米之制崩坏，贫灶即丧失口食之源，只能依靠"赡盐田土"所产粮食。如果其产粮之田地为富灶所兼并，那就只好逃移他乡了。

值得说明的是，两淮地处现今江苏苏北地区，故荡地占耕的意义，远不如地处江南水稻产区的两浙。⑤正因为如此，两浙富灶侵占其他灶户田地滩荡的手段，也较其他地区更为巧妙。正德九年（1514年）两浙巡盐御史师存智在《修举盐法疏》中说："灶户所管滩场，每为豪强或以近而侵占，或以债而准折，或强夺为产业，为（或）开垦为田园，遂使煮灶为资，煎盐失利。"而这种情况极为普遍，"奸顽视为寻常，攒被其连累，运司莫敢谁何"⑥。

豪强乘官府清丈荡地之机，将灶户经营之荡地报为民田，占为己业。因为沿海"大都民田居内，灶荡在外"，界限并不明显，因此，"豪民利其近产课轻，每每报税有司，公然夺占。有司但云垦荒以惠民，而不思充民腹者，实剜灶之肉"，此为其一。其二，"又有灶类之奸猾者，将新涨灶荡，纠合民人报县纳饷，夫以民告佃荡地，凡县犹未尽信，至于灶告入县课则，有司无不允行者"。这就是说，由于民灶杂处，田地相接，而民与灶的管理分属府县与运司两个系统，所以民人及富裕灶户在清荡或土地交易报税之时，将灶户荡地作为民田告税府县，而府县虽不相信，却没有不允行的。这样，势必造成"灶之本业，而令他人据占之"，而"斥卤之民，力微而赋重者，其何以聊生也！"⑦《重订两浙鹾规》卷三记载了万历四十三年（1615年）审拟"永嘉县解审犯人李宁"，就是"假借输税，占据灶产，设计移塘，掩收厚利"的例证，据李宁招开："本犯原占田地一千二百四亩四分"，可知此1 200余亩田地，均系灶荡田地。

① 《明神宗实录》卷四一七"万历三十四年"条。
② 《西园闻见录》卷三五《盐法前》。
③ 顾炎武：《天下郡国利病书》卷二八《江南十六》。
④ 《皇明经世文编》卷三五七。
⑤ 水稻产区盐业田土侵占情况，还可以福建泉州府为例。据《泉州府志》卷二三《历朝盐课》记载，嘉靖时"查同安（即今同安县）盐、黄二册田亩，有自弘治年间原额不上百亩，到今逐年新收条有增至三千亩者"。这说明适宜水稻种植的盐业田土如熟荡，乃是富灶兼并的主要对象。至于沿海之草荡滩地，可能是其他经济作物收益的来源。
⑥ 《（嘉庆）两浙盐法志》卷二七《艺文一》。
⑦ 《重订两浙鹾规》卷三《灶丁荡地不许丈人民额》。

民户之所以能够冒占灶户田地产业，似与水乡灶户有关。[①]众所周知，明初实行的灶户佥拨制度，将盐运司附近丁力产业相应之富裕民户认充灶户，由于这些灶户并不从事煎盐业，而只是认办盐课，所以称为"水乡灶户"。既然其身份为灶户，在官拨荡地制度下，水乡灶户自然也分得与煎盐灶户相等的荡地。关于水乡灶户荡地的情况，顾炎武《天下郡国利病书》所引《（万历）上海县志》叙述最为详尽。上海县之"水乡丁荡，俱在县境纳粮民田之东，各场办课灶地之西，外不近海，内不傍江，岁种花、稻、豆、麦，无异负郭膏腴，府县盐司，两不编差，东海士民视为仙境"。水乡灶户除享受免除力役的优待外，还不上纳田赋。如上海"下砂三场九团富家，占塘外滩荡者，自国初至弘治末，并不赋役"[②]。直至正德年间，才"始遥认下沙场、下沙二场[③]荡价银五百二十六两四钱三分，为影蔽计"。一旦盐场官及总催"欲分富家世业"，即清查荡地、分拨各灶，"此辈闻有言者，即走马会党，计产合财，五六百金一日可集。以赂吏书，吏书为之心醉；以赂士夫，士夫为之游说；以购奸猾，奸猾为之告扰"。致使盐运司"查勘申详，动经岁月，言者力竭，而事在高阁矣"。可以说，明清两代水乡灶户荡地清查及征发徭役的问题始终未能解决，这是沿海富裕灶户得以迅速增长的重要原因之一。

值得提出的是，即便水乡灶户认纳荡价，也并非像文献记录的那样可靠。[④]事实上，水乡灶户荡价中有相当一部分是由一般民户所代偿的。《（万历）上海县志》就详细地记述了"海上富家占盐司地"，却"令县民包补"的原委。大意是，正德三年（1508年），富裕灶户（即水乡灶户中之富者）提出征收水乡荡价白涂银 1 560.414 15 两，"负累赔纳"，所以要求"割民间已入黄册科钞荡一百三十二顷七十七亩一分四厘，每亩改征银八分"，共补征银 1 062.251 241 5 两。这笔荡地税收，"乡俗谓之恤钱荡，县场文移亦称水乡荡"，因差银 498.149 8 两，故"再加县粮余米包补，谓之白涂荡价"，总计共征水乡灶户荡价银 3 072 两有余。但是，上海县民户每年"代三场补纳盐课银"则为 4 647.839 65 两，此外还有为"华亭境内浦东等四场包补者"，仅以包补上海县境内三场，即为银 1 576 两有奇。由此言之，在正德以前，富灶占耕荡地的赋税，基本上是由民户代纳的，即使是正德以后，其民户代纳的赋税，也相当于荡价总额的 50%。

第三节　官拨盐业土地的弊端与政策调整

如前所述，官拨荡地具有制度本身的弊端。随着时间的推移，早期实行的盐业土地官拨制度的弊端越来越明显，明代中后期开始对其制度进行调整。而政策调整的方向，即是在不改变官拨盐业用地制度的基础上对土地进行清丈，同时对已开垦或被民人占耕的土地征收赋税。

---

① 焦竑：《国朝献征录》卷四八载顾清《南京刑部尚书赠太子少保谥清简樊公莹行状》中，即有"清水乡灶丁草荡，以绝富人之兼并"一语。樊莹为天顺进士，其清查水乡灶丁草荡事，当在弘治年间。

② 《上海县志》的编者之所以这样说，是因为成化二十二年（1486年）曾实行过征收水乡荡价的制度，显然上海县境内的水乡灶户并未缴纳荡价银，这是一个值得注意的现象。

③ 此处"下沙场、下沙二场"即"下砂场、下砂二场"。

④ "水乡荡价"的征收，乃是明代盐业课赋形态中非常复杂的问题之一。

一、官拨地的流失与盐业土地关系演变

如前所述，在明代中期，全国各地盐产区已出现官拨土地流失的情况，而在土地被其他民户占耕日益严重的情况下，其土地制度调整已是不可避免的了。稍加归纳，主要有以下几种情况：

（1）分拨荡地的过程，事实上也是富灶占荡合法化的过程。因为可耕荡地的绝大部分并不参与分拨之列，而贫难灶丁一般都分不到荡地。在官拨荡地的名义下，所谓官府盐册内登记的田地，只在富灶或豪灶之间进行分配。

（2）投入分拨的荡地，实际上只是现实中的极少部分，而大部分的所谓"膏腴"荡地则不在册籍之内，因而也无从征发赋役。

（3）分拨给各灶的荡地，因种种原因，为所谓的富灶所兼并。如在两浙，"各灶居址星散，不便管业"，于是，"归并总催者有之，私相典卖者有之"①。而丧失官拨荡地的灶户，如两浙"嘉兴芦沥场灶户方达开、陈有"等人的樵柴灶荡，为"豪强兼并成田，缺柴煎办"②。而这些无柴灶户为完成额定盐课，就势必与有柴之富灶结成新的经济关系。更进一步说，由于"豪强兼并膏腴，收租充腹"，失去可耕灶田的灶户，即失去生活资料来源，他们"粮食不充，安息无所"③，所以，贫难灶丁在生产和生活资料两方面，不得不依赖拥有大量田地产业的富裕灶户。

（4）与官拨荡地相关的是，明初大量的富裕民户被迫加入灶籍，他们所拥有的巨额田、地、房资产也被带入盐业经济中，从而与官有地、官有煎盐器具的经济成分形成了二元化格局。在明初振兴盐业以保障边境庞大军费开支的政策之下，旧有的地主制经济成分在盐业中迅速成长，最终取代了官有经济的支配地位，而官拨荡地制度遂流于形式。盐业中地主制经济成立的标志，乃是弘治年间推行的总催包税制的成立④，各盐场岁办盐课，"俱是总催各以所管田、地、滩、荡，召附近贫民耕樵晒煎"，然后由总催"收其租银，纳银解送运司"。由此可以断言，由富裕灶户所承担的总催力役，其占有土地的熟稔程度及顷亩多寡，不但决定了总催个人的实际利益，同时也反映了依附于该总催的所谓"贫灶"的命运。更为重要的是，占有土地的"美恶"与"顷亩多少"，则是决定灶户贫富两极分化的首要因素。

---

① 《重订两浙鹾规》卷三《禁革各场横科以纾灶困》。
② 《两浙都转运盐使司嘉兴分司为出巡事》，见徐元旸《剂和悃诚》。
③ 彭韶：《盐场图诗序》，见朱廷立：《盐政志》。
④ 应该说，总催包税制的成立，也会出现两种情况。因为在实际生活中，总催所分荡地，也存在"不惟美恶悬殊，而顷亩多少亦异"的情况。这样，"分地多而又美者，完课尤余百金；分地少而又恶者，卖男鬻女以填足"。甚至"穷者无田，岁输二十金不获息毫厘，故贫催多逃"。（参见顾炎武：《天下郡国利病书》卷二二《江南十》）这种逃避催役的现象，虽然说并不常见，从总体上看，明代总催为"豪灶"、"富灶"者居多。当然，并不排除总催即富灶层内部也会发生分化这一事实。

官拨荡地的私有化过程，必然使荡地经营者和租用荡地的人之间构成新的经济关系。[①] 明代灶户中贫灶与富灶之间的关系，大致有债务关系、租赁关系、投充大户卖身为奴及为富灶所雇佣，等等。

（5）由于土地的流失引发土地关系改变，从事盐业生产的灶户与农耕之民户发生债务债权关系。弘治年间，彭韶的《盐场图诗序》曾言及失去荡地的贫困灶户，由于没有基本生活来源，不得不"预借他人，余悉还债主，艰苦难以言尽"[②]。这种情况，当系贫灶向富灶预借钱粮，然后以所产盐课及剩余部分（余盐）偿付债务。这可以看成是富灶占荡之后，灶户层内所出现的最初经济关系。

（6）形成荡地租赁关系。盐业用地是官拨地，但在生活出现问题后，把官拨地出租他人，已成为社会现象。在这里，似曾出现过两种情况：一是即如万历时人樊莹《盐场厘弊说》所云："国初，灶户办盐，官给卤地、草荡及工本钞米……后钞法坏，工本无出，灶丁徙业者，以卤地、草荡佃之人，取抵课，而家于水乡，称水乡灶，其仍居滨海称滨海者，仅余三之一焉。"[③] 如此说来，灶户的最初分化，是由于工本米制度的崩坏，以致办盐灶丁才将其官拨荡地租与他人，自己取其租息办纳盐课，由此而划分出水乡、滨海两类灶户。但从"家于水乡"一语，可知水乡灶户早已有之，并不是因出租其官地才产生的。然而事实上，恐怕是水乡灶丁将其分拨之荡地出租与人的情况更为普遍，更何况"水乡灶户"的来源，乃是明初佥拨的"富户"即富裕"民户"。在这里，如果将《海盐县图经》的这条记录理解成富灶出租其官拨荡地的话，那么，就与明代盐法关系中所记述的所谓另一种租赁形态相一致了。而此种形态，即贫灶租佃富灶兼并之荡地，然后由富灶收其租息，以完盐课。

关于富灶与贫灶的租佃关系，朱廷立《盐政志》卷十说得最为清楚。他描述道："各场岁办盐课，俱是总催各以所管田、地、滩、荡，召附近贫民耕樵晒煎，收其租银，纳场解送运司，运司以银转解京库及给引商，引商以银还向晒煎贫民买盐运掣。"这就是前面所说的总催包税制及其租银的大致流转情况。关于这一制度的建立年代，朱廷立认为是在"弘治间，改佥小丁"之后。仍以两浙为例，弘治时，"编总催八百名，管小丁三万八千五百丁，入赋役册荡地滩场二千二百九十三顷七十四亩三分三厘三毫二丝，又七千七百四十四号四尺八寸，计丁分拨，以办额课"。如此说来，两浙每名总催管小丁48.125丁，而每丁平均分得荡地5.96亩又2号。这当然仅仅是盐册上官方所登记的荡地额。此外，这也恰恰说明实行"计丁拨荡"、"计丁办课"，均出自"总催及造册书手"，而总催则代表着富灶与贫灶建立了由官府所认可的荡地租佃关系。

富灶与贫灶荡地租佃关系，其实早已存在于盐业生产中。正统元年（1436年）沈淮的《盐政疏》，即已论及豪灶侵占贫灶荡地，致使贫灶依附于富灶的情况。他说："旧法：

[①] 如前所述，官拨荡地的业权形态，由明初至明亡，在名义上均为官有。而分得荡地的灶户，严格来讲，并不是该地的所有者，而是使用者，灶户与国家之间的关系，是所分之荡地代办盐课的关系，因此说，灶户所纳盐课，即具有官租的性质，这一点似与佃户租种地主土地所构成的租佃关系有所不同。因为官府征发私营地主的田赋，只占其地租总量的一部分。而灶户交纳的盐课，则是其所产之全部。当然，明中叶以后灶户定额盐课之外的剩余产品即余盐，则由官或官佥商人收买，因此不属于地租的范畴。

[②] 朱廷立：《盐政志》。

[③] 《（天启）海盐县图经》卷六《盐课》。

灶户皆有附近草荡，以供煎盐柴薪……其后有司以灶丁屡易，不复拨与，俱为总催豪右占，或开垦成田，收利入己。"正因为如此，"各场灶户多无灰场，往往入租于人，始得摊晒"[1]。以致在弘治年间，贫灶租用富灶兼并荡地的情况已十分普遍，所以这种原先为官员们所批判的现象，才真正合法化了。

关于富灶荡地的租息，据《（万历）杭州府志》卷三一《征役》记载，两浙豪灶"所收草荡租息，约余一两，用三之一以纳盐价，竟然有余"。如此说来，草荡一亩，息银约为 1 两，其中约 0.33 两支纳盐价，0.66 两为总催个人收入。

富灶与贫灶的关系，有以"佃户"、"主人"相称者。《（嘉庆）两淮盐法志》卷四三《人物一》记载了安丰场一周姓灶户，见"一佃户碎其主人锅镬，将鬻子"，"遂贷钱为之偿"。这里所说的"佃户"显然是向其主人（富灶）租用煮盐锅镬，同时亦佃种主人荡地的人，否则不可能以"佃户"称谓。

（7）投充大户为奴。明代中叶，灶户之贫富分化已十分明显。据《明书》所说，贫穷灶户"分业荡然，乞贷为活"[2]，出现了"富者十无一二，贫者十常八九"的现象。而在两淮，如弘治时两淮巡盐御史史载德所说，两淮贫灶"无计聊生"，贫穷灶丁"或躲避邻近州县，投托大户之家佣工者有之；或将携出幼男，卖与豪民作义男者有之；或潜往别场，雇与富灶佣作者亦有之"。据史载德推算，"总以三十场大约计之，不下万数"[3]。而在两浙，"挂册灶丁十无二三见在，而见在者，亦不至场已百余年"[4]。约有百分之六七十的失业灶丁被抛向劳动力市场。"市中之佣者，率多灶间人。"[5]至嘉靖七年（1528 年），两淮巡盐御史李佑在《禁约》之招抚逃灶中说，灶丁逃亡之外，其"见在者，加以豪强侵害凌虐，或将亲子改名，投入富户为义男女婿，以致盐课不得完征"[6]。嘉靖八年（1529 年），两淮巡盐御史朱廷立所立《禁约》，其中《禁窝隐》云："民、灶已不同籍，而所事自不同业。"而"豪强富户，利其使用，容隐在家，作为义子，以致灶丁口乏"。

应该说，由于明清时期江南庄田制兴盛，势豪大家往往立庄蓄奴，从事庄田劳作及为主人守山看坟等劳役。[7]问题是，不管其沦为奴仆的原因如何，其"义男"、"义子"、"女婿"诸名目，都属于"债奴"的范畴，不同的是，所谓"女婿"，乃是一种"赘婿"，赘婿需要以自己数年的劳动，来偿付娶妻代价（聘礼）及其利息，在抵偿其聘金期间，男方必须和其妻一道在妻主家做工，这是中国自纪元前即已开始的债奴制的典型形态。不用说，所谓"义男"、"义子"、"女婿"的身份均系男性奴仆。

丧失生产、生活资料的贫难灶丁，往往成为富灶的佣工。[8]这种关系，成为地主经济制

---

① 《（嘉庆）两浙盐法志》卷二八《艺文一》

② 《明书》卷二七《盐法》。

③ 《（嘉靖）两淮盐法志》卷上。

④ 顾炎武：《天下郡国利病书》卷二二《江南十》。

⑤ 《西园闻见录》卷三六《盐法后》。

⑥ 朱廷立：《盐政志》卷十。

⑦ 关于明清庄仆制，参见［日］仁井田升：《明末徽州的庄仆制——特别是关于劳役婚》，见《和田博士古稀纪念东洋史论丛》，讲谈社 1961 年版。中译本参见拙译《徽州社会经济史研究译文集》，黄山书社 1988 年版。

⑧ 应该承认，地主（这里是指富灶）雇佣佣工并不反映资本主义的雇佣形式，因为雇主与雇佣人之间并不是纯粹的工资关系。而在大多数场合下，地主支付给雇工的并不是工资，而仅仅是提供住所和饭食，这仅限于长工；至于短工，有可能支付一定的报酬，这要作具体分析。但无论怎样讲，佣工在工作方面比前述诸种人更为自由，这是毫无疑问的。

中地主与农民诸关系的补充形式。

关于明代盐业佣工问题，明末人陈邦经的《盐政》说："夫贫灶私鬻，率多败获。恃富室之豪，负险估资，招佣煮海，而贫灶反为之役。"①庞尚鹏也说，两浙"其豪富者，占滩巨利，私置竹盘，任力煎煮，任情给卖"②。《西园闻见录》卷三五《盐法前》云："富民豪民挟海负险，多招贫民，广占卤地，煎盐私卖，富敌王侯。"上述记载，显然是指富灶雇佣贫灶私煎盐货。③在这种场合，贫灶和富灶又构成怎样的关系呢？按陆深《拟处置盐法事宜状》所说，"今之场荡，悉为总催者所并，而盐课又为总催所欺，灶丁不过总催家一佣工而已"④。与之相类似的记述，如《舆图备考全书》云："灶丁之困，自总催始也。荡归其并兼，盐课为之乾没，灶丁不过催家一佣而已。"明人叶向高也说："总催之害兴，摊场草荡，半为并兼；赈济官银，全被乾没，分产凋零，佣奴徭役，是法以豪强弊也。"⑤除海盐区外，四川井盐业中亦见有"佣"之称呼。顾炎武：《天下郡国利病书》"四川"条云："劳归灶丁，利归商贩，富灶任逸，佣灶任力。"这里之所以不惮其烦地引用关于"佣"的记载，无非为证明自明中叶以来丧失荡地的无业灶丁，只有靠出卖劳动力，成为以总催为代表的富灶之佣工，才能得以生存。这种情况，一直延续至明亡。⑥

关于盐业雇募人夫，元代陈椿《熬波图》即有所记载。不过，元代所雇夫工，只有盐场中汲引海潮、搭盖灶舍灶房以及砍斫柴薪等辅助性工作，才由灶丁临时雇募人夫为之。然至明代，从事盐业技术性劳动的灶丁，由于失去生产资料，就只能像盐业雇工一样，听凭占有荡地、锅盘及能提供口食、住房的富灶雇募。当然，其报酬究竟如何支付及支付多少，仍是今后应该探讨的问题之一。

二、荡地升科纳粮政策的调整

由于荡地占耕势不可遏，至正德年间，对已开耕的荡地，遂施行"升科纳粮"制度。"升科纳粮"政策的推行，表面上看似乎增加了盐业荡地价银（或实物）的收入，但实际上则意味着占耕荡地的合法性，从而促使荡地占耕的扩大化。

盐业土地征收赋税的基本制度是开耕草荡升科纳粮，此乃根据吏部尚书许赞的奏文实行的。其奏文云："荡地原无正赋，且淹没不常，非岁稔之区。其已入赋额者勿论，余悉任其开耕，俟三年后耕获有常，始开报起科。"其意即是说草荡可以自由开耕，而且享受免除三年田赋的优待，三年后成为熟田地，才开始征收田赋。许赞的这一方案，多为后世盐官所支持，如嘉靖年间两淮巡盐御史朱廷立，他也主张"供煎之外，余荡可利"。朱廷立继承了许赞的升科旧法，并且明确规定：余荡"照丁分给有力愿耕者，照例免其三年之

---

① 《（康熙）经济成书》卷六。

② 庞尚鹏：《清理盐法疏》，见《皇明经世文编》卷三五七。

③ 关于豪灶私煎盐货的记载，明代盐法关系文献中记载甚多。如正德二年（1507年）工部右侍郎兼金都御史张宪奏盐法四事及《重订两浙鹾规》卷三所记万历十八年（1590年）两浙盐运司奏文，均述及"各场奸豪灶户，收留无籍，私创盘舍私煎，勾引盐徒，运贩私盐"事，姑不赘述。

④ 陆深：《陆裕公文集》，见《皇明经世文编》卷一五五。

⑤ 叶向高：《四夷考》卷八。不过，叶向高此语，显然是沿用弘治年间章懋《睹盐事利弊书》（见《明史》卷八一《盐法》）之说。除上面这段话外，章懋还说："煎者既多，私卖者广，凡诸灶丁，尽其家佣。"

⑥ 天启时，顾全通《议复盐政疏》（见《皇明经世文编》卷七）也说："灶丁不过催家一佣而已。"以前述所言，此语自弘治至天启几乎无改，这恐怕并非盐务官员相互抄袭所致，当是此种社会现象一直没有什么变化。

租，以后仍从宽，每亩肥厚者科租米一斗，硗薄者五升，备赈无力不愿开耕者"。他以为只有这样，才可实现"人无遗力，地无遗利，而灶丁可无逃移之患矣"[1]。甚至连对豪灶、富灶广占荡地营利一直持批判态度的《（万历）上海县志》的编纂者，也主张"合无悉听此辈世为永业，但计亩依官地起科，以足额银。则富家不须阻挠，贫催咸得减课"[2]。无论怎样讲，荡地升科纳粮都是建立在国家财政目的之上的，这也就是"以足额银"一语的真正含义。这样一来，自正德以来实行的荡地升科制，在嘉万时期日益普遍化。除官僚权贵和势豪之家可随时随地以"余荡"之名兼并灶户荡地，盐政衙门也染指其中，乘机广占荡产，设庄牟利。据万历年间户部尚书李汝华奏文揭露："今贫富豪三厘之租，卖祖宗百年之荡，皆运司及三分司官图升租之利，给帖争先征银。"据李汝华统计，两淮三分司各有 10 处庄田，运司则有庄田 30 处[3]。至于各场余荡开耕的亩数[4]，亦多寡不一。如"草堰场东、西、南、北四团并四十总，开垦逃亡草荡[5]十万亩有奇"。而"庙湾一场已开至九万九千二百余亩"[6]。在明初，草堰场额定草荡为 219 194 亩，庙湾场额定174 265亩，可见至万历时由盐运司官及豪灶已开耕的荡地即占官荡地总额的 50% 左右。

三、余荡开耕的社会经济意义

如果说余荡开耕对于盐业生产造成影响的话，那么，能够看到其结果的，当然不止李汝华一人。如前示万历三十四年（1606 年）督理两淮盐课御史乔应甲也认为富灶占耕荡地，是由于地方官"公然给帖，谓之升租"。但问题是，"盐办于灶，灶依于场，场之既去，草从何生？草既不生，盐从何出？"[7]

在两浙，嘉靖二十六年（1547 年）户部题准："天赐场竹箔等处，共有沙场、畲田八百二十六顷八十亩，拨给民灶佃种，纳粮崇明县司。"[8]这表明两浙盐运司已将盐场之荡地分拨与民户和灶户佃种，收取荡地地租。此外，徐光启的《农政全书》卷三五也说："海上官民军灶，垦田几二百万亩，大半种棉，当不下百万亩。"这些种植粮食和棉花的荡地，不用说也是必须缴纳田赋的。若以盐场言之，如两浙最大之仁和场，"先年江坍田土，向为仁和场灶户煎荡。今有涨阜膏腴，似与民田无异"[9]。这就是说，仁和场的灶户荡地，经过长期的耕作，已与民田肥沃程度相等，同时也说明万历时期重新制订两浙盐业政策时，其执政者是主张把这类熟稔荡地的升科标准同民户之田相一致。更有说服力的是万历三十八年（1610 年）两浙盐运司"会同杭、嘉、宁、绍、台、温、松江等府[10]理刑官亲诣各场，清查荡地，共计税银 13 405.6 两有奇"。依前示"三厘之租"每亩即银 0.003 两的征税标准计算，两浙共开垦征税荡地 4 468 533.3 亩。

---

① 吉庆：《（乾隆）两淮盐法志》卷一六《场灶·草荡》。

② 顾炎武：《天下郡国利病书》。

③ 吉庆：《（乾隆）两淮盐法志》卷一六《场灶·草荡》。

④ 此处所说"余荡开耕的亩数"，仅限于升科纳粮统计入官册的田亩数。

⑤ 所谓"逃亡草荡"，即系逃移、死亡灶丁之遗荡，在此均视作"余荡"，列入占耕之范围。

⑥ 吉庆：《（乾隆）两淮盐法志》卷一六《场灶·草荡》。

⑦ 《明神宗实录》卷四〇七"万历三十四年"条。

⑧ 《（万历）大明会典》卷三四《盐法》。

⑨ 《重订两浙鹾规》卷三。

⑩ 此即指杭州、嘉兴、宁波、绍兴、台州、温州、松江等府。

在明代后期，山东盐运司也是开耕荡最盛行的地区之一。据莽鹄立《（雍正）山东盐法志》卷六《灶籍·民佃盐课》记载，正德年间，山东各府县民户佃种山东盐运司荡地征收课税的项目有"民佃银"、"加摊灶丁银"、"摊征迷失灶地银"、"原额盐课银"四种。为了清楚地反映占种盐运司荡地的府县及各项银额、折算灶地亩数、折算灶丁数、折算盐斤课额诸项比例关系，兹列统计表如下（见表4-4）：

表4-4 山东盐运司民佃灶地课银统计表

县名	实征民佃银（两）	实征加摊灶丁银（两）	实征迷失灶地银（两）	原额盐课银（两）	民佃银折算灶地亩数（亩）	加摊灶丁折算灶丁数（丁）	盐课银折算盐斤课额（斤）
历城	8.785	3.254	0.042	2.4	22.08	22	3 200
章邱	2.6	0.962	0.012	1.12	435.33	6.53	1 493.33
邹平	9.806	3.628	0.047		1 642.17	24.62	
淄川	7.154	2.647	0.034	9.381	1 198	17.96	12.508
长山	3.347	1.238	0.016	6.794	560.5	8.4	9 058.67
新城	21.659	7.994	0.126	5.246	3 630.33	54.25	6 994.67
齐东	2.349	0.869	0.011	0.45	393.33	5.9	600
长清	4.972	1.84	0.024		832.67	12.49	
惠民	11.089	4.099	0.056		1 857	27.82	
青城	0.346	0.128	0.001		57.83	0.87	
阳信	8.654	3.202	0.041	8.886	1 449.17	21.73	11.848
海丰	7.143	2.642	0.034	29.11	1 196.17	17.93	38 813.33
乐陵	4.196	1.552	0.02		702.67	10.53	
商河	1.607	0.595	0.008	3.6	269.17	4.04	4 800
滨州	69.469	25.699	0.33	5.213	11 633.17	174.41	6 950.67
利津	363.058	136.324	1.725		60 797.17	911.6	
沾化	85.17	31.519	0.405	36.592	14 262.5	213.91	48 789.33
蒲台	90.641	33.535	0.436	2.228	15 179.5	227.59	2 970.67
兰山				4.844			6 458.67
费县				2.148			2 884

（续上表）

县名	实征民佃银（两）	实征加摊灶丁银（两）	实征迷失灶地银（两）	原额盐课银（两）	民佃银折算灶地亩数（亩）	加摊灶丁折算灶丁数（丁）	盐课银折算盐斤课额（斤）
莒州	6.658	2.464	0.032	5.806	1 115	16.72	7 741.33
沂水				2			2 077.33
日照	228.4	84.503	1.085	69.22	38 247.5	573.48	92 293.33
益都	37.664	13.935	0.179	49.08	6 307.17	94.57	65 440
临淄	34.348	12.78	0.163	8.314	5 751.83	86.79	11 085.33
瀗兴	258.864	95.774	1.23	64.195	43.35	649.98	85 593.33
高苑	40.053	14.819	0.193	29.341	6 707.67	100.57	39 121.33
乐安	496.873	183.832	2.364	80	33 276.17	1 217.59	166 666.67
寿光	418.041	154.67	1.986	300	79 004.5	1 049.65	400 00
吕乐	51.9	19.201	0.247	36.771	8 691.17	130.31	49.63
临朐	18.523	6.853	0.088	28.126	3 101.83	46.51	37 501.33
安邱	42.693	15.796	0.203	6.926	7 149.33	107.2	9 284.67
诸城	158.927	58.79	0.755	87.388	26 613.67	399.04	116 517.33
蓬莱	46.88	17.345	0.223	11.534	7 159.5	117.71	15 378.67
黄县	35.672	13.198	0.169		5 973.5	89.57	
福山	32.5	12.024	0.154	33.88	5 442.33	81.6	45 173.33
栖霞				1.663			1 424
招远	11.16	4.129	0.053	9.043	1 868.83	28.02	12 057.33
莱阳	363.5	134.487	1.727	62.765	60 871.17	912.7	83 686.67
宁海州	88.28	32.662	0.419	35.588	14 783.17	221.67	47 450.67
文登	61.5	22.754	0.292	28.939	10 208.67	154.42	38 585.33
掖县	55.25	20.441	0.262	31.343	9 252	138.72	41 799.67
平度州	106.359	39.351	0.505	22.2	17 810.67	267.06	29 733.33
昌邑	85.493	31.631	0.406	80.513	14 316.5	214.67	107 350.67
潍县	104.199	38.551	0.495	198.31	17 449	261.63	146 593.33
胶州	104.199	38.551	0.495	198.31	17 449	264.63	264 413
高密	61.65	22.809	0.293	13.32	10 323.83	154.79	17.76
即墨	55.532	20.546	0.264	54.497	9 269.33	139.44	72 662.67
合计	3 707.163	1373.623	17.65	1 666.642	534 305.45	8 064.11	1 625 285.384

以笔者所计，明正德七年山东灶共为 10 155 丁，其所征盐课为 2 103 709.31 斤，折合小引盐为 10 518.546 引，每丁年额盐课为 1 引有余。又，其盐课收入，均以其分拨荡地为

依据，荡地开耕数为 620 802.17 亩，这一亩额，即是以"实征民佃银"和"实征迷失灶地银"两项统计，然后除以每亩科税 0.006 两，从而得出升科荡地征税亩总额。[①] 需要说明的是，按笔者的计算，与《山东盐纭志》统计略有出入。如"实征民佃银"，盐法志记为 4 044.123 6 两有余[②]；"实征加摊灶丁银"记为 1 496.239 1 两有奇；"实征迷失灶地银"则为 19.210 8 两；"完征盐课银"为 177.74 两，其数额大体接近，但其误差产生的原因，笔者以为是由清顺治时裁所并县所致。同上书载明正德七年（1512 年）题定："永利等一十九场灶丁逃亡，遗下灶地，俱系济、青、登、莱四府所属四十五州县一所居民蜀种。"然至清初，所裁革，州县则"添六找山、费县二处"。因此，表 4 - 4 所开示山东盐运司在肘州县开垦灶地及办纳盐银额，乃是清代顺治初年的统计，除此不计入明代册籍外，其余 45 州县的数据则是可靠的，只是"一所"，不知所指，俟后详考。此外，应该承认，山东盐运司荡地租与民户佃种，绝非仅正德年间才实行的，事实上，嘉万时期都曾进一步扩大灶地佃耕的范围，同时亦不仅限于府县民户，灶丁亦参与其中。如嘉靖十一年（1532 年），明朝廷特许"山东永利等场，有堪以耕种地段，许各灶丁开垦，收取花利"[③]。至万历时，山东又实行"招集逃亡，准其自告复业。及有能开垦草荡、自立锅面者，该场即行申呈，给帖起业。似即自首新垦旧例，今仍之"[④] 的政策，因此民户与灶户佃种的荡地亩额，也必然随着垦荒政策的推行而扩增。

关于开耕荡地课税之用途，盐法关系文献中也有所揭示。如前示山东运司，按正德七年（1512 年）规定，"除永利、利国二场现行各州县征解场买补盐斤支商外，其余一十七场所征引盐，每引折征民佃灶地银一钱五分，行各州县自行征解，由司达部，以济边费"[⑤]。换句话说，山东运司只有永利和利国两个盐场灶地所征课银作为"关中海支"的开中商人之盐价，其余 17 个场均由府州县代征，然后解送运司，由运司上缴户部，作为边境军费开支。[⑥] 总之，灶荡之收益，均系边费无疑。开耕荡地课税作为偿付边商引价银的制度，于两浙也可以看到。两浙之灶课，"本系按丁征盐，以供商支。明季改征银两，边商中引一道，由库赏给银二钱一分八厘，令其买盐，是为'库价偿商'。以外余银充饷，是为'余粮'"[⑦]。另外，《重订两浙蹉规》卷三也有相同的记述："荡税之举，原以恤商，初非厉灶。盖边商库价欠至三十万之多，守候二三年之久，无法疏通。"荡价之所以充作偿付边商中引价值，其原因则在于盐运司亏欠边商库价，所以才不得不以荡税来支付。由此可见，灶荡升科从最初的纳粮即实物地租向缴纳荡价银即货币租转化，其原因即在于开中制度之梗阻，这大概是没有疑问的。

---

① 关于民佃灶地的亩数，清代前期也曾进行多次清丈。如顺治十七年（1660 年）、康熙二年（1663 年）抚、盐二院会同清丈乐安等六县荡池共 14.1 万亩有余。次年，巡抚周有德清丈寿光、乐安二县灶池 8.8 万亩，二年，直隶巡抚王登联清丈出南皮、盐山灶地 420 亩，共计清丈灶地 22.9 万余亩。这一事实，说明荡地升科制实施后，灶地开垦的普遍化趋势。

② 其民佃灶地银，据顺治三年（1646 年）山东巡盐御史牟云龙"查清民佃灶地一项"，仅为银 4 032 两，与正德以后数据不符。

③ 《（万历）大明会典》卷三四《盐法》。

④ 莽鹄立：《（雍正）山东盐法志》卷六《灶籍·新垦自首自立锅面缘起》。

⑤ 莽鹄立：《（雍正）山东盐法志》卷六《灶籍·民佃盐课》。

⑥ 关于此，莽鹄立《（雍正）山东盐法志》卷六《改盐征银缘起》注云："万历六年，（盐院）高批：俱着征银解部，以充解饷、脚价等费。此前朝三项改盐征银之始。"可见荡价也作为杂费使用。

⑦ 王守基：《盐务议略·浙江盐务议略》。

总而言之，明初官拨荡地尽管出现私有化现象，而实际上已有相当部分的盐业土地不作为盐业生产要素，甚至也无须问灶丁实际占有荡地的多寡有无，但在制度上讲，明朝廷仍然是以官拨荡地的亩数来确定灶丁办纳盐课的定额，这一点从明初至明亡都未改变。而对于明廷来说，灶丁占荡的多寡有无并不重要，重要的是通过官拨荡地制度得到最大限度的利益，即获得盐货。因此，对灶户荡地进行分析，可以说是为进一步考察明代灶丁赋役状况提供前提条件。

拓展学习

灶丁免田制度

自唐肃宗时第五琦行亭户之法，沿海办盐亭户得"免杂徭"。此制历代相沿，明朝亦如是。洪武十七年（1384年），即令各产盐地方，"优免盐丁杂泛差役"[①]。但明朝优免灶丁杂役，究竟是优免丁役还是田役，免多少，怎么免，殊不可知。明中期，因此法实难通行，乃改行免田法，以期便利。至条鞭法施行，免田制才废而不行。由此可知，免田法乃是介于优免杂役和条鞭法之间的免役法，这对于我们认识明代灶户役制的演变，以释上述疑难，颇有帮助。

一、免田的概念及其基本制度

免田制始行年代，迄今不明。前学者论及免田，多以师存智的《修举盐法疏》为代表性依据。奏疏中关于免田的部分，为诸盐法关系史书及当代盐法研究者所引录。其内容是："凡灶户，一丁至三丁者，每丁免田五十亩；四丁至一十丁者，每丁免田三十亩；十一丁至二十丁者，每丁免田二十五亩；二十一丁至三十丁以上者，全户优免，俱归有司当差。催征税粮，存留本县，免其起运，杂泛差役，尽行优免。"姑且不论此奏疏内容如何，仅以此作为免田制始行年代，就大成问题。师存智，字汝愚，正德九年（1514年）任两浙巡盐御史，次年即去职，为赵春所代[②]。师存智任期仅一年，所上《两浙盐法疏》中所"奏六事"[③]，其中虽确有免田之议，但绝不可据此即认为免田法始行于正德九年。现今有确切年代记载的是弘治二年（1489年）。谢肇淛《福建运司志》卷六《经制·攒造盐册》有云："弘治二年，户部题准：灶户若办全课，二十三十丁以上者，通户优免，其余每丁贴与私丁三丁，除田二十五亩，免其差徭夫马。"这里所说"通户优免"，是指灶户有成丁20丁以上煎盐供役者，其杂役全免。只是20丁以下的灶户，除每一正丁贴与3丁余丁外，每一正丁免田25亩。谢氏所记弘治二年的免田法，显然与前引师存智正德九年的奏疏有较大差异。不过，谢氏之所以引弘治二年之例，主要是为了指责福建上里等盐场有违祖制，并借此重申自明代初期以来即已实行的免田之制。他说："盐户每一成丁一丁办盐，例该免田二十五亩，其见在有田一顷者，该报册丁四丁，方准全免。今上里等场盐户，不论丁之多寡，概将田亩尽数优免，不当民差。"如果理解不错的话，明朝灶丁免田仅限于成丁，且每一成丁免田25亩，其余"私丁"、"余丁"均不在免田之列。由此可以想见，

---

① 《（万历）明会典》卷三四，又见《（嘉庆）两淮盐法志》卷一《历代盐法源流考》。关于洪武十七年优免令，当与同年浙江布政使王纯上奏《恤灶疏》有关。见前引《盐政志》卷七《疏议下》。

② 《敕修两浙盐法志》卷十四《职官》。

③ 师存智：《两浙盐法疏》为朱廷立《盐政志》卷七《疏议下》收录。朱廷立编纂是书，并非有文必录，而是多有选择。不合其意者，删削甚多。师存智疏，《盐政志》仅存"一曰定引价"、"二曰清滩荡"，余皆不存，故无法观其全貌。

免田制现象绝非仅见于福建上里诸场，其他盐运司不论私丁、余丁一概免田，当是极为普遍的。但问题是，既然谢氏认为上里等场免田违制，每一成丁免田25亩，当是弘治二年以前的旧例，依此推测弘治二年前已在全国各盐产区推行免田法，只是每一成丁免田25亩而已。再者，谢氏所言弘治二年免田法，乃与《明会典》、《皇明世法录》系统记载有异。① 据《明会典》记载："弘治二年，令灶户除全课二十丁、三十丁以上，通户优免逋欠。若殷实灶户，止当灶丁数名，亦止照见当丁数贴灶，此外多余丁田，俱发有司当差。其余全课盐丁，亦照原议丁田津贴，免其差役夫马。"这段文字，该作何解呢？这如其中说"通户优免逋欠"，所言与免田为两码事，且"逋欠"的是"盐课"，抑或是灶田"正役里甲该办粮草"呢？这不得而知。而《皇明世法录》的"盐法"部分抄录此节时，索性删去"逋欠"二字，大概也是难以理解的缘故。这样一删，此段文字似就成为免田法的规定了。然据笔者所见，"逋欠"二字，实不可删。因为这里的"通户优免逋欠"，实际上是指免除"追补逃灶盐课"，这在弘治元年（1488年）著名的史简《盐法疏》中说得很明白②。其疏言：灶户有二十或三十丁以上认办盐课全额的见在户，"成化十五年以前亏折盐课，量免追补"，朝廷希图以此确保灶户完纳弘治以来的盐课，这完全与免田无关。至于下文所说"殷实灶户"即丁多田多的户，因户下办盐额丁数少，所以采取按旧例每一正丁以二三余丁帮贴之法，③ 以吸收多余人丁办盐，此外再有"多余丁田"，才"俱发有司当差"，拨发地方府县的多余丁田，自然要按民户例纳粮当差，而对承办全额盐课的"盐丁"（即正丁、成丁），则照例免除"差役夫马"。所谓"原议"、"丁田津贴"，无疑是指每一成丁免田二十五亩。

无论怎样讲，弘治二年免田法，不但今人难以理解，即便是明人，也未必明白。法制上的模糊性，必然导致现实中的多样化。前述福建上里诸场即是典型的例证。正因为如此，弘治十八年（1505年）又重颁的免田法，较前似更完备。关于此法，《续文献通考》卷二十《征榷考三》记曰："弘治十八年，令办纳盐课灶丁，一丁至三丁者，每丁免田七十亩；四丁至六丁者，每丁免田六十亩；七丁至一十丁者，每丁免田五十亩；十一丁至十五丁者，每丁免田四十亩；十六丁至十九丁者，每丁免田三十亩；二三十丁者，全户优免。中间该免之外，若有多余田亩，方许派差。如有将田准丁办盐者，一体照数除免。"④ 所谓弘治十八年六月的免田法，本是两浙巡盐御史邢昭提出的，实录亦见有记述。《明武宗实录》卷二"弘治十八年六月癸未"条云："浙江巡盐御史邢昭与布、按二司、运司官议宽恤灶户事宜。言：盐课办纳之难易，视人丁之多寡。今拟灶户三丁以下，人免田七十亩，勿事徭役。或六丁或十丁、十五丁、十九丁以下，凡四等，所免田各处减十亩。二三十丁以上，全户免之。或无余田，则止免其所有，既免而有余田，乃听派差。若将田准丁办课者，免如数。或有丁无田者，毋得以他户田诡寄免役，违者究问，拟充灶户，庶惠均而弊可革。"然是年五月，弘治帝已崩，由太子朱厚照即帝位，邢昭等奏议，无疑是武宗批准施行，并被录入《明会典》的。按理说，经武宗批准户部拟定的免田法，当行于天下

---

① 陈仁锡：《皇明世法录》之《盐法》部分，多抄录于《明会典》，故可视二书为一系统。
② 弘治二年免田法，显然是在元年史简上疏建言盐法十事后颁行的。关于此，见《盐政志》卷七。
③ 明制：灶户正丁办盐，每正丁一丁，许二三余丁帮贴。正丁每丁岁办盐八小引，余丁每丁岁办四小引，但余丁没有免田优待。此制与军户"垛集法"相类。
④ 参见《明会典》及《皇明世法录》卷二八《盐法·凡优处灶丁》。

各运司、提举司，但奇怪的是，即便在两浙，亦未见实行。如《（万历）杭州府志》卷三一《征役》记，各盐场"每遇丁田均徭二次，免田五十亩，十丁则免田五百亩矣。"这里所说"二次"、"免田五十亩"，一次当为25亩，与旧例同。又，同书还记曰："旧制：每灶丁一人，给草荡九亩或八亩，仍免田二十五亩。"亦可佐证。又如明人徐元旸《剂和悯诚》所载两浙都转运盐使司《为恩救偏患裕国苏灶事》节录海宁县申称："查西路场所额灶丁五千三百七十三丁，照例每丁免田二十五亩。"又同书载星石《上陆都运灶议》云："遵照每丁二十五亩之规，免其丁产。"① 此外，嘉靖十八年（1539年）两浙巡盐御史陈世辅《清诡寄以除弊端》疏中，曾记载正德十年（1515年）两浙巡盐御史赵春为革除灶户田产诡寄之弊，议改旧制，倡行"每丁止免田十亩"，后"题行户部议拟，二十丁以上者，每丁除田二十五亩"。由此可见，至少在两浙大部分盐场中，依然盛行"灶户办盐人丁，一丁免田二十五亩"②的旧规，而弘治十八年（1505年）的等次免田法，却如同具文，终未通行。其原因何在？如果把弘治十八年免田法列表分析，就不难发现问题所在。

表4-5　弘治十八年灶丁免田分析表

免田丁额（丁）	每丁免田额（亩）	免田总额（亩）	余丁帮贴额（亩）	折算差役正丁额（丁）	每丁免田25亩免田额（亩）	弘治十八年免田法与免田额的差额（亩）
1~3	70	70~210	3~9	0.7~2.1	25~75	45~135
4~6	60	240~360	12~18	2.4~3.6	100~150	140~210
7~10	50	350~500	21~30	3.5~5.0	175~250	175~250
11~15	40	440~600	33~45	4.4~6.0	275~375	165~225
16~19	30	480~570	48~57	4.8~5.7	400~475	80~95
20~30以上	全户优免		60~80	6.0~9.0		

表既成，需作如下说明：

（1）如前所述，明朝统治者都十分清楚灶户办纳盐课"在丁而不在田"。按办盐丁数多寡来确定免田额亩，是很自然的。但为了保证民户杂役征发，又不得不对丁多的富裕灶户的免田额进行限制。换言之，丁越多，免田越少，反之亦然。表4-5所反映的丁田比例，唯有10丁至15丁的灶户最为有利。如果仅有19丁，免田共570亩，反较15丁户少30亩，倘若某灶户有19丁，例该免田570亩，如拥有灶田70亩，又可折算1正丁，认办20丁盐课，则可以得到"通户优免"的待遇。当然，20丁以上灶户认办的课额与其他灶户也是有区别的。

（2）如果认为前述明前期实行每丁免田25亩是正确的话，那么，弘治十八年（1505年）的免田法则无法理解了。因为按每丁20亩计算，弘治十八年免田法显然是增加了免田额，这对以控制灶民田诡寄为目的的免田法来说，简直是不可思议的事。这样，我们必

---

① 原书作"一十五亩"，"一"字当为"二"字之误。
② 陈仁锡：《皇明世法录》卷二九《盐法》。

须重新检讨明初以来免田额法的规定究竟是多少亩。依《明史》的赋役原则，田一顷出丁夫一人，如果按此折算，弘治十八年免田总额折算差役正丁额，则远远少于免田丁额。假设这一原则不变，弘治十八年的免田额则低于明初的赋役原则，这是不言而喻的。更进一步说，明初每一正丁免田100亩的原则，是因为余丁帮贴制的同时施行而被改变了。

（3）明制：灶户正丁一丁，余丁二三丁帮贴。姑且不论帮贴制本身如何，至少在前述福建、两浙等盐区是施行三丁帮贴制的。但在明初，只有正丁才享有免田百亩之优待，余丁被排斥在外，这不过是法的规定而已。随着年代的推移和法的松弛，余丁也渐渐加入免田之列。明确地说，余丁与正丁成为一免田单位，由正丁一丁、余丁三丁共同分享免田百亩的优待。这样解释，可能更容易理解谢肇淛等人对余丁参加免田的指责了。因此，自弘治二年（1489年）以来，邢昭、师存智等人提出的免田方案，均旨在减少灶户的免田额，在保障地方有司征发民役（即有一定量的丁田）的基础上，维护15丁以下中等灶户的丁役额，适当限制20丁以上富灶经济的发展。这样做，是有着深刻的社会经济意义的。

（4）灶户免田百亩，盐法关系文献中也见有记载。林希元《陈民便以答明诏疏》云："盐丁户内田产，每办盐一丁，除民田一百亩，不当差役，其余一体扣算当差。"对于灶买民田，"查洪武年间原额优免户内，若有续买民田，亦准前例，除一百亩，准其赡灶，余田方令与民出办均平钱（役钱）"[①]。又，《（万历）琼州府志》卷五《盐课》记曰："灶户赋役，除十年一次里甲正役依期轮当，并甲内给出军人照旧领解。其办盐一丁，准其二丁帮贴，每户除民田一百亩不当差役。多余人丁，签补逃亡灶丁，多余田土，扣算纳银，不许编充民壮、永马、站夫、解银、大户等役。"此外，余丁参加免田以及每丁免田百亩的力证，还见于两浙运司施行的大丁、小丁纳银免田法。[②]

嘉靖二十八年（1549年），经鄞懋卿奏准，两浙实行根据灶丁纳银额数多寡，以折算小丁，仍按成丁（正丁、大丁）免田百亩的免田法。这样，所谓余丁（小丁）即享受免田法的优待。按鄞懋卿的说法："今后除原额大丁外，止以实征小丁纳银之数为主。"这就是说，过去原额大丁免田百亩的旧制不变，小丁纳银多则折大丁额少，反之亦然。其具体折算免田等级是余丁纳银"六钱至七钱者，照旧三丁折算原额一大丁，免田一百亩。四钱至五钱者，四丁折算原额一大丁。二钱至三钱者，五丁折算原额一大丁。其余一钱者，必朋足一两八钱之数，方准原额一大丁，俱免田一百亩"[③]。很清楚，成丁免田百亩，已毋庸置疑。至于纳银与折丁的关系，则如表4-6所示：

表4-6　嘉万时期盐业灶户大丁与小丁免田纳银制度分析

每丁纳银额（两）	折大丁额（丁）	纳银总额（两）	指数（%）
0.6～0.7	3	1.8～2.1	100～116.67
0.4～0.5	4	1.6～2.0	88.89～111.11
0.2～0.3	5	1.0～1.5	55.56～83.33
0.1	18	1.8	100

① 《明经世文编》卷一六三。

② "大丁"，指原额灶丁，亦称作"正丁"、"成丁"；"小丁"，即系"余丁"、"帮贴余丁"。

③ 陈仁锡：《皇明世法录》卷二八《盐法》。

如表4-6所示，小丁纳银1.8两，当是嘉靖纳银免田法的标准额，其标准的确定，乃与灶丁年纳盐价银有关。关于此，正德十一年（1516年）浙江右参政詹玺、副使高贯《均科差议》有云："编佥灶户，每户办盐有一二丁者，有三四丁者，每年例该盐价一两五钱。"① 此处的盐价，即系"灶课折银"，实际上是指"丁盐"部分。嘉靖时，正丁即成丁，年纳丁盐银亦改为1.8两。因此，如果余丁即小丁也能够缴纳成丁的盐课银，同样可取得免田百亩的资格。而免田百亩的最低价，即是银1.8两。但如果丁多银少，最低的纳银价则为0.2两。如此说来，灶户无疑会采取最为有利的5丁每丁纳银0.2两的制度，因为年纳银1两即可免杂役田100亩。假设某灶户有正丁10丁，其帮贴余丁则为30丁，5丁纳银1两，则共纳银6两，可免杂役田600亩。加之正丁免田额，此灶户则可免田1 600亩。10丁之家，乃是中等户，对于二三十丁之家，其免田总额当十分可观。所以说，嘉靖纳银免田法对富灶更为有利。诚如两浙都转运盐使司《为恩救偏患裕国苏灶事》所说，"富者田多免多，而课不少增；贫者田少免少，而课不少减"②。这显然是明代制度设计方面的重大失误。

万历九年（1581年）实行"条鞭法"，灶户免役田改为按亩征银，由地方有司解送运司。关于此，可以两浙西路场为例。行"条鞭法"后，"灶里田地徭银总于条鞭银内，照丁扣纳海宁县，竟解运司"，名为"有司秋粮包补课银"。此项银共805.95两③，这与《重订两浙鹾规》所记载的制度规定是相吻合的。据《重订两浙鹾规》记载，万历二十五年（1597年）五月，两浙西路场灶户徐嘉建言：该场灶丁五千三百七十三丁，每丁仍免田二十五亩，④ 共1 343.25顷，"灶愿与民一体征银，每亩六厘，共银八百五两九钱五分"。并申明："自二十五年为始，并入本县条鞭徭银内通征扣出，竟给县批，着灶里领解本司，俱给商。"⑤ 由此可知，由于"条鞭法"的施行，灶丁的杂役免田，实际上已演变成纳银代役。这一转化的契机，当与嘉靖时纳银免田有关。灶户与民户均以缴纳劳役金的方式减免其力身之役，这不仅说明灶户的实际身份已与民户相当，而且说明灶户同民户所承担的劳役也一样，其社会经济地位显然是有所提高的。

二、免田法与官田、民田的政策差异

在对明朝灶户免田制的基本内容进行概述之后，有必要继续考究到底免什么田的问题。众所周知，明代田土，分官、民二种。⑥ 然对具有"户役"身份的灶户田土的具体情况，却不清楚。就灶户论，其田土地权，也当有官、民二种。先看官田地。官田地有二：一是"赡盐田土"。此类田土，多为官授。如正统三年（1438年）巡抚直隶行在工部右侍郎周忱上言盐课四事，其中亦云："卤丁谙练煎盐，然贫困者多，使其食足，何患盐课不完？前代尝有赡盐官田，洪武初虽给耕种，俱起科纳粮。"⑦ 可知元代遗留的"赡盐官

---

① 朱廷立：《盐政志》卷七《疏议下》。这里的"盐价"，是指成丁（正丁）年纳灶课银，余丁（小丁）每丁年纳银则减其半，与实物盐课征收原则相同。

② 徐元旸：《剂和悃诚》。此外，星石《上陆都运灶议》亦有相类的说法。

③ 徐元旸：《剂和悃诚》。

④ 在两浙、福建等地，免田仍不分正余，每丁免田25亩。

⑤ 《重订两浙鹾规》卷三。灶课银的分配，一是解京；二是给付边商，称为"库价偿商"；三是"备荒银"。这里的"给商"，即"库价偿商"银。

⑥ 明朝"民田"，并不是"民户"之田，当泛指人户的私有田土。以灶户言之，其灶田当系民田之类。

⑦ 《明英宗实录》卷四七"正统三年冬十月乙丑"条。

田"，至朱明时已准许灶户垦种，但要升科纳粮（即上纳正役粮草，或称夏税秋粮）。可资佐证的实例，如福建上里场，即有官田 6 115.945 亩，亩受盐 20.8 斤。① 此类田土，固然不同于官拨荡地，② 因官拨荡地在嘉万前俱不起科纳粮，嘉万后占种甚多，熟荡亦如前述"赡盐田土"，起科纳粮。此外，明初编金灶籍时，民户所有的"民田地"也随之入灶，此类田土，称为"灶田"，也称作"赡盐田土"。《明太祖实录》卷二二"吴元年春正月戊寅"条记曰："浙东……每田八亩，办盐一引。田入盐籍，谓之赡盐田土。"这里所说的"盐籍"即系灶籍。由于明初编金附近州县"丁田相应"之家的民户入灶的范围相当广泛，而入灶的民户又多有事产，所以此类田土当视作"赡盐田土"的主体。但如何"赡"法，说穿了，就是减免差役。这可以从林希元《陈民便以答明诏疏》中对灶买民田，"亦准前例，除一百亩准其赡灶"一语得到证明。由此推知，明朝人说的"赡盐田土"，当是朝廷优免每丁一百亩不当差役的灶籍田土（水田称灶田，旱地称灶地），这同周忱所说的"前代赡盐田土"并不是一回事。而免田也绝不是免官拨荡地，也不是像上里场那样的官田。

免田既然是免灶田，究竟是免什么呢？是免田粮，还是免力役，或是赋役全免呢？如前所述，灶田本系民田，而民田的封建义务就是纳粮当差，承当赋役。民田入灶后，其丁身为朝廷办盐，其田所负担的赋役，如按《明史》所记，至少下户是全免的。《明史·食货志》"赋役"条说，灶户因丁多寡不同，所以分为上、中、下三户等，上、中户贴与余丁，"下户概予优免"，所言自然指田粮差役全免。但弘治二年（1489 年）免田法，却记二三十丁以上灶户"通户优免"，尚不知是赋役全免还是仅免役。又如嘉靖二十三年（1544 年）正月清理四川、云南盐法户部主事陈惟誉奏疏说："云南课灶既无优免田粮，亦无可差财力。"③ 这话给人的印象，似乎在其他盐区是既免田粮，又免力役的。

应当承认，封建王朝取制于民，一是丁身，二是田地。朝廷所需一切物料及差发使役，都由丁田承当。对丁田的支配，丁为主体，田地为从属。具体到明朝灶户田土，自然也存在纳粮当差问题。但灶户既煎办盐课，其丁身也就成为特殊的"役户"，且煎盐户役远较民户、军户、匠户役为繁重，世人目之为"苦役"、"重役"。朝廷为最大限度地获取生产盐，④ 不得不优免其灶田所担负的杂役，但正额田粮（或称正役、正役里甲、正役税粮）却是绝对不优免的。灶田仍须缴纳税粮的例证，如正统四年（1439 年）令"两淮贫难灶丁户下，该征税粮，于本州县存收，免令远运"。这里所说"该征税粮"，即系"正役"的"夏税秋粮"。"税粮"之说，还见于弘治十六年（1503 年）"奏准：淮扬二府各场灶丁有欠税粮者，止许催促，不许拘拿盐追"的诏令中。⑤ 关于"夏税秋粮"的表述，如林希元《陈民便以答明诏疏》引述洪武二十三年（1390 年）广东潮州府海阳县小江场百夫长余必美奏称："本场灶户，专一办盐，于内有田地者，已经有司作数，送纳夏税秋粮。"⑥ 其文意十分明白，毋庸解说。又"正役里甲"的说法，如正统十二年（1447 年）

① 谢肇淛：《福建运司志》卷八《课程志》。
② 关于官拨荡地，参见拙作《明代盐业土地关系研究》，载《盐业史研究》1990 年第 2 期。
③ 《明世宗实录》卷四〇六"嘉靖二十三年正月"条。
④ 不单指法定的盐课额，其他名目的科派盐以及"余盐收买"，也应包括在内。
⑤ 陈仁锡：《皇明世法录》卷二八《盐法》。
⑥ 《明经世文编》卷一六三。

奏准："河东运司盐丁，除正役里甲该办粮草外，其余柴夫、弓兵、皂隶一应杂泛差役，丁少者俱蠲免，丁多者亦量减除。"① 称"正纳"者，如景泰五年（1454 年）兵科给事中奏行天下有司："凡灶户之家，除正纳外，其余长解隶、兵、禁、仓库役一应杂泛差役，并科派等项，尽行优免。"② 由此可知，所谓"税粮"、"夏税秋粮"、"正纳"、"正役里甲该办粮草"，都不过是灶田"赋"的别称，而"赋"都是"该办粮草"，绝不优免，能够优免的仅仅是"一应杂泛差役，并科派等项"，这一点亦毋庸置疑。

灶丁优免"一应杂泛差役"，并不能说不应役。除前述灶户承当里甲正役该办税粮外，丁多田多的上户还应金发总催役，此项役相当于民户里甲，③ 这是应当申明的。按明朝役法，杂泛差役远较里甲役为繁，役目甚夥，是名副其实的"杂泛"，诸如只应、禁子、弓兵、解户、马船头、馆夫、皂隶、库子、门子、厨夫、仓库斗级等，均系杂役中的"常役"；还有"因事编金"的不时差役，如研柴、抬柴、修河、修仓、运料、接递、站铺、闸版夫之类。④ 以上役目，不过仅就一般民户应役情况而言，灶户是否免应这些役？不得而知。查明朝优免灶丁杂役条文，似较民户更繁。如洪武二十七年（1394 年）正月户部议准优免灶丁杂役，如民壮、水夫、大汉、皂隶、门、库、弓兵、快手、斗级、贵夫、馆夫、大户司兵、听差银两、劝借杂粮等。⑤ 正统十二年（1447 年），免柴夫、弓兵、皂隶一应杂泛差役。⑥ 宣德二年（1427 年），"免淮扬灶户养马"⑦。三年（1428 年），"蠲免一切夫役"。⑧ 景泰五年（1454 年），免除长解隶、兵、禁、仓库役。⑨ 正德十一年（1516 年），议准"一切夫役、民快、边饷、马价、军器等杂差，俱与优免"⑩。万历时，"如粮、里长，解牢、解匠，及收银、柜头、滋塘大户、总书、算手之类，凡系力差者，不得编及灶户"。以上仅是灶丁杂役的大致役目，实际上远不止于此。然仅从所见役目，不难看出明朝灶户供应朝廷和府县衙门的杂役，不但有身役，还有"银差"。如"听差银两，劝借杂粮、边饷、马价、军器"，都属于"出银津贴，不许力差烦扰"的杂役，实即科派。⑪

三、免田法的社会经济意义

明朝为什么施行免除灶户杂役的政策呢？其免田制的立法基础则是殊值深究的问题。前引林希元《陈民便以答明诏疏》，记录了朱元璋于洪武二十三年（1390 年）颁布的关于灶户免杂役的圣旨，耐人寻味。其广东潮州海阳县"有司仍将灶户编充里甲、巡拦、库子等项，盐课难办。钦领太祖高皇帝圣旨是：准他既作盐户，如何又着它当差杂役？钦此。"与太祖说法相同者，实录中多有记述。如宣德三年（1428 年），山东灶户"以民夫起赴京供役，有误盐课"，宣宗即论行在户部尚书夏原吉曰："素闻灶户验丁煎盐，岁办不给，岂

---

① 陈仁锡：《皇明世法录》卷二八《盐法》。
② 谢肇淛：《福建运司志》卷六《经制·优免差役》。
③ 关于总催役，则系官府对"有力人户"所征发的里甲力役，仍为杂役性质。
④ 参见李洵：《明史食货志校注》，中华书局1982年版。
⑤ 朱廷立：《盐政志》卷四《制度下·工脚》。
⑥ 陈仁锡：《皇明世法录》卷二八《盐法》。
⑦ 《明宣宗实录》卷三三"宣德二年十一月丙申"条。
⑧ 《明宣宗实录》卷四一"宣德三年夏四月"条。
⑨ 谢肇淛：《福建运司志》卷六《经制·优免差役》。
⑩ 陈仁锡：《皇明世法录》卷二八《盐法》。
⑪ 《重订两浙鹾规》卷三《优恤灶丁》。

可别役?"于是诏令"蠲其夫役"。① 这起码可证明朱明皇帝们都清楚灶户煎盐办课,是不应当杂役的。既然如此,我们即可推论灶丁办盐课与杂役之间存在必然的联系。

就明朝经济体制而言,朝廷及地方司布按及府州县各级衙门所需一切物料及人力驱使,是通过配户当差制实现的,② 户役制可说是封建王朝经济运行的基本制度。具体到灶户,其户役就是供办盐课,这是对灶户丁所征发的役,所以又称丁役,其办纳盐课即称作"丁盐"。然按明朝役法,其丁役则按田征发,田一顷出一丁,这是征发多少丁的标准。灶户田产称为灶田,灶田承当里甲正役,但正役不属于户役范围,而属于地方有司的里甲役。由于灶户丁役是认办盐课,而其田产又供纳粮草正役,这样,其认办的盐课丁役,也就如同民户民田承当朝廷赋役一样,均有正杂两役。所不同的是,灶户办盐归盐运司衙门管辖,其役较民户杂役更为苦重,但从制度上讲,办盐课就如同民户应杂役。正因为如此,明朝政府才免除灶户的"一应杂泛差役",道理也很明白。同时,朱元璋所说"准它既作盐户,如何又着它当差杂役"和宣宗所说"岂可别役"也得以合理解释。

更进一步说,灶户所免灶田杂役,是由灶户的户役盐课来补偿的,这对政府更为有利。明朝灶户盐课,洪武中期行"计丁征盐"法,兼行"按亩课盐"。按丁征的盐课即是"正盐",也作"正丁盐课"。丁盐征发的标准,即"日办三斤,夜办四两"。关于此,《(万历)琼州府志》卷五《盐课》云:"国朝洪武初,灶户除里甲正役纳粮外,其余杂泛差役、科派等项,悉皆蠲免。后来州县不体盐丁日办三斤,夜办四两,无分昼夜寒暑之苦,科役增。"这里所说的"日办三斤,夜办四两",即是灶户丁的"丁盐"。这类记述,又见于《(万历)广东通志》。其书记曰:"每灶户日办盐三斤,夜办四两。"③ 按此计算,广东、海北盐场灶丁昼夜办纳灶丁课盐为 3.25 斤,④ 以全年 360 日计,丁盐为 1 170 斤,合小引盐 5.85 引。除广东外,在淮浙,洪武初以户计课。洪武二十三年(1390 年),两浙始推行"计丁办课"制度。据《宪章录》记载,洪武二十三年三月,两浙盐运使吕本奏言:"国初旧额以四百斤为一引,官给工本米一石,以米价低昂为准,兼支钱钞,以资灶民。然其间有丁产多而额盐少者,有丁产少而额盐多者,未经核实。今与各道分司即盐场所属地方,验其丁产多寡,地利有无,官田、草荡除额免科,薪卤得宜,约量增额,分为等则,逐一详定均平,实为民便。诏从之。"⑤ 依此记述,两浙"计丁办课"实始于吕本奏议。至于"丁盐"课额,《明会典》言:洪武二十三年,"定两浙各灶户每丁岁办小引盐十六引,引重二百斤。复盐工丁半之,其余工丁四引"⑥。这就是说,两浙成丁(正丁)岁办盐 16 小引,共 3 200 斤;盐工丁岁办 8 小引,共 1 600 斤;余工丁(小丁)岁办 4 小引,为 800 斤。这一记述,则与《明太祖实录》略有出入。两淮施行的"计丁办课",也在洪武二十三年,是由盐察御史陈宗礼提出仿效两浙"计丁办课"法,以便"均劳役"的。⑦ 同年七月,淮安府海州临洪场灶户纪德山建言说"近者增添盐课,计丁煎办",从

---

① 《明宣宗实录》卷四一"宣德三年夏四月"条。
② 王毓铨:《明朝的配户当差制》,载《中国史研究》1991 年第 1 期。
③ 《(万历)广东通志》卷七,又见《(嘉靖)广东通志》卷二六《盐法》。
④ 明代计盐重量为 16 两制,当合十进制 3.25 斤。
⑤ 《明经世文编》卷一六三。
⑥ 《敕修两浙盐法志》卷三《沿革》。
⑦ 《明太祖实录》卷一九九"洪武二十三年春正月"条。

这一语①，可知两淮亦行"计丁办课"法。其每丁的丁盐额，经户部议覆奏准，则与两浙同。② 在此之后，山东、长芦、福建、河东也相继施行"计丁办课"制。其法的推行，大概不光是"均劳役"，应该说是确定了明一代的灶户劳役制的原则。这个原则即是，灶户的"户役"，按丁征发盐课，其中"丁盐"的"日办三斤，夜办四两"，乃是与其灶田所担负的杂役相等的。既然灶丁"计丁办盐"，那就必须计丁免除其田之杂役，而免田的原则，乃是明朝役法规定的每丁免田百亩。这样解释，其灶田免役与灶丁办课的关系就一目了然了。

从量的方面考察，明朝免田额与灶丁丁盐额，都同灶丁额有关。可以说，在明朝盐法关系文献中，并未见有免田额及丁盐额的记载。③ 因此，有必要根据灶丁额进行推算。其结果，如表4-7所示。

表4-7　明朝免田额、丁盐额统计

运司 提举司	弘治时期			嘉万时期		
	灶丁额（丁）	免田额（亩）	丁盐额（斤）	灶丁额（丁）	免田额（亩）	丁盐额（斤）
两淮④	30 254	3 025 400	35 397 180	38 050⑤	3 805 000	44 518 500
两浙	99 964	9 996 400	112 961 180	235 067⑥	23 506 700	275 028 390
山东⑦	45 226	4 522 600	52 014 420	21 231	2 123 100	24 840 270
长芦⑧	12 997	1 299 700	15 206 490	34 000	3 400 000	39 780 000
福建⑨	37 940	3 794 000	44 389 800	36 271	3 627 100	42 437 070
河东	20 220	2 022 000	2 365 740	14 700	1 470 000	17 199 000
广东海北	44 358⑩	4 435 800	50 898 860	6 163	616 300	7 210 710
四川	12 917	1 291 700	15 112 890			
云南	594	59 400	694 980	1 142	114 200	1 136 140
合计	304 470	30 447 000	329 041 540	386 624	38 662 400	452 150 080

---

① 《明太祖实录》卷二〇二"洪武二十三年秋七月"条。

② 陈宗礼主张两淮灶丁每丁岁办大引盐10引，共4 000斤，为户部否定。

③ 这里所说的"丁盐"额，仅是"日办三斤，夜办四两"的日产盐定额，这个盐额当与杂役田有关。除丁盐外，灶户事产、官拨荡地也征收盐课（明初，官田、官拨荡地不承担里甲正役即正纳粮草，但必须征发盐课），并未计算进去。关于明朝盐课统计，参见拙作《明代灶课研究》，载《盐业史研究》1991年第2期。

④ 朱廷立：《盐政志》卷七。

⑤ 嘉靖九年（1530年）两淮巡盐御史李士翱《盐法疏》说嘉靖前有灶丁3.6万余丁，嘉靖初"灶丁仅二万三千一百有奇"。此说与朱廷立统计相去甚远，故依朱廷立《盐政志》的统计。

⑥ 《（万历）重订两浙鹾规》卷三《清理丁荡规则》。

⑦ 觉罗石麟：《（雍正）初修河东盐法志》卷三《种冶》。嘉万时期河东盐户为13 049户。因以户计，其具体丁额不详，故未计入。

⑧ 段如蕙：《新修长芦盐法志》卷六《灶籍》。

⑨ 谢肇淛：《福建运司志》卷六《经制·攒造盐册》。

⑩ 广东海北盐课提举司弘治时有灶户22 393户，嘉万时为13 049户。因以户计，丁额不详，故未计入。

　　以上统计，尚不包括陕西灵州小盐池的盐丁，其主要盐区有近30万丁。如果依免田法每丁免田百亩，弘治时当免田2 989.5万亩，万历时则为3 866.24万亩。如果以丁计之，则有30万正丁免除杂役。[1] 但这些免杂役灶丁却为朝廷提供了亿万斤丁盐。具体讲，弘治时为32 904.154万斤，折合小引盐当为164.520 8万引；万历时岁办丁盐45 215.008万斤，倘若加上广东海北二提举司之额，丁盐总量当在5亿斤以上，折合小引盐约为250余万引。由此可见，明朝廷通过免田法获取了相当巨大的盐利益，这自然比民户杂役的获益大得多。不过，表4-7仅是对免田常态的分析，嘉靖施行纳银免田法后，随着灶丁纳银的多寡，免田的丁额与亩额亦处在变化之中，其总量也无法统计，然免田额处于上升趋势则是可以推知的。

　　明朝民田允许自由典卖，灶买民田或民买灶田现象十分普遍。随着年代的推移，无论灶田还是民田，产权关系亦变得十分复杂。按明朝易产制度，民田因有正役粮草及杂役科差，所以田地买卖交易，必须将粮差推收过割，不得脱役，否则即视为违法。灶买民田，也同民户一样编发民差；而民买灶田，就得认办盐粮，道理很明白。正因为如此，灶买民田远较民买灶田为盛，原因很简单，因为灶户田可以免除杂役。灶买民田趋势扩大化，引起朝廷的注意。嘉靖三十二年（1553年），"令灶户新买民田，不拘年月久远，亩数多寡，照例与民编派"[2]。"编派"一词，显然是指编派杂役。但细查各盐区的记载，灶买民田的处置似有差异。如在山东、长芦北方盐区，"各场现行旧制，凡灶户所有灶地、草荡、滩池，止办盐课，绝无民粮；其灶户置买民地，名为'灶产'者，照常办纳粮马，免其杂差"[3]。这是说灶买民田只办正役，仍免杂差。但在两淮，灶买民田也当杂差。嘉靖三十六年（1557年）兴化县知县胡顺华《附本县本府申请兼抚按依准事宜》说扬州府高邮州兴化县之淮南盐场，"灶户置买民田，不复应当科差"[4]。可以证明灶买民田不免杂役、科派是存在的，而且可以肯定地说，这是明中期以后的主流，因与制度相合，覆盖面自然要大些。

✦ 问题与讨论

　　1. 认真阅读以上关于明朝灶丁免田问题的研究资料，并查阅相关文献，举例说明其他可优待减免农业赋税的人户种类。

　　2. 在中国传统社会中，国家为什么减免某些社会阶层的农业赋税，而对于农民身份的民户却没有减免呢？这对于调整社会关系、确立新的社会秩序有什么积极作用？

　　3. 免田制度的政治经济基础是什么，在中国传统社会中有什么激励作用？请联系实际，谈谈你对减免农业税意义的看法。

✦ 分组讨论

　　1. 在我国历史上，乡村城镇化程度较高，如在江南、岭南等地区，农村市镇的兴盛为后来的城市形成发挥了重要的历史作用。在我国城市发展的历史中，早期经济型专业市镇对于解决农村剩余劳动力问题有什么历史借鉴意义？

---

[1]　如果加上"余丁帮贴"则仍以一正丁贴三余丁计算，明朝办盐人丁当在90万人左右。
[2]　陈仁锡：《皇明世法录》卷三九《赋役》。
[3]　莽鹄立：《（雍正）山东盐法志》卷六《灶籍·灶户差徭》。又见段如蕙：《新修长芦盐法志》。
[4]　《（万历）兴化县志》卷三《田赋》。

2. 土地作为生产要素，其租赁关系必然产生地租。我国传统社会的地租有哪些基本形态？在农村中怎样处理地租关系？

3. 中国历史上为什么会出现"一田二主"、"一田三主"现象？对同一土地拥有产权的含义是什么？所谓的"二主"或"三主"怎样从土地上获得收益？你能举例说明多人对同一土地拥有产权的分配关系吗？

思考题

1. 在土地国有的情况下，私有土地的权利主要在哪些方面？国家对私有土地的政策有什么变化？

2. 中国传统社会的普遍规律是：在新王朝建立时，国家将土地分给农户，称为授田制，国家授田制的土地分为官田与民田两种，官田与民田的区别究竟是什么？

3. 如果说城市是最终吸收农村剩余劳动力的场所，那么随着大量的农村人口流动，城市的负担也会逐渐加重。在目前的情况下，城市的效益能否解决城乡人口压力呢？

作业题

1. 有人说因为土地资源是有限的，所以土地价格的上涨是永恒的现象，你认为对吗？

2. 传统社会中的官地相当于今天的国有土地，而农村的宗族公堂所拥有的土地则相当于今天的集体土地，你认为中国土地制度的传承有连续性吗？请联系中国土地制度演变，结合今天国有土地制度和集体所有土地制度的异同撰写发言提纲，并在课堂讨论中进行演讲。

3. 所谓农民私有土地究竟是指农民拥有的什么权益？

第五章

传统土地买卖制度

在中国传统社会中，土地处置的主要内容是土地的买卖。由于地权关系的分割，土地经营权、使用权、耕种权、租权与转租权等各种土地权益随着土地买卖而发生变化。一方面是新王朝成立初期通过官授土地而形成的小土地因土地买卖的盛行而迅速转化成大土地，另一方面则是土地所有者在长期的土地交易过程中又进一步发展了土地处置的形式，并形成中国传统社会土地买卖制度。可以说，在漫长的中国传统社会中，土地买卖制度得到较为完整的传承，并成为历朝历代相差无几的基本制度。

第一节　明清时期徽州民田买卖制度

中国封建社会民间土地的自由买卖，在明清两代进一步发展。在交易形态上，由最初的一次性断卖，到逐渐出现所谓加、添、增、找、加找等多次的交易形式。此外，租佃关系方面田皮、田骨的出现，亦表明土地所有权、经营权和耕作权的分离，反映在土地买卖上，就相应地有大小买田交易以及交业、过割等方面的区别。所有这些，都反映出明清时期土地买卖的特点。

徽州是江南地区土地买卖极为盛行的地区之一。为了说明徽州土地交易的一般形态，本节将其土地断卖以及加价诸交易形态进行较详尽的考察，同时也与其他地区的土地买卖形态试作比较。

一、土地断卖形态

"断卖"是明初最盛行的一次性交易方式。这种方式虽为明代田制之一，但其范围仅限于民间田土，官田则除外。

徽州民田的买卖活动，明初时即甚频繁。买卖的方式分为两种：一为断卖，即将其田产一次性出卖，这是较为原始的交易方式之一；二是加添，具有活卖形态的"加添"文契的出现，使土地买卖萌发了活卖的性质。

首先，来看明初期的一纸断卖地契：

十二都九保张奉，今将十保体字五百四十三号田内取一亩三分八厘三毫，土名生坟坵，东至水坑，西至汪彦伦田，南至汪彦伦塘，北至胡兆新田，佃人胡真，硬上租干□〔谷〕一十三秤，上田。今来缺物支用，自情愿将前项四至内田尽行出卖与汪猷干名〔下〕为业，面议时值价钞一十五贯文，其钞当成契日一并收足无欠。其田今从出卖之后，一任买人自行闻官受税收苗，永远管业为定。如有内外人占拦、四至不明、重迭交易，并是出卖人抵当，不及买人之事。所有上手契文与别产相连，缴付不便，日后要用，本家索出参照不词。今恐人心无凭，立此文书为照。

　　洪武二十七年九月　日　张奉　契

　　　　依口代书兄　张奇德

　　　　　见人　胡胜右

　　这是明初休宁县履仁乡①的一份较典型的断卖文契。契中虽未见使用明代常见的"断卖"用语，然"尽行出卖"则是当时通行的做法，即是出产人将其田产一次性卖给受产人，此后并未因此田产交易发生纠葛。"断卖"概念的普遍使用，多见于明中叶的土地买卖文契中。例如，成化十六年（1480年）三月十四日谢元坚与谢彦良、谢彦成所立管山文约中，亦有"将其山骨三大分中内取一分，合断与三四都谢彦良、彦成前去用□〔耕〕作"之语。②又如正德三年（1508年）八月初六日汪大本所立卖房地产契，其中亦有"合得分数断骨立契卖与汪进云名下"③。正德四年（1509年）十二月十四日汪卓卖屋地契也说"尽行立断骨出卖"④，这两份正德年间的断卖房地产契，均为休宁县虞芮乡趋化里所存文契，可以想见明中叶农村中使用的断卖契，实际上就是"断骨出卖"的意思。而"骨"的出现，说明土地的所有权被分割为田皮、田骨两部分，已从土地的占有关系、租佃关系中转到买卖关系中，地骨的出卖，可以是"连骨带皮"，即所谓"断骨出卖"，也可以单独出卖"骨"或"皮"。这种单独出卖田骨的现象，似乎在明前期亦已存在。试看一例：

　　休宁县三十一都陈以成，同弟陈以璇，承祖父共有田二号，坐落祁门县十一都四保，土名查木段，系商字九十九号，计田一亩三角半步，计田二坵，其田东、西四至自有经理该载。又取同处田一号一百三号，计田一亩二角二十八步，其田东、西四至自有本保经理该载明白。其二号田以成同弟合得分数田骨八分有零，尽行立契情愿出卖与祁门县十一都程兴名下，面议时价白银六两四钱正。（余略）⑤

　　该契立于景泰四年（1453年）八月十九日，是目前所见较早的一份卖田骨契，契文并未说"断卖"的概念，而是沿用"尽行出卖"的习惯用语，由此可以证明断卖与田皮权和田骨权分离有关，它的出现应是"尽行出卖"的延续。"断卖"的内容，有"连皮带骨"或单独出卖田皮、田骨两种形式，其性质无疑属于一次性交易。

　　断卖的发展，至清代有"杜卖"、"绝卖"、"割绝断根"等形式，说法虽不尽相同，但性质则与明代断卖相差无几。现引录三纸典型卖田契于下：

　　（1）二十二都八图立杜卖契人程阿徐，同男程在舟，今因正用，自愿将承祖遗方字六百一十九号、二十号、二十一号田税三亩七分五厘，土名上下长坵，凭中立契出卖与二十二都四图汪名下为业，三面言定得受时值价纹银六十七两五钱正，其银当即收足，其田随

---

　　① 该契应为休宁县履仁乡太平里所遗存。明汪舜民《徽州府志》卷一《地理一·坊市》曰："履仁乡在县西，里有五：永秉、太平、仁义、仁德、回溪。"又云："履仁乡所辖五都、六都、七都、十二都。"

　　② 原件藏安徽省博物馆，藏号 2：16778。

　　③ 原件藏安徽省博物馆，藏号 2：16812 1/2。

　　④ 原件藏安徽省博物馆，藏号 2：16812 1/2。

　　⑤ 原件藏安徽省博物馆，藏号 2：16808/5。

即过割入买人户内管业输粮。从前至今并未与他人重复交易，亦无威逼、准折等情，倘有亲房人等异说，俱系卖人承当，不涉买人之事。恐口无凭，立此卖契永远存照。

乾隆二十九年十二月　日立卖契人　程阿徐（余略）①

（2）立杜断卖契舒吴氏，今因正用无措，愿将身名下田一处，土名叫叶家山，计　租九□赶零九斤十二两。系经理虞字　号，计田税八分六厘正；又田一处，土名叶家山，计　租七□正，＜系＞经理度字　号，计田税六分八厘三毫六丝，土名水路锭，计　租五□，减硬□租二□租十斤正，系经理虞字号，计田税三分五厘正，其田新立四至，东至　，西至　，南至　，北至　，今将前项共十二号内田凭中立契尽行出卖与舒名下为业，三面言定时值镜〔净〕纹银价三十六两六钱正。（余略）

咸丰十一年六月　日立杜断卖契　舒吴氏（具名略）②

（3）立杜脱字人汤厚桂，今缺正用，自愿凭中今将土名绕山丘佃田一丘，计一亩二分；又土名西干佃田一丘，计六分，共计佃田一亩八分，并田塍坡树木茶桑一应在内，丝毫无存，尽行立契杜脱与堂兄厚泽名下为业，三面言定得受时价脱价洋六元正，其洋当日归身一并收足，不另立领札。其田当即过割交业拼种。先前并无重复典靠，亦无内外人等拦阻异说，如有此情，是身一力承当，不干受业人之事。自杜脱之后，永不增找，永不回赎。今有凭，立此杜脱契存照。

光绪九年四月　日立杜脱契字人　汤厚桂（余略）③

很明显，上述三纸契约首用"杜卖"、"杜断"、"杜脱"等字样，均系明代断卖制度之延续，除"杜脱"一契专以出卖其田皮权（清代亦称小买田）之外，其余两契皆为断卖田骨所立。至于"绝卖"，实乃经过多次添价、加价、增价等手续，才能称其为"绝卖"，这是与单纯的杜断卖稍异的。可以说，绝卖是土地交易的最终结果，而其交易过程的添、加、增、找等交易方式，则是出产人将其田产所有权逐步售卖而求其高额地价的手段。故具有派、加、找、增等交易方式的土地买卖活动，又被认为是活卖之一种。

二、加添与加找地价的交易方式

土地所有者在出卖其田产时要求添价的现象，明初即有。较早的实例，有建文四年（1402 年）胡右卖田赤契一纸，契文如下：

十二都十保住人胡右，承祖父户下有田一号，系本都十保体字四百九十二号，田内取一半，计一亩二分三厘八毫，东至水坑，西至汪午田，南至朱饮干田，北至胡初田，土名吴失塘下，佃人自，上秈租一十秤。今为缺物用度，与母亲李氏商议，自情愿将前项四至内田尽行立契出卖与汪献干名下，面议时值价宝钞二十二贯，其价钞当便〔面〕收足无欠。其田今从出卖之后，一任买人自行闻官受税收苗，永远管业为定。如有内外人占拦及四至不明、重迭交易，并是出产人自行抵当，不及买人之事。所有来脚入户契文与别产相连，缴付不便，日后要用，索出无难。今恐无凭，立此卖契为用。

又添价钞二贯。

---

① 原件藏安徽省博物馆，藏号 2：22991。
② 原件藏安徽省博物馆，藏号 2：16819。
③ 原件藏安徽省博物馆，无编号。

　　建文四年六月初三日　　出产人　胡右契
　　　　　　　　　　　　母亲　　李氏
　　　　　　　　依口代书人　　胡真
　　　　　　　　见人　　胡真源

　　今就领去前项契内价钞并收足讫、同日再批。①

　　这是明初胡右卖田添价赤契之全文。由此观之，明初的添价形式已经出现，它最初是在出卖田产的同时，由出产人要求添价，并写入此契批文之中。这个添价额即是对原议地价的补偿或追加部分。这种添价形式的意义，可能已反映了最初田皮出卖的形态。因为所加地价的依据，其实是对原地价不足，并未发现有丝毫加价赎买的痕迹，显然与明中叶以后盛行的添价制度是不同的。

　　正统年间，徽州易产加添已不是纯粹的田地买卖关系，重要的是与典田制度相结合，由此导致土地买卖中取赎制和添价制的形成，这就是说，土地典当关系中的取赎之制也运用到土地买卖中，若在双方契定取赎限期内，出产人不能偿付典价或卖价，该田产即要转为断卖，因最初的卖价或典价均是不足其值的，所以受产人也需要支付"添价"，所添价额与最初交易所支付的地价额的总和，才是该田产的售卖价格。可以说，明代中叶土地买卖与典当的结合，乃是该时期土地交易制度的重大演变，对后来的加添形式影响至深，殊值注意。

　　试看这一时期的典型文契：

　　十二都住人汪思济，今将本户已置并承父分得田四号：坐落本都十保体字五百六十号田，计三亩二分八厘一毫，东至　，西至　，南至　，北至　，土名甘垇，佃人朱月名，上租二十七砠；又将同保体字四百七十七号田，计二亩三分三厘五毫，东至　，西至　，南至　，北至　，土名车屏，佃人程溥，上租一十八［砠］；又同保六百四号，又六百一十号田，共一亩六分六厘七毫，二号共垇，东至　，西至　，南至　，北至　，土名猴塘口，佃人□隆，上租一十三砠［砠］，前项各号田亩，先前典去价谷，今未无价取［赎］，自情愿将前项四号四至内田断卖与同都原受典人［汪］介美名下，面议添凑价谷四十砠［砠］，其价当日收讫，别不立领。（余略）

　　　　正统二年九月　日　出产人　汪思济
　　　　　　　　　　　见人　　胡汝恩
　　　　　　　　代书人　　汪思和

　　今就领去前项契内价钞并收足讫、同日再批。②

　　这是通过"加添"之后，将其祖遗田产由典转为断卖的实例。又：

　　立加添田契堂叔丁世臣，情因先年将祖遗分授田种一契，卖与堂兄荣宗为业。今托中加到升扬弟兄名下，比日议订加添银四十两正，亲手领讫。自加之后，永不言加，只许赎取，不得调卖。立此加添，永远存照。

　　　　乾隆十三年八月十七日立加添　叔　世臣（余略）③

---

　　①　原件藏安徽省博物馆，藏号2：16803/2
　　②　原件藏安徽省博物馆，藏号2：26614。
　　③　原件藏安徽省博物馆，藏号2：27942。

这是先卖后加，"只许赎取，不得调卖"的实例。可以推断，此田产依然保留取赎的权利，尚不属断卖，这就意味着出产人如不能按其原价取赎，只好再通过一次"加添"，将其产业断卖。仍以丁世臣于乾隆十五年（1750 年）所立加添契为例，即可明了加添向杜卖的转化过程。

立加添田契人堂叔丁世臣，情因先年将田种一契卖与荣宗为业，已经加添，订定永不言加，只许赎取。今见年歉，情愿永不归赎，托中加到侄声扬①弟兄名下，比日得受加添纹银二十五两。自加之后，其田永听声扬掌管，叔永不得饰说。立此加添，永远存照。

乾隆十五年十月初八日立加添　丁世臣（余略）②

很明显，在清代田土的买卖过程中，出产人是通过多次使用加添的方式，来取得最高地价的。对于受产人来说，则需多次支付添价，才能取得田产所有权。

除"添价"之外，尚有"加价"名目，性质与"添价"相似。试看一例：

二十一都二图立批据人叶方翼，今因前乾隆六年将场字号田一亩卖与许荫祠名下，得过价银十四两五钱。因契上批有五年取赎，今又加价银一两八钱正，其银系身收去，其田日后永远不得回赎。今恐无凭，立此批据存照。

乾隆十一年十二月　日立批据人　叶方冀（余略）③　要求"加价"的理由，在于原卖契上注明"五年取赎"的约定，④ 如果无力取赎，则可以通过加价的方式，取消其取赎权。这与明清之际徽州盛行"取赎制"有密切关系。

加价不只用于大买田，更不在于完全放弃取赎权才采取加价方式。在受产人方面，更多的是利用加价逐渐提高土地价格，使出产人陷入无力取赎的境地，不得不以断卖来偿其加价额。这无疑是对受产人有利，并可以此为夺田之法。例如：

立加小买田价字人吴顺安，同弟顺祥、来安、德安，今加到郑澹宁堂名下为业，得受本足典钱四千文正，其钱当即收足，其田交原主管业，言定半纪为满，听凭二共原价取赎，两无异说。今恐无凭，立加小买田字存照。

再批：酒水钱三百文。又照。

再批：此加字即长培口田一报坵，计税一亩三分。又照。

光绪二十年十二月　日立加小买田字人　吴顺安⑤

对于无力取赎的出产人，亦通过找价加添的方式，杜卖其产。如乾隆三十二年（1767年）十二月二十日王伟先所立"杜卖田塘找价加添文契"中所反映的"找价加添"做法，亦"因先年所卖田种一业，种粮、丘段俱照赤契执业。契载粮明价足，因有归赎，今因天年荒旱，手中涸辙，凭中孙名下子孙求远执业，当日三面言定找价加添纹银四十两正"⑥，并规定"自找价加添之后，永斩葛藤"。这是找价同加添结合的极好佐证。

增找，也是徽州流行的加添方式之一。其特点仍然在于放弃取赎权，要求受业人补偿

---

① 关于受产人名，前契为"升扬"，后契为"声扬"，"升"、"声"二字，音同字异，不知孰是孰非。但从契文行文看，"升扬"和"声扬"当系一人，抑或是声、扬弟兄二人，他（他们）与丁世臣是叔侄关系，绝不是其他什么人。

② 原件藏安徽省博物馆，藏号 2：27941。

③ 原件藏安徽省博物馆，藏号 2：23568。

④ "赎买田"，明已有之，清代最晚为嘉庆年间文契，此后少见。

⑤ 原件藏安徽省博物馆，无编号。

⑥ 原件藏安徽省博物馆，无编号。

取赎差价。例如：

立增找契人唐　人，今将祖遗间分己下字一千二百十号，土名大虎林，计税四分，计租谷六十斤，佃人张慎正；又才字号，土名云台，计税一分一厘，计租谷十九斤，佃人张六　，前已立契卖与章　名下为业，今前契得受价纹银十两，身不愿取赎，复凭中找到章　名下七折典找八两正，其钱当即收足，其田照前契管业收租，身无异言。日后永不增找回赎。今欲有凭，立此增找契存照为用。

道光三年十二月立增找契人　唐　人（余略）①

由此可知，清代增找的方式仅仅适用于不愿回赎其产的卖田者，其目的在于向原受产人找回一定的差额部分，而不在于加价或作为杜卖，倘有可能，出产人还可以杜卖其产，再要求受产人加价，这种做法，于上述所引契纸亦可明了。

当然，仅就其加价、添价、增价、找价数例分析，尚不足以全面反映徽州土地买卖的复杂性。况且这几种主要的添加方式，其本身并不按照一定的程序进行交易，所以，就其交易方式而言，亦可交替使用。至于适用于哪种田产交易，则视其交易双方取赎条约而定。但有一点可以肯定，无论是何种方式，最终总向杜卖发展，而每次加添价额，一般说来是不可能超过当地土地断卖价格的标准的，因为如果出产人加价金额接近断卖地价标准，受业人即会转向杜卖，而绝不会允许出产人继续加价。由此推论，徽州民间土地交易中，定有一个为乡俗所公认的地价标准，加价的幅度则随其标准基数的变化而波动。

三、田税的过割和田产交业

土地加价，并不意味着受产人占有其田产，尤其是购置田地之经营权或耕种权者，田产的过割交业就更为麻烦。一般说来，随着土地买卖活动频繁，土地日益朝一小部分富裕地主特别是宗法公堂地主手中集中，土地出产人往往在实际田产交割时，索要签订交易合同与市值之间的差额地价，这部分现金收入，与前述之"加添"各形式是不同的，称为"交业"，而双方亦需重新签订交业契，否则田产虽已卖出，但因未交业，而依然被控制在原田主手中，这对受产人来说是极不划算的。

在明代，田税过割重立文契之做法，已行于徽州。但当时尚未见有现金交易关系。买卖双方成交之时，仅仅说明其租税随即过割入买人户交纳而已。这种上纳国家赎税的过割，即反映在卖者成交后所另立的"推单"、"扒单"文契之中。

例如万历六年（1578年）四月二十八日洪应皋、洪应物所立"推单"亦云："今将承祖该分下恶字号下田八分六厘七毫六〔丝〕，土名前坝下，又将薄字号下田，土名富登；又将靖字号下田五分，土名高塘上，以上三号田税，尽行推入本都光裕会众名下支解，其夏秋二税一并收足，册年再无难异，听凭过割，立此推单为照。"② 而"扒单"的使用，亦分为两种：其一，与推单类似，作为交割田税之凭据。例如崇祯十一年（1638年）三月二十五日谢正肇所立扒单："原于崇祯十年将土名张岭坑，计田六备，共计租十秤十三斤四两，出卖与房兄魁元名下，价讫。前计共折税一亩一分六厘四毫，按原折麦二升三合九勺二抄四撮，折米六升二合三勺一抄七撮，因今户扒与买人名下俱解。地税一步零在

---

① 原件藏安徽省博物馆，无编号。
② 原件藏安徽省博物馆，藏号2：27578。

内，存照。"① 其二，买人将其置买田产需上纳的田税扒入本户，谓之"扒单"。如崇祯三年（1630 年）二月二十八日王阁所立扒单："今将价受王问政兄弟祠前东边屋一重，房二间，所、堂并厨房余地，本身该得基地一十八步，其地税粮凭中扒入本户王龙寿位下，递年供解无辞。"② 延及清代，卖人过割其田税时，则往往不另立推单，买人也无须立扒单，而是由出产人分别立绝卖契和加割契。这样，过割其田税时，由于卖人不愿取赎而使买人在田产税过割时又付一笔加价，名曰"加割价"。其实例，如下"加割"契约：

立加割绝契人王阿金氏，愿将土名金竹坑崖后小土名猪墩头水田二坵；又土名枧头里水田一坵，地勘二块；又方坵水田一坵，沿山坵水田一坵，新田里水田一坵，共计田六坵，地勘二块，与洪立本庄合业，共计田二亩，合身分法一亩，计租谷二百斤，四至俱照现管，正价得讫。自不愿取赎，凭族长加割绝到洪立本庄名下为业，得受加制价纹银六两正，银契两楚，外不另立收字。其田割绝之后，听凭收税过册管业无异。如有争论，俱身理直，不涉主之事。恐口无凭，立此加割绝契存照。

咸丰四年十二月　日立加别绝契人　王阿金氏
见族长　大仁
房长　开林　永暴
代笔　景泰③

又如：

立绝卖赎人王阿金氏，今因缺用，自愿将土名金竹坑崖后小土名猪墩头水田二坵；又枧头里水田一坵，地勘二块；又沿山坵水田一坵；又新田里水田一坵；自又方报水田一坵，以上共计水田六坵并地坵二块，与洪立本庄合业，共计田二亩，合身分法一亩，计租谷二百斤，四至照依现管，凭族房长立绝卖与徽　洪立本庄名下，全业得受价纹银八两五钱正。其银契即日定交［割］两楚，其田随契管业，永不取赎，并加割绝在内，听凭即时收税过册管业无异。如有争论，俱身理直，不涉受主之事。恐口无凭，立此绝卖并加割绝契永远存照。

咸丰四年十二月　日立加别绝契人　王阿金氏
见族长　大仁
房长　开林　永暴
代笔　景泰④

这两份内容几乎相同的卖田契，其签订契约的时间、中人、卖出的田亩土名、租谷额完全相同，差别仅在于：①绝卖和加割绝乃是两个不同的概念。所谓绝卖，大体与明之"断卖"和清代盛行的"杜卖"相近；而"加割绝"却是指加价和过割，即立有此契，则意味着从此之后永不加价，也无须另立推单、扒单等过割手续。②绝卖得价纹银 8.5 两正，加割得价纹银 6 两正，其本身表示卖者因放弃了取赎权而得到绝卖价的不足部分，这部分地价则包括加价和过割价。故此使用"加割绝"。③过割价的出现，使徽州由明代所

① 原件藏安徽省博物馆，无编号。
② 原件藏安徽省博物馆，无编号。
③ 原件藏安徽省博物馆，藏号 2：23550 1/2。
④ 原件藏安徽省博物馆，藏号 2：23550 2/2。

形成的推单、扒单形式，变得具有价格形式，它不再是纯粹的田税交割手续，而是作为支付一定地价的补充手段。其制度来源无疑与加价、加添形式有关。④加割绝的结果，必然转为断卖，民间称为"绝卖"、"断卖"、"割绝断根"等。以光绪四年（1878年）林良清所立"割绝断根"契为例："立割绝断根契林良清，今将自己户下民田一场，坐落找零牙叫各湾六亩，其田四至、亩角载明原契，原价不足，复凭原中出割绝断根到与处，三面议定时值断根银洋八元正，其洋当日一并收足讫。其田自断根之后，任从过户入册，纳粮收息管业，日后永不再断。永无异说。倘有内外人阻说，断主自理，不涉受主之事。二边情愿，各无反悔。尤恐无凭，立此割绝断根契存照。"① 显然，"割绝断根"亦系杜卖，只不过在最终交割其地产时须交付最后一次的"加价"才完成交易过程。所以说，最后的"加价"，实际上也是对其土地现时市场价值的补偿。由于土地价格上涨，加价就成为正常的交易形式；如果土地价格下跌，想必这时是很少有人出售其不动产的，即便有，也不可能要求买地人再加价。

第二节　小买田的交易制度

在中国传统社会中，土地及房产等不动产交易不仅反映了交易双方产权关系的转移，还同交易人的生产生活密切相关。因此说，农民出卖其田地房产，显然是迫不得已的。在土地关系转移的交易中，一般有两种情况：一是当决定将其土地最终出卖时即属于大买田；二是在加价过程中的首次交易，则可称为"小买田"，小买田可以多次加价，也可以即时中断交易，其制度类似于田地的典当交易。

一、小买田的交易案例

对于小买田，尚有卖断后"交业"之手续，双方立交业契时，买方亦需支付交业价，这是与大买田买卖时交代其田税过割不同的。例如雍正十二年（1734年）歙人汪子严所立交业契，其中云："立交业小买批人汪子严，今将向年买过及字等田一业，计税六亩四分八厘四毫，系大小共八坵，系子严出卖之业，凭中尽交与许荫祠名下管业，听凭另招他人耕种，得受小买银九两正。"② 又，乾隆四十三年（1778年）立交业退小买青苗顶头人程阿鲍，将其田二亩，交退与受业人自种，得银五两。③ 嘉庆二十二年（1817年），"立交业票人程有满，今将卖过光字五百四十七号，计田税四分二厘，土名朱家场，四至不开，照依清册原形管业，凭中交与叔名下，三面言定受交业元丝银八两正，其银当即收足，其田随契过割管业耕种，支解输粮"④。又，道光三年（1823年）九月，"立交业票人程可谆，今将卖过果字一千六百四十九号多又果字一千六百五十号，计田税六分二厘五毫，土名呈狮洪。凭中交与族侄孙名下管业耕种，三面言定得受交业银十一两正。其银当即收

---

① 原件藏安徽省博物馆，无编号。
② 原件藏安徽省博物馆，无编号。
③ 原件藏安徽省博物馆，无编号。
④ 原件藏安徽省博物馆，无编号。

足，其田随即管业，无得难阻"①。以上几纸小买田交业契，理应属于小买田的范畴。然从其契文分析，似与当时社会所通行的小买田交易多有不同，② 尤其是与徽州地区农村中常见的吐退小买田契有较大差异。③ 而上述契约说明在农村中究竟存在什么样的小买田交易形式呢？值得深究。按此文契推断，所谓的"交业"，则是沿用已有的大买田交易过割手续，并将此交易方式运用于小买田，在双方改变并移交其耕种权时，需要交易双方签订交业契约，这也就完成了小买田的交易。在交业之时，受业一方须以现金偿付，以足其田皮即小买田的地价额。

在"地少人稠"的江南地区，耕种土地的农民出卖其耕种权，特别是农民对于土地耕作的花费，如种子、粪水及土壤改良等，均需要以土地小买田即"田皮"交易方式进行地权转移。无论在各地区的称谓有什么差异，土地的"田皮"及青苗的出让，实际上是保护耕地农户权益的有效途径。在徽州，明清两代的民田买卖，已由明前期简单的杜卖即断卖的形式逐渐发展成为多次交易形式，卖方出售其田产后，仍保留其加价、加添、增找其地价的权利，其加价额的高下，乃是由当地地价的涨落所决定。尽管如此，在土地交割之时，还可以要求补偿过割价、交业价等。即便是早已立断的田产，出产人还可以得到契外价，这也是出产人要求尽价的方法之一。试看乾隆五十四年（1789年）六月所立契外价契一纸："立收契外价副契嫂王氏、叶氏，同侄在宽等，本家卖过九都三图在落土名羊坞山，系新丈称字一千八百五十二号山一业，凭中立有正契，所有税、步照正契注明，交与买人管业。今凭中收到叔圣友名下九五色契外银四十两正，其银当日一并收足讫。今恐无凭，立此契外价副契为照。"④ 又如乾隆十七年（1752年）十二月，"立契外价程阿黄、程阿郭，同孙程念治、程拨一，今将坐落土名龙池巷，庚字三十三号屋一所，土名厚街，庚字三十五号、三十六号屋，概字三十七号内墙地，出卖与刘名下为业，当日得受契外价银五十两，其银当日一并收足讫。今恐无凭，立此存照"⑤。这都是产业出卖之后索取契外价的重要实例。

徽州这种不是一次断卖的活卖方式，明代亦多见于福建、江南诸地。明人谢肇淛云："俗卖产业与人，数年之后，辄求足其直，谓之尽价。至再至三，形之词讼，此最薄恶之风，而闽中尤甚。官府不知，动以为卖者贫而买者富，每讼辄为断给，不知争讼之家，贫富不甚相远。若富室有势力者，岂能讼之乎？吾尝见百金之产，后来所足之价，反逾其原直者。余一族兄，于余未生之时，膏田于先大夫，至余当户，犹索尽不休，此真可笑事也。"⑥ 至于"足其直"的方式，明人范濂亦云："田产交易，昔年亦有卖价不敷之说，自

---

① 原件藏安徽省博物馆，无编号。

② 如咸丰年间一例："十五都四图立杜卖小买田契人陈银华，今因正用紧急，将祖遗上分受己业有字等号小买田一坵，计一亩零七厘，土名马家段，尽问亲房等均无受主，自愿凭中立契杜卖与本都木图汪恒言户名下为业，凭中三面言定得受时值小买田价曹〔漕〕平纹银四两正，其银当即收足，议不另立收据。其田即交买人管业，听凭买主自行耕种或租与他人耕种，均无异言。"（原件藏安徽省博物馆，藏号2：22933）。

③ 如嘉庆六年（1801年）退契："立退小买田契人黄瑶珍，今因缺少使用，自情愿将自己作耕小买田一业，计税一亩五分，土名金钱充，凭中立契出退与家堂兄名下为业，三面言定得小买田价元丝银二十四两正。其银当即收足，其田即交过割，管业作耕，无得异说。"（原件藏安徽省博物馆，藏号2：27949）

④ 原件藏安徽省博物馆，无编号。

⑤ 原件藏安徽省博物馆，无编号。

⑥ 谢肇淛：《五杂组》卷四。

海公以后则加叹杜绝，遂为定例。有一产而加五六次者，初犹无赖小人为之，近年则士类效尤，腆然不顾名义矣。稍不如意，辄驾扛抢奸杀虚情，诬告纷纷，时有'种肥田不如告瘦状'之谣。"① 范濂是万历时人，所记田产之加、叹、杜、绝，应是当时土地买卖尽价的方式无疑。由明末至新中国成立前夕，福建地区的土地买卖过程中"卖而不断，断而不死"的活卖方式仍有着顽强的生命力，给土地买卖增加了一定的复杂性。② 与福建相较，徽州地区土地买卖方式应是更为复杂些，出卖田土之人总是千方百计地希图保留与出卖之产的联系，这就是我们看到的由明代最初的断卖田产逐渐形成加、添、增、找、割绝、交业乃至契外价等多种尽价方式。这些形式的形成和发展，足以反映徽州民间土地交易形态的发达，同时又可说明徽人对出卖土地所保持的藕断丝连和错综复杂的经济关系。

二、小买田交易的要点

通过上述分析，可以得出如下看法：

（1）土地的自由买卖，是土地所有者集中和兼并自耕农和半自耕农私人土地的一条主要途径。但在明清时期的徽州农村中，由于土地交易的商品化程度日趋加深，土地兼并者占有他人田地房产，只能通过支出大量的货币或谷物等，而不是依靠超经济的强制力量。随着加添地价形式的流行，出产人卖出的房地田产价格，亦随着土地时价上涨，这就要求受产人逐时加价，因此，土地占有者也必须有广泛的货币资金来源，否则，就不能够长期占有他人土地。这一点，是决定这一时期地主经济同高利贷资本和商人资本结合的重要前提条件。

（2）事实上，由于代表土地所有权的田骨权和土地经营权（包括耕种权）即田皮权的地权分割状况，在土地买卖过程中得到充分体现，随着买卖过程的结束，形成了新的土地占有关系和租佃关系，原来的佃户由于"力勤"等原因，其经济地位亦随之上升为富农，其中一部分佃户又可将其置买的田产转给他人，以索取一部分田皮租。即便是耕种他人田地的佃户，依然有出卖其佃权（耕种权）的自由，这就使相当多的佃户也有了一定的地租收入，而受剥削最重的即是没有丝毫田产的小姓小户佃农。在徽州，宗法制极为盛行，这部分佃农多是本宗族之外的异姓人户，③ 而实际上拥有土地耕种权的佃户，由于其耕种权即田皮权也有继承、出卖、召佃他人耕种的自由，因此，亦为一种典型的小农经济，而这种经济成分在清中叶以前亦在徽州农村占主导地位。清中叶以后，由于大量商人资本与土地结合，宗法式的家族经济迅速发展，才使这种意义上的小农经济逐渐解体。

（3）明代中叶以后，土地加添方式的多样化发展说明农民对于现金的需求量增加。而在用钱的场合，一是为走上商业道路集中资金；二是受到高利贷和典当业剥削所致；三是由于农村中家族宗法活动盛行，农民在这方面的开支日渐增加；四是有一部分人专事经营土地买卖，从中渔利。凡此种种，皆为获取现金收入之途径。

（4）土地买卖方式得以延续和发展，除依靠维系土地制度的官方土地政策和政权力量

---

① 范濂：《云间据目钞》卷二。

② 参阅杨国祯：《试论清代闽北民间的土地买卖》，载《中国史研究》1981年第1期。

③ 鲍琮：《棠樾鲍氏宣忠堂支谱》载有宗族中之土地关系，耕种鲍氏地主田产的68户佃仆中，仅有4户为鲍姓，况不是本宗本派之鲍氏族人，其余64户皆为外姓。

之外，尚有其他途径如依赖其出产人之信用，即买卖"田宅亦用于摹"① 及双方签订契约之条文，此外还可依靠宗族势力，尤其在财产继承和履行条约方面，使土地文契可以长期生效，甚至数世无改。这一社会因素使土地买卖制度得以长期、稳定地按其自身规律发展。这一点，亦是明清时代土地买卖的重要特征之一。

三、小买田交易的性质

如前所述，从清代徽州大买田的买卖情况看，其田地产业的卖断过程是十分复杂的，这显然同产权人在其固定资产买卖中维护自己的权益有直接关系。反映到土地交易制度上，可以说，大买田交易是经过多次加价之后才最终买断的。换句话说，土地交易中不仅要考虑土地价格上涨的因素，同时也要注意土地市场及货币币值的变动情况。一宗田地产业的买卖，只有到完全接近其市场价格时才最终得以成交过割其田地产。这种情况类似于民间所流行的"活买活卖"交易方式。更进一步说，同样是土地的买卖，在大卖田与小卖田之间，实际上存在土地典当的交易方式。换句话说，如果出让田地产业人并不愿意采取大卖或典当的方式，而是以"活买活卖"为其交易方式的话，那么，在土地房产等不动产交易中就存在加价、加添的制度。之所以如此，从出让产权人的角度说，显然是随着土地交易地价的上涨，而采取的保护出让产权人权益的有效方法；而对于购置田地产业人而言，在开始进行土地交易时也不需要支付全部的地价，如果土地价格不断上涨，则根据其上涨情况而不断加价或加添，直到同土地市场价格相近时才最终支付其地价余额。用通俗的话说，在中国传统社会中，农村的土地买卖也是分期付款的，购买的行为也不是一次性交易，这对于土地交易双方都是有利的。当然，如果出现土地出让人需要得到较大数额的地价，也可以采取一次性断卖交易的方式。至于进行什么性质的交易，显然同交易双方的实际需要有直接的关系。

更进一步来说，对于不愿出让其土地产权的农户来说，实际上也可以通过土地抵押借贷的方式获得现金收入。尽管是"产不出户"，但如果抵押人无力偿还其借贷的话，其抵押之土地也就会进入土地买卖交易程序，这是一种情况。而在土地房产典当的情况下，虽与抵押贷款性质相近，但出当人可以在双方约定的期限内赎回其抵押土地，不过抵押典当的土地产权并未发生转移，只有在无力取赎或偿付典当利息的情况下才有可能再进行土地买卖。因此说，在土地权益的获得、拥有、转移、出让等资产处置活动中，关键要看土地权益者的需求及对交易方式如何选择，由于土地交易者的情况千差万别，其采用的交易方式也就各不相同。当然，如果从土地交易的法的角度看，则需要判断其交易是否同土地交易制度相符合。

第三节　房地产的交易制度

徽州农村中的房地产交易是传统土地买卖制度的重要内容。明清时期，随着田、地（即指用于耕种旱粮之地）、山、塘诸不动产业买卖的发展，房地产交易亦日趋频繁，逐渐

---

① 梁清远：《雕丘杂录》卷九。

形成各种交易方式。一方面，反映出房地产投入买卖活动中其商品化程度的加强；另一方面，又表现出这一交易活动背后的各种经济关系。因此，房地产交易的历史发展过程，亦是传统社会土地关系分化的重要方面。

一、房地产买卖的基本制度

在徽州，明初即见有房地产买卖活动。一般说来，卖、买双方以出产人、受产人称谓，出卖房地产时，均需有第三者"中见人"一人或数人，与受产人根据时价三面议定房地产的出卖价格，即可以立契成交。而由这三方面即当事人、中人所签订的契约内容，主要包括产业来源、出卖原因、土名、字号、四至、亩步、地税、房屋间数、位置、完损程度、房地价额、是否共同踏勘、典卖他人等条约，甚至还需出产人申明是否出自情愿，并无威逼等情况，若有亲族中人占拦阻说，俱系出产人之事，不干买人（或受产人）之当等语，如出产人原持有该业的文契，待领价交受产人管业时，都必须检出付执，即便是原契与其他产业相连，无法检索，也得在出产文契上注明，这样才表明出产一方的转移家产关系活动的完结。明初大量房地产文契内容所涉及的各个方面及表述方法的格式化，显然是经过长时期的交易活动后才逐步形成的，交易的最初形态当在明以前即已存在，而当时的田契亦与房地产交易的文契几乎一致，说明此种文契成为交易制度，在很大程度上是受到田契制式的影响。当然，尽管这种交易只要具备上述基本条件就可成交，但由于房基地也须向官府交纳地税，所以，受产人在收受房地产之后，皆要"闻官受税"，其意义：一是因为房地产权的转移，表明出产人上缴地税已过割推入受产人户；其二，说明受产人在置产之后，已取得拥有该产业的合法身份，闻官备案后，即可得到官方的承认和保护，一旦有一方违约，就能依据文契中的条约规定，呈官理治。所以说，对于这种得以买卖的民人土田房产，其契约即是其产业凭证及法律依据，而明朝政府是允许并保护这种田土房产交易的。① 这似是属于民田土之范畴的房地产交易得以长期发展的政治方面的因素之一。

从契约交易的形式考察，明初房地产交易所流行的似乎都是一次性买卖，出产人的房地产在文契中的表述皆用"尽行立契出卖"的概念，这表明了当时这种交易的性质与后来的"断卖"没有什么本质上的区别，当系最为简单的买卖方式。使用"断"这样的地权交易专用术语，在徽州有一个演变的过程。明代土田制度中的官田类，有"断入官田"一种，这里的"断"，即当依法判决的"科断"讲，是官府通过一定的法律手续，把因民户口已绝、田地无主的民田改为官田。② 然而，徽州所通用的"断卖"，则与官方的"断入"完全相异，这里的"断"属于民间的私人交易。"断卖"的形成，可能与明初田地的"添价"有直接的关系。如前引建文四年（1402年）胡右卖田赤契，实际上与明初的出产田地文契没有原则上的区别，但契末除批有"今就领去前项契内价钞并收足讫"墨字外，尚有"又添价钞二贯"的批文。这说明胡氏出产是经过了两次交易，因第一次面议时价的不合理，而要求受产人给予添价作为补偿，看来也是被认可的。从其批文看，这种添价的交易已经成交，证明了后来盛行的"添找"在明初即已萌芽。更有意义的是，此法亦为徽州

---

① 明代土田之制分为官田、民田两种。据《明史·食货志》卷二所载，民田即"民所自占得买卖之田"，与官田相异。

② 李洵：《明史食货志校注》，中华书局1982年版。

地权中分化出"田皮"、"田骨"的产权关系产生重大影响。① 拥有田产的业主,可将其田产析为田皮权与田骨权,在出卖与置受时又可依据不同情况进行多次交易。例如景泰四年(1453年)八月休宁人陈以成、陈以璇,因其承受祖父田产二号坐落祁门县境内,管业不便,因此将"其二号田,以成同弟合得分数田骨八分有零,尽行立契情愿出卖与祁门县十一都程兴名下,面议时价白银六两四钱正"②。这即是田骨权出卖的实例,不过尚未见使用"断"的概念。所见"断卖契"较早的例子,为休宁县履仁乡(十二都)汪思济于正统二年(1437年)的田产断卖契,这次断卖,是因为其田产先前已典与他人,因无力取赎而不得不转为"断卖"。但无论怎样讲,这也可证明徽州在正统时已将断卖的交易形式用于田产买卖中。景泰前使用田皮、田骨的两次交易,表明当地已出现"一田二主"的情况,即分别占有田皮权(田面权)、田骨权(田底权)的不同身份的田主,是通过"断卖"或"非断卖"这样两种形式占有他人田土的。在上述条件下,房地产的买卖亦受到深刻的影响,交易手续亦日趋繁杂。

二、民间房地产交易种类

简而言之,明代常见的房地产交易有卖地不卖屋、卖屋不卖地、屋地并卖三类,形式亦有断(亦称绝)和非断两种。举例如下:

(1)汪大本承祖共有基地二间,坐落土名彭护源口,见住中层楼横过第六间,系上字三百六十九号,其地新立四至,东至汪思清地,西至汪大祥地,南、北至洋沟心为界,长阔自有原立图、眼为准。于内合得一半,约计地三厘。今为不便,情愿将前地合得分数断骨立契卖与侄汪进云名下,面议时价白脸银十二两五钱正,价契当日交付足讫。其地卖后一听买人受税,永远管业。(余略)

> 明正德三年八月初六日立契人　汪大本
>
> 见人　汪大厚
>
> 奉书领钱男　汪儒之③

(2)趋化里汪卓,承祖父有基地一片,坐落土名彭护源口,系尚字三百六十七号、三百六十九号,亩步四至自有经理该载明白,不在[再]开写。本边合得十六分之一。今为缺钱支用,将本边合得分数内取地三厘一毫,并贴山里重楼屋横进第四间楼下房一眼,上至阁栅,下至落土,四围板壁、门窗、户扇、隔间俱全,尽行立断骨出卖与兄汪进之名下,面议时值价纹银二十一两正。(余略)

> 正德四年十二月十四日立契出卖人　汪卓契(余略)

以上两纸文契,皆是休宁县西趋化里明代正德时期房地产交易契约,但其文契所反映的交易内容及其交易方式,却不尽相同。前契当是仅出卖其房基地契约,而后者在契内较为详尽地说明其房屋的位置、式样及完损程度,想必应是将房产和宅基地一并出卖的交易

---

① 关于徽州"田皮"、"田骨"问题,参见叶显恩:《明清徽州农村社会与佃仆制》第二章。关于福建的情况,参见杨国桢:《试论清代闽北民间的土地买卖》,载《中国史研究》1981年第1期;林祥瑞:《试论永佃权的性质》,载《福建师范大学学报》1981年第1期。

② 原件藏安徽省博物馆,藏号2:16808/5。

③ 原件藏安徽省博物馆,藏号2:16812。

契约，因此二者在交易方式上是有区别的。从交易制度和交易性质上看，以上都是属于以"断骨"契的形式来卖断其房地产业的。

在歙县西部的唐模、汪村边一带，即明代二十一都，对"断卖"产业，一般写作"屋内门扇壁植气所，四围砖墙石料等项，上至青天，下至黄土，凭中一概尽行立契出卖"诸语，还要在议定条款中注明"于内屋、地并无毫忽存留"的字样，如万历末年鲍仲诰之契：

二十一都四图立卖契堂弟鲍仲诰同男文桂、文林，今为欠少使用，挽凭亲族为中，愿将承父分受草字三百五十四号，土名孝廉住基，后厨房与伯合业该父一半，分受弟兄三人，内身合得一股，计地四步五分①；又身续买兄诏四步五分；又加弟绝产谕地四步五分，内该兄诏一半，该身一半，计地二步二分五厘，通共计身分法共该屋地十一步二分五厘。其屋、地东至后路，西至伯屋，南至汪家屋地，北至本家族众屋地，今将四至开载明白，屋内门扇壁植气所，四围砖墙石料等项，上至青天，下至黄土，凭中一概尽行立契出卖与堂兄鲁享、堂弟完名下为业，三面议定时值价纹银十五两五钱正。（余略）

万历四十六年三月　日立卖契人　鲍仲诰（余略）

鲍氏于万历四十五年（1617年）、（万历）四十六年（1618年）连续以断卖方式出卖其房、地　田、塘，但契中并不像正德时用"断骨"二字，说明在明末时契约已不习惯用"断"的概念了。

非断卖的实例如歙县村（十五都）的万历四十四年（1616年）卖屋契纸：

十五都四图立卖契人吴以立、以诚，今因管业不便，有情愿将国字一百三十四号，地三毫四丝，于上土库楼下房半间，土名仲分厅五间楼，凭中立契出卖与本都三图吴　名下为业，三面议定时值价文［纹］银二两五钱正，其银当即收足。其屋目下听凭管业，存［从］前即无重复、威逼等。其税候册年听从过割支解，即无异说。今恐无凭，立此卖契为照。

万历四十四年十二月十九日立卖契人　吴以诚
　　　　　　　　　　　　　　　　　　吴以立
　　　　　　　　　凭亲兄　吴以文
　　　　　　　中见人　吴升

这类契约尚有不少。但如万历四十五年吴阿黄卖屋契中亦明确表示"上至椽尾，下至砖石，门窗壁尺，出入路径，分开明白，凭中立契出卖与友恭为业"②，而在其他格式方面，又与吴以诚契相同无差，从契文分析，则可认为这是一种介乎于断卖与非断卖交易之间的契约。从这个意义上讲，这种出产交易的性质并不是很明确。

三、房地产中的加价交易方式

正因为如此，由明末非断卖契中又派生出"加价"、"加添"、"加找"、"杜绝"等各种向受产人索讨房地价格补价的现象。这种现象，约于明末清初流行于徽州。

---

① 明制：田五尺为一步。尺，即指明工部营造尺，1尺约合今市尺 0.95 尺，1 步约合今市尺 4.75 尺。明中叶以后，徽州田土多以步计之。

② 此系歙县澄塘之契。友恭，即指友恭祠堂。

先看两份"加价"文契：

（1）立加价文契人何大受同弟大才等，前于崇祯十五年将原芥字等号于上土库楼屋二所，四围厢房，门前田地等项，土名厂里并新屋等处，原契得受价纹银四百四十两，收足无异。今复具词加价，亲族劝谕公议，增价银一百一十两，其银当即收足，五股均得清楚，俱已心服，嗣后并无情异说。今恐无凭，立此文契永远存照。

> 顺治十年九月二十四日立加价文契　　何大受
>
> 　　　　　　　　　　　　同弟　　何大才
>
> 　　　　　　　　　　　　　　　　何大德
>
> 　　　　　　　　　　　　　　　　何大本
>
> 　　　　　　　　　　　　侄　　　何顺生
>
> 居间　吴心字等（余略）

（2）立契外价程阿黄，程阿郭同孙程念治、程拨一，今将坐落土名龙池巷，庚字三十三号屋一所；土名原街，庚字三十五号、三十六号屋；概字三十七号内墙地，出卖与刘名下为业，当日得受契外价银五十两，其银当日一并收足讫。今恐无凭，立此存照。

> 乾隆十七年十二月　日立契外价　程阿黄（余略）

这两纸文契，从字面上看是有些微妙的差别。第一，何大受加价契立于出产十余年之后，加价的原因，出产人认为明末卖房地价格过低，其五股出产人，即何大受、何大才、何大德、何大本与侄何顺生心里不服，所以通过宗族公议之后加价。根据清初物价陡涨的史实，可以推测在清初时，何大受所出之产的价格，当高于明末的五分之一，因此，当受户人补偿了 20% 的差价之后，双方得以立契。迨至乾隆年间，买卖双方这种用"加价"方式补偿地价差额的做法，是通过出产之时一并订立"契外价"文书完成的，就像程阿黄所立的文约，由此说明清代前期土地要求加价的普遍性。第二，这种"加价"是否就等于断卖呢？恐不能作此结论。因为"加价"的实际意义，是为了补偿出产价格过低的出产人，若不加价，势必引起讼争，或不愿出卖其房地产，在不同的条件下，出卖与拒绝出卖都会导致诉讼纠纷，尤其在宗族制度极盛行的徽州农村中，村民对其产业都看得极重，一般情况下都不会轻易断卖其产，以寻找各种理由"具词加价"。在这种情况下，通过宗族公议，是乡村中最常用的解决讼争的办法之一。这时所立的文契，其性质亦是最后的加价契，即从今之后不许"生情异说"，永不加价。第三，加价形式的存在与继续，表明徽州实际上存在一种公认的房地产出产标准，加价数额依此标准上下波动。

关于"加添"的交易形态，可以下面的契约为证。

立加添人丁祚宏，情因父将基屋一契卖与堂叔声扬为业。今因父故之费，托中向说议处声扬加银三两八钱正，为目前棺木费用，并出屋香伙之礼。自加之后，堂侄永不得藉口生端，其屋永听堂叔侄住居管业。恐后无凭，立此加添永远为照。

> 清乾隆二十二年三月廿四日立加添人堂侄　祚宏
>
> 　　　　　　　　　　　代笔堂叔　丁占魁
>
> 　　　　　　　　　　　叔祖　丁盛宗
>
> 　　　　　　　　　　　中见人　丁登元　丁禄千
>
> 　　　　　　　　　　　　　　　汪进点　汪秩席

亲叔 丁扶九①

可见"加添"较之"加价"更接近于"断卖"的形式。从丁氏文契可以看出，自"加添"之后，"其屋永听堂叔侄住居管业"，即意味着堂叔丁声扬从此就拥有永久性居住权，而其侄丁祚宏也就丧失了再行加价的权利。这样说来，受产人一方是愿意采用"加添"的形式，而不愿应付无休止的"加价"。另外，在出产人要求"加添"而受产人无力支付的情况下，出产人有权收回其产或转卖于有支付能力的受业人，也可以由原受产人吐退他人，将所收之吐退银交原出产人。例如：

立吐退人丁又青等，今因加添银不凑，愿将契内屋基二间，竹园一块，凭中出退与堂弟翠山弟兄等为业，比得议价银八两正。有凭立照。

乾隆四十年五月廿六日立吐退　丁又青

占魁

云高

宝华　（余略）②

在这里，所谓"翠山弟兄"是否即是原出产人尚有疑问。从徽州田地退契来分析，万历十六年（1588年）郑有功退田契③，同治十一年（1872年）胡顺庚退还地基文约④中所表示的，亦有退还原出产人或转退有力之人两种，此契未见"转退"二字，应系吐退原出产人之契，吐退之时，应由原出产人支付银八两正，基本上与其原卖领受价额相当。可见，加添亦是出产人与受产人对产权占有关系的又一次较量，原出产人是可以凭借这种形式赎回其产业的。

此外，清代房地产买卖中，也经常采用断卖的方式，一次或数次立契后即可完全转让田产，徽人称之为"杜卖"、"杜绝"等。如一次性杜卖房地产的有：

本都二图立杜卖屋契人许济泉，今因正用，自愿将自己置买化字号土名后坦，于上原造有店面披屋三间，门扇俱全；又后进酒厨、锅灶、酒房披屋一进，墙垣四围，其柜台、货橱并地板，后进败坏酒橱、缸坛并动用家伙等物，一应概行凭中立契出卖与本都六图族名下为业，三面议定得受时值价九四平九五色银一百三十两正。其银当收足，其屋及家伙等物即交管业无辞……恐口无凭，立此杜卖契存照。

道光十一年正月　日立卖屋契人　许济泉（余略）

这种交易形式，明代已屡见不鲜。值得注意的是所谓的"杜绝契"，乃是最为典型的"断卖"房地产契。如歙县西乡之一例：

---

① 原件藏安徽省博物馆，藏号2：27972。

② 原件藏安徽省博物馆，藏号2：27964。

③ 原契文如下：侄有功，原将十六都一保土名举种坞，对得叔调阳本都六保里田弯田租，本位该得加八股四秤，自情愿凭中转退与叔调阳兄弟名下为下，面议时价纹银二两六分正，在手足讫。所有税粮原未推出，调阳自行供纳无辞。今恐无凭，立此为照。

万历十六年三月十五日立退契人　郑有功

④ 原契文如下：立归还人黎阳九相公庙，缘昔年程宅敬助地基一片，系朝字第二百五十六号内地基，以作庙祝工资。今程殿英向庙取回，各会友商酌将地墓归还殿英领回。本庙决无异言。倘有程姓族内及一切内外生枝等情，均系程殿英承当，不涉会内之事。今欲有凭，立此退还票存照。

同治十一年正月　日立退还字人　胡顺庚　亲笔

见退人　李静川　汪小章

119

二十一都一图立卖杜绝契人汪金麒、汪金广、汪金贵、汪金禄，今因卖过与本都二图许 名下化字二千六百四十三号屋地一业，计税九厘六毫一丝，所该价银当亦收足，屋业随即过割交管无异。今凭原中三面议定所得正价之外，又得受杜绝银九二色二百八十两整，其银亦即收足。屋地永为许业，日后并不取赎，亦无格外生端等事，今恐无凭，立此杜绝契永远存照。

乾隆二十四年三月　日立卖杜绝契人　汪金麒（余略）①

该契亦明确地反映出：①凡立杜绝契之人，必须是原拥有其产股份之人，不得缺少一方，否则均不可为杜绝卖。②出卖手续，初卖得其房地产之正价，而断卖时需另议其杜绝价。这两种不同性质的价额，即表示其房地产的全部价额。③一旦杜绝卖后，其屋地即为受产人占有、使用，还可改作兴造，② 出产人无权过问，并不许取赎。④杜绝之产，亦不可于任何时候以任何理由加价。⑤由于杜绝卖是表示原业主至此完全割断其产权，所以这类交易均需通过宗族完成交易。如果是出产于外姓，则必经亲族同意方可开盘议价。除出产之家外，有的多达数十人为中，甚至要由族长、祠长等宗族势力插手其间，可见这是徽州地区房地产交易中最慎重、最严肃的事。

清中叶后，房地产买卖中也有不用卖契的形式，而通用立墨据之法，立墨据人即出产人，这种买卖为一般性买卖，多不是断卖性质。不妨引述一纸为据：

立墨据人许余氏，今因正用，自愿将承祖遗受观音桥上首化字二千四百四十五号，地税一分一厘一毫六丝，土名芋头田，坐北朝南楼屋二间，前后二进，门窗户扇，门外披屋一应俱全，凭中立据出卖与本部本图一甲许资保户名下为业，三面言定得受时价漕平纹银一百五十两正，其银当即收足，其屋即交管业，其税即推入资保户内支解输粮。此屋从前至今并未典当他人，亦无重复交易，此是出自情愿，并无勉强等情。倘有亲房人等异说，俱系氏一力承担理直。恐口无凭，立此墨据永远存照。

同治十一年十一月　日立墨据人　许余氏（余略）

以上所述，实乃明清两代徽州房地产买卖的主要形式，并非数言能详尽。总而言之，足可说明商品经济的发展对徽州山区的土地买卖产生了巨大的影响，交易的形式和手续也

---

① "绝田"，始见于宋。顾炎武《天下郡国利病书·浙江上》云：绝田即户内"丁口尽绝之田。"又言："嘉祐二年，诏天下没人人户绝田，募人耕收。宋隆兴元年，人户抛下田屋，如有归者，依旧业主；出二十年无人归认，亦依户绝法，国朝户绝田多类此。"然依顾氏所言绝田，似乎难以解释徽州之"杜绝"、"绝卖"的现象。

② 原契文如下：二十一都四图立卖契人鲍斐山同鲍紫苍、青来、光溥、日昌、日泽，今因欠少使用，三房商议将承祖父遗受草字四百四十三号，土名龙墩佳基，计地税二分六厘八毫八丝，东至大溪，西至路心，南至四百四十二号地，北至本家屋，于上原造有楼小屋一间，并直平披小屋一间，上至青天，下至黄土，周围墙壁在内，门窗、户扇、桥板等件，因年久倾坏，不治修理，挽族中立契尽行出卖与本图郑　名下为业，三面议定得受时值价纹银四十两正，其银当日收足。其税屋即交管业，听凭改作兴造，无得异说。

康熙四十三年八月　日立卖契人　鲍斐山
　　　　　同侄　鲍紫苍　鲍青来　鲍光溥　鲍日昌　鲍日泽
　　　　　凭中　鲍凌云　鲍乔和　鲍右清　鲍士表　余健也
　　　　　　　　鲍宾旭　姚信之　郑瑞伯　鲍琳友　郑振华
　　　　　册证　程曼臣
其北边本家住屋有屋椽三根，盖在平披屋上，如郑兴造，本家即拆让无辞。又照。

日渐复杂，名目迭出。[①] 与此同时，对房屋买卖活动起到重要作用并伴随其继续得到发展的，则是当地长期沿用不衰的田土典当制度，这对于房地产交易形式的演变产生了重大影响。

⊛ 拓展学习

征地与农村土地管理制度

美国政府在法律上对土地征用权作了严格、明确的限制：第一，征用必须满足公共使用的要求；第二，对征用土地必须作出公正的补偿；第三，征地有一套严格的程序。

中国台湾于2000年公布实施了《土地征收条例》，对征用土地的目的、类型、程序、执行等作出了严格的规定，其中规定对被征收的土地按照征收当期的公告土地现值补偿地价。

对于我国现阶段的土地征收政策，大部分专家学者认为要缩小征地范围，征地要真正用于公益性事业。土地流转上也要有条件限制：第一，不能改变土地集体所有性质；第二，不能改变土地的用途；第三，不能损害农民土地承包利益。不能改变土地集体所有性质是为了保证土地制度的稳定，不能改变土地用途即要保证农业用地不能减少，不能损害农民土地承包利益即要和农民商量办事。简单地说，就是要坚持自愿、依法、有偿的原则。

在征地方式、用途、使用性质方面进行严格管理，这表明在征用土地问题上不是放而是收。中国城乡发展研究中心副主任钟永生说："农民在土地上拥有了更多的自主权。"他认为，产权包括四个方面的权利，即所有权、使用权、受益权、处置权，新一轮土地制度改革的意义是农民在不改变土地集体性质，不改变土地用途的前提下，可以通过市场交易的方式转让土地除所有权以外的其他收益性产权。

我国区域经济差异大，区域经济发展不平衡问题制约了国家经济增长质量。因此，土地流转政策也要同区域经济平衡相联系。如河南是我国传统的粮食大省，据该省农业部门统计，目前全省家庭承包地流转面积占总面积的4.8%，其中一半以上的农户以自发转包形式流转。湖北也是产粮大省，据该省农办统计，目前全省规模经营土地面积只占总面积的5%，规模经营30亩以上的农户只占1.8%，与农民实际承包能力相比，土地流转规模偏小。

⊛ 问题与讨论

1. 国家对农村农地、宅基地征用的基本政策是什么？运用土地经济的原理，说明如何对被征用土地的农民给予补偿。

2. 国有企业与民营企业占用农民土地的问题该如何解决？请查阅网络资料，撰写工业、商业用地案例，说明农民土地流转与企业发展关系问题。

3. 在未来十几年间，农村土地资本的分配方式与分配格局在很大程度上将决定城乡经济发展一体化的进程。如果对土地资源的分配和使用得当的话，那就完全有可能支付消除城乡二元结构，促进城乡经济社会协调发展，实现农业现代化所需的运营成本，从而使农民真正享有其土地增值的收益。从发展经济学的角度说明改变二元结构与土地流转的关

---

① 明佚名：《释义经书士民便用通考杂字》卷二，载有闽省卖房地文格式，与徽州大相径庭。参见谢国桢：《明代社会经济史料选编》第六章。

系问题。

分组讨论

1. 如果撇开社会形态问题不说，那么，土地买卖及其他交易方式对于农村经济究竟产生怎样的影响？请查阅有关部门资料，以具体例证说明其影响及其影响深度问题。

2. 你怎样看待传统社会获得农业经济效益的政策？土地所能提供的生产品、劳动力、综合性收益，国家权力、地方政府、土地经营者究竟是怎样运行的？

3. 改革开放以来，中国农村剩余劳动力大量分化，其中有相当一部分流入城市，从而引发城市化进程加快，当然也存在许多新问题，如农民工问题、农村户口问题、住房难问题等。你认为解决中国"三农"问题的主要战略目标是什么？

思考题

1. 农产品收购价格偏低，一直是导致我国农民收入水平低的老大难问题。国家虽然对农产品收购价格限价即规定最低收购价格，但从根本上讲，"谷贱伤农"的问题并没有得到解决。究竟要怎样解决才可以使农民真正富裕起来？请谈谈你的看法。

2. 中国传统社会中农民自有土地是可以进行市场交易的，其主要形式是土地的买卖。你认为中国现阶段的土地交易形式符合土地流转制度设计的基本原则吗？

3. 如果允许自由买卖土地，有可能出现土地兼并吗？结合中国传统社会的土地交易实例，谈谈你对土地买卖所引起的土地兼并问题的看法。

作业题

1. 土地流转的含义是什么？如何看待土地作为经济生产要素的价值？

2. 当土地进行交易时，作为固定资产，其买卖、租赁与货物的交易有什么不同？你怎样看待中国传统的房地产交易？列举其主要交易方式。

3. 土地买卖制度会促进农村社会两极分化瓦解吗？

第六章

传统农村社会的土地典当

徽州明清时代民间私家土地契约、置产簿、租簿及族谱等档案文献中，有相当一部分是有关田、地、山、塘、房地产典当关系的文契，这些材料为深入研讨这一地区典当交易的实态提供了具体而翔实的依据。本章从典当交易内部构造分析入手，拟就传统农村社会房地产典当的基本形态、典当利息即"银利"和"租利"及典当价格的确定、典当与杜卖、活卖田地价格比较诸问题进行讨论。

第一节　田房典当的基本形态

众所周知，在土地自由买卖制度下，不管土地所有者身份如何，都有权将其私有产业出卖与人。而土地交易手续完结后，其土地所有权随即转移。土地典当的性质，则与土地买卖不同。[①] 因为典当并不反映土地业权转移关系，而只是因之构成受典人与出典人之间的货币债务关系，其出典之田地等不动产仅作为偿还债务的担保，起着借贷质押作用。只有当出典人无力按约偿还所贷金利息，或在一定的约定取赎期内无力偿付本钱和利息，双方才有可能重新立契，将所典当田房地产进行买卖。这种制度规定的差异，反映出田地房不动产典当的基本属性。[②]

一、"产不出户"制度的基本内容

借贷性质的典当的主要特点是"产不出户"，即出典人与受典人只是债务债权关系，其田房产业仍归出典人所有。典型的实物例证，有明初永乐年间休宁吴名典山契，它能够反映这类典当交易的实态。姑备录如下：

---

① 田房典当与买卖，从形式上看，似乎无甚差异。《元典章》十九《户部五·典卖》"典卖税问程限"记载："今后凡典卖田宅，皆从尊长画字立账，取问有服房亲，次及邻人。典主不愿者批退，愿者五日批价，依例立契，交钱兑业。若酬价不平，并违限者，任便交易，其亲邻典主毋得故行遮占刁蹬，取要画字钱物。如业主虚抬高价，不相由问成交者，听亲邻典主百日内收赎。"由此观之，在元代，土地典当与买卖的过程，都必须由尊长"画字给据立账"，而典卖顺序，也须先"取问有服房亲，次及邻人"。又据同书记载，出典人不愿典当其产者，限十日批退，愿者十五日批价，立契成交。受典人交价限于百日之内，出百日不兑业者，受典人可以收回其价。如果不按此时限办理典卖交易手续，可以"告发到官"，如果官府"不行依例理断"，则"从监察御史、廉访司纠治"。可见典与卖在交易方面是有所不同的。

② 关于田地买卖形态，参见拙作《明清时期徽州民田买卖制度》，载《阜阳师范学院学报》1987 年第 1 期。

十二都九保住人吴名，今将户下有山一片，坐落本都九保，系乙字二百七十四号山六分二厘五［毫］，东至　，西至胡能右山，南［至］尖，北至路；又将同处二百九十一号山，计共五分，东至　，西至自山，南至尖，北至胡授山田，土名共小干往前。今为户役，缺钞支用，自情愿将前项四至内山尽行立契出典与同都汪希草、希美，面议时值价钞二百五十贯，其钞当便［面］收足。约在本年八月中将本息钞贯一并送还。如过期无还，此契准作卖契，一听受典人砍斫杉木，永远管业，候至过割，一听收税入户，本家即无悔意。所有四至不明及重迭交易、内外人占［拦］，并是出典人自行抵当，不及受典人之事。今恐人心无凭，立此典契文书为用。

又添价钞二贯。

永乐十九年六月初三日　典山人　吴名　契
　　　　　　　　保人　汪宗远
　　　　　　　　遇见人　胡彦祥①

此契为永乐十九年（1421年）六月初三日所立，取赎期则在"本年八月中"，其典期仅两个月，可知吴名所有的山场产权并未让渡给受典人汪希草等，只有在"过期无还"的情况下，当契才"准作卖契"，受典人方可"砍斫杉木"，并且"永远管业"。所以说，明初吴名典山契乃是"产不出户"的代表性契纸。

清代，"产不出户"典当形态文契依然可见。为便于比较，兹将乾隆二十六年（1761年）歙县汪阿胡当房契抄录如下：

立当契人汪阿胡，同男仲华，今因欠少使用，自情愿将祖遗化字一千八百五十号地税五厘，又一千八百五十三号地税一厘三毫，土名大观园，于上土库楼屋三间，四围墙壁、门窗户扇一并俱全，并前披屋该身一半，凭中立契出当与许荫祠名下。当日得受当价足纹银二十两正，其银当即收足。其利言定每月一分六厘行息，不得欠少。倘有欠少，听凭管业，无得异说。此系两相情愿，并无威逼等情，日后倘有内外亲房人等异说，俱系出当人承当，不涉受当人之事。今恐无凭，立此当契存照。

再批：内有本号地税屋契一纸抵押。此照。

又批：使用足纹银一两二钱。言定：五年之内取赎，系汪姓承认；五年之外取赎，许荫祠承认无辞。其银合足纹银店平。再照。

乾隆二十六年十二月　日立当契人　汪阿胡（余略）②

根据契约，只有在出当人欠少其息银时，受典一方才能"听凭管业"。反过来说，如果出当人始终按期交纳息银无误的话，那么，其房地产权则仍归出当人汪阿胡所有。此外，该契批文申明"内有本号地税屋契一纸抵押"③，也反映其房地产并未出户的事实。

---

① 原件藏安徽省博物馆，藏号2：26626。

② 此契系白契，原件藏安徽省博物馆，藏号2：23464。白契，并非是漏税之私相交易契。因为清乾隆二十四年（1759年），清廷曾下令对"民间活买、典当田房，一概免其纳税"（《大清会典事例》卷七五五）。但在此之前，田地典当纳税与买卖无异。如《大明律》载："凡典卖田宅不税契者，笞五十，追田宅价钱一半入官。"此律清初相沿无改。明代交易价银每两税银二分，明末改为三分，清初亦为三分。然徽州乾隆二十四年以后之典当契已见白契，月息为银1两"每月一分六厘"，说明活买、典当不纳税的申令，已在此地见诸施行。

③ 此处所说抵押契纸，即原产契。如系自置产业，即称"来脚契"。乾隆二十九年（1764年）十一月胡阿吴当田契（契号2：27587）批文有"外有来脚契一纸抵当"一语，可资证明。但以其产业契纸抵押出当，则与明代典当契相类。

能够证明"产不出户"形态的契约，还有乾隆二十四年九月吴根汉当田契①，其中言明：租谷"如有欠少不清，听凭起业无辞"。乾隆二十六年十二月许日进当田契②："倘有欠少，听凭起为业，无得异说。"乾隆二十九年十一月胡阿吴当田契③："其租送门交纳，不至（致）欠少，倘有挂欠等情。其税听凭过割管业无辞。"乾隆三十四年（1769年）十月许阿江当田契④："如有欠少，听凭耕种管业，无得异说。"由此可见，在"产不出户"即仍由出当人管业的情况下，出当人仅仅是向受当人偿付当价本钱利息，受当人与其当产尚未发生经营关系，这一点很明确。

二、"管业收租"的典当制度

随着典当关系的发展，出当之产业亦随即交受当人"管业收租"，进行直接性经营的形式。这方面的例证，有明天启七年（1627年）十二月十八日鲍懋管典田契，其中明确记有"其田即日听凭典主管业"一语。清代的实例，可以乾隆二十八年（1763年）许高寿当地契为代表，其契文曰：

立当契人许高寿，今将祖遗化字五千二百二十八号地税四分，土名下塘坞，凭中立契出当与荫祠名下为业。三面议定，得受当价九色银四两正，其银即收足，其地即交收租，挂税管业。言定以十年为满，听凭取赎。恐口无凭，立此当契存照。

其地因高寿病办衣衾所用，俟后八桂成人之后，取还归之。又照。

乾隆二十八年四月　日立当契人　许高寿（具名略）

"其地即交收租，挂税管业"一语，说明其出当田产是在立契之后交业于受当人管业的，受当人经营其当产的年限约定为10年，届期偿还本银后取赎。这种情况，显然与"产不出户"不同。此类契约并不少见。简列表如下（见表6-1）：

表6-1　受当人管业文约示例

年代	出当人	受当人	当价	文约内容	契号
乾隆九年十一月	赵仕葵	吴名下	20两	其屋即交管业	2：23232
乾隆十二年二月	吴昆石	许名下	20两	其屋即交管业	无契号
乾隆二十一年十月	仇焕如	许名下	10两	其地随交管业，听凭许宅兴造屋，取用无异	2：29237
乾隆三十九年十二月	汪在田	许荫祠	12.84两	其屋随即管业，其税即挂入许荫祠户	2：23440
同治十三年十一月	许守真	胡名下	典钱50千文	任凭修改，起造楼屋	2：23413

由此观之，徽州民间田地房产典至少存在两种方式：一种为"产不出户"。其特点是出当人将其田地房产文契作为借贷抵押，双方在典当文约中规定银利（或折谷物交纳，亦称租利）交纳数目，只是在出当人无力偿付利息时，其出当产业才有可能转成买卖，归受

---

① 原件藏安徽省博物馆，藏号2：23483。
② 原件藏安徽省博物馆，藏号2：23455。
③ 原件藏安徽省博物馆，藏号2：27587。
④ 原件藏安徽省博物馆，藏号2：29146。

当人所有。另一种则是受当人"管业收租"。其特征是随着典当成交,其产业即交受当人管业收租。对于支付给出当人的当价银钱,文约中一般都声明"银不起利,田(房)不起租"。这种做法,似是清代江浙地区广为流行的交易习惯,① 可以认为是田房典当制度发展史中最终的典当交易方式。由于出当产业交受当人管业,出当人只要偿付当价本金即可赎回其产,因此旧有的取赎期限规定就没有实际意义,所以,这类文约对于取赎期限的规定即是"不论早晚,听凭原价取赎",这一点与"产不出户"典当的取赎期规定也不尽相同。但是,无论是"产不出户",还是受当人"管业收租",其出当产业均有一定的取赎期,即"不论早晚,原价取赎",其实也是取赎期限的变通方式,这一点则是典当与买卖交易的最大区别之一。

三、房地产典当取赎制

典当取赎与田地活买取赎有一定的渊源关系。例如田地活买,《书契程式·田地屋契摘要备览》云:"如系活契,'计开'下载明几年为限,准备原价取赎;或写不拘年限,准备原价取赎。"如果写明年限,一般不超过 10 年。② 在徽州田地房产买卖契约中,除契文明记"杜绝卖"、"断卖"外,其余多系活买,而文约中也往往申明"日后听凭原价取赎",或者约定取赎年限。如汪楚玉卖田契批文则明言:"其田言定三年内认(任)使用,原价取赎;三年之外不得取赎。"仅以取赎年限而论,徽州活买取赎期与江浙等地的惯习相一致。

表 6-2　歙县田地活买契取赎期限示例

年代	都图	出产人	受产人	田税亩	价银(两)	使用银(两)	取赎期(年)	契号
康熙六十年	二十二都一图	汪阿吴	许名下	0.85	9		5	2:23509
雍正元年	二十二都二图	洪阿宋	许荫祠	1.3	16.9		10	2:23171
雍正七年		许君逢	许荫祠	田 0.300 25 塘 1	12.5		5	2:23393
雍正十三年	二十一都一图	赵德芳	许荫祠	田 0.864 塘 0.08	11		5	2:23358
乾隆十四年	二十一都一图	程天祥	许荫祠	0.9	13		7	2:23225
乾隆十四年	二十一都一图	叶阿方	许荫祠	田 1.573 塘 0.01	20	3.3	5	2:23224
乾隆三十四年	十八都四图	汪蔚文	程名下	0.4	15	2.475	5	2:16819/9
嘉庆十年	二十一都二图	胡曙光	许荫祠	田 1.32 塘 0.012	22	3.65	6	2:23259

---

① 清末海门绿斐斋主人《契券汇式》、南窗侍者《书契便蒙》、周莲第《书契程式》等有关书契的专书中,所录"典当田房正契"、"典当田房副契"等当是清代民间田房契的标准格式,可以作为研究田房典当的重要依据。从该文约中均有"银不起利,田(房)不起租"的约文,可以推测徽州受当人管业形式的典当,当与江浙相同。同时可以认为这种形式的典当应是一种占主导地位的交易方式。

② 《契券汇式》"典当田房正契"注云:"典当产业,契载年限,至多以十年为率,十年之外,过割补税。"当然,10 年期限的规定,并不仅限于典当,活买也按此时限,但清中期以后越限者亦不在少数。

按《契券汇式》"典当田房正契"所说，田地房产的取赎期最多不超过 10 年。这个惯习与徽州田地活买相近，却似乎与典当无关。从徽州田地典当文契看，取赎期最短的仅两个月。如乾隆三十四年十月许阿江当田 0.998 亩，当价纹银 10 两，银利折租谷，每年交纳风车净谷 22 斗，其批文则曰："约于年内本利交清。"如许阿江按期交纳利谷，其田则于"年内送还不误"。① 这是目前所见取赎期最短的例证。取赎期最长的则有 20 年。如同治十三年（1874 年）十一月许守真当房契，则"三面议定，期以二十年为限"②。其他文契取赎期规定 5 年、10 年、12 年不等，或"不拘年限，银到取赎"。由此可见，田房典当取赎期限并不像活买那样有严格的规定，时间可长可短。关于期限的确定，表面看来是根据出当人、受当人、中人三面议定的，实际上可能完全为受当人所左右，因为取赎期的长短与利息的高低密切相关。

出当人取赎其产业，还要受签约时认定的"使用银认偿"俗例的限制。所谓"使用银"，当是指田房典当时双方延请中人、代笔及亲房熟识人及向里甲图保挂金时所支付的费用。《元典章》称此费为"画字钱物"③，说明这是起源很早的一种交易附加费。明清时期，江浙地区称此为"中金"，徽州则称为"使用银"、"酒水钱"、"酒食资"、"挂金费"等。④徽州"使用银"的支付方法与江浙有很大不同。《契券汇式》"中金凡例"记载苏州、松江、上海、常熟、崇明、海门等地田房交易中金成规，均系由交易双方按交易价格总额比例支付。如苏州府，按照交易契价，"弃主（出产人）内扣二分，得主（受产人）外加三分，两合五分，再折以八成，实按契价四分"，俗称"出二进三"支付中金。在松江府，田房活买典当，其中金"得主按契价外加，买田加三分，买房加四分"。但在徽州，活买典当使用银则先由受当一方垫支，然后根据取赎情况认偿，而且使用银与契价总额比例也无一定。如明天启七年十二月十八日鲍懋管典田契，"其使用银，约五年后取赎，与身无涉；如五年内取赎，身认使用银无辞"。但使用银额究竟有多少，该契并未言明，想必已计入典价之内。清代典当文契对使用银额则有明确的记载，可以作为分析使用银与契价关系的依据。如乾隆二十一年（1756 年）十月仇焕如当其产与许氏，契价纹银 10 两，其"使用银一两二钱。一纪年内取赎，仇认；期满之后取赎，许认。"可知使用银与典价总额比例为 12%。又，汪阿胡乾隆二十六年（1761 年）十二月出当许氏荫祠屋契，契价为纹银 20 两，"使用足纹银一两二钱。言定：五年之内取赎，系汪姓承认；五年之外取赎，许荫祠承认无辞。"使用银为 6%。又，胡阿吴乾隆二十九年（1764 年）十一月当田与胡姓，得受当价纹银 6 两，其"使用银三钱。言明：五年内取赎，出当人认，五年外取赎，受当人认"。使用银为卖价的 5%。又有光绪二十年（1894 年）十二月吴顺安立加

① 原件藏安徽省博物馆，藏号 2：29146。
② 原件藏安徽省博物馆，藏号 2：23413。
③ 《元典章》卷十九《户部五·典卖》"典卖税问程限"条。
④ 关于"使用银"，明清典当文契中较常见的如明天启七年十二月鲍懋管典田契即有"其典使用银"一语。关于"酒食资"，如乾隆二十六年十二月许日进当地契批曰："契内并无酒食资。""挂金费"，如黄氏《田契租账》（藏安徽省博物馆，藏号 2：28634）载道光十五年（1835 年）十二月程良佩当田契，其批文言："所有号内挂金费钱二百文，取赎之日出当人认偿无异。"又如光绪二十年（1894 年）十二月吴顺安小买田契云"酒水钱三百文"。这里所说的酒食资、挂金费、酒水钱当是使用银之一部分，总称为"使用银"，即办理产业交易所支付的费用，这一点是没有疑问的。但在徽州杜绝卖田地房产契约中，很少见到"使用银"的记载，此费用是否仅局限于活买和典当交易，殊有疑问。此外，"使用银"中尽管有挂金费用，但绝不是向官府交纳的田房交易税，只是向里甲图保交纳的手续费用。

小买田契，所得契价共为典钱 4 000 文正，其"酒水钱三百文"，二者比例则为 7.5%。由此可知，徽州活买、典当使用银与契价比例，均高于江浙中金 4% 的比例，而活买又显然比典当为高。一般说来，取赎期长，使用银高，反之亦然。而"使用银"出现的场合，又多为"管业收租"典当，可以推测使用银与受当人经营其当产有一定关系。但不管怎么说，使用银由受当方垫支①，如果出当人在约定取赎期前取赎，就必须偿付"使用银"，届期取赎，使用银则由受当人认偿。显而易见，徽州使用银认偿俗例，无疑是为了维护受当人在取赎年限内的利益，防止出当人提前取赎。但对于受当人来说，由于须预先垫支使用银，这附加于契价之外的部分，实际上具有加当的意义。

第二节　加当、加找和转当的意义

典当交易大多不是一次性交易。典当成交后，由于出当人不愿意脱离与出当产业的联系，而且当价总额一般比杜卖田地价格为低，在不动产抵押的前提下，出当人往往要求加当。"加当"又称为"加典"，性质与活买加价相似，即出当人在取赎期内要求受当人追付当价。

一、加当交易形态

在徽州，由于受当人以追求当价银息、利谷为目的，故对出当人要求加当似乎并不加限制。突出的例证有乾隆二十九年（1764 年）十一月胡阿吴出当田产 1.434 6 亩与胡名下，当时收价银 6 两，言定每年秋收交息谷 9 斗。此后即反复要求加当。该契批文记载："乾隆三十年三月初九日，又加纹银一两正，其租照前算。"三月十九日，"又加当价本足纹银一两五钱，其租照前算"。九月十二日，"又加当价本足纹银五钱正，其租照前算"。十六日，"又加当价本足纹银三两正，其租照前算"。十二月，"又加当价本足纹银四两正，其租照前算"。乾隆三十一年（1766 年）九月，"又加当价本足纹银六两，其租照前算"。乾隆三十二年（1767 年）四月，"又加当价本足纹银二两五钱正"。在胡阿吴当田后的 3 年之内，共加当价银 18.5 两，是其典契总价 6 两的 3 倍多。按其利谷标准计算，银 1 两，利谷 1.5 斗，其加当价银"租谷照前算"，每年应交加当利谷 27.75 斗，连前统计，共当价 24.5 两，利谷则为 36.75 斗。尽管经过 7 次加价，但其当产却并未因此而转为杜绝卖，这似乎与土地买卖惯习不符。其实，受当人之所以允许出当人反复加当，其本意为索取更多的利谷，这比用银在市场买粮更为划算。更何况在常年缺粮的徽州山区，这种做法更具有特殊意义。②

---

① 根据乾隆二十三年（1758 年）八月吴清宇当屋契"契内并无东道使用"和乾隆二十四年九月吴根汉当田契"契内并无东道使用"，可知是特意申明受当一方并未垫付使用银，因与俗例不合，故记有此语。反过来说，也证明使用银并不是像江浙地区那样由交易双方按比例扣除，这是很清楚的。

② 此外，加当还有加取赎期限的做法。黄姓《田契租账》载道光十九年（1839 年）十二月黄益三当契，咸丰十年（1860 年）"加当价银一两正"，言定自咸丰十年始，加期 10 年，按原价取赎。又，道光二十年（1840 年）五月黄铭笏当契，道光二十七年（1847 年）十二月加当价银 2.4 两，赎期加 3 年；（道光）二十九年（1849 年）十月又加当 2.4 两，赎期加 5 年。因此，加租利与加赎期应是加当的两个属性。

加当的契约形式有两种：一是在原当契未将加当价额、利息批注明白，日后取赎或转为绝卖，均以此契为据。例如乾隆十二年（1747年）吴昆石转当契，其当价纹银40两正，后"凭中加当价银十两正，言定取屋之日一并奉还"。还有前记胡阿吴当契加当方式亦同此类；另一种是另立加当文约。如许公衍将其地产"于嘉庆二年十月十八日当与族名下立契为业"，后又于当月26日另立加当契，"又凭原中加当银八两正"，并"约至取赎之日一并兑足，方准取赎"。至于加当银的利息，则与原当利息相同，这从乾隆二十四年（1759年）吴根汉当契中可以看得很清楚，其原当价纹银40两，利租谷72斗，每两纹银息谷1.8斗。其后"又加当纹银十两正，外加谷利十八斗正"，可知其利租谷利率并无变化。

正如前述，由于加当对受当人来说是增值利息银谷的手段，所以并不限制出当人的加当次数，这一点与江浙地区田地房产活买、典当只许加当一次的惯习完全不同。在江浙，双方在交易立契之时，即确定加当的次数。如《契券汇式·中金凡例》"松城田宅交易中金常例"载，在松江府，"每绝卖产业，虽未先行卖找，亦分立卖、找、绝三契，将价银分填，年月亦分别先后填写"。又，周莲第《书契程式·田地屋契摘要备览》云："田地屋契式，随处不同，大约正契之外，须立找契一纸，契价正、找分载，找契句语与正契同式，惟契中段，凡'尽卖'字样，均改'找绝'。如系活契，'计开'下载明几年为限，准备原价取赎，或写不拘年限，准备原价取赎。"江浙赎约，仅从字面上看，给人的印象，一是产业交易之初，即立有活卖、加找、绝卖三契，也有绝卖、加找绝卖二契者，但无论怎么说，其加找价银都是一次；二是加找一次性加价，似乎仅限于绝卖，活卖只有原价取赎，并未见有加价的记述；三是如果有多次加价，加找应是绝卖前最后一次加价。总之，江浙因"田少人稠"现象较徽州更为严重，所以每当田地房等不动产交易时，为防止今后出产人反复要求加价，纠葛不清，因而定下限定加价次数的俗规，这也是不言而喻的。

二、加添与加找交易的含义

与加当性质相近的是"加添"。关于加添的性质，从现存丁世臣活买加添契二纸中完全可以反映出来。

其一：

立加添田契堂叔丁世臣，情因先年将祖遗分授田种一契，卖与堂兄荣宗为业。今托中加到升扬弟兄名下，比日议订加添银四十两正，亲手领讫。自加之后，永不言加，只许赎取，不得调卖。立此加添，永远存照。

乾隆十三年八月十七日立加添　叔　世臣（余略）①

其二：

立加添田契人堂叔丁世臣，情因先年将田种一契卖与荣宗为业，已经加添，订定永不言加，只许赎取。今见年歉，情愿永不归赎，托中加到侄声扬弟兄名下，比日得受加添纹银二十五两。自加之后，其田永听声扬掌管，叔永不得饰说。立此加添，永远存照。

乾隆十五年十月初八日立加添　丁世臣（余略）②

---

① 原件藏安徽省博物馆，藏号2：27942。
② 原件藏安徽省博物馆，藏号2：27941。

由此可见，所谓"加添"，其实即是田地房产典当活买最后一次加价。在此加价之后，出当人必须申明："自加之后，永不言加，只许赎取，不得调卖。"这就是说出当一方只保留其取赎权，如果再次要求加添地价，其产即永远不能取赎。"自加之后，其田永听声扬掌管，叔永不得饰说"一句的意思，实际上相当于加找，是将典当、活买转化为杜绝卖的一种形式。至此，可以说出当人对其典当产业已完全丧失产权。

加找，又称找价、增找、找价加添、找绝，其义大同小异，均系典当、活买加价杜绝卖性质。如乾隆三十年（1765年）王伟先所立"杜卖田塘找价加添文契"言，"因天年荒旱"，只好将其原活卖田业，找价加添纹银40两，立约申明"自找价加添之后，永斩葛藤"。"永斩葛藤"是杜绝卖田契的习惯用语。又，道光三年（1823年）唐佶人所立增找契，由于唐氏"不愿取赎"，要求受业人增找，言明"日后永不增找回赎"，这是届期不愿取赎而转向杜绝卖的例证。又，道光七年（1827年）黄瑞珍活卖小买田，黄氏要求找价，其小买田则由受业人"管业作种，不得取赎"。在房地产交易中，也见有找价杜绝卖形式。如光绪十六年（1890年）许子昭所立加找杜卖房契，可知早在道光十八年（1838年），其先父将其房产典当与宗族执业，当时得受典当价银700两正。嗣后，受典一方因修缮房屋，开支银200两①，其计用银900两。因"典契期满多年，无力取赎"，遂于52年之后，又立加找杜卖文契，又得加找价纹银116.38两，最终出卖其房地产权②，可见加找是典当、活买向杜绝卖转化的形式。

顺便指出的是，即便是杜绝卖后，交易双方在田地房产权益方面已没有什么联系，但交易的人情还存在，故出产一方往往借此向受产方借贷，并立有文书，称之为"情恳契"、"汉气契"。因此类文契属民间借贷问题，故不赘述。

加当、加添、加找，大多是出当人的行为，如果从受当一方进行考察，即受当人持有将其当产转当他人的权利。这一点，徽州则与江浙地区相同。例如在江浙，《契券汇式》"典当田房正契"云："典主亦得照原价转典与人，俟年满之后，备价取赎。"关于徽州转当（又称转典）形式，从歙县西乡唐模村房屋转当契二纸，即可明了。

其一：

二十一都六图立屋契人赵仕葵，同胞弟仕良，今因同弟往往□州生意，管业不便，自情愿将祖遗化字一千二百八十七号于上有披屋五间，凭中立契出当与二十一都二图吴名下为业。三面议定得受价九色银二十两正，其银随即收足，分偿父手久欠债本清楚，其屋交与管业。银不起租。此系两相情愿，并无准折等情。倘有亲房内外人等异说，系身一应承当，不干受当人之事。言定听凭早晚，将原价取赎无辞。恐口无凭，立此当契存照。

乾隆九年十一月立当屋契人 赵仕葵（具名略）

其二：

本都本图立转当屋契人吴昆石，今因管业不便，自愿将赵仕葵原当化字一千二百八十七号于上原有披屋五间，立当契转与许名下为业。即日得受当价九五平九色银二十两正，其银当即收足，其屋交管业。银不起利，屋不起租。言定听凭早晚，将原价取赎无辞。恐

---

① 关于典期之内房屋修缮费用，例由受典一方出资，计入典价总额之内。这种俗规，徽州与江浙等地相同。参照《契券汇式》、《书契便蒙》、《书契程式》诸书有关房屋修缮费用的记载。

② 原件藏安徽省博物馆，藏号2：27975。

口无凭，立此转当屋契存照。

乾隆十二年二月　日立转当屋契人　吴昆石（具名略）

很清楚，受当人转当其当产，必须按原议当价转当，不能增价或减价。更进一步说，由于受当人转当，从而使其具有出当、受当双重身份，这样一来，最初的出当人与转当人之间的经济关系又是怎样的呢？在吴昆石所立转当契上，又见有赵仕葵的加当批文："乾隆二十二年二月立加当赵仕葵，又凭中加当价银十两正，言定取屋之日一并奉还。"引录赵仕葵当契的年代是"乾隆九年千二月"，这说明在经过13年之后，原出当人可按原议当价取赎其产。因此说，转当不过是最初典当交易的一种重复罢了。

三、"银利"与"租利"

典当本银生息，使不动产典当具有借贷资本的性质。福建地区也有类似情况①，然江浙却不多见。据《契券汇式》所录田房典当的程式化文契，其中均记为"言定：银不起利，房（田）不输租，以九年为期"。所以说，民间即使有典价生息的事例，也仅仅是个别现象，而不是社会通行的惯习。

但在徽州，当价生息却是常见的社会经济现象。简单归纳，徽州当价生息有三种形式：一是银息；二是银息折谷即租利，或称"谷利"；三是"指地收租"，或称"以租代利"。关于三种方式之异同，当分别述之。

1. 银息问题

徽州缴纳银息典当文约，如明末②崇祯三年（1630年）鲍士凤当塘契一纸③，可以反映银息及年利率问题。

二十一都四图立当契人鲍士凤，今因身该见年催征，拖欠钱粮，不能应卯，自情愿将承祖分受新大草字三百四十三号内塘一业，土名门前塘，内将八步系身分法，凭中出当与本家族叔名下为业，得受当价纹银一两五钱正。其银每月加二起息，约至来年本利取赎，不致违误。今恐无凭，立此当契为照。

崇祯三年九月二十八日立契人　鲍士凤（具名略）

清代，典当田房的代表性文契，有乾隆二十六年（1761年）十二月汪阿胡当屋契，其当价银总额为纹银20两，"每月一分六厘"行息。如果以年利率计之，明末鲍士凤本银1两，年息为0.24两，年利率为24%。本银1.5两，利息为0.36两，年内本利还清，则为1.86两。清乾隆汪阿胡契银1两，年利为0.192两，以本银20两计算，年利共为3.84两，年利率则为19.2%。更进一步说，按此利率统计，假定该契言定5年取赎不误的话，汪氏则向受当人偿付利银19.2两，连同本银20两，共39.2两。此外，该契还有使用银1.2两，倘若汪氏届期无力取赎，其使用银亦需汪氏支付。假定逾期一年，利率不变，汪氏偿付本银、利银、使用银共计59.6两。缺少现金来源的一般农户，很难有能力支付如此高利率的债务。

---

① 参见傅衣凌、陈支平：《明清福建社会经济史料杂抄》（六），载《中国社会经济史研究》1986年第1期。
② 此处只是指笔者所见典当本银生息文契而言，其实不动产典当生息制起源甚早，《元典章》中有"业主多负钱债，重纳利息"的记载。
③ 原件藏安徽省博物馆，藏号2：26789。

由于典当、活买利银仍具有一般借贷的性质，衡量其利率高低，可与徽州民间钱业借贷利率作比较。仍以徽州会票、借钱批、借约、借券等文约为例说明（见表6-3）：

表6-3　清代徽州民间钱业借贷利率简表

年代	契约形式	债务人	债权人	本金额	月息	年息额	年利率（％）	契号
嘉庆元年	会票	程翼文	方处	银50两	1分2厘	7.2两	14.4	2：20762
嘉庆十五年	会票	程翼文	方云川	银1 000两	1分	120两	12	2：20762
道光二年	借钱批	詹遐年	丁重喜	大钱10千文	2分5厘	3千文	30	2：23570
道光十一年	借票	张煦怀	春山叔	大钱20千文	1分5厘	3.6千文	18	2：20762
咸丰元年	借约	许大运	姚名下	典钱12千文	1分	1.44千文	12	2：27255
咸丰四年	借券	戴楚三	程名下	纹银40两	1分5厘	7.2两	18	2：20762
咸丰四年	会券	潘伟士	警记名下	银洋94元	1分	13.53元	14.4	2：27254
光绪六年	会券	吴长春	宅名下	典钱500千文	5千文	60千文	12	2：20762

以上8宗借贷文约中，仅有1例年利率为30%，其余7例显然均低于土地典当、活卖年利率，其中2例年利率为18%，5例低于15%。仅按此8例统算，徽州民间钱业借贷利率一般保持在15%上下。当然，利率的高低，与本金的多少有关。一般说来，本金多则利率低，本金越少，则利率越高，这是指一种趋势，在具体确定利率的过程中，并不能排除人为的因素，即家族、熟人等社会方面的原因。但不管怎么说，从明末到清代，徽州土地典当、活买利银年利率高于民间借贷年利率，这当是事实。

2. 谷利

谷利或称"租利"，即是以银利折租谷，徽州称为"以租代利"。但问题是，银利折租究竟怎样折法？徽州田房典当契中，明确记录折租额的有如下数例：乾隆二十六年（1761年）十二月许永熙当屋契①，当价银共10两正，"其银利每年秋收交纳风车净谷十八斗，挑送上门，不得欠少"。其银利折租比例是银1两息谷1.8斗。又，乾隆二十四年（1759年）九月吴根汉当田契，其当价银40两，"其银利议定每年秋收交纳风车净谷七十二斗正，挑送上门"。后"又加当定纹银十两正，外加谷利十八斗正"。可知本银1两，银利租谷均为1.8斗。如果以银1两租利谷1.8斗为指数100，"以租代利"的租额数变化即如表6-4所示。

---

① 原件藏安徽省博物馆，藏号2：23463。

表6-4　"以租代利"租额指数变化示例

年代	出当人	受当人	田地税亩	当价本银（两）	租利总额（斗）	银每两租利（斗）	指数（%）	契号
雍正十一年三月	鲍德裕	许荫祠	田 0.4 亩	3	8	2.67	147.8	无契号
乾隆二十三年八月	吴清宇	许名下	地税 0.11 亩土库楼屋 1 堂	60	120	2	111.1	2：23462
乾隆二十六年十二月	许日进	许荫祠	地税 0.4 亩	3	8.2	2.73	151.7	2：23455
乾隆二十九年十一月	胡阿吴	胡名下	田税 1.434 6 亩	6	9	1.5	83.3	2：27587
乾隆三十四年十月	许阿江	族名下	田 0.998 亩	10	22	2.2	122.2	2：29146
乾隆四十六年	方观福	主人宗祠名下	华山作坞山契一纸，并华山作坞小买田	6	15	2.5	138.9	无契号

表6-4 的 6 宗当田地契中，仅 1 宗低于本银 1 两租利 1.8 斗，其余 5 例均高于这一比例。而高于本银 1 两租利 1.8 斗的指数，如果以银利计算，其年利率显然也偏高。以乾隆二十三年八月吴清宇当屋契为例，该契当价共为纹银 60 两，年租利交纳风车净谷 120 斗，银 1 两租利 2 斗。然该契文言："二十五年欠谷利纹银九两六钱正。"这一批文，显然是根据当时谷价折算的，因此可以作为银利与谷利比价的重要依据。银 9.6 两之谷利，无疑是乾隆二十五年所欠租利谷 120 斗的总价，如果这样认识不错的话，那么，每斗谷折银则为 0.08 两。根据清代度量衡制，1 石合营造库平秤 150 斤，吴清宇每年交租利谷则为 1 800 斤，每斤折银 0.005 3 两。从清代康雍乾年间徽州折租比例看，租谷 1 斤合银 0.004 8 两至 0.005 两之间。①如果以租谷 1 斤折银 0.005 两为标准谷价，吴清宇每年交纳租谷实际上多缴银 0.54 两。再从租谷斗数考察，显然斗数也偏高，如前文所示，年利谷 120 斗，折银 9.6 两，其本银 60 两，年利率则为 16%。在表 6-3 中，可见本银 50 两者，年利率当是 14.4%，月息则为 1 分 2 厘，吴清宇契若以此利率计息，年息当为 8.64 两，可见比银 1 两租利 2 斗的利率少 0.96 两。这里，假定谷 1 斗银 0.008 两折价不变，年息共为 8.64 两，以此计之，每年实应交租利谷 108 斗，这一数字，与按银 1 两租利谷 1.8 斗计算所得年利谷 108 斗完全吻合。由此证明银 1 两租利谷为 1.8 斗，当是折租斗数的标准基数，超过这个数字，显然对出当人不利。表 6-4 所列租额大多超过 1.8 斗之额，只有胡阿吴契银 1 两租利谷仅为 1.5 斗，低于 1.8 斗的基数，因其田产当于胡姓名下，可能是因族亲某种社会原因所致，不得而知。但在一般银利以租谷折算情况下，租利高于银利，这也是事实。

3. "指地收租"

所谓"指地收租"，是指典当成交后，无论其所当田地租额多少，均由受当人收取地租，地租额并不因田房主变更而发生变化。

"指地收租"的契约形式，可以乾隆二十九年（1764 年）十月许茂遂当地契为例。

---

① 徽州折租实例，证明谷 1 斤折银 0.005 两，参见章有义：《康雍乾时代徽州租佃关系的一个实例——休宁黄姓祀租簿析要》，见《明清徽州土地关系研究》，中国社会科学出版社 1984 年版。

立当地契支下茂遂，同侄秉文，今因欠少使用，自愿将祖遗化字一千零二十五号地税八分，土名茶园，立契出当与荫祠内为业，三面议定得受当价九色银六两正，其利指地收租，两无异说。早晚将原价取赎。恐有亲房人等异说，此系出当人承当。恐口无凭，立此当契存照。

乾隆二十九年十月　　日立当地契　茂遂（具名略）①

现在的问题是，由典当而确定的"指地收租"关系，其租谷额究竟是多少？再者，其租谷究竟是与田亩额发生关系，还是与当价本银发生关系，这在前引许茂遂契内是不清楚的。安徽省博物馆藏黄日慎户《田契租账》② 一册，记录了道光十三年（1833 年）十一月至道光二十年（1840 年）五月田地契约 95 份。其中典当契为 29 份，约占契约总数的三分之一。在典当文契中，除道光十四年（1834 年）十一月姚映青当文契规定"不论年月，听备原价取赎"外，其余 28 例均说明"即光向管业，会佃收租，裕课作息"，即在取赎期均为 5 年的条件下，所当田地为受当人黄光向管业收租，以作典当本银利息。但笔者按其租利计算的结果表明，其地租额与典当本银似乎并不具有比率关系。为详细究明这一点，兹将受当人黄日慎户 29 份典当文契计算结果表列如下（见表 6-5）：

表 6-5　黄日慎户《田契租账》田地典当分析表

年代	出当人	田税亩	田数（块）	当价银（两）	每亩平均当价（两）	田骨租额（斤）	实租额（斤）	每亩平均租额（斤）	银每两地租量（斤）	备注
道光十三年十一月	姚丽扬	8.881 85	11	113.7	12.80	2 310	1 385	田 260.08 实 155.94	田 20.31 实 12.18	道光十六年腊月找杜，另立卖契
道光十三年十一月	姚丽扬	11.855 57	13	111.3	9.39	2 710	1 335	田 228.58 实 112.61	田 24.35 实 11.99	同上
道光十三年十二月	姚封五	18.644 5	23	210	11.26	4 290	2 727	田 230.09 实 146.26	田 20.43 实 12.99	找杜，另立卖契
道光十三年十二月	黄日华	9.731 76	10	124	12.74	1 935	1 340	田 198.93 实 137.69	田 15.60 实 10.81	道光二十四年缴银 30 两赎回田产 3 宗
道光十四年九月	黄铭栋	1.409 85	2	27	19.15	450	300	田 319.18 实 212.79	田 16.67 实 11.11	道光二十年六月找杜，另立卖契
道光十四年十一月	姚映青	10.724	13	127	11.84	2 620	1 470	田 244.31 实 137.08	田 20.63 实 11.57	找杜，另立卖契
道光十四年十一月	姚映青	11.455 37	13	38	3.32	2 610	1 515	田 227.84 实 132.25	田 68.68 实 39.87	咸丰三年十一月找杜，另立卖契
道光十四年十一月	姚映青	6.829 62	6	85	12.45	1 500	1 035	田 219.63 实 151.55	田 17.65 实 12.18	转当嘉庆二十三年黄我扬田业

① 原件藏安徽省博物馆，藏号 2：23442。

② 原件藏安徽省博物馆，藏号 2：38634。

（续上表）

年代	出当人	田税亩	田数（块）	当价银（两）	每亩平均当价（两）	田骨租额（斤）	实租额（斤）	每亩平均租额（斤）	银每两地租量（斤）	备注
道光十五年十月	黄敬岩	4.011 57	9	48	11.97	960	606	田239.31 实151.06	田20.00 实12.63	道光十九年十二月找杜，另立卖契
道光十五年十一月	黄许氏	1.361	1	33	24.25	450	330	田330.64 实242.47	田13.64 实10.00	道光十八年十一月找杜，另立卖契
道光十五年十二月	黄程氏	4.929 98	8	40	8.11	1 275	582	田258.62 实118.05	田31.88 实14.55	道光十六年十一月找杜，另立卖契
道光十五年十二月	程良佩	1.635	2	23.4	14.56	360	270	田220.15 实165.14	田15.13 实11.34	道光二十年二月找杜，另立卖契
道光十六年二月	黄书	1.772	2	32.4	18.28	510	390	田287.81 实220.09	田15.74 实12.04	道光十七年十二月找杜，另立卖契
道光十六年三月	黄兆椿	0.974	1	10	10.27	240	120	田246.41 实126.72	田24.00 实12.00	道光二十年正月找杜，另立卖契
道光十六年十二月	黄兆椿	1.12	1	15	13.39	330	180	田294.64 卖160.71	田22.00 实12.00	道光十八年十二月找杜，另立卖契
道光十七年四月	黄兆椿	1.612	1	15	9.30	330	190	田204.71 实117.87	田22.00 卖12.67	道光二十年正月找，另立卖契
道光十七年九月	黄吴氏	1.581 7	1	21.6	13.66	345	240	田218.12 实151.74	田15.97 实11.11	找杜，另立卖契
道光十七年十月	黄兆椿	4.642 4	9	50	10.77	1 057	617	田227.68 实132.91	田21.14 实12.34	道光十八年十二月找杜，另立卖契
道光十七年十一月	姚茂西	2.460 89	2	29	11.78	990	315	田420.29 实128.00	田34.14 实10.86	道光二十六年九月收洋34.95元，于本月29日赎讫
道光十七年十二月	陈万成	1.262 6	1	13.3	10.53	270	150	田213.84 实118.80	田20.30 实11.28	道光二十一年十二月找杜，另立卖契
道光十七年十二月	汪灶辉	1.666 83	2	28.8	17.28	540	360	田323.97 实215.98	田18.75 实12.50	道光十九年十二月找杜，另立卖契
道光十七年十二月	黄质良	3.974 84	3	35	8.81	840	435	田211.23 实109.44	田24.00 实12.43	此系转当契，道光十九年腊月立契杜卖
道光十七年十二月	黄基昌	1.060 9	1	15	14.14	240	180	田226.22 实169.67	田16.00 实12.00	道光十八年七月赎回
道光十七年十二月	黄绍伊	6.184 6	9	60	9.70	1 610	795	田260.32 实128.55	田26.83 实13.25	道光十九年十二月找杜，另立卖契

（续上表）

年代	出当人	田税亩	田数（块）	当价银（两）	每亩平均当价（两）	田骨租额（斤）	实租额（斤）	每亩平均租额（斤）	银每两地租量（斤）	备注
道光十八年九月	黄润成	5.713 3	6	93.8	16.42	1 395	1 005	田 244.17 实 175.91	田 14.87 实 10.71	咸丰三年二月找杜，另立卖契
道光十九年四月	黄朱氏	2.52	2	35	13.89	360	444	田 142.86 实 176.19	田 10.29 实 12.69	道光二十一年十二月找杜，另立卖契
道光十九年八月	黄铭栋	4.829 4	5	74.2	15.36	1 260	827	田 260.90 实 171.24	田 16.98 实 11.15	道光二十六年三月找杜，另立卖契
道光十九年十二月	黄益三	1.507 33	3	16.3	10.81	285	195	田 189.08 实 129.37	田 17.48 实 11.96	咸丰十年加当，并加期十年，按原价取赎
道光二十年五月	黄铭笏	3.905 27	2	61.6	15.77	900	660	田 230.46 实 169.00	田 14.61 实 10.71	道光二十四年、二十九年加当 4.8 两，赎期加 8 年
合计		138.258 13	162	1 586 .4	11.48	32 972	19 998	田 246.97 实 153.97	田 21.38 实 12.85	

应当说明的是，黄日慎户《田契租账》中的田骨租计量单位均用"秤"，根据该账簿，每秤平均为 30 斤。实交租谷栏的计量单位，账簿中多用"砠"。在徽州文契档案中，每"秤"18、20、25、30 斤不等，亦有 36 斤者，然此处则与秤同，亦为 30 斤。为统一计量单位，便于同前示各表比较，故均折算成"斤"。

黄日慎户《田契租账》所录道光年间当田契 29 纸，其田骨租①为 32 972 斤，实收租②总额为 19 998 斤。较田骨租减少 12 974 斤，实收租占原租额的 60% 至 65%，减额部分则占原租额的 39.34%。至于平均每亩地租量，田骨租为 246.97 斤，约合 16.46 斗；实收租为 153.97 斤，合 10.26 斗。但以当价本银折租，应以其实收租，不以其实际收益计算会更为准确。这样，其租谷在息银租谷 1.8 斗以上的仅有姚映青 39.87 斤一例，计占实收租总额 372.65 斤的 10.7%。如果减去此数，实收租总额即为 332.78 斤，平均银每两息租谷则为 11.89 斤，约折合 0.79 斗。这一数字，显然远远低于银 1 两租利谷 1.8 斗的基数。③因此说，黄日慎户《田契租账》反映的典当地租，肯定不是与当价本银发生联系，其地租虽具有利息租谷的性质，但与当价本银却没有比价关系，不过是旧有租佃关系形式的地租的承续罢了。因为平均每亩地租量，田骨租为 246.97 斤，合 16.46 斗；实收租为 153.97

---

① 所谓"田骨租"，即是"硬租"，或称"原租"，为定额租的一种。该账簿文契有言："有佃硬交租谷。"即是指田骨租，是佃户"不论丰歉"必须交纳的地租。

② 实租谷，又称"实收租"。但实收租虽是根据收成确定的实租谷额，这个租额实际上也是定额租制。

③ 即使不减去 39.87 斤这一特殊租额，银 1 两平均息谷则为 12.85 斤，约合 0.86 斗，也低于 1.8 斗租利谷标准额。倘若按田骨租计算，银 1 两租额为 21.38 斤，约合 1.43 斗，也与 1.8 斗不合。当然，以田骨租即原租来计算后世之当价，是很不合适的。

斤，合 10.26 斗，前者系租佃关系确立之时的平均地租，后者则为典当关系成立后，受当人在取赎期内所实际收缴的地租。如果以银每两平均地租量计算，田骨租为 21.38 斤，合 1.43 斗；实收租为 12.85 斤，合 0.86 斗。与每亩平均地租量比较，田骨租少 15.03 斗，实收租少 9.40 斗，这也表明按银利计租不如维系旧有租佃关系，按每亩平均地租收租更划算。这大概也就是"指地收租"的实质所在。

但是，从以上典当文契中，也可以发现这样的事实：在土地面积、地租量均不改变的情况下，其田地典当支付本银越多，其地租量则表现出下降趋势，反之亦然。因此，在典当成交之际，受当人会千方百计压低田地典当价格，以攫取最大的利息租谷，这是不言而喻的。正因为如此，确定典当价格的高低，乃是典当交易的核心问题。换言之，典当价格究竟根据什么来确定，很值得研讨。

第三节　房地产典当的形式及其区别

应该承认，在中国传统社会中后期，农村社会的土地交易已日渐普遍，而土地交易也就成为调整农村社会经济关系的主要内容。目前所保留下来的徽州明清时代的民间私家土地契约、置产簿、租簿及族谱等档案文献中，有相当一部分是有关田、地、山、塘、房地产典当关系的文契。在这里，如果要探讨中国传统社会房地产典当交易的实态的话，这些房地产交易的文契无疑提供了具体而翔实的依据。

一、田房不动产买卖与典当的区别

众所周知，在土地自由买卖制度下，土地所有者无论是何种身份，都有权将其私有产业出卖与人。而土地交易手续完结之后，土地所有权随即转移。由于田地房产典当一般是"产不出户"的，由此可知中国传统社会的土地与房产典当的性质与土地买卖有所不同。因为典当并不反映土地业权转移关系，而只是因之构成受典人与出典人之间的货币债务关系，其出典之田地等不动产仅是作为偿还债务的担保，起着借贷质押作用。只有当出典人无力按约偿还贷款利息，或在一定的约定取赎期内无力偿付本钱和利息，双方才有可能重新立契，将所典当田房地产进行买卖。这种现象，当是田地房不动产典当的基本属性。由于借贷性质的典当的特点是"产不出户"，所以出典人与受典人只是债务债权关系，田房产业仍归出典人所有。典型的例证，即是前示明初永乐年间休宁吴名典山契，能够反映这类田地等不动产典当交易的基本实态。

徽州房地产交易中，除买、卖的方式之外，尚流行典当其房产的规制。此法与买卖性质稍异，值得注意。从目前所见的明代土地与房产交易契约如明洪武三十年之前的契约中，尚未见到在房地产交易中使用"典当"一词，而在民间所通行的土地交易中，确已开始使用标准契约，其契纸格式也几乎完全相同，可见田地及房地产的买卖行为，已成为官方和民间所认同的方式，这在不动产交易中即表现为形成固定的程序。其典型的契约格式，如明代初期的土地交易契约就写明"某都某保某人，今将某保某字　号田内取　亩分　厘　毫，土名　，东至　，西至　，南至　，北至　，佃人某，硬上租谷若干秤，上（或中、下）有内外人占拦，四至不明，重迭交易，并是出卖人抵当，不及买人之事。所有上手契文与别产相连，缴付不便，日后要用，本家索出参照不词。今恐人心无凭，立此文书为照。洪武某年某月某日出产人某　卖契"。明初这一标准契约格式一直保留下来，因此也是对后世影响最为深远的买卖田契格式。

虽说在现存明代初期土地交易契约中几乎未见房地产典当交易契约，或者说文契中不用"典当"的概念，但在现实生活中，却不能否认田地等不动产典当活动确实存在的事实。如在洪武三十一年（1398 年）休宁太平里汪午卖田时，其买主汪猷干即担心其田是否出当过，因此要卖人在文契中写上"重复交易典当等事，并是出产人自行抵当，不及买人之事"的约言，① 这表明在洪武时，置产人一般是不把田地的典当与否作为其文约条款的，可能因为太平里田土的典当活动并不时兴，直至洪武末年，才逐渐开始出现田地的典当交易。当然，这种推论是不能泛指徽州全境或其他地区的。由此看来，在新王朝建立初期，由于土地交易并不十分活跃，土地及房产等不动产典当活动也就比较少见。

永乐时，土地典当在休宁县西部地区日渐兴起，田土"典当"的概念开始频繁使用。这除了在前面所见到的契文中大都注明"未曾典当他人"的条件之外，还有土地典当的契纸留存至今，可供研究者获得一个确切的印象。

从该典山契约另批"今领契内典去价钞并收足讫。同日再批"一语，② 可以证明这是已发生实际交易的地契。从此典契所记载的典当交易的要件分析，亦知明初时徽州地区的土地典当业已臻完备，其要约在于：

（1）土地等不动产"典当"与买卖交易方式不同。二者之间的关系，如卖，即产权的出卖；而典当却是在赎期之内产权并不属于受典人，在这段期间内，出典人依然保留取赎其产业的权利，只是将产业抵押给受典人而取得典钱而已。但是，若在取赎之日无力取赎（包括过期、欠少典钱两种），其典出之产即为受典人所有，这就是"此契准作卖契"的含义。

（2）所谓"典"这种经济交往形式，作为出典人来说，毫无疑问是期望到期取赎，不愿断其产权的，然作为受典人方面，则又企图以典这种廉价的方式侵吞他人财产。正因如此，一般来讲，契约中所签订的取赎期都较短，同时乐意添价，③ 以致出典人因典钱数额过重，一时无法筹措而丧失其产。往往一些出典人因贫困明知到期无力取赎，也希图通过加添典钱而尽量减少损失。所以，从典的双方经济利益来分析明初典制中的赎期与添价形式，似是其制产生并富有生命力的经济缘由。

（3）典与卖的关系既然如此，那么出典人为什么要用典的方法，而不出卖其产呢？其原因在于：一是出典人还希望赎回而不愿意用不能赎取的"卖"的方式，因为出卖可赎的制度大概在明中叶后出现，④明初至少在徽州是不允许的；二是可能出典人只拥有固定的田地产，而缺乏得到货币的途径，因而不得不采用典的方法取得现钱，但其家并非属于贫难

① 原件藏安徽省博物馆，藏号 2：26636/32。
② 原件藏安徽省博物馆，藏号 2：26626。
③ 原契文此处所说抵押契纸，即原产契。如系自置产业，即称"来脚契"，乾隆二十九年（1764 年）十一月胡阿吴当田契（契号 2：27587）批文有"外有来脚契一纸抵当"一语，可资证明。但以其产业契纸抵押出当，则与明代典当契相类。
④ 李绍文《云间杂识》卷二云："隆庆间高新郑［拱］当国，与徐文成有隙。时张按院、蔡兵尊承望风旨，思甘心徐氏，凡卖过田产准许回赎，或加价，波及阖郡，刁讼成风，夜卧不得贴席。"

之列；三是受典人凭借这种方法可以较少的货币额攫取超过典钱额数倍的房业，因此不愿意用买的办法，非典不受，逼迫出典人忍痛出产。

通过上述分析，可知受典人能够取得较大的利益，所以在明清时期，徽州乡村中的土地典卖非常盛行，沿用不衰，大概都与明初所奠定的典制规范有直接的关系。自然有关房地产的典法与山、地、田、塘相差无几。

二、清代房地产的典当制

有清一代，就典制而论，花样亦不断翻新，形成了徽州房地产出典的一整套制度。其基本制度是：

（1）契外加典。所谓"契外"，即指原出典所立正契之外的"加典契"而言。此种加典，写明初添价大体相同，只是为增加典钱而立的副契，作为取赎之日与正契一并交与受典人，典价即以原典契或一至数份加典契之金额累计，缺一不可以取赎。因此，加典次数的多寡与典价有关，典价一般限定在其产出卖价格之下，如超过卖价，即约定"毋得加典"条款。特引一纸为例：

立契外加典批据人许公肃、许郎公同佇我田，今因本家公典化字二千四百三十四号楼屋与族名下居住，立有正契。今又凭中议于契外加典价九色银三十五两正，此银亦即收讫。自此之后，毋得加典，期满取赎之日，将此项银两一并兑还两缴。今恐无凭，立此契外加典批据存照。

乾隆三十七年十二月　日　立加典批据人　许公肃（余略）①

当然，受典人也可一次性要求将典价付足，而不再借口加典。例如：

立典屋契人许守真同堂弟锦山，今因正用，自愿将承祖遗受观音桥上首右边化字二千四百八十二号，土名汪李树下，坐北朝南披屋一间之前首一半，凭中立契出典与胡名下为业，任凭修改起造楼屋居住，连修项共计典价足典钱50千文整，其钱当即收足。三面议定期以二十年为满，期满之日任将原价取赎，期未满日不得取赎，亦不得另生枝节加典等情……

同治十三年十一月　日　立典屋契人　许守真　亲笔（余略）

再批：原来老契因兵乱遗失，日后寻出不作行用。

又批：前有租批一纸未缴，日后寻出作为废纸。

又批：期满之日前后二契一同取赎，一契不能另取，又照。

显而易见，这纸出典文约，之所以不得"加典"，乃在于受典人已支出了连修项在内的十足典钱50千文正，若再行加典，其额量必高于卖价之上，对受典人来说就不划算了。此外，连同契后批照文约，可以清楚地看出太平天国革命之后徽州房地产典业仍在沿用有关取赎的条约规定。

（2）土地买卖交易中的加找交易方式，也为土地的典当所沿用。如徽州所见"加找"典屋契，就出现与前面加典不同的交易方式。

二十一都六图立加找典屋契人许景人，前因正用，于道光二十八年自愿典来化字二千五百十四号、化字二千五百二十一号、化字二千五百二十四、五、六、七号，共计地税四

---

① 原件藏安徽省博物馆，藏号2：23085。

分九厘五毫八丝，土名上、中、下后坦圩上地基一业，于上置有店屋三间二进，门窗户扇，四壁墙垣，一应俱全；又隔壁化字号墙圈内地一业，于上置有披屋柴房一所；又旁店内家伙等件，挽中立契出典与本都二图承恩堂资保户名下为业，当日得受典价洋钱二百元正，今后凭中加找，得受加找典价洋钱一百三十元正，其[钱]当即收足，嗣后不得取赎，亦不能再行加价，任凭重修改造，租典他人，永无异说……

咸丰三年九月　日　立价找屋契人　许景文（余略）

（3）如果土地与房产加找后仍因种种原因需要现钱使用而不得已出卖其房地产的话，那么，就需要典当房地产双方签订"加找杜卖"契。此契与上典屋契虽同属加找的范畴，但还是有所差异。

二十一都二图立加找杜卖屋业契据人许子昭同弟乐亭、悦亭、侄乾甫、性甫、清甫，侄孙栖卿、筱石、缙卿，缘道光十八年，先人士先公等，将祖遗化字号，坐北朝南，土名秧田住基，土库楼全堂一业，出典与本都本图族名下执业居住，原得受典价九四平足纹银二百两正，俱载典契。期满多年，无力取赎。今因葬祖费用无措，凭中情商加找，立契杜卖与韵梅族弟名下永远为业。三面言定得受时值加找杜卖屋价漕平照申九四平足纹银一百十六两三钱八分正，[1]其银当即收足。统计此屋先后典卖价共成九四平足纹银一千零十六两三钱八分正。[2]其屋受典居住历年。此次找杜，所有大厅、住进前石坦、东首阁茶房、门房、后首厨房、柴房三间、披屋、菜园等处，悉照前契执管，并不异说。其四至亦悉照全业，四面周围墙垣，外檐水落地，东至许景云屋基地并巷路口，又东至本屋墙垣外檐水，西至进祠厅巷大路，又西至本屋后门邱园外大路，南至本屋照墙外檐水许天客屋基地，又南至本屋门房里而左首墙外檐水，北至邱园外大路，又北至本屋菜园围墙外及披屋墙外檐水，凭中指业，眼同订界为规。此屋从前至今并未典质他人，亦无重复交易。自从找杜之后，不得另外生端。

光绪十六年十二月　日　立加找卖屋业契据人　许子昭（余略）[3]

以上两纸契约，大体上同属"加找"契，但对于交易人来说，其结果却是完全不同的。其区别在于：

（1）许景文之契，是一纸转典文契。他于道光年间以典的形式，于歙县唐模村上、中、下后坦圩上置有店屋三间二进，又于咸丰三年连同披屋、柴房及店内家伙等一并出典与许氏宗祠承恩堂资保户，成为许氏祠产，最初得受典价银元200元正，此时凭原中又加找典价130元正，所以双方达成协议，即是"不得取赎，亦不能再行加价"，这个条款看来适用于转典之人，而不是将自己产业出典的人户。

（2）该契分别使用了"加找"、"加价"等不同的不动产交易术语，这就表明这分属于两种不同的方式，两者之间是有区别的。其主要区别在于："加价"是对出典自己家产、可以取赎而言；而"加找"则是加价后准备出售其房地产时所使用的概念，其所适用的范

---

① 漕平，即指"漕平两"，是清代最轻的银两衡法。1两约合565.56英厘，或3 664公分。参见彭信威：《中国货币史》第八章。

② 纹银，系不见于流通的虚两银，即标准银之意。据彭信威推算，成色为935.374‰。看来，徽州在清代的纹银成色为九四平，其含银量则高于标准银。另，关于纹银在徽州使用，参见傅衣凌：《明代前期徽州土地买卖契约中的通货》，载《科学战线》1980年第8期。而银的币值变动与地价、房价之关系，尚待深入研究。

③ 原件藏安徽省博物馆，藏号2：27975。

围、加价次数显然不如加价契。从范围来看，加找适用于转典和杜绝卖，而加价适宜所有的典人。从时间上看，加找是该产业出典后最终的加价方式，没有二次加找的。这就是说，凡要求加找，结果只能是"不得取赎"，成为"死典"，或者杜绝加找，成为他人之产，等于由典而断卖。但加价却可以在可赎期限内，在不高于其卖价条件下，分别加一至数次，直到与卖价相当，才用加找的方法，补足其差额，成为断卖，就如许子昭所立加找杜卖屋业契一样。上面所举加找契的典型实例，充分地表明了加找的内涵。

从典的性质来看，出典人至关重要的是在取赎期限内兑还其抵押财物。上述两纸加找契中，许景文契因是转典，其房产原先就不归他所有，所以典与他人之后，仍赎，只得立契杜卖。这两次交易都与许氏有关，作为原出典人，就说明他有取得第一次的典价的权利，作为原业主，他又有了取得杜卖价的权利，至于产业典与他人之后，即与原出典人脱离了经济关系（指未到取赎期之内的这段时间），原出典人无权过问转典之事。这个问题，从许子昭契所载典价及出典、断卖的过程中可知，许氏似乎只得典价、杜卖价三百余两，而与此屋共成典价千余两银间的差额很大，从契文文字处理和口气来看，似乎这七百余两并非原出典人所得。笔者以为，这其间可能就是通过转典、加价、加找等名目，以他人之产而牟利。而典业中之细微差别，在徽州也只能为一些专事刀笔的写契行家，名门望族之权势显贵们所谙熟，而这些人恰恰又多为受典人，出典人受骗上当，自不待言。

（3）与"典"类似的是"当"的交易形态。之所以有"典"与"当"不同的说法，可以想见在传统农村社会中已为大家所区别了，尤其是房地产等不动产交易。至于究竟采取"典"还是"当"的交易方式，则由交易双方选择确定，最大限度地维护其交易利益。至于后人将"典"与"当"合称为"典当"，大概是指通常情况下以固定资产或其他财物作为抵押品，并能够在双方约定的期限内取赎的交易方式，所以又称为"质押"，是实物与货币借贷的一种方式。在这里，如果对明清时期徽州的典当文契进行深入考察的话，传统农村社会中的"典"与"当"的区别就显现出来了。这里先举一纸颇为典型的当契为例：

> 二十一都六图立当契人汪在田，今将祖遗化字一千八百四十九号并五十号，地税二厘，土名大园住基，于上造有楼屋上下一间，凭中出当与本都二图许荫祠名下为业，三面言定得受当价纹银一十二两八钱四分正，其银当即收足，其屋听凭许荫祠随即受业，其税即挂入许荫祠户。银不起利，屋不起租。其屋不拘年限，银到听凭取赎，毋得推诿……
>
> 乾隆三十九年十二月　日立当契人　汪在田（余略）①

与上述典契相较，这份所谓"银不起利，屋不起租"的当契，与典契的差别仅在于取赎不拘年限这一点，当然还有从字面上看不出来的典价与当价的不同，但从表面看，比起取赎条件苛刻的典契，似乎要温和些。不过，这里所引用的汪在田当契，也可以说是当地的标准文契，可以作为房地产"当"交易的规范。

然而，这份所谓的"标准"格式的当契，在实际中的运用却不多，它的应用范围，往往是一些家境尚饶，或在地方上有些小名，或其宗族势力颇大的中上层人物，所以"当"的条约甚为宽容。但对于社会底层的贫难之家，"当"就成为敲诈勒索、巧取豪夺的工具。这即是徽州流行的"有期本利清还当"。

---

① 原件藏安徽省博物馆，藏号2：23440。

立当契人支丁永熙，同弟永宣，今将承祖遗受该身分法化字二千四百九十号、九十一号、九十三号，地税一厘八毫，土名住基，于上造有楼屋二间，门窗户扇俱全，凭中出当与荫祠名下，得受当价足纹银十两正。其银利每年秋收交纳风车净谷十八斗，挑送上门，不致欠少，倘有欠少，听凭管业，无得异说。倘有亲房内外人等异说，俱系出当人承当，不涉受当人之事。今恐无凭，立此当契存照。

乾隆二十六年十二月　日立当契人支丁　许永熙　亲笔（余略）①

这张无期当契，其原则几近于租契。由于每年须交纳谷物以作当银利息，又未言明是否能够取赎以及取赎的条件，②既与典契原则相异，又与前面所举当契不同，依此推断，出当人只要每契年按约完谷，这种当的关系就可无限期地延续下去。如遇荒歉、事故等情况而拖欠交纳银利，所当之产即要转为杜卖。这一点，应是此类当契交易的特点。

值得注意的是，出当人按年交纳的银利谷物，是按照怎样的利率折算制定的呢？解决这个问题，需要对该地以银为当价，并以银、谷物为利息的这两方面的情况加以考察。

（1）当价之银利，立当契人需于契文内写明利息率，并言明所履行的义务。这种利息率的高低，无疑由受当人所定，因此，因人而异，表现出利息率的波动，并非固定不变。这同上面提到的"银不起利，屋不起租"的关系相比，只是以银起利而已，屋是不起租的，而是放银取息，其利息在明代已有定数，即"凡私放钱债及典当财物，每月取利并不得过三分，年月虽多，不过一本一利。违者鞭四十，以余利计赃；重者坐赃论罪，止杖一百"③。但在实际的典当业中，各地的利息并不一致，也有超过三分这个极数的。举例来说，金陵"当铺总有五百家，福建铺本少，取利三分四分。徽州铺本大，取利仅一分二分三分，均之有益于贫民。人情最不喜福建，亦无可奈何也"④。明人周晖对南京当铺利息的记录，一来说明福建当商收取的利息已超过明代官方制定的标准；二来说明徽州当商的利息是分三种不同的利息率征收的。澎人胡承谋的《吴兴旧闻》中曾对清初三种典息作过说明。他说："湖郡典息，向例十两上者，每月一分五厘起息；一两以上者，每月二分起息；一两以下每月三分起息。"⑤这里所说的乃是浙江湖州典当业，该地徽人占籍者亦甚多，可能还是同金陵一样，是徽人所开之质铺的当息。徽州明代典当的发达，几乎遍及全国，即便是在其桑梓故里，房地田塘的典当，出银之家大致也是依此利息率取利。

（2）以前面所举县唐模许氏支丁许永熙弟兄当屋以谷物偿还银利的实例，说明了徽州于清代前期沿用明代用实物交纳制度的盛行，这种经济现象绝不是孤立的、偶然的，在许多方面还表现出不同于明代房地产买卖中用实物支付的特点。

二十一都二图立当契人吴清宇，今将化字一千八百二十二、三号，共计一分一厘，于上土库楼屋一堂，今当到许　名下，本九五平足纹银六十两正，其银当即收足。其利言定，每一周年交纳风车净谷一百二十斗，挑送上门，期至来年秋收，本利一并清还，不致欠少。今欲有凭，立此当契存照。

外有本屋赤契一纸，税票一张抵押，契内并无东道使用，再批。二十五年欠谷利纹银

---

① 原件藏安徽省博物馆，藏号2：23463。
② 徽州当地契中，交纳实物地租即为银利，无取赎期，只要原当价本钱凑足，亦可取赎。
③ 熊鸣岐：《昭代王章》卷一。
④ 周晖：《金陵琐事剩录》卷三。
⑤ 胡承谋：《吴兴旧闻》卷二。

九两六钱正。

  乾隆二十三年八月　　日立当契人　吴清宇

       居间　张习功

       吴衡鉴①（余略）

  由于该交易契约中约定其当银利息可以谷物作为偿还方式，这就反映了一般农户在进入房地产典当交易时，其土地关系已发生很大变化，如果需要现金使用，就必须以其房地产作为抵押品，受当人即以放贷人的身份从事农村借贷业务，至于其当银利息，则可以其生产品作为偿还。由于房地产典当而形成的新的经济关系，可以说明农村中货币持有人的社会经济地位是上升的，而需要现钱的农户，则在土地关系之上形成借贷关系，因要偿还本银及利息，其受当人与出当人开始具有支配与被支配的关系。从这个意义上看，可以认定这是一份极有研究价值的当契。

  通过以上分析，可以清楚地知道当时徽州所放的当银，其银利虽可以谷物、银两种方式收取利息，但这二者之间似必有一个为人们所公认的折算比例，也就是说，谷利与银利的价值必须大体一致，保持相对平衡，否则，受当人必然采用利息率最高的一种方式，淘汰其他方式。另外，谷价的高低与受当人所出的当价亦有反比例的关系，即当价越高，谷价反而低些；而当价越低，所收取的利息越高，这是一种极为奇特的现象。以吴氏、许氏两份利息谷物计算，从表面看，吴氏当银为 60 两，其年利为风车净谷 120 斗，即银 1 两为风车净谷 2 斗。另外，许氏当银为 10 两，年利为风车净谷 18 斗，银 1 两即为风车净谷 1.8 斗，显然吴氏以谷物偿还利息是高于许氏的。但若以银 10 两以上为月息银 0.016 两计算，吴氏出当银为年利 11.52 两，许氏则为 1.92 两，同用其交纳谷数除之，吴氏银利谷 1 斗则值银 0.096 两，而许氏却为 0.106 6 两，显然许氏是远远高于吴氏的。以上两个案例足以说明在实际的交易中，许氏每斗谷物的价银高于吴氏银 1 分。这种"以银折谷"或"以谷折银"的交易，在明清时期的徽州农村社会是很普遍的，这也可从吴氏文契中见他于次年未能本利清还，以及又于二十五年继续拖欠谷利银 9.6 两的事情。如此说来，受当人即可乘机在米、银比价上大做文章，米谷市价上涨时，要出当人缴纳谷物，谷物价格下跌时，又要出当人偿付白银，以致出当人无力偿还其出当银，甚至因此而贫困潦倒，断产绝卖。这就是明清间房屋当业收取货币与实物利息的实质所在。

三、典当价格的形成

  单就典当价格而论，由于出当人在取赎期内允许加当，只有在加当价额接近土地买卖价格时，典当双方才有可能签订加找契约，最终完成典当向杜绝卖的转化过程。从这个意义上讲，典当交易最初的典当价格当低于土地买卖价格，这是毫无疑问的。

  具体到徽州而言，其地典当价与买卖价的比率关系，部分典当加找杜绝卖文契为解决这一问题供了可能性。例如，乾隆二十四年（1759 年）吴根汉当契田，其出当田 1.97 亩，塘 0.15 亩，得受当价本银 40 两，银利"每年秋收交纳风车净谷七十二斗"，后加当银 10 两，加谷利 1.8 斗。这样，吴根汉得当价银共 50 两，交纳银利谷 90 斗。该契文末"再批：原立二十四年当契内屡年租利未清，今于三十年本人病故，恐后无归当价，特托

---

  ① 原件藏安徽省博物馆，藏号 2：23462。

原中转立卖契一纸，送至宝祠管业收租，以免空价。因原当契内当价甚重，故另换卖契价银三十两。原当契不便缴还。因卖契价不对，故此批明存匣。此照。乾隆三十年又二月吴衡鉴代"①。依此批文可知：①其原当价银 40 两，但转为卖契则为 30 两，其最初当价高于卖价 1.33 倍；如加上加当价银 10 两，当价总额则是卖价的 1.66 倍。②卖价银 30 两，田税 1.97 亩，并塘税 0.15 亩，计为 2.12 亩，每亩平均买卖价 14.15 两。③卖价银 30 两，约占当价银的 60%，其余银 20 两，则反映以获取当价息谷为目的的借贷关系，以致出现当价高于卖价的反常现象，所以说此例尚不能反映典当向杜绝卖转化的实态。

又如，乾隆二十一年（1756 年）十月仇焕如当地契约，仇氏得受当价银 10 两，至道光十四年（1834 年），因无力取赎，"其当价银今作卖价之项"，其出当人"得受找价银载吸杜卖契上，计共二项纹银十六两正。仇启玉又批。此照"②。这纸找价杜绝批文，表明其当价银占杜绝卖价格总额 62.5%，其找价银 6 两，占 37.5%，两者近于六四比率。此外，咸丰三年（1853 年）九月许景文加找典屋契③，地税 0.495 8 亩，"于上置有店屋三间两进"，于道光二十八年（1848 年）出典与承恩堂资保户名下为业，"当日得受典价洋二百元正"。咸丰三年，"凭中加找，得受加找典价洋一百三十元"。其房地产典价共 330 元，典价占房地价总额的 61%，加找价占 39%，也接近六四比例。又，光绪十六年（1890 年）十二月许子昭加找卖屋契，其房地产业于道光十八年（1838 年）为其先人士先公等典与本族名下，得受当价银 700 两正，又"修理项下期后取屋愿认足纹银二百两正"。因该典契"期满多年，无力取赎"，于光绪十六年（1890 年）十二月找价杜卖，"得受时值加找杜卖屋价漕平照申九四平足纹银一百十六两三钱八分正"，"统计此屋先后典卖价共成九四平足纹银一千零一十六两三钱八分正"，其中取赎期内的修缮费 200 两，无疑具有加价性质，连同加找杜卖银 116.38 两，共为 316.38 两，可知典价 700 两占典卖价总额的 68.87%，加找 316.38 两占 31.31%，接近于七三比例。由此观之，徽州田地房产的典当价与加找价大约是六四或七三比例，或者说，典当价约是土地买卖价格的 60% ~ 70%。

但是，从前示吴根汉当田契中，可知因徽州盛行租利制度，从而出现典价高于卖价的现象。像吴根汉契所反映的情况，是否具有代表性，并由此得出典价高于卖价的结论？这也是颇有疑问的。为了更进一步地说明典当价格与买卖价格的一般关系，有必要稍微全面地考察徽州典当、活卖、杜卖三种交易方式的价格关系。

首先是典当价格问题。关于此，前面推算典当价与加找价是七三、六四比例关系。这种关系是否适用于其他典当契呢？现以乾隆年间七份典当契为例，其典当转为杜卖价格变化如表 6-6 所示。

---

① 原件藏安徽省博物馆，藏号 2：23483。
② 原件藏安徽省博物馆，藏号 2：29237。该契言明取赎期为 12 年，但乾隆二十一年至道光十四年已经过 78 年，才将其当产杜卖，可见契约中规定的取赎期限，在现实社会中并没有什么实际意义。这种情况在徽州活买、典当契约中很常见。
③ 原件藏安徽省博物馆，藏号 2：23080。

表 6-6　徽州田地典当价格示例

年代	出当人	受当人	田税亩	地税亩	塘税亩	当价（包括加当）	每亩平均当价（两）	加找40%（两）	杜卖价格（两）	契号
乾隆二十一年十月	仇焕如	许名下		0.09		10	111.1	74.07	185.17	2：29237
乾隆二十四年九月	吴根汉	许荫祠	1.97		0.15	50	23.6	15.73	39.33	2：23483
乾隆二十六年十二月	许日进	许荫祠		0.4		3	7.5	5.00	12.50	2：23455
乾隆二十八年四月	许高寿	许荫祠		0.4		4	10	6.67	16.67	2：23460
乾隆二十九年十月	许茂遂	许荫祠		0.8		6	17.1	5.00	12.50	2：23442
乾隆二十九年十一月	胡阿吴	胡名下	1.4346			24.5	10	1.40	28.50	2：27587
乾隆三十四年十月	许阿江	族名下	0.998			10		6.67	16.67	2：29146

　　从表 6-6 中可以看出，仇焕如当地 0.09 亩，因其为风水地，地价与一般田地殊异，姑且不论。共作诸例，其每亩平均当价为 12.62 两，加找价为 8.41 两，杜卖价为 21.03 两。其中当地契 3 宗，有 2 宗每亩平均当价均为 7.5 两，再加上加找价 40% 的 5 两，其杜卖价则为 12.5 两，1 宗当价 10 两，卖为 16.67 两，3 宗平均每亩当价为 8.3 两，平均卖价为 15.28 两。田塘契 3 宗，每亩平均当价为 16.9 两，平均卖价为 28.17 两。

　　其次是活买田价问题。活买与典当性质相近，其活买价格确定，也应当是杜卖价的六成或七成。道光三年（1823 年）十二月唐借人所立增找契①，其活买田税 0.4 亩，"前已立契卖与章名下为业"，"得受价纹银十两"，因其"不愿取赎"，后凭原中"找到章名下七折典钱八两正"。活卖价与增找价银共 18 两，活卖价占田价总额的 55.56%，增找价则占 44.44%，大致接近六四比率。又如，咸丰四年（1854 年）王阿金活卖并加割绝卖二纸文契，同年十月，王阿金将其田税 7 宗，地税 2 宗，共计 1 亩，活卖与"徽歙洪立本庄名下全业，得受价纹银八两五钱正②。同年十二月，王阿金立加割绝卖契"，"得受加割价纹银六两正"③。其活卖、加割共 14.5 两，活卖价占地价总额的 58.62%，加割价占 41.38%。由此可见，徽州活卖、加割价格比例与典当相类似，基本上是六四比例关系。按此比例，可以计算活买田杜卖价格。

①　原件藏安徽省博物馆，无编号。
②　原件藏安徽省博物馆，藏号 2：23550/1。
③　原件藏安徽省博物馆，藏号 2：23550/2。

表6-7 徽州活买田地价格示例

年代	出产人	受产人	田税亩	塘税亩	活买价（两）	每亩平均活买价（两）	加找40%（两）	每亩平均杜买价（两）	取期（年）	契号
康熙三十九年十二月	毕子玉	许名下	3.0		34.5	11.50	7.67	19.17	10	2：23111
康熙五十三年十二月	汪楚玉	许荫祠	2.416		33.8	13.99	9.33	23.32	3	2：23150
康熙五十三年十二月	汪景魏	许荫祠	1.737		22.2	12.78	8.58	21.36	3	2：23157
雍正元年十月	洪阿宋	许荫祠	1.3		16.9	13.00	8.67	21.67	10	2：23171
雍正十三年十二月	赵德芳	许荫祠	0.864	0.08	11	11.65	7.77	19.42	5	2：23358
乾隆十四年十二月	程天祥	许荫祠	0.9		13	14.44	9.63	24.07	7	2：23225
嘉庆十年五月	胡曙光	许荫祠	1.332	0.12	22	16.37	10.91	27.28	6	无契号

表6-7的7宗活卖田契中，每亩平均活买价为13.39两，加找价平均为8.94两，每亩杜卖价平均为22.33两。以年代来说，康熙年间3宗，平均每亩活买价为12.76两，每亩平均加找杜卖价则为21.28两；雍正年间2宗，平均每亩活买价为12.33两，加找杜卖价20.55两；乾嘉时期2宗，每亩平均活买价15.41两，加找杜卖价为25.68两。总之，活买田加长杜卖价格明显略低于典当杜卖价。

然而，徽州一次性田地杜卖价格，又显示出低于活买田地价格的现象。如果将清代各朝分别拣二纸契约作一统计，其杜卖价格之变化，一目了然。

表6-8 清代历朝徽州杜绝卖田地价格表

年代	出产人	受产人	田税亩	地税亩	塘税亩	杜卖价（两）	每亩平均价格（两）	契号
顺治六年七月	黄退之	黄名下	1.45			30.0	20.69	2：16848
顺治十七年八月	许明恺	祠首人	2.318			30.0	12.94	2：23030
康熙十三年三月	吴茂枝	许名下	0.23			2.5	10.87	2：23039
康熙五十九年十月	胡阿王	许荫祠	1.64			20.7	12.62	2：23168
雍正元年十月	洪阿宋	许荫祠	1.3			16.9	13.00	2：23171
雍正十三年四月	汪子严	许荫祠	0.9364			6.8	7.26	2：23359
乾隆二十一年九月	郝继组	汪名下	1.2			18.0	15.00	2：22992
乾隆五十七年六月	陈建昌	方名下	1.9585			20.0	10.21	2：27587
嘉庆九年十一月	程甸成	程名下	1.514	0.0885		26.35	16.44	2：23062
嘉庆十八年二月	洪养正	许名下	2.9691		0.21	72.0	22.65	2：23275
道光三年十二月	程光大	许孝睦户	1.514	0.088		30.88	19.28	2：23075

（续上表）

年代	出产人	受产人	田税亩	地税亩	塘税亩	杜卖价（两）	每亩平均价格（两）	契号
道光二十一年十二月	鲍怿曾	十甲名下	2.277			30.0	13.18	
咸丰二年十二月	许高推	许根源户	1.532 9			15.0	9.79	2：23525
咸丰十一年十月	姚松照	方名下	3.456		0.1	24.0	6.75	2：27590
同治元年正月	胡胜林	汪恒吉	0.4			3.2	8.00	2：22903
同治十年二月	许诚照	许义合大社户下	3.068			19.0	6.19	2：23124
光绪二十四年四月	许仇氏	许荫祠	5.191		0.019	50.0	9.60	2：23424
光绪二十五年九月	朱胡氏	舒俊岩	1.76			30.0	17.05	2：16819

表 6-8 的 18 张杜卖田契中，田 34.714 9 亩，地 0.176 5 亩，塘 0.329 亩，地价银共 445.33 两，平均每亩杜卖价银为 12.64 两，若以银 5 两为一级差，每亩价银在 20 两以上者有 2 宗，占地契总数的 11.11%；15 两以上 4 宗，占 22.22%；10 两以上 6 宗，占 33.33%；5 两以上 6 宗，占 33.33%。但 5 两以上的 6 宗交易中，道光年以后即占 5 宗，道光年前仅为 1 宗。如果以道光年为一界限，道光前 12 宗杜卖契平均每亩价银为 14.51 两，道光后平均每亩价银是 9.56 两。

通过以上对典当、活卖、杜绝卖三种田地价格统计比较，大致可知典当加找杜卖田价每亩为 28.17 两，地每亩 15.28；活卖加找杜卖每亩价银，清初为 21.28 两，雍正年间为 20.55 两，乾嘉时期为 25.68 两；杜卖每亩价银，道光前为 14.51 两，道光后为 9.56 两。典当、活卖与杜卖价格比较：典当加找价格每亩 28.17 两，约是道光前杜卖田价 14.51 两的 1.94 倍，是道光后 9.56 两的 2.95 倍；活卖加找价，以清代平均为 22.50 两计之，则是道光前杜卖价银 14.51 两的 1.55 倍，是道光后银 9.56 两的 2.353 倍。

（1）典当、活卖加找杜绝卖价格高于一次性杜绝卖价，这已是无可争议的事实。正因为如此，就意味着典当交易对出当人有利，而受当一方因支付高额典当价银，似乎不受益。举例来看：姚丽扬于道光十三年（1833 年）十一月向黄日慎户出当田产 20.74 亩，得当价银 225 两，加上加找 40% 的 150 两，其可得加找杜卖价银 375 两。如果按道光年间平均杜卖地价计算，其一次性杜卖仅得银 336.61 两，比典当少得银 38.39 两。又，道光十四年（1834 年）一月姚映青出当产 3 宗共田 29 亩有余，得当价银 250 两，加找银 166.67 两，加找杜卖价银共得 416.67 两。而一次性杜卖，以道光年间平均每亩杜卖价 16.23 两计算，仅得银 470.67 两，少银 54 两。从典当双方身份考虑，出当一方之当产原因，多是"钱粮紧急"、婚丧"欠少使用"、生意"缺本"、"年歉用度不凑"，而"缺乏使用"的则占大部分，由此可以推测他们大多是缺衣少食的一般农户。而所谓"受当人"，只不过是契约文书的惯用语，其身份相当复杂，从大景文契判断，受当一方多是宗族或堂、会的公堂地主，也有一部分是私营地主。仅以公堂地主而论，其构成主要是以前告老还乡的官僚、商人为主体，他们不但有现金来源，同时也作为宗族、祠堂、会的代表进行置产活动。①这样，典当价格高于杜卖价格的现象对他们来说，就会产生两种情况：如果出当人有偿付本息的能力，那受当人就可以收取高额银利息谷；倘若出当人无力偿付利息，受当人就可以凭典当文契夺其产业。所以说，受当一方也乐意采取这种典当价高于杜卖价的做法。这是其一。

（2）至于典当价与杜卖价之间的差额部分，显然是借助"以租代利"、"指地收租"的制度，从高额息谷中得到补偿的。但值得注意的是，息谷对于历来缺粮的徽州来说，似乎具有特殊意义。文献记载中，自宋代始，徽州即是严重的缺粮区。徽州因"田少人稠"，所需米粮多由外运。如祁门，"民以茗、漆、纸、木行江西，仰其米自给"。还有从宣州、池州及沿新安江仰江浙米供应的记载中可知，由于长期缺粮，造成徽州米价昂贵，尤其是灾荒频仍②的情况下，米价更昂。仅以清代言之，许承尧《歙县志》记录该地灾荒：清顺治四年旱，县赈，康熙二年、十一年、十八年均以旱荒赈。五十七年水灾，巡抚题奏赈济。六十一年旱灾，知县蒋振先申请平粜赈济。乾隆九年水灾，巡抚奏赈。十六年旱饥，知府何达善劝谕富户购米，各平粜以济其乡；又劝歙人士之商于淮者输金，购谷贮仓，以备岁歉；又令各典让赎贫人纩絮以御寒，全境赖以生活。而当时的米价，同书载何棕善所撰《歙绅捐粜碑记》云："斗米青钱三百。"以银1两折钱700文计算③，斗米当为银0.43两，清前期租谷1斤折银0.005两，斗米仅值银0.075两，可见斗米银价上涨了0.355两，约是前期斗米价格的5.73倍。正因为如此，徽州盛行典当田房高额息谷制是不足为奇的。

（3）清乾隆二十四年（1759年），清廷申令免除民间典当田房交易纳税印契，可能也是受当人乐意采用典当交易形式的重要原因之一。④明崇祯八年（1635年）十月十二日前⑤，徽州田房交易银每两税银2分。自八年为始，改为每两3分，另缴纳契尾"纸价银三厘"。此税率至清无改，田房税契，"每契价银一两，征正银三分，耗银三厘。"至乾隆二十四年，曾免田房税契，此后又复旧规。至光绪三十年（1904年），"每两加正银三分，耗银三厘。共计银六分六厘"⑥。至少可以说乾嘉道年间，置产人多采用典当交易方式，可能也是为了减少税契开支。

总之，通过对徽州歙县、休宁、祁门等地部分典当文契的考察，可以得出结论：一是徽州田地房产典当存在"产不出户"和"管业收租"两种基本形态；二是典当偿付银利、租利之利息率，高于活买田租额，而"指地收租"形式的地租量远远超过一般银利和定额利谷额；三是典当加找地价银高于活买加找价及一次性杜卖田地房产价格，但高额典当息谷证明，典当交易依然有利于受当人。因此说，典当交易也是促进农民阶层分化的形式，并不是出当人把其当产作为"流动的财富"从而达到赢利目的的经济行为。

---

① 参见拙作《徽商鲍志道及其家世考述》，《江淮论坛》1983年第3期。

② 关于徽州灾荒的统计，详见章有义：《明清徽州土地关系研究》。

③ 乾嘉之际，徽州折租银1两合钱698文，其他折租大都依此，相差无几。参见章有义：《十八世纪末期徽州土地关系——从李姓享嘉会祁门租簿所见》，见《明清徽州土地关系研究》。

④ 《大清会典事例》卷七五五。

⑤ 明万历四十六年（1618年）十月兵备道成字一九四号契尾一道、崇祯九年（1636年）列字二二号契尾、崇祯十六年（1643年）四月徽州休宁县范佛寿纳税契契尾一道，均记载明末税率之变化。原件藏安徽省图书馆，藏号2：38647。

⑥ 许承尧：《歙县志》卷三《食货志·赋役》。

房地产典当的意义

明清时期的房地产的"典"与"当"，性质虽都以房地产抵押取得典当现金，并在一定的期限（或无期）取赎，但"当"是以收纳银利为特征，使出当的房地产至少在名义上仍然属出当人所有，出当人与受当人的关系，仅限于在一定期间内出当的房地产暂由受当人居住使用，出当人只要按期交纳银利，随时可以从受当人之手赎回其产，这样的经济方式，与房地产买卖的"过割"是完全不同的。另外，由于明清之际典当关系比买卖关系更容易维持家业不致析产衰败，因此在徽州这个家族宗法制盛行的地区得以迅速发展，其中尤其是当业中的收纳银利，也成为富有之家放出一部分银钱，利用各种方式取得他人房地产，然后再以此牟利的方法。

总之，在明清时期徽州农村社会中，房地产交易的形式以及由这种形式所构成的人与人之间的新的经济关系，反映了房地产权的逐步分化，商品化程度日益加深，货币经济的作用日臻增强，交易双方的关系也越来越明显地表现出浓厚的商品交换的性质，这种性质是商品交换所固有的，有一个从低级向高级形态发展的过程，并没有或很少受到社会政治方面的制约，而是在买卖的历史过程中按其自身发展规律而逐步形成、发展的，其结果势必对封建社会的经济结构起到分解作用，表露出地产交易方面的资本主义萌芽，货币资本的垄断者以及房地产的占有者，也日益演变成为依靠其资本经营房地产交易的房主，而这种房主，乃是房业资本家的雏形，他们的经营方式与明中叶以前私人之间的纯粹买卖关系，应有着原则的区别。

对于"银不起利，屋不起租"的出当，还可由受当人转当，与典房中的以房地产作为抵押、取赎、绝卖这种交易方式存在很大区别。例如：

二十一都六图立当屋契人赵仕葵，同胞弟仕良，今因同弟往衢州生意，管业不便，自情愿将祖遗化字一千二百八十七号，于上有披屋五间，凭中立契出当与二十一都二图吴名下为业。三面议定得受价九色银二十两正，其银随即收足，分偿父手久欠债本清楚，其屋即交与管业。银不起利，屋不起租。此系两相情愿，并无准折等情。倘有亲房内外人等异说，系身一应承当，不干受当人之事。言定听凭早晚将原价取赎无辞。恐口无凭，立此当契存照。

乾隆九年十一月立当屋契人　　赵仕葵同胞弟仕良（余略）[1]

三年后，原受当人吴昆石又将其房地立转当契"转与许　名下为业。即日得受当价九五平九色二十两正，其银当即收足，其屋即交管业。银不起利，屋不起租。言定听凭早晚将原价取赎无辞。[2]这就十分明确地告诉我们：这种所谓"银不起利，屋不起租"的条约，受当人享有转当权，他在未转当之前对房地产具有的居住使用权，实际上就是"银利"。对于原受当人来说，签订这样的条约，其对象往往是在相当一段期间内无须取赎的住户，因为只有在长期使用其屋产的情况下，才对受当人最有利，况且还可伺机转当，收回本银。就在这份契纸上，还记录了原出当人赵仕葵的加当批照，曰："乾隆二十二年二月立加当赵仕葵又凭中加当价银十两整，言定取屋之日一并奉还。此照。立加当赵仕葵。"这

---

[1]　原件藏安徽省博物馆，藏号2：23232。
[2]　原件藏安徽省博物馆，藏号2：23232。

亦反映出加当是伴随着转当形式而并存的，而往往是加当之人向立转当人提出的。迨至清末，这种区分亦不明显，这可见程福华加当契：

立加当契人程福华，今将本土名中正坊基地一业，先堂兄福春业已出当胡姓，转当余姓，身与兄均系胞内至亲，凭中向余姓加当英洋四元正，其洋当即收足，其披屋与墙围，自今而后，永不复撤［拆］，亦不加当。恐口无凭，立此加当契存照。

光绪十六年十二月　日立加当人　程福华（余略）

此契原典与胡姓，又胡姓转典与余姓润。于光绪二十七年九月初五凭康生良侄经手照原典价取赎清楚，此证。

这里的加当与"加典"性质相雷同，只是由受当人增加当价，出当人可以依据契约取赎，与"加找"也有区别。

问题与讨论

1. 在中国传统社会中，土地典当与土地买卖有什么区别？
2. 土地典当所说的"银不起利，屋不起租"是什么意思？这一制度对谁更有利？
3. 取赎制度对于维护农村土地关系的稳定有什么积极意义？

分组讨论

1. 通过对我国历史上土地交易契约的学习，你怎样看待传统的固定资产交易制度的形成、演变及其现代价值？
2. 土地使用权与土地承包权有什么区别？
3. 小买田及土地典当制度的出现，对于维护农民土地权益有什么作用？农民究竟是怎样在土地交易制度中维护其土地权益的？请举例说明。

思考题

1. 现代房地产业的土地拍卖制度为什么会产生"地王"？房地产业在我国国民经济建设中究竟占什么地位？
2. 民间的土地交易不成文法对于土地资源管理的现代意义是什么？请结合对于地租的交纳处置、土地的货币关系等，谈谈你的看法。
3. 现代企业租用土地的程序是什么？如何保证农民即土地承包权人的权益？

作业题

1. 土地典当的出现，从交易形态上讲，属于什么样的交易性质？传统社会中主要做法是什么？
2. 土地贷款的主要原则是什么？从交易或土地经营的角度，分析土地作为抵押品贷款的基本属性。
3. 现代土地抵押贷款与传统社会中房地产的典当经营有何异同？通过对传统社会中土地经营的具体方式分析，指出它同现代企业对土地问题的经营相比，有什么借鉴意义？

第七章
民间地权分割实态及其演变

明清时期，徽州民间对土地的占有有一个从完全占有到分别占有田皮、田骨的发展过程。这两种不同的土地占有形式，虽然仍属私有制的范畴，但在土地占有者身份的改变以及由此而形成的新的租佃关系和人身依附关系方面，则与旧式的土地完全由身份性地主所占有相比表现出极大的差异。其中尤其是田皮权的形成与发展，乃是进一步深入研讨我国封建社会末期小农经济演变及长期得以维系其在农业经济中的牢固地位和对社会经济发展的影响诸问题的重要方面之一。

第一节　地权分割的基本形态

传统农村社会中源于土地制度所形成的土地关系，最为重要的问题是拥有土地权益的人究竟怎样从土地中获得土地的收益。换句话说，该土地权益最终是由实际耕种土地的人实现土地收益。在中国传统农村社会，由于土地租赁制度相当成熟，土地出租及租种业主土地就成为土地关系的核心问题。在土地制度上，形成了对同一土地拥有"田皮"或"田骨"的权益，其田皮则与租地人有直接关系。

一、田皮权和田骨权的形成

"田皮"、"田骨"的称谓，是民间对土地占有形式的俗称。由于传统社会的土地制度分为官田与民田两种所有制度，因此，在官田中，业主所拥有的田骨，实际上即是拥有对田土的使用权，所有权则在国家；而在民田中，业主的田骨权即为所有权。田骨权的形成，大多是因祖遗、垦荒或"民所自占得买卖之田"[①]。而在土地交易盛行的明清时期，民间自由购置私有田产的情况是很常见的。但问题是，其"田骨"的由来，显然是与"田皮"的形成紧密相连的，没有"田皮"，固然也无"田骨"的制度了。由于田皮所代表的是土地实际经营者或耕种者所享有的法权，即经营权或耕种权，因此说"田骨"与"田皮"称谓的出现，已经表明民间土地的地权分割成为社会现实，并且在制度上为民间所承认。

从理论上讲，由于"田骨"与"田皮"两种地权关系反映的内容不同，这就意味着在中国传统社会末期的土地制度中，"田皮"与"田骨"从合一到分离的演变过程及人们

---

① 《明食货志》卷三《田制》。

对这一地权关系的认识过程，都是极其错综复杂的。应该说，田皮权和田骨权是土地占有权的两个方面，反映的是土地地权拥有者对同一块土地收益所具有的获取与支配的权利，其权利的标志则在于对地租收益有支配权。由于对地租收益具有经济法权，因此在中国传统农村社会中，田皮权和田骨权发挥着调节农业生产、农民生活及农村社会经济关系的作用。而在土地关系概念形成的过程中，对中国传统土地关系的观念形态的形成，也具有重要意义。

如果从民间田地地权关系的角度来讲，明初对于民田的政策，主要侧重于调整和建立与国家赋役的关系，但对私人田土的交易，则有这样的定制："凡质卖田土，备书税粮科则，官为籍记之，毋令产去税存以为害民。"① 而民田自由买卖、典当、租佃政策的制定和推行，实际上为地权加速分割为田皮权、田骨权提供了制度方面的保证，从而使土地经过反复多次的交易活动，最终作为土地地权人对土地所拥有的地权关系确立下来。从这个意义上讲，民间土地地权的处置即土地自由买卖的开展，就成为民间"田皮权"和"田骨权"成立的主要因素。如果从长时段来看徽州地区土地交易契约的话，在明代初期民间的土地买卖中，已开始出现田皮权、田骨权分离的萌芽。为了把这个问题看得更清楚，这里，不妨引用明代洪武时期的土地买卖文契来加以说明：

十二都九保住人李资宛，今将本户田一号，系八保迩字一千五百七号，田一亩六分二厘五毫，东至吴名山，西至倪保田，南至汪显彰田，北至朱铁干田，土名大干源查木坵。今年上租谷一十七秤，上田。今来缺物支用，自情愿将前项四至内田取一半计八分一厘三毫，出卖与同里人汪猷干名下，面议时值价六贯正，前去用度。其钞当成契日一并收足无欠，其田今出卖之后，一任买人自行闻官受税，收苗管业为定。如有四至不明，重复交易，内外人占拦，并是出产人抵当，不及买人之事。所有上手来脚入户契文，与别产相连，缴付不便，日后要用，本家索出参照不词。今恐人心无凭，立契文书为用。

　　洪武二十六年十二月　日　出产人　李资宛　契
　　　　　　见交易人　胡羊
　　今就领去契内价钞，并收足讫，同月日。再批。②

这是明初徽州府属休宁县履仁乡的一件典型土地买卖契。该契所反映的，除了明代土地制度在该地的实行情况外，特别值得注意的是，在明初私人田土买卖中，出产人是将其田骨和田皮一并出卖的，受产人既然拥有该田的所有权，就可以"自行闻官受税，收苗管业"，但严格地说，出产人在这里所出卖的是田骨权和田皮的经营权，因为该文契所反映的内容，无从证明佃人是谁。另外，这里"收苗管业"的文约，已为后来耕种者争取田苗权及田皮权埋下了伏笔。因为田苗归田主所有还是归耕种者所有的问题的解决，是田皮权形成的重要因素。当然，这份文契仅仅是作为条约来说明收苗的权限问题，从侧面表现出受产人对这种权利的重视程度。

对田苗作出明确规定的，一般是召佃耕种其田的田主。如：

永康里十都汪得厚，用价钱买到汪仲佳名下田一坵，坐落十二都九保，土名门坑，系工字三百九十四号田，内取三分五厘四毫，东至路，西至汪彦伦山，南至汪彦善田，北至

① 《明史》卷七七《食货》。
② 原件藏安徽省博物馆，藏号2：1680Z/6。

汪彦善田。今来缺少钞物支用，情愿将前项田出卖与十二都汪猷干名下，面议价钞一十五贯，其钞当成契日一并收足，更不别立领札。其田今从出卖之后，一任买人自行闻官受税，收苗管业为定。如有内外人占拦及四至不明，重复交易，并是出产人自行之当，不及买人之事。所有来脚契文与别产相连，缴付不便，日后要用，索出参照不词。所有当年田苗一并出卖，佃人胡圣右，上租谷四䂪，今恐无凭，立此文契为用。

　　建文元年八月初二日　出产人　汪得厚　契
　　　　　　　　　遇见人　朱士贞①

　　此契所着重申明的是当年田苗的所有权问题。这件文契给人的启示：一是汪得厚用价钞所置的这一田产，本来是通过出佃给胡圣右而每年获取租谷四䂪，他本人则是田产的所有者和经营者，不是自耕者；二是连同田皮一并出卖，佃人胡圣右仅是上缴租谷的田主而已，他与地产权是无关的；三是写明当年田苗的所有权，说明田苗权是可以单独出卖或连同地产出卖的，因为原田主有权保留当年田苗的收获权而只出卖其田产，这就在事实上萌发了对田皮的所有权。

　　另一种情况，则是自耕农所出卖的田产，因其产权原属己有，同时自种其田，故由此产生早期断卖田产的"添价"形式。所谓"断卖"，即指一次性将其田产断骨出卖，这种性质的土地买卖，可从上面所举实例中得以窥见。然而，由于"添价"的出现，打破了旧有的一次性断卖的传统方式，使得土地买卖的手续、地价（其中包括田皮的价格）等，都日趋复杂起来，这就是明中叶以后土地"加价"、"添价"的较早形态。值得着重指出的是，田皮出产人要求添价的根据是什么？添价的数额究竟是多少？这些问题，似乎已同田皮发生了联系。

　　这从前示明建文四年六月初三日胡右"添价"断卖田契之契末批文及"今就领去前项契内价钞，并收足讫。同日再批"来看，可知是已成交的一份买卖记录。在这宗田产买卖中，出产人胡右即是自耕农无疑，从明初休宁土地买卖文契分析，受产人汪猷干是当时当地的地主，所置田、地、山产甚多。这样，胡右在出卖其产时，是将"添价"钞二贯与前所卖田产的二十二贯一并作为地价，即添价是在立契的同时进行的，这个作为附文的添价记录，实在可以认为是土地地骨之外的附加价。对这个附加价的解释有三：一是可能是补偿其地骨价的不足部分；二是可能为当年田苗价；三是可能为早期的田皮价，其价所表示的是耕种人对土地所投入的劳动量，亦为开垦荒地为熟田以及所施肥料的肥力等。从文契中所书四至来看，该田三面皆为水田，东至水坑，有便利的灌溉、排涝条件，故而要求添价。不过，笔者认为，胡右"添价"契所载添价额，是对田皮的补偿，甚至可以说，胡右本人虽为自耕农，但他所承受的祖父遗产，其性质很可能就是田皮，他并非是田骨与田皮的完全占有者。这就是说，在明朝初期，对田皮的占有，很可能表现在"佃自"一类的佃户方面。

　　从上述实例中，可以明显看出明初时关于田皮的表述还未形成，而田皮权所应包含的实际内容还是颇为朦胧的，难以遽下断语。即便是上引数例，也还不是典型的、十分成熟的有关田皮的例证，仅是地权开始逐步分割、田皮权日益形成的实例。

------

　　①　原件藏安徽省博物馆，藏号2：16803。

二、田骨权的分割实态

至明代中叶，田皮与田骨的分割已渐明显，尤其是"田骨"的表述，已见在田、地、山场交易活动之中，成为民间出卖田产地产所有权较为固定化的通俗叫法。田骨的概念于明代中叶即已形成，而田皮却比田骨要晚一些，这就反映出真正意义的田皮法权，是从田骨权中日渐分化出来的。除田骨出现的时间外，关于"骨"所包含的内容以及应用的范围也是值得加以研讨的。

首先来看"田骨"问题。举例如下：

（1）休宁县三十一都陈以成，同弟陈以璇，承祖父共有田二号，坐落祁门县十一都四保，土名查木段，系商字九十九号，计一亩三角半步，计田二坵，其田东、西四至自有经理该载；又取同处田一号一百三号，计田一亩二角二十八步，其目东、西四至自有本保经理该载明白。其二号田，以成同弟合得分数田骨八分有零，尽行立契情愿出卖与祁门县十一都陈兴名下，面议时价白银六两四钱整，其价银当立契日收足，契后再不立领。其田出卖之后，一听买人自行闻官受税，永远管业。未卖之先，即不情［曾］与家外重复典卖及一切不明等事，并是出卖人抵当，不及受买人之事。其税粮候大造黄册之日，听自买人于本家庄户起割前去，本家即无阻拦。今恐无凭，立此出卖文契为用。

景泰四年八月十九日　出卖人　陈以成　契

同弟　陈以璇　见人　朱进得① （具名略）

（2）三十一都鲍伍保、鲍阿吴，承祖有田一备，坐落土名凌家坑，系学字□□号，计田二亩有零，其田新立四至，东、西至王家田，南至坑，北至山；又将土名古巷口该分田八厘五毫，其田四至自有经理该载，不及开写。今因缺少支用，自情愿将前项二处四至内田骨，尽行立契出卖与同都人张良琛叔侄名下，三面议时值价白银六两二钱整，其价、契当日两相交付。（余略）

嘉靖十九年十二月十五日立契　出卖人　鲍伍保② （余略）

其次，关于"山骨"权的出现：

（1）十四都谢元坚，是祖振安、振民，于上年间将本都八保南□源，土名柴土台，叶家庄、葱菜坞等号东、西二培，原立合同，将其山骨三大分中内取一分，合断与三四都谢彦良、彦成前去用阙作，以准栽苗，隔火看悼工食。今有彦良、彦成不复行用心栽苗，闻残荒废等情，本家具情［告］县，蒙批里老踏看审实回报，彦良、彦成不顾终讼，当凭里老谕解，彦良、彦成自知违约，无钱罚赎，自情愿将原合约山地骨尽数退还本家为业，以准罚赎。其前项山地内见载浮苗木并荒闲山地，仍系彦良、彦成前去管得，用心栽苗，隔截火、盗，候浮木成材，照依原议。堪砍之日，务要眼同本家入山砍斫，照依原议文约：三大分中，本家合得二分，彦良、彦成合得一分，其山骨并系本家存留，永远管业。自立文约之后，彦良等不违前议，听自递限子孙劈作，栽种杉苗，毋许荒废，不许私自砍盗入己及私自变卖他人。如违前件，听自本家理治，另行召人栽种，彦良、彦成不许阻挡。所有字号、苗步、四至、土名具照原立文约为准。今恐无凭，立此合同文约为用。

---

① 原件藏安徽省博物馆，藏号2：16808/5。
② 原件藏安徽省博物馆，藏号2：21619。

成化十六年三月十四日立约人　谢元坚①　（余略）

（2）十六都倪廷贤，同侄世济、润，共买授得十五都郑永、郑晨、良初、郑本等荒熟田、山一合源，坐落十六都下十保，土名蕉坑、苦竹坑，新立四至，里至坞头，上至大降，外至坞口大坑，东、西降四水流俱内。其田三分中买得二分，其山九分中买得八分。今因管业不便，自情愿将四至内荒熟田、山并在山大小木苗、力垄买得分籍，尽数立契出卖［与］本都郑天芹名下为业，面议时价文［纹］银二十五两五钱正，在手足讫，其价并契两相交付。（余略）

嘉靖十二年九月二十一日立契人　倪廷贤　契

同卖侄　倪世济　中见人倪福②　（余略）

再次，还有房屋宅基地之"地骨"产权问题，尤为引人注意。故引录一纸，作为同以上土地之"骨"比较之用。

汪大本，承祖共有基地乙间，坐落土名彭蕉源口，见住中层楼横过第六间，系上字三百六十九号，其地新立四至，东至汪思清地，西至汪大祥地，南、北至洋沟心为界，长、阔自有原立图、眼为准，于内合得一半，约计地三厘。今为不便，情愿将前地合得分数断骨立契卖与侄汪进云名下，面议时价白银十二两五钱整，价契当日交付足讫。其地卖后一听买人受税，永远管业。未卖之先，并无重复［交易］，如有来历不明之事，系本户支当，不及买人之事。所有税粮见在本户，候大造之日听自起割无阻。今恐无凭，立此出卖文契为照。

明正德三年八月初六日立契人　汪大本

见人　汪大厚

奉书领钱男　汪儒云

以上赘引数纸地契，其本身亦说明这种"骨"的称谓，表明土地所有权的买卖关系，已由田产交易扩大到山场、房基地产买卖范围之中。这种现象，一方面说明中国地方社会中对于田地产业的法权观念已发生重大变化，认识到土地是由多种地权关系组成的。在现实生活中，由于人与土地结成产权关系，这就足以使拥有部分地权的人通过对其产的法权关系而获得土地的收益；另一方面，土地地权关系不仅表现在农耕田土中，其他的山地、宅基地、水塘等各种土地形态都存在地权关系，而且也可以通过地权分割模式分解成不同的地权。在明代的中国江南地区，民间对于地权分割的认识已达到相当高的程度，以至于在地处皖南的徽州山区，其土地交易的深化程度，也成为今天认识中国土地问题的重要例证。

三、地权分割的意义

文契中"骨"的应用方式，撮其要点，可得出以下几点认识：

（1）"骨"与"皮"的存在应是相互统一的，无"皮"即无"骨"，无"骨"即无"皮"。这是因为"骨"与"皮"是对同一块土地的所有权和经营权、耕种权的民间叫法。在传统社会土地私有制的条件下，土地最初由地主完全占有，即由一户地主同时占有地骨

---

① 原件藏安徽省博物馆，藏号2：16773。
② 原件藏安徽省博物馆，藏号2：26588。

权和地皮权，这就决定了该地主拥有这块土地的收租权、买卖权、典当权、继承权以及召佃、换佃等权利，同时还拥有对土地耕作、灌溉、运输以及制定收取地租额的数量、土地买卖之地价高低等经营权。至于耕种权，其最初的表现，则是拥有地骨权又同时具有耕种权，无论是自耕还是召佃，皆由地骨占有者决定，被召佃种之的佃户，是无权过问的，他们只能按照与田骨占有者所签订的租佃文约，承担自己应该履行的义务。上文所列举的田骨、山骨、地骨买卖文契实例，一方面说明土地所有者出卖土地，仅仅是将其地骨出卖，至于被称为田皮的经营权和耕种权依然得到一定程度的保留，即田皮权开始独立地存在，因之，土地买卖双方才于文契中特意申明其交易的性质和范围，仅在于"骨"而不包括"皮"；另一方面，田骨的概念所包括的实际内容，较之田皮更为显然。对土地的经营权和耕种权问题，明代徽州亦有多方面的例证，可以说明在一定程度和范围之内，有与土地所有权（即田骨权）分离的事实。即是说，寄产、在城地主的出现、分家制度所造成的各房独立经营、"合得分数"形态之内容以及前所引之"佃自"文契，都是明代土地经营权和耕种权日益独立化的表现形式。

（2）"山骨"文约，较为详细地反映出山骨所有者与力坌之关系，对于考察田皮形成颇有意义。如谢元坚与谢彦良、谢彦成所立文约，即说明：最初所立合同，是由山骨所有者即谢元坚之祖父谢振安、谢振民，将其山骨分为三份，取其中一份，合断与谢彦良兄弟二人前去力作，看养山场，栽种树苗。这个例子说明，看养山场之力坌，最初是由山骨权分化出来的，山骨所有者据有二分地骨，同时也享有二分成材树木。值得深究的是"合断"二字，依明代惯例，"断"即为科断之意，一般由官府通过一定的法律手续，把民田改为官田。然在明代徽州土地文契中，所见之"断"甚多，综其要旨，可认为是土地买卖的一种形式，而且是最为简单而又原始的形式，与清代所盛行的绝卖、杜卖性质相同，是一次性或经过数次交易活动之后将土地永远出卖给他人的买卖形式。但谢氏的"合断"，则当"租"解，因为当谢彦良等使山场抛荒，谢元坚告县之后，谢彦良无钱罚赎其抛荒所造成的损失，只好将其山地骨（一分）"尽数退还本家为业"，从其与山骨占有者讼案结局之"吐退"山骨来看，应是一种租佃关系。这种认识若可成立，即可以推论明代山场力坌之来源应是山骨的一部分，因为山骨是有形的，而力坌则是从其后来的收获物以及对荒山、田、地的垦熟情况而定的。"吐退"山骨之后，其山骨所有者与经营者之间的关系发生变化，即"其山骨并系本家存留，永远管业"，而经营者则对山场林木有一分的分配权，山骨所有者有二分所得权，同时，山主若认为山场经营状况好，就可让谢彦良兄弟"听自递限子孙剗作，栽种杉苗"，世世代代沦为山骨所有者的"力坌"；若认为山场荒废，或违犯了条约上的规定，即要"听自本家理治，另行召人栽种"。这就在文约上给予山骨占有者以随时用任何借口解雇力坌的权利和法律依据。谢彦良、谢彦成兄弟二人自取得山骨一分，后又吐退其本家，从而沦为终身甚至世代为其山主种树看场的力坌的全过程，反映了土地耕作者要想取得经营权和耕种权是极为不易的，更何况对其地骨权的分别占有，更为土地所有者所不容。

（3）总之，明代徽州的土地制度中，有十分明显的所谓田骨、山骨、地骨的概念，且以"骨"来表示土地所有权的现象较普遍，甚至在土地买卖、租佃关系上亦有所反映，应该说在此之前当有一个更长的形成过程。至于田皮，虽是借用清代的民间俗语，明代的实际生活中较为少见，但田骨的概念在明代土地文献中却屡见不鲜。由于田骨是相对于田皮而言的，而田皮在土地制度中的实际存在，则表现在对土地的经营权和耕种权上，具体地说，即是佃户所应享有的因长期耕作所耗费在该土地中的活劳动的权利，这是对土地的垦熟程度、水利条件、所施肥料以及运输状况的改变等劳作之后一种合法的占有。当然，这种对土地田皮权的占有要求，一方面同传统社会的土地私人占有制相矛盾，但另一方面却又与土地所有者的利益紧密相联，由此形成错综复杂的社会经济关系。

第二节　田皮权与田骨权的演变

田皮权和田骨权的完全分割，亦见于明末清初之地契之中。不过，清代徽郡各邑已很少见有田骨之类的称呼，多称田骨为大买田，田皮为小买田，又于晚清时改称小买田为田皮。所以，真正的田皮的称谓，在徽州地区可能形成较晚。

一、大买田的产权形态

清代大、小买田的性质已有了明确的划分。例如，雍正十二年（1734年），歙人汪子严曾与该县唐模许氏荫祠作过一笔小买田交易，故在其所立交业文契中，对小买田的条约作了如下的申说："立交业小买批人汪子严，今将向年买过及字等田乙业，计税六亩四分八厘四毫一丝，大、小共八坵，系子严出卖之业，凭中尽交与许荫祠名下管业，听凭另招他人耕种，得受小买银九两正。"又，乾隆四十三年（1778年），"立交业退小买青苗顶头人程阿鲍"，将其田二亩，交、退与受业人自种，得银五两。这乃是交业、吐退之实例。与此同期，小买田亦与土地典当发生联系。如："立当约人佃仆方观福，今将华山作坞山契一纸，并华山作坞小买田，质当与主人宗祠名下，借银六两，每年交白谷一石五斗，出山之日，送上上门。"①这件当契，为乾隆四十六年（1781年）二月所立，这乃是小买田典当之实例。②至于小买田之买卖，更是屡见不鲜，例如咸丰年间契纸："十五都四图立杜卖小买田契人陈银华，今因正用紧急，将祖遗下分受己业有字等号小买田一坵，计一亩零七厘，土名马家段。尽问亲房等均无受主，自愿凭中立契杜卖与本都本图汪恒吉户名下为业，凭中三面言定得受值小买田价漕平纹银四两正，其银当即收足讫，不另立收据。其田即交买人管业，听凭买主自行耕种或租与他人耕种，均无异言。"③顺便引录于此，尚有大买田契一纸，以资对照："二十一都二图三甲立杜卖大买田契人许毕氏，同男许应麟、许应凤"，将其田六处共四亩四分九厘二毫九丝，塘三分一厘，"立契杜卖与本都本图三甲族名下为业，三面言定得受时值田价库平足色纹银三十一两五钱正。其银当即收足，其田税随即过割，推入许竟立户内支解输粮"④。这宗大买田交易，为咸丰六年（1856年）十二月所立杜卖大买田契，是较为常见的大买田实例。

---

① 以上原件藏安徽省博物馆。
② 土地典当，亦为明初所定制度之一。《明史·食货志》中亦见有"质卖田土"的记载。这里的"质"，即为"典"。至于"当"的形式，则与典略有差异。此外，方观福每年所交白谷一石五斗，当是其借银六两的利息谷。因为"以租代息"是徽州土地占有者利用典当榨取高额地租的常见手法之一。
③ 原件藏于安徽省博物馆，藏号2：22933。
④ 原件藏于安徽省博物馆，藏号2：23044。

从上述例证中，至少可以明确大、小买田各自的特点是：大买田之交易，其文约内容原则上与明代田骨契相当，除说明其出卖之产的亩步、字号、土名、田税过割及推入置产人户之外，尚需表明其买卖的性质以及与此相关所议定的地价，这样，双方即可付价换契成交。但是在小买田的交易中，无论是买卖、典当、交业、吐退诸形式，均有"听凭另招他人耕种"的条约，同时亦必须说明其所交易的是小买田，这就有力地证明清代之小买田，亦是耕种者所占有的具有耕种权之田产，这是明代那种具有田皮权性质的对土地经营、耕种权，是从田骨权中，或者说是土地所有权中完全分离出来的极好证明，也是明代地权分割的必然结果。此外，通过上面的实例，也可发现清代小买田和大买田，都同时可以自由交易，小买田也可由其耕种者继承，大、小买田几乎都能以独立的经济形态并存，世人并不因为其为小买田而拒之不受，恰恰相反，对于小买田的重视程度反倒甚于大买田，这是与明代注重田骨而忽略田皮的现象完全不同的。正因为如此，这里所要着重加以分析的是小买田之形态。

二、小买田及其买卖形态

小买田的单独出卖，其实例可见其上陈银华所立文契。除此之外，小买田的买卖方面，亦有与大买田作为一契出卖和大、小买田分别立契并同时出卖两种方式，连同单独出卖方式一起，可作为民间小买田买卖的三种方法。兹分别例证如下。

大、小买田契并为一纸的有：

十五都四图八甲立杜卖大、小买田契人胡胜林，今因正用紧急，将祖遗分受已业有字一千四百十三号大、小买田税四分，土名瓦窑前。尽过亲房人等，均无受主，自愿凭中立契杜卖与本都本图八甲汪恒吉户名下为业，凭中三面言定得受时值大、小买田价漕平纹银三两二钱正。其银当即收足，议不另立收据；其田即交管业，任凭买主耕种；其税随即过割，推入买人户内支解输粮。倘有字号说错，丈量之日改正，换号不换业。其业从前至今并未典当他人，亦无重复交易。此系两相情愿，并无威逼、准折等情。倘有税业不清以及亲房内外人等异言，俱系出卖人一力承担理治［直］，不涉受业人之事。恐口无凭，立此杜卖大、小买田契永远存照。

同治元年正月　日立杜卖大、小买田契人胡胜林①　（余略）

这种大、小买田产归于一主，并一次性将其产杜卖与人的实例，着实多见。例如，咸丰元年（1851年）十二月歙县唐模村许广年所签订的大、小买田契，其出产二处田二亩五分二厘七毫，塘二处共八厘，一并杜卖与程兆兴户名下为业，得其大、小买田价库平纹银二十八两正。该契由许广年本人亲自书写，是一份将其田产之大、小买卖与外姓记录的重要实例。②晚于该契的证明，还有宣统元年（1909年）十二月该地程澍谢和他的侄子陈润年、陈英甫所立杜卖大、小田和塘税契，据该契所载，共有田四处，"计田税六亩一分二厘七毫"，塘四处，"共计塘税四分九厘一毫"，"一概凭亲房至戚立契杜卖与本都本图二甲许□□名下为业，当时三面言定得受时值杜卖价漕平银三十五两正。其银当即亲手收

---

① 原件藏安徽省博物馆，藏号2：22933。
② 原件藏安徽省博物馆，藏号2：23044。

足；其大、小买田和塘一概同指交管业，任凭随时征租"。与前契略有不同之处，程氏所出之产，本系祖遗之大、小买田。即如契中所表示的"被字第九百七十五号大、小买田税三亩六分"，以及"又被字第一千零四十一号和一千零三十四号大、小买田税二亩五分二厘七毫"之句，正说明了清代徽州大、小买田业的继承与买卖关系。值得指出的是，田与塘的买卖往往是一道进行的，这除了反映农耕中灌溉塘的地位和作用外，重要的则在于无论田产分为大买或小买，塘的买卖中却从未出现大、小买的现象，由此表明塘是作为田产的一部分或是它本身即是天然水塘，因未投入耕作者的劳动而不具有大、小买的属性。

概言之，大、小买田于一契出卖的现象是极普遍的，一来说明其大、小买田均为一户所有；二来说明大、小买田可以继承、买卖。

大、小买田契分立三纸的有：

由于大、小买田表示田主对地权占有的不同，加之土地买卖手续的繁杂以及土地价格的波动，徽州民间大、小买田分别签订文契的方式得以产生，大买田和小买田之间的异同，就十分明显地反映在这二纸买卖文契中。举例来看：

二十一都一图三甲立便卖大买田契人毕景升、赞候、受昌，今将遗下公业场字一千二百三十八号，[田]税八分二厘五毫，场字一千二百三十九号，田税四分二厘六毫三丝，土名汪崅丘，四至开照清册。凭中立契出便与二十一都一甲程□□名下为业，三面言定得受田价曹[漕]平纹银四十两正，其银当即收足，其田随即推入买[人]户内支解输粮无辞。从前至今并未典当他人，重复交易。此系两相情愿，并无威逼，准折等情，倘有亲房内外人等异说，具[俱]系出卖人一并承肩，不涉受业人之事。今欲有凭，立此便卖田契永远存照。

道光八年四月 日立卖大买田契人 毕景升 毕赞候 毕受昌
凭中 程炳秋 代笔 程元恺

二十一都一图三甲立便卖小买田契人毕景升、赞候、受昌，今将遗下公业场字一千二百三十八号，田税八分二厘五毫；又场字一千二百三十九号，田税四分二厘六毫三丝，土名汪崅丘。凭中立契出便卖与程□□名下为业，三面言定得受田价曹[漕]平纹银五十两正，其银当即收足，其田随即交业耕种。从前至今并未典当他人，重复交易。此系两相情愿，并无威逼，准折等情。倘有亲房人等异说，具[俱]系出卖人一并承肩，不涉受业[人]之事。今欲有凭，立此便卖小买田契永远存照。

道光八年四月 日立卖小买田契人 毕景升 毕赞候 毕受昌
凭中 程炳秋 代笔 程元铠

这两份便卖文契，一为大买田契，一为小买田契，出于同一天，亦为同一中人、代笔，出产人、受产业人及田产字号、亩步、土名完全相同，此即表明大、小买田之交易手续必须分立两契无疑。若稍加比较，两契之差异亦不难看出：一是文约条款表述略有不同。大买田契中所交代的是田税的过割及推入他户之事，此外之文约，即为明清时代土地文契中常见之规定；但在小买田契中最为关键一句，则是"其田随即交业耕种"之语，

---

① 原件藏安徽省博物馆，藏号2：22954。
② 原件藏安徽省博物馆，藏号2：23430/2。
③ 原件藏安徽省博物馆，藏号2：26789。

"交业"所必须签订文契的做法是徽州清代小买田买卖的重要制度，而"耕种"之意，则又十分典型地反映出小买田的耕种权之转移。这就可以认为，小买田买卖之后，只有执有小买田者方可自耕或召佃他人，若没有小买田契和交业契是不能耕种或租佃的。由此更足以说明地权中田骨权、田皮权的分割，至此已完成了其最高的经济形态，即土地的经营、耕种权已完全从土地所有权即地骨权中独立出来，而其自身所包含的实际内容，已在土地买卖中强烈地反映出来。二是大、小买田价的差异。正是基于这种地权的分割状况，从事土地农耕的人越来越重视具有实际意义的经营权和耕种权，对土地田骨的所有权于明代中叶之后亦开始演变为单纯的收取地租的权利，这就形成了明代地主重租不重佃的局面，甚至土地所有者仅知其应收租石之数额，而茫然不知其田产之所在，由此而出现了单纯地买卖其地的现象。

由于土地交易盛行，无论对土地拥有何种权利，都可在土地处置过程中转移其地权关系。经济较为发达的地区，土地的处置频率显然较不发达地区要高得多。在徽州地区，由于宗族中有相当多的成员外出经商，出现了许多大商人，商人资本与家乡经济联系十分密切，大量的货币财富流向徽州地区，这就使当地出现极为重视土地交易的社会现实。在这种情况下，对土地关系的直接影响，则体现在农户"重租轻佃"的现象中。如果要从交易文契来证明这种倾向性的话，那么，较早的叶表卖田契则是较有代表性的例证。不过，其契约的表述方法与其同时期所立的文契有差异，需要注意。其契约原文是：

十八都叶表，今承祖买受九都土名方坑民田一备，□□坵；又将土名一号甘子坞，民田□□坵二号，共租六十秤，诏位实该租二十二秤，仍本身该实租三十八秤，内租批方坑一十六秤；又将土名小路民田一备，表、诏共该租十秤十斤，除诏住五秤五斤，本身合得租五秤五斤。前田三号，本身共租四十三秤五斤，计田四亩三分二厘五；又将塘一所，庄地并屋共计地一亩，本身十二股中合得一股，其田、塘、地，东、西四至自经理可照。自情愿将前项田、地、塘、屋凭中尽数立契出卖与九都黄仁名下为业，本身即无存留，当日面议时价文 [纹] 银四十两零七钱，在手足讫。其田未卖之先，即无重复交易，来历不明，卖人自理，不涉买人之事。自成之后，各毋悔异，如违，甘罚银十两入官公用。（余略）

嘉靖三年八月十六日　立契人　叶表　契　　中见人　叶祚宏
再批：本年租谷听自本租收用。

这是造成明中叶乃至清代田皮（即小买）价高于田骨（即大买）价的主要原因之一。这里所录毕氏大、小买田价的差额为漕平银 10 两，其实大买田与小买田田价差额悬殊的远不止于此。如道光二十九年（1849 年）"立卖小买田契人张宽容"，卖大小买田一亩九厘五毫三丝，所立大买田契价为银 7 两，小买田契价为 19 两。同治元年（1862 年），出产人方灶祝卖田一亩七厘四毫，所立文契中，大买田价为银 5 两，小买田价银 12 两。①同年还有出卖大、小买田人张遂辉，共卖田一亩九厘五毫三丝，得大买田价银 4 两，小买田价银 4.7 两。②又有"立杜卖小买田契人胡新起"卖田一亩六分二厘，得大买田价银 5 两，

---

① 原件藏安徽省博物馆，藏号 2；22943。
② 原件藏安徽省博物馆，藏号 2；22930。

小买田价银 6 两。①同治四年（1865 年），立杜卖小买田契人程门鲍氏，出产一亩六厘，得大买田价银 3.5 钱，小买田价则与此相同。这些例证，亦可表明清代大、小买田价的差额有的甚大，有的相差无几，有的则完全相同，但总的看来，小买田价在买卖、典当和租佃方面的交易中，一般都较大买田高，趋于价格相同的情况是较为少见的。

单独出卖其小买田的实例，已见陈银华杜卖小买田地契。这里，姑引录晚清时的"粪草田皮契"的实例以为佐证。

（1）立杜出卖粪草田皮契人江槐孙，同弟顺孙，因承祖买受水田一备，坐落三四都盈字六保，土名弯头山，俗名新溪，共水田一坵丈计二亩，计交客租十四秤零五斤。今因水路不便，自愿托中立契尽数出卖于胡圣修名下前去入田耕种，交租管业。当日凭中三面言定时值价英〔洋〕六元八角整，其洋在手足讫，比日契、价两明。其田皮未卖之先，并无重复等情，如有一切不明，尽是卖者承法，不干买主之事，家外人等无得生端异说。今欲有凭，立杜出卖田皮契为据。

光绪二十一年四月廿二日立杜卖粪草田皮契人　江槐孙（余略）

（2）立杜卖粪草田皮人胡圣勳，今将承父买受阄分水田一备，坐落三十四都六保，土名音坑种芋坞，计田皮大、小八坵，计步数二亩，计交客租十二洋正；又重号同都、保，土名音坑大圣前琵琶形，共计田皮七坵，计步数二亩，二号，计交客租十二洋正，共计田皮三号，共计交客租二十四洋正。今因正用，自情愿托中尽数立契出卖与胡仁美名下为业，三面言定时值价洋十元整，其洋在手足讫，比日契、价两明。未卖之先，并无重复交易，来历不明，卖人自理，不涉买人之事，家外人等毋得生端异说。今欲有凭，立此出卖田皮契为据。

再批：将原价谢〔赎〕回。

光绪三十四年十二月初一日立杜卖田皮契人　胡圣勳（余略）

这两张田皮契，一是说明田皮所有者因其具有"耕种"、"管业"两种权利，随着田皮的买卖，这两种权利也随之转移，这在地契中即反映为"入田耕种，交租管业"；二是从所交地租（在此称为客租）形式来看，之所以于契首冠以"粪草田皮"之概念，很可能占有粪草田皮的佃户，仅仅具有耕种权，他们与占有田皮经营权者的关系，依然是租佃关系，而不是分别占有其大、小买田的关系。由此推论，这里说的"粪草田皮"，是指其耕种权而言。胡圣勳所卖之粪草田皮，并未申明"入田耕种，交租管业"的实质性条约，反映了这一规定于此时似乎并不显得十分重要，田皮受产人所重，无非是出产人所卖出的耕种权，这样，受产人即可自己"入田耕种"，或雇佣佃户"入田耕种"，受产人与最初的田皮占有者即保留其经营权的田皮主的关系，可能还维系一种地主的交纳关系，至于受产人向其雇佣的佃户索取多少客租，则仅能由这个新的田皮占有者决定。另外，关于地租额在文契中的出现，还可能表示在田皮租佃方面所实行的定额租制度。若粪草田皮契之地租属于后者，应当可以认为这个新的田皮占有者与最初田皮占有者的经济关系在此割断，文约中的地租额的规定，是重新实行这个新的田皮占有者和新的佃户之间的地租关系，这是以文约为法律依据，并为乡规民俗所认可的。

总而言之，清代徽州大、小买田交易，尽管在手续和交易形式上存在较大差异，但其

---

① 原件藏安徽省博物馆，藏号 2：222894。

核心却在于区别大、小买田的性质，以便维系买卖双方的经济利益和对文契所履行的义务。因此，在错综复杂的土地买卖文契中，到处可见有关大、小买田性质的表述形式。值此一录的典型地契，如乾隆十一年（1746 年）二月叶廷佐所立卖田契，其田皮的申明颇有代表性。"立卖契人叶廷佐，同侄喜龙，今困乏用，自情愿将承父置土名前坞口田一坵，计租八砠，四至开明，系经理淡字一千二百一十五号，计税八分八厘七毫正，并佃皮，凭中尽行出卖与杨天胜名下为业，三面议定时值价纹银九两正。其银当日收足，其田听从买主管业，所有税粮另立推单，自扒过户输纳。"①可见其"佃皮"的交代是颇为清楚的。在大买田买卖中，亦见有与此相类似的做法。如乾隆四十八年（1783 年）九月歙县人徐济铭出卖大买田一亩九厘，其文契再批："其来脚契未曾缴付，日后拣出，不在［再］行用。其田并无小买。"②与此相佐证的，还有歙县棠樾鲍氏家族所置产祠产、义田，其开列置产田亩后，均标注"该产系小买"的字样。③这都说明徽州清代土地买卖制度中大、小买田交易方式的程式化和制度化。

三、小买田的典当与租佃形态

同土地典当一样，大、小买田的典当亦十分盛行。明代初期，对于土地的典当和买卖，亦见有"质卖"之术语，毋庸赘言。在徽州，清代土地的典当，较早的证明即为雍正十年（1732 年）黄永成卖地文契，他将田产卖与许氏荫祠之后，文约中即注明"其田从前至今并未曾典当他人，重复交易"的条件，④这虽是一般性的叙述，但"典当"这一概念的出现，实为土地文契中较早的例证。由此可证典当的易产方式同买卖方式分离。至于小买田的典当，乃是伴随大、小买地权分割局面的形成而发展起来的一种交易方式。据其小买田的属性，这种典当关系应是专指经营权和耕种权，但大、小买田典当的具体做法，尚需进一步明了。

关于方观福质当小买田于主人宗祠文契，其中"借银六两，每年交白谷一石五斗，出山之日，送至上门"⑤之句，亦反映出田土典当与买卖关系的根本区别在于：出产人所领受的当价银，其本身是本银性质，因此，由此本银而生出的息银，亦以"每年交白谷一石五斗"的形式出现，这在土地买卖中是不存在的。至于挑送息谷上门之条件，乃是作为本银的附加文约而固定下来的力役，是强行附加在当田取银者头上的。这里再举一例，即可明见。"本都本图立当田契人吴根汉，今将原遗赤契二纸，于上场字共六号，计田税一亩九分七厘，塘税一分五厘，土名载赤契上。立契当到许荫祠名下，得当本九五平足纹银四十两正，其银利议定每年秋收交纳风车净谷七十二斗正，挑送上门，不致欠少。如有欠少不清，听凭起业无辞……议定取赎，不论早晚，银到契还，不得阻执。"⑥这是乾隆二十四年（1759 年）九月所立文契，依其批文"外有原赤契二纸附押"，以及契文"听凭起业无辞"所记，可知此为典当与买卖关系转换之关键用语。意思是说，倘若出当人每年交纳银

---

① 原件藏安徽省博物馆，藏号 2：26950。
② 原件藏安徽省博物馆，藏号 2：23504。
③ 鲍琮：《棠樾鲍氏宣忠堂支谱》卷一九《义田》。
④ 原件藏安徽省博物馆，无编号。
⑤ 原件藏安徽省博物馆，无编号。
⑥ 原件藏安徽省博物馆，藏号 2：23483。

制谷物即"风车净谷七十二斗正"有欠少不清，受当人即将其所当产转为杜卖。关于典当与买卖之转换且暂不论，单就其典当所包括的内容分析，即是：第一，出产人得到的当田价银乃为本银；第二，当银有息，其利息表现为每年缴纳一定数量的谷物或其他实物或银、钱等通货；第三，交纳银利不得拖欠，否则，典当即转为断卖；第四，典当田产可以取赎，赎期有签订期限和"不论早晚，银到契还"两种。这样，土地的典当交易，实际上反映了受当人在一定期限内对土地经营权、耕种权的占有，而对土地所有权的占有，则视出当人是否将其田产典当转为杜卖而定。因此，徽州于清代日益发展起来的土地典当制度，是促成其大、小买田权分割的重要因素之一，甚值注意。

由于小买田的独立存在以及其属性与大买田不同，使旧有的土地完全由田主所有而形成的租佃关系，渐渐演变成"一田二主"或单纯地与小买田占有者结下的租佃关系，这是明清时期土地租佃关系发生的巨大变化之一。

从理论上讲，土地所形成的租佃关系，实际上反映了田主与佃户之间的田地地权所有制关系、人身依附关系及地租关系的总和。如前所述，小买田在买卖、典当之后，其出产人一般立有交业契，正式将其小买田交与受产人耕种、管业。至于受产人，乃是拥有其小买田经营权、耕种权的新小买田主，一种新的租佃关系即在此基础上得以发展。而这种新的租佃关系究竟可以维持多久，则是由小买田的买卖、典当来决定的。

小买田的租佃关系，主要表现在借种、吐退、顶种三种形式上。

（1）借种。如道光十六年（1836年）租批"立借种小买租批人郑立商，今借到许荫祠名下小买田二，土名宋铁钉。言定每年秋收交纳风车硬租谷十八斗正，挑送上门，不得缺少。如有欠少，任凭起业，另换他人耕种。"①契中"借种"之"借"的概念，已于前示方观福典当其产后"借银"所见，此处之"借"，则与"租"相类，是小买田出租召佃的常见用语。所以，佃户与小买田占有者的最初关系，似为"借种"，这可由其租批窥见。

（2）吐退。如嘉庆六年（1801年）之退契："立退小买田契人黄瑶珍，今因缺少使用，自情愿将自己作耕小买田一业，计税一亩五分，土名金钱坑，凭中立契出退与家堂兄名下为业。三面言定得小买田价无丝银二十四两正，其银当即收足，其田即交过割，管业作耕，无得异说。"②观其退契，颇令人费解，故有人在研究明清徽州土地买卖制度时，将吐退误以为是买卖形式之一。其实徽州的吐退，其意乃为租种他人田土之佃户，因无力继续出种，将其耕种权退还本家或退与其他佃户，实在应属租佃关系之范畴，而并非买卖。至于吐退时所得小买田价银，其实乃是佃户耗费在该田土之中物化劳动的货币表现，即系小买田青苗或"粪草田皮"的顶种价。吐退形式于明代已见存在。如，"二十四都二图立退契人江千里，今有承父于崇祯五年二月价买赵善传良字四百六十九号，土名一罗干祖坟前后余地，计税一分一厘二毫五丝；又良字四百六十五号，田税一分。今赵汝亨凭中将原价取赎，其价银当即交明收讫，其地随即退还赵汝亨管业。其田地税即于本图二甲江文升户下过割，推入十九都三图十甲赵怀忠户下支解无辞。"③此乃崇祯九年（1636年）八月所立退契，是土地价买取赎而形成退产的典型实例。又如："立退字人刘门徐氏，同男金保、

① 原件藏安徽省博物馆，藏号2：23370。
② 原件藏安徽省博物馆，藏号2：27949。
③ 原件藏安徽省博物馆，无编号。

彩云，原夫手于乾隆三十五年（1770年）租到舒姓名下落马桥下首坐朝西店屋一间，猪栏屋一间，空地一片。至三十九年（1774年）十二月拖欠店租二年未还，舒姓央中催取，是并身无处措办，自情愿凭中愿立退字，将店屋、空地一并尽行还舒姓管业换租。自退之后，永毋异说。恐口无凭，立此退字存照。"①该契系乾隆四十年（1775年）正月所立，并由保长三人作中，为先租后因无力交租金而不得已立下的退字，其性质则与田产租佃田退契无疑。"吐退"契的使用，更可证其性质。如乾隆四十年（1775年）五月二十六日丁又青等人所立吐退契云："今因加添银不凑，愿将内屋基二间，竹园一块，凭中退与堂弟翠山弟兄等为业，比得议价银八两正。"②值得提出的是，同年六月二十三日，"立并契人丁翠山弟兄等，今将又青兄弟名下契内吐回基址二间，凭中出并一间，受字坟草坦一块上首茶园一个，与堂兄开杨名下管业，三面作时价银四两正"。③又可与前契相互佐证，说明"吐"与"退"是出产人和受产人对地产租佃关系的不同表述，出产人退其产，受产人则称之为吐。故之，吐退应是租佃关系的一种形式，不能与买卖关系混为一谈。

由于清代大、小买田的出租，使吐退的形式得以朝三个方向发展。其一，吐退与大买田杜卖的结合。例如，道光十四年（1834年），汪胡氏所立"杜退青苗小麦契"，曾出产1.667亩，得大买田价银18两，小买田价银54两，其中吐退之价银亦包含其中。又如咸丰九年（1859年）立退小买契人程冠群，退回2.4823亩，得大买田价银20两，小买田价银90两。又，咸丰十一年（1861年）立杜退小买田契人胡门吴氏，出田产1.25亩，得大买田价银5.4两，小买田价银9两。④同年立杜退小买田契人胡门汪氏，出卖田产2.22亩，得大买田价银12两，小买田价银16.5两。⑤直至光绪年间，歙县唐模许氏支丁许继伯，其田产4.226亩，退与许氏荫祠为业，得大买田价银24两，小买田价银鹰洋56元，依鹰洋含银量兑换，亦合银40.32两。上述诸例，亦明显可见杜退之田产，其小买田价始终高于大买田价，这与单纯的土地大、小买田的买卖价格的相差日趋接近的状况极不相同。其二，出产人吐退之田产，亦可由其本人或后代找回，重新批与他人。因其产由原受产人经营、耕作，找回之际，亦须付原吐退之人找价，由此观之，这种形式应视为土地租佃关系中较为灵活的方式。例如"立找小买田批人黄瑞珍，因父手退过场字号小买田一业，计税一亩六分，土名大路上，凭中立找批与堂弟媳名下为业。三面言定得受找价足元银十七两正，其银当即收足，其田原管业作种，不得取赎无异"⑥。此系道光七年（1827年）三月所立找小买田批契，从中可见黄氏所找回的小买田，原为其父所退之产，找回后又批与其堂弟媳为业。这里的"其田原管业作种"之意，乃为原吐退之人的意思，并非指原受产人，所以规定这种找回的吐退田产，是不可以取赎的。其三，对于占有大买田者，因其田原小买，佃户的吐退只能是原田主。试看乾隆四十八年（1783年）租批："立租批人鲍文跃，今租到程名下田一坵，计税八分有零，土名竭干石路下。言定每年交纳硬租无须谷十六斗，其租挑送上门，又车尽扇，不致欠少。倘有欠少，听凭本家起业，另召佃人

---

① 原件藏安徽省博物馆，无编号。
② 原件藏安徽省博物馆，藏号2：27964。
③ 原件藏安徽省博物馆，藏号2：22936。
④ 原件藏安徽省博物馆，藏号2：22939。
⑤ 原件藏安徽省博物馆，藏号2：22984。
⑥ 原件藏安徽省博物馆，藏号2：22882。

作种无辞。其田本家并无小买青苗顶头，日后不种，即交还本家，不得私退与他人。"①换佃权亦由大买田主控制。如："立租批人叶继德，今租到许名下大买田二坵，计税一亩六分一厘六毫，土名广千段，凭中三面言定每年租收交 纳时租车净谷三十八斗正。其谷挑送上门，不得欠少。如有短少，听凭起业换佃，无［得］异说。"②这些，都反映了大买田在吐退、换佃上与小买田之异同。

（3）顶种。在徽州，顶种系指佃产之间的相互顶替。佃户在取得该田耕种权之后，可将其田交亲房姻戚顶种，其契或谓之"放约"。如：

> 立放约人章步云，今将本家阉分己下共小顶田七亩三角半，土名水碓前、梅山脚、麻田、社屋下、水塘坞口共成五处，尽行立约出放与宗自友叔名下为业，三面议时值定价洋蚨八十四元整，其洋蚨当即收足，其小顶听凭目下管业耕种，身无得异言。议定每年包身大买硬租谷三百八十七斤，包大买麦二司斗三司升七司合半。先前并无存［重］复交易，亦无内外人等阻挡。如有此情，俱身支当，不干受人之事，恐口无凭，立此放约为据。

> 道光七年正月　日放约　章步云（余略）

至此，有关清代徽州大买田和小买田的发展概况已大致显现出来。稍加归纳，可得出三点看法：一是大、小买田是明代田骨权、田皮权分割的继续和必然结果；二是大、小买田的存在，促进了土地买卖、典当、租佃关系的发展；三是对土地经营权、耕种权的占有是促进小农经济演变的主要原因。

第三节　田骨权、田皮权分割的原因

明清时期，土地所有权从完全由一户田主占有到逐渐分割成为田骨权、田皮权分离，进而在清代演变为大、小买田划分的全部历史演变过程，其促成其地权分割社会、经济及文化方面的因素，都可从当地的土地买卖、典当、租佃契约和大量家乘谱牒、碑刻资料、文集、小说资料中窥视到。

一、地权分割的社会背景

同任何相对稳定的时代一样，明清时期的徽州土地和人口压力，③ 也是南直隶各府县最大的地区之一。应该说，在人口稠密的江南地区，土地垦荒是极为有限的。随着新王朝休养生息时期的结束，各地人口增长与土地不足的矛盾就日趋激化。而素来"田少人稠"的徽州山区，对土地的需求和占有是维持徽州人生存的基本条件。明弘治十五年（1502年）徽人汪舜民所修《徽州府志》云："本府万山中，不可舟车。田地少，户口多，土产微，贡赋薄，以取足于目前日用。观之则为富郡，一遇小灾及大役则大窘。"④这里所说的

---

① 原件藏安徽省博物馆，藏号2：23370。
② 原件藏安徽省博物馆，藏号2：23370。
③ 参阅叶显恩：《明清徽州农村社会与佃仆制》，安徽人民出版社1983年版。
④ 汪舜民纂：《徽州府志》（弘治十五年刻本）卷二《食货一》。与此记述略同者，参见江依濂：《橙阳散志》卷末《歙风俗礼教考》。

"田地少，户口多"之情况，明嘉靖《徽州府志》亦见有类似的叙述："徽州保界山谷，土地依原麓，田瘠确，所产至薄……田少而值昂，又生齿日益，庐舍坟墓不毛之地日多……以故中家以下，皆无田可业。"①明人谢肇淛在游历徽郡之后，将其所观实情记载如下："余在新安见人家多楼上架楼，尚尝有无楼之屋也。计一室之居可抵二三室，而犹无尺寸隙地。"②也说明土地已经成为山地居民最为昂贵的资产。而徽州地区房地产交易盛行，也说明对于宅基地需求旺盛，其房地产价格上涨，已成为明代中期徽州居民最大的生活压力。此外，据明代田土之制，田为水田、旱田，土为山、住基地、葬地、塘等。"无尺寸隙地"的局面，亦反映人口与土地的矛盾，同时造成住房极度紧张。这个问题，清末许承尧也有记载，他说："水南（即指徽州府歙县南乡一带）村落棋布。新安江上游左右地少人多，山农辄梯山筑舍，号曰'山棚'。远望之，如燕巢。"③如果理解没错的话，那么，许承尧所说的情况，大体上反映了徽州早期居民村落大多分布在沿河流的徽州盆地即休宁、歙县盆地地区，而外来移民或因聚落空间紧张而不得不搬迁的本地居民，其建筑房屋只能选择不太适宜人居的山坡上，而山地人口增加的结果是，连可居住的山地也很少了，这就必然促使当地居民外迁。又，若以与江西襟连的祁门县为例，尽管"祁门僻在山陬"，但也是"户繁田寡"④。由于田地寡少，以致民间常为田产纷争。"民讼多山墓田宅，尚气好胜，事起渺忽，蔓滋不休。"⑤可以想见特别"建讼"的地方，其土地资源想必是相当少的，人们为了生存，不得不争夺其有限的土地资源，这也不难理解。但值得注意的是，关于祁门县"户繁田寡"的情况，是根据清道光年间徽人桂超万修志时所作的记述。但如果连同明代以来，该地方志作者及其他地方文献资料来看，也大体上可以反映出自明代以来，"田少人稠"已成为徽州社会的经济状况，当地土地缺乏与生齿日繁的矛盾，早已成为徽州社会经济发展的最突出问题。

由于徽州僻在山陬，其山区的地理条件对农耕也颇不利。汪舜民所纂《徽州府志》"田地"条云："郡在万山间，大山之所落，深谷之所穷。民之田其间者，层累而上；数十级不能一亩。快牛剡耜，不得旋其间，刀耕而火种之。十日不雨，则仰天而呼，一遇雨泽，山水暴出，则粪壤与禾荡然一空。"同书又举歙县农耕之苦状，云："歙人之芸，岁以三四。方五六月，田水如汤，父子祖跣膝行其中，掘深泥，抵隆日，蚊蝇之所扑缘，虫蛙之所致毒。虽数若有不得避其生勤矣。"⑥康熙《祁门县志》亦有同样的记载："农者十之三。厥田高亢，依山而垦，数及不盈一亩，快牛利剡不得用，入甚薄。岁尽，粉蕨葛佐食；即半年，谷不能三之一。大抵东人资负戴［载］，南人善操舟，西人勤樵采，北人务山植，他则行贾四方，恃子钱为恒产，或春出冬归，或数岁一归，然知浅易盈多，不能累千万。"⑦农耕的艰难，收获的薄微，使祁门地方自宋代以来，即形成"民以茗、漆、纸、

① 江尚宁纂：《徽州府志》（嘉靖四十五年刻本）卷八。
② 谢肇淛：《五杂俎》卷四。
③ 许承尧：《歙县志》卷一《舆地志·风土》。
④ 桂超万：《祁门县志》卷十三《食货一》。
⑤ 桂超万：《祁门县志》卷五《舆地志·风俗》。
⑥ 汪舜民纂：《徽州府志》（弘治十五年刻本）卷二《食货一》。与此记述略同者，参见江依濂：《橙阳散志》卷末《歙风俗礼教考》。
⑦ 张瑷等纂：《祁门县志》（康熙二十二年刻本）。

木行江西,仰其米自给"①的状况,至清初,仍"土瘠民贫,岁入无几,故而多取给予水碓、磁土"。②这些方志纂修者关于农耕艰辛的描述,绝不仅见于祁门一地,徽州府属之绩溪、休宁、婺源、黟县诸县方志中比比皆是,其记载大多雷同。因此,足以证明自宋代以来农业耕作艰难状况。当然,由于地少人多,再加上山地农业耕作条件艰难,其粮食产量显然也是较低的。本地的出产品难以满足当地的生活必需品的需求,这即是造成历代山地居民缺粮的根本原因。可以说徽州地理、人口以及水利灌溉、水土保持等因素,必然要求当地对土地制度设计与安排要能够适应土地供给的需要,否则将对当地社会经济造成严重影响。这也是不言而喻的。

二、土地买卖与兼并加速地权分割

明初,建立在土地私有制基础上的土地自由买卖政策,其结果必定是土地兼并,造成土地私人占有制度,必然加剧贫富两极分化,最终演化成为社会的动荡。一方面,土地私人占有促使小农地向大土地集中,使大地主通过买卖方式得以占有破产自耕农、半自耕农的土地,以致破产农民降为佃户,从而打破了一家一户独立生产的自然经济结构,促进了租佃的发展;另一方面,由于租佃制的发展,反过来又孕育出代表佃农经济利益的田皮权占有关系,推动了农业中雇佣劳动制的发展,以及土地买卖、典当、租佃制的发展。其重要的标志,即为地主脱离了农业生产经营,土地经营和土地耕种渐为非田地所有者所为,即表现出对佃户或其他阶层的人对田皮占有权的承认。

明代初期土地的自由买卖,是促成土地兼并的重要条件。其理由,可从下表所列文契得到佐证。这份从洪武二十六年(1393年)至宣德十年(1435年)的置产数目仅是一个大致的统计[其中自永乐二年(1404年)至宣德三年(1428年)之间的置产情况,还未有契约能够反映出来],至少可以得出这样的印象,即汪猷干所兼并的土地,多为自耕农和半自耕农的田产。表中所列地契30件,出卖佃自之田即占15宗,召佃为10宗,未注明佃户的5宗,但据笔者所见其文契用语之惯例,这5宗交易,也系"佃自"之例。其中还有除种己田,又兼佃种他人之田者,如洪武末年朱宗寿之佃户朱胜祐,同时又是出卖其田产,自称"佃自"之人。依明人王世茂的解释:"又次开佃户若干。凡自己无田,佃人田种者皆是。其自己田少,兼佃人田者,亦以佃户论。止注本身有田,不得混开正户。"③这正可说明汪猷干通过土地买卖的合法途径所兼并的对象正是自耕农、半自耕农。他们多由于衣食缺乏,不得不将其田产出卖,以换取谷粮或钱钞,用以维系生活,这从土地交易中受产人支付的价谷、价钞的不同中是可以看出来的。

汪猷干于明代初期的置产全过程以及他所进行土地交易的范围、对象、手段和出产人卖田的原因等情况,由于地契在收集过程中的遗漏,尚不能进行全面的分析,但仅据此,仍可看出其人在40年左右的时间内,是从未停止对土地的购置的。表中所列举30例,置产亦为田39亩多,塘0.711亩。这个数目,与前面所说的徽州"民之田其间者,层累而上,数十级不能为一亩"的田亩状况来对照,应该可看作是不小的数目,这同北方和江南

---

① 罗愿:《新安志》(淳熙二年纂,康熙四十六年刻本)。

② 张瑗等纂:《祁门县志》(康熙二十二年刻本)。

③ 王世茂:《仕途悬镜》卷二。

其他地区的土地状况是根本不相同的。①

表7-1　明代前期休宁履仁乡汪猷干户置买田产统计简表②

年代	出产人	卖田（塘）亩数	租谷额	价格	佃人	资料编号
洪武二十六年	朱宗寿	1.473	14 秤	钞 9 贯	胡辰保 朱胜右	2：26638
洪武二十六年	李资兖	0.813	17 秤	钞 6 贯		2：16802/6
洪武二十七年	张奉	1.383	13 秤	钞 15 贯	胡真	2：26639
洪武二十九年	朱胜右	1.598	30 秤	钞 15 贯	佃自	2：16802/3
洪武三十年	汪何宋	2.167	20 秤	钞 15 贯	佃自	2：16802/2
洪武三十年	胡宗印	1.083	11 秤	价谷 20 秤	胡辰右	2：26635
洪武三十年	朱宗寿	1.179	12 秤	价钞 9 贯		2：26633
洪武三十一年	朱胜右	1.063	23 秤	价钞 30 贯	佃自	2：36634
洪武三十一年	汪午	1.083	11 秤	价钞 15 贯	佃自	2：26636/32
洪武三十一年	胡周	1.05	9 秤	价谷 18 秤	佃自	2：26640
建文元年	汪得厚	0.354	4 砠	价钞 15 贯	胡圣右	2：16803
建文元年	朱胜祐	1.816	15 秤	价钞 30 贯	佃自	2：26617
建文二年	吴碧湖	一角二十五步	6 秤	价银 1 两		2：26618
建文二年	凌胜孙	1.225	12 秤	价钞 12 贯		2：26620
建文二年	胡四	1.429	12 秤	价谷 18 秤	佃自	2：26621
建文三年	李生远	2.463	24 砠	价花银 2.4 两	汪子悬	2：16803
建文三年	汪午	1.638	15 砠	价花银 1.3 两	佃自	2：26622
建文三年	胡真保	田 1.563 塘 0.333	15 砠	价花银 1.6 两	佃自	2：26619
建文四年	胡右	1.238	10 秤	价钞 24 贯	佃自	2：16803/2
建文四年	程原得	1.923	18 秤	价花银 2.4 两	胡真原	2：26632
永乐元年	胡留保	1.917		价谷 19 秤	佃自	2：26623
永乐二年	方添福	1.292		价谷 21 秤		2：26628
永乐二年	李讨	0.733	6 秤	价谷 6 秤	佃自	2：16804/1

---

　　① 徽州土地状况与他地之不同，平为徽人所认识。明人江舜氏在其所纂《徽州府志》中亦云："他郡之田，弥望数百亩，民相与之。岁才一芸，时而既至，禾稗相依以长，而其人亦终岁飨食。"然"歙人之芸，岁以三四"。可见农作之差矣。

　　② 本表所列的地契资料，均收藏于安徽省博物馆。

（续上表）

年代	出产人	卖田（塘）亩数	租谷额	价格	佃人	资料编号
永乐二年	朱舟保	田 1.25 塘 0.128	12 租	价谷 25 租	佃自	2：26624
永乐二年	朱悬祖	塘 0.25	3.5 秤	价谷 4 秤	佃自	2：26629
宣德三年	汪思名	1	10 租	价秈谷 50 租	佃自	2：16806/10
宣德三年	汪思广	1.104	10 租	价官苎布 21 匹	朱 天	2：26647
宣德三年	汪存道	0.513	5 租	价大苎布 7 匹	程 刘	2：26644
宣德四年	胡佛寿	2.125	18 租	价官苎布 56 匹	胡 希	2：16806/9
宣德十年	汪希齐	3.133	20 租	价官阔棉布 60 匹	朱 三	2：16806/3
合计	田：39.608 零 1 角 25 步 塘：0.711					

明初对土地的兼并活动，固然不止汪猷干一例。大凡有财力之富户，大都卷入这场对土地占有权的争夺之中。仍以休宁履仁乡为例，自永乐十五年（1417 年）之后，另一汪姓地主汪希美，即开始大规模购置田产，据粗略统计，汪氏至景泰元年（1450 年）止，共置买田产 65 亩有奇，此外尚有山、土、塘诸产。略晚于汪希美的有汪汝嘉、汪士熙等人，都是频繁进行土地交易的大户。现今所存有关该地的土地买卖文契，大多以这几户为多。而他们所兼并的土地，又多为外姓，这从上面汪猷干置产简表中亦可明见。至于这几户之间的关系，不得而知。现据永乐二年（1404 年）汪汝嘉兄弟所立合同所言，"十二都第三图住人汪汝嘉、汪汝弼、汪汝名、汪汝初兄弟四人，共承父存日置到住东边地一片，土名干塘口，于上长养竹木，闾书上俱作四人平取"①。从景泰元年（1450 年）汪希美、汪希华、汪希政兄弟 3 人所立合同文约②并这一时期的文契分析，汪猷干与他们的关系只是同族，而并非同一支派或父子继承关系。这一点，也说明这些土地兼并者对土地的占有，是依据各自的财力大小决定的。谁的资本雄厚，谁就可以通过土地的合法交易，而成为土地的私人占有者。

三、商人资本流入土地

商人资本流入土地，为农村土地买卖注入了新的活力，并成为明清时期普遍的社会现象。在徽州地区，明代即已出现的土地买卖活动频繁现象，显然与徽州商人资本转移到土地有着密切的关系，这已成为不争的史实。

举例来看：永乐二十年（1422 年），吴文斌将其田产 1.958 亩卖与汪希美为业，受业

---

① 原件藏安徽省博物馆，藏号 2：16768/2。
② 原件藏安徽省博物馆，藏号 2：16771。

人所支付的是"松江布三疋，细苎布一疋"①。宣德二年（1427年），汪汝初卖其田产1.333亩，买人汪汝嘉付与"官布二十六疋整"②。同年汪已干又卖田0.512亩，汪汝嘉支付"大苎布八疋"③。宣德五年（1430年），朱礼卖田一亩四分四厘六毫，受主人朱社童支付"纳官绵布三十八疋"④。除了用布作为支付手段之外，明代前期还盛行用谷物来偿付地价，这从汪獣干置产统计中即可看出。这种用实物支付的现象，当然不能认为是一种进步，但却可以说明在严重缺粮的徽州地区，土地交易以实物布匹、谷物作为交易物，这不仅说明徽州地区在明代土地买卖中粮食和布匹曾被当作通货来使用，同时也说明粮、布与货币、土地价格形成一定的比价关系。如果将其与同时期的银、钱、钞、米粮、布等物料、货币、地价进行比较的话，可以说土地价格在明代前期相对稳定，只是随着明代中期后人口压力的增加才促使土地价格上涨。

此外，从徽州土地买卖的支付手段发展趋势来看，大概经历了宝钞——米谷——布匹——银两的发展阶段。大明宝钞的衰微，当与钱法有直接的关系，⑤米谷作为支付手段，除反映地租形态的转化外，则同布匹、银两的使用一样，是与徽州商人中的粮商、布商经营有关。银两从明初即已见使用，这与明代规定民间不许用银的制度不合，但土地买卖中的白银支付的现象十分普遍，极可能也与徽商携入其商业利润，并将此投入土地有直接关系。⑥

四、"寄产"与"在城地主"的出现

从土地经营权与土地所有权的分离方面考察，对地权分割影响甚大的是寄产和在城地主的出现。

先看寄产问题。寄产以逃国家田赋，明初即已有之。明人田艺蘅《留青日札》云："又二十年，浙江布政司进鱼鳞图册。先是命户部核实天下土田，而两浙富民畏差役，往往以田产诡寄亲邻、佃仆，谓之贴脚诡寄（亦作铁脚诡寄）。久之相习成风，宁里欺州县，州县欺府，奸弊百出，谓之通天诡寄。而富者益富，贫者益贫。"⑦由此可知寄产与国家田赋制度及社会贫富分化有直接的关系。

至明中叶，赋役繁重又造成其寄产之风的盛行。在田赋方面，明人顾起元云："自嘉靖中年，田赋日增，田价日减，细户不支，悉鬻于城中，而寄庄户滋多，寄庄田纵甚多，不过户名一丁，后或加一二丁，人且以为重役。其细户，田既去则人逃，即不逃而丁口不复隶于图册，其日削势固然也。"⑧在役法方面，以明代马政为例，"明嘉靖以前，有田租五十石者，要养马一匹，养夫一名，名曰马户、夫保。如租百石，养马二匹，夫二名。遇官府及差役往来，不分日夜，取马与夫跟之至交界而回。络绎答应，苦众破家，乡宦户

---

① 原件藏安徽省博物馆，藏号2：26630。
② 原件藏安徽省博物馆，藏号2：16806/2。
③ 原件藏安徽省博物馆，藏号2：26642。
④ 原件藏安徽省博物馆，藏号2：16806/8。
⑤ 参阅彭信威：《中国货币史》第七章《明代的货币》。
⑥ 参阅傅衣凌：《明代前期徽州土地买卖契约中的通货》，载《社会科学战线》1980年第3期。
⑦ 田艺蘅：《留青日札》卷三十七。
⑧ 顾起元：《客庄赘语》卷二。

亦不免。归来宦豪皆淡，无豪强兼并之风。民有限田，家无甚穷，谷无甚贵"①。正因为如此，民田中之寄产就成为官府最难以征收田税的漏隐之业。正如明人王世茂所言："田粮飞洒、诡寄等弊，日积月盛，清查为难。"他认为"盖田粮所以多弊者，由实征黄册之不同，巧立女户、子户、寄庄，名色不一"②。总之，明代土地所有者为摆脱官府的控制，减少或逃免上纳田赋地租、充当夫役，而不得不把己产寄与亲邻甚至佃仆之名下。这样一来，土地所有者自己即迈出了同土地经营权分割的第一步。这种由明代赋役制度而引起的寄产现象，也就成为进一步导致传统社会土地私人占有权分离的重要因素之一。

从徽州明清时代的寄产情况来看，民田寄产也经历了由寄与亲邻佃仆、进而寄与会社、最终演变为宗族族产的发展过程。尽管寄产的对象千差万别，但其实质都反映了地主与土地经营权的分离。如明万历三十年（1602年）十二月一日黄希中、黄积中、黄太初等人所立寄产合同记载："绩溪县七都十甲立受寄代纳合同人黄希中，今有歙县本家堂兄黄全初、完初等买到绩溪县土名中王水竹坞口等处风水，因无寄庄户籍，自愿受寄本户，代为支解税粮。均摊一应等项，每地一亩，照官则加耗上纳，递年钱粮依期收领完官，彼此不得生情异说。"③但据该合同所开列田土清单来看，其寄产并不全为"风水"地，而多为田产。黄全初、黄完初兄弟等于本邑歙县外所买的田地，均入其绩溪县堂兄黄希中户内，并由黄希中代为交纳田税钱粮，可见黄全初等是不参与对土地的耕作经营的，他们与黄希中的关系，仅是每年按合同所议条款按期交纳田粮正银和耗银，以作为寄产税，即偿付受寄人对其田产的管理费用。其大致标准是：黄全初共寄产田地5宗，其中田有2.346亩，议定每年交纳钱粮耗银0.16两，即由黄全初年纳耗银0.128两，黄完初纳银0.032两。又有山地2.178 3亩，每年交正耗银0.14两，全为黄全初之产。万历四十一年（1613年），黄氏兄弟又据此合同协议，寄产田0.74亩，每年交钱粮正银0.034 3两，加耗银0.017两；山1.78亩，年交正银0.072两，加耗银0.032两。其寄产利益之大，可想而知。

可以证明寄产人贴银与受产人交纳钱粮的例子，还有万历四十二年（1614年）二月长寿会寄产案例。

长寿会所价买的珠溪僧田，寄号僧悟林之后，每年所收的"无分荒熟"之硬租30秤，只要寺僧每年支付银2.1两，即可将23秤之租谷据为己有，因为该会要支银1.3两"付僧管办祝寿"，另外又"贴僧纹银三钱上官交纳"钱粮，长寿会占有其硬租谷7秤有余。这正反映了田土所有者占有田骨权所收的地租数额，而占有田皮权的寺僧悟林，将其经营权和寄产税贴银一起算，即占有高于田骨所有者3倍的地租。至于寺僧付出的谷价银，则是以"每秤价银七分算"，则应认为是佃户交纳地租（硬租）30秤中之22余秤，如寺僧受寄并据有经营权的计值标准，其实是按略低于正常年景的市场价格议定的。④

以上两例，皆为明末徽州人于当地的寄产。更有甚者，则是因主远居他邑，而将其产寄与在家守业之人。清人廖腾煃言："休宁巨族大姓，今多挈家藏匿各省。如上元、淮安、

---

① 陈鸿：《熙朝莆立青小纪》。
② 王世茂：《仕途悬镜》卷一。
③ 原件藏安徽省博物馆，藏号2：26770。
④ 这里所说的"秤"，与之前的"砠"，均为徽州民间量度。一秤约合今之17至30斤不等，一砠约合今之15至35斤不等。至于粮价，以明末《醒世姻缘》所见，小米每石银五六钱，谷每石银5至8钱，细色稻米每石银2两。

维扬、松江、浙江杭州、绍兴、江西饶州、浒湾等处。其祖父丁粮，概行寄托穷亲当役应卯，不免遭其吞蚀，及手征比，仅余皮骨，法无所施，以致钱粮多有不清。"①以此推之，明清之际休宁既如此，想必他县更不待言。

寄产的必然结果，是土地所有者脱离了土地经营，使地主中一部分由农村转到市镇，从而出现了"在城地主"与"在乡地主"两种土地所有者。在明代，由于"在城地主"的日渐增多，导致了土地私有制的分化。如从明代正统年间周克敏等的产业讼案，即可看出在城地主与土地经营的关系。

在城周克敏，同西都谢振安，共有承祖经理管业得用价买冯宅山地一片，坐落十四都七保，土名吴坑口里，系经理一千九百五十九号，计山二亩，又一号系一千九百六十号内山一亩二角，克敏等管业得一千九百六十号内山一亩二角。仍有一千九百五十九号山二亩，是西都谢能静管业。今克敏等抄出该保新旧经理，谢、冯二宅俱有祖户名目，及二号山地相连，田至不明，是以争论。今二家才欲紊繁，凭众议逊，将前次一千九百五十九号、一千九百六十号共山三亩二角，并作对半经业，克敏同振安共业一半，计山一亩六角；能静一半，系山一亩六角，系能静一人管业。写立合同议约，各收一纸。自议之后，各照合同为始，照依分法，永远共同管业，日后子孙不许争论。如违，听赍此文理治无词。今人无信，立此合同议约为照。

正统元年丙辰岁九月初八日　立约人　周克敏②（余略）

最初由周克敏、谢振安共同价买的冯宅山地三亩二角，由于谢氏振安、能静管业方面所开四至不明，以致形成争论。这样，在城周克敏即将其产对半均分，谢家各得一半，周克敏与谢振安的一份，实际由在乡谢氏经营，在城周克敏是无从再去管理山场的。显而易见，原管山业之谢能静，即通过这份合约文书，从此据有一亩六角山业的管业权，同原出资之周克敏、谢振安"永远共同管业"，并执这份具有法律效力的文约，来制约"子孙不许争论"，对敢对此异议者，还可以"听赍此文理治"。

在田地的买卖方面，"在城地主"也多抛出售卖。如嘉靖元年（1522年）正月十八日，"在城方伿，原与兄二契共买水田一亩六分"，方伿取其中八分，"出卖与五都洪起干、喧积、瑞、侃等名下为业，面议时值价细丝银九两正"③。又如天启二年（1622年）十一月初九日，"在城方本清，原用价买受到三四都詹应奇同侄宗寿基屋三间，并地骨在内"和地一块，计二十步零四分，于此时"出卖与三四都詹元豪兄弟名下为业，三面言议时值价银五两五钱正"④。这些，足可说明明代一部分地主乡绅居住于城镇中，对土地的控制力日趋渐弱，他们所关心的并不是如何进行土地经营即对佃户的控制，而是尚未卖出的田产所剩余的地租，甚至出现单纯出卖其收租权的现象。如明崇祯十年（1637年）十二月初十日余元声卖田赤契所示："立卖契人余元声，今为无银支用，自情愿将承祖父阄分得租田一处，土名张边低基，系阙字一百六十六号，本边该租四砠二十斤，佃人俞四九，计步□正、计税□正；又将土名下尾，系阄字二百三十一号，本边该租三砠三斤，佃人俞十仔，计步□正，计税□正；又将土名湖头大路边，系阙字一千三百九十二号，本边

①　廖腾煃：《海阳纪略》卷下。
②　原件藏安徽省博物馆，藏号2：16770。
③　原件藏安徽省博物馆，藏号2：26386。
④　原件藏安徽省博物馆，无编号。

该租五砠，佃人潘伴当，计步□正，计税□正；又将土名湖头店前，系阙字一千五百二号，本边该租七砠正，佃人程进宝，计步□正，计税□正；又将土名皮园，系珠字三千九百三十八号，本边该租四砠，但人尚路，计步□正，计税□正。以前共租六宗，共租三十一砠三斤正，共计则［步］□正，共计税□正，四至照依经册，凭中立契出卖与余廷球名下为业，三面议定时值价文［纹］银五十八两正，其银当日收足，别不立领。其田一听买人收租管业，税至册年听到余文盛户下起割，过户解纳，本家并无阻当［挡］异说。"①据其契再批，"所是契内田价文［纹］银尽收足讫"语看，这笔仅仅出卖其租权的所谓田产交易是成功的。出产人余元声，大概仅知其祖遗产的土名和字号，至于田产面积大小，上纳田税额之数量，几乎全然不知。唯一使他看重的是收取地租的租额是多少及交租之佃户姓名。连同上举之嘉靖年间叶表卖田文契，说明这一时期在城地主重租轻佃，甚至于同土地经营逐渐脱离的现象也是普遍的。

五、乡村中的分家制度与土地零细化

从徽州家庭财产的继承制度方面考察，乡村分家制度使私人财产权分割并促使"股份"财产经济独立化。简言之，就是在徽州的各个家庭中，都奉行分家的制度。分家的方法，有阄分、标分、祖遗、承继等多种形式。无论其子有多少，大都采用平均分产的原则，使其子孙今后不致为分家不公而引起纠纷。一般来说，子孙对于祖宗之遗业，大多不析产于外人，即使是在不得不出卖其产业的情况下，也得先尽亲房，后问本族，若无人受产，方可卖与外姓。②同时，祖宗遗言及乡规里俗对宗人售产也有一定的限制。这是反映宗族生活中土地买卖受到压抑的保守的一面。

现在的问题，第一，由于分家制的盛行，其财产的再分配出现极不合理的现象。明代前期，徽州土地买卖中已出现"分数田"，即占有祖遗产业之一分或称数股，都可由其继承人出卖，而出卖田产的原因，又多为管业不便或由于分家而造成生产资本的缺乏，而不得不出卖其产，兄弟分家之后各房展开的对财产的侵夺即是明证。第二，富户的分家，财产在分配方面大都可以做到平分，但对于佃民细户，他们所分配给后代的只是继续佃种主田的权利。若一户有数户租种权。这样世代相沿，无论是富是贫，皆如此进行反复地、不断地再分配，这就使徽州的土地占有权显得越来越小，同时又为有力之户通过土地买卖的方式占有较多的土地创造了条件，甚至个别"力农"的佃户，也有可能占有较多的土地。第三，从另一角度来看，分家制度又为徽州民间的土地独立性经营开辟了道路。不少史料证明，分家后所形成的若干产权，使其子孙赋有独立生活和进行各种交易活动的能力。尤其表现在佃户之中，其耕种权能够父子继承，这就使佃农有了一定的生产积极性，势必将更多的物化劳动投入到农耕中去，而耗费在农耕中的活劳动，其效益也并非仅限于半年数载，如垦荒地为熟田而修水利等，这就使其世代耕种的田地因佃户的耕耘而具有更高的价值，这种价值的货币表现形式就是田皮价（清代小买价），其在法律方面应据有的土地权益，就是田皮权。而田主所具有的田骨权，实际上仅应是最初支付购置田产的地价和其他方面开支的货币总额的利息，即其投入的全部土地资本的利息。总之，明清时期地权的分

---

① 原件藏安徽省博物馆，藏号 2：16818/9。

② 参阅彭超：《休宁〈程氏置产簿〉剖析》，载《中国社会经济史研究》1983 年第 4 期。

割原因是多方面的，更何况这种现象并不限于徽州，江南其他地区以及福建等地，也都先后出现了地权分割的现象。至于佃户同地主的斗争及永佃权问题之所以成为农村下层社会的斗争焦点，想必是同维护农民田皮权即耕种权有直接的关系。

综上所述，对徽州地权分割的历史演变及其社会经济原因的看法是：

第一，中国封建社会末期民间私人地主土地所有权被分割成为田皮（小买）、田骨（大买）两种地权，其本身是建立在土地私有制的基础之上，无论是大买田还是小买田，都未脱离土地私有制的范畴。但是，小买田的出现，使对土地占有者都成为地主，佃农占有田皮权即小买田，其依据就是土地经营权、耕种权与土地所有权的分离，其中经营权往往表现为田皮权，而耕种权较复杂，一是佃户对土所享有的永远耕种权，即永佃权，这种权利可以继承，也可由佃户出卖，或是由佃户吐退，亦可退耕、找回，更为重要的是佃户还能召人顶种，实际上就取代了早期田骨占有者的召佃田权。①二是田主与耕种人按一定标准而议定"分成"办法，久而久之，沿为制度，为乡规习俗所共同遵守。这种主人、力坌分成制，多表现于山场经营之中，对田地的经营也多有影响。

第二，地权的分割使田皮占有者的地位发生变化，其中一部分人有可能上升为田主，明清时代徽州"一田二主"的俗语，即表现为生活在社会最底层的佃户同时受到田骨占有者和田皮占有者的剥削。但作为小买田主，由于可以将其田皮召人顶种，实际上就产生了最初形态的农业雇工制度。清代中叶吐退、顶种的交替出现和广泛流行，正说明了农业雇工制度的盛行。因此，田皮主与另召顶种之人的经济关系，是值得加以重视的。

第三，明代土地自由买卖、典当及田赋制度，对民间田土占有关系的演化产生巨大的影响。尤其是田赋的日益加重，使一部分地主从乡间移居城镇，并逐渐与农业生产疏远直至分离，这就意味着地主势力在农村的削弱，同时对佃户的实际控制力也日渐减弱，为佃农经济的成长提供了条件。寄产的风行和在城地主的日益增多，又产生地主阶级中"乡绅"、"缙绅"两部分人，因此，可以说农村小农经济是商人资本、高利贷资本、土地资本成长的社会经济基础。

更为重要的是，在明清之际佃户争取其田皮耕种权的同时，巨宗望族之宗族经济的兴起成为主要的经济力量，并使相当部分的小农经济日趋瓦解。关于宗族经济的性质，固然不可以封建经济一语断之，但至少可以认为，这种以"收族敬宗"、"瞻祖睦族"等名义而集中的大量田、地、山、塘产业，则是以地主、商人、退休官宦为其骨干并投入大量资本而购置的，他们通过土地买卖、典当等途径，得以大规模地兼并包括地主在内的所有人的田地产，而这种兼并活动，是通过宗族立祠户、族户来实现的，并得到封建统治者的提倡和庇护，更为地方官府纵容、支持。这样，宗族经济的形成、发展过程，就反映了传统乡村小农经济的衰微和破产。宗族对土地的占有，基本是同时占有田皮、田骨的。因此，地权由逐步分割到二权统一的局面形成，就使徽州土地制度进入宗族所有（至少是名义上的部分集体所有，实质应为商人和少数地主、官僚所有）、宗族经营的道路。这大概就是传统小农经济发展缓慢的原因所在。

---

① 关于召佃，明人陆深《停骖录》言："召佃之名亦自宋贾似道公田始。咸淳戊辰正月，改官田为召佃，召人承佃。自耕、自种、自运、自纳，与合法不同，而其来有年矣。"

● 拓展学习

免田制与民间土地逃税问题

在明朝，灶买民田日益普遍化，这显然是国家对于专门从事盐生产的灶户免田优待的结果。而明朝灶户大量购买民间的田产，又加速了灶户与民户田地诡寄现象的扩大。无论从什么角度看，明朝灶民丁田诡寄都是对明朝灶户劳役制的巨大冲击，是使其制解体的重要因素之一。另外，作为明朝统治者，对维护其统治基础的赋役就更加重视了。在弘治二年（1489 年）行免田法的同时即规定："若奸民诡寄田粮，及豪强灶户全家隐占差徭者，就将多余丁田，照数收补。逃故灶丁诡寄不多者，依律问罪，田粮改正。"至弘治十八年（1505 年），又规定："其有丁无田者，不许他人将田诡寄户下，影射差役。违者问罪，照例充灶。"① 可见在具体规定免役田亩数之时，田粮诡寄已成为普遍的社会经济现象。

稍加归纳，灶民田粮诡寄，大体有四种形式：

（1）诡报多丁。《（万历）杭州府志》卷三一《征役》云："自立法以来，贫灶无力置田，无田可免。而豪灶生奸，至有一户诡报二十丁，少亦不下十丁者，盖未离襁褓，俱已挂名，义男女婿，一概混列。每遇审编丁田均徭，田连阡陌者概得冒免。上司惟知恤灶，不知所恤者皆豪灶，非贫灶也。"《（万历）杭州府志》所述情况，在徐元旸《剂和悃诚》中得以证实。据载，海宁县有田灶丁为 2 866 丁，无田灶丁则有 1 798 丁，如按免田法，无田灶丁的免田额则为 17.98 万亩。又如西路场，灶册所载额丁为 4 664 丁，而见在丁则为 5 373 丁，若按见在丁免田，则多免田 7.09 万亩。这多免的田，无疑为有田之"豪灶"提供了隐占丁田的机会。此外，隐占帮贴余丁，也是隐丁手段之一。如两淮，嘉靖八年（1529 年）两淮巡盐御史朱廷立《禁约》"四曰均灶课"云："灶丁有贫富之分，课程无彼此之别。访得：各场有等冠带义民及散官名色，假以优免为名，及豪民跟随场官，隐占帮丁，希图免课，不无偏累，贫灶负屈无伸。"② 这都是在"计丁免田"下的隐丁冒免。

（2）富灶田产诡寄。按照"计丁免田"，自然"不分贫富"，然"惟免田一节，止及富户，不及贫丁"③。富灶多余之田，往往诡寄贫灶。詹玺、高贯《均科差议》有云："各灶乘其优免之例，或大户贿赂，或受亲戚嘱托，故将田亩恣意寄受户内，有五七十亩者，有二三十亩者，一应科差，概予优免，小民差徭，未免愈重。"④ 这里所说的"大户"，可能也有部分民户，不唯富灶。这种情况，亦见于福建。谢肇淛《福建运司志》卷六《经制·清核诡寄》曰："盐场灶丁有田粮者，照丁优免，往往奸顽富户私通贫灶，嘱托飞诡田亩，在户倖求优免。俾小灶徒负有田之虚名，富豪反受免田之实惠。"

（3）民田灶田互寄。万历三十三年（1605 年）七月星石《上陆都运灶议》有言，"灶田故寄民图，民田亦诡寄灶户"，其结果，"每岁编徭，三年一发，耳目易眩，虚实难

---

① 陈仁锡：《皇明世法录》卷二八《盐法·凡优处灶丁》。

② 朱廷立：《盐政志》卷十。其中说"冠带义民及散官名色"所免丁役，亦仿照盐生家免丁例。此制最早见行于正统十年（1445 年）"令监生家免差役二丁"。至嘉靖九年（1530 年），优免范围扩大到灶户。陈仁锡《皇明世法录》卷三九《赋役》云："各该灶户内，有举人、监生、生员、省祭史役，照有司事例，一体优免。"说明灶户免丁与民户开始一致。嘉靖四十一年（1562 年），户长亦免一丁。户部覆御史徐《条陈盐政事宜》载："其免丁各以户头为据，止免户长一名。生员之家，亦照见行事例，於民田议加优免。"（见《明世宗实录》卷五一六，"嘉靖四十一年十二月"条）所谓灶户免丁，不过如此。

③ 《重订两浙鹾规》卷三《优恤灶丁》。

④ 朱廷立：《盐政志》卷七。

查"。而灶民田互寄，于双方均有利。两浙都转运盐使司《为恳救偏患裕国苏灶事》说："或本无田，而诡民田于灶户，希求冒免之恩；或本有田，而诡灶田于民间，规免总催之役。"① 而灶田民田互寄情况，并不仅限于多田之富灶。富灶诡寄向贫灶诡寄的移行，当是值得注意的问题。对于这种转化，嘉靖十八年（1539年）两浙巡盐御史陈也辅《清诡寄以除弊端》疏记述甚详。疏云："田有全户优免之例，则其间诡寄之弊，不在数丁以下穷户之内，多在二三十丁以上田多之家。该前御史赵春②灼见前弊，改以二三十丁以上者，每丁止免田一十亩。题行户部议拟，二十丁以上者，每丁除田二十五亩，以课尽而止，其余田亩，俱发有司当差。其法尽善。故丁多大户，优免有限，莫遂影射之奸。近年以来，诡寄之弊，不在二三十丁以上当灶之家，反在数丁以下穷户之内。或小灶明受亲戚嘱托，而容寄在户者有之；或里书受人私贿，及将自己田亩暗寄，而灶户不知者有之；或附场卫所豪富官军承买灶田，不行过割者有之；或灶买灶田，仍存原户，以觊优免之数者有之；或田多富民，因其灶户办盐人丁，一丁免田二十五亩，而每户花寄田一二十亩，或三四十亩者有之。一遇编金均徭、水马等差，有司验其丁田俱免，致使小灶徒负有田之虚名，富豪反受免田之实惠。"③ 在现实生活中，灶民田产诡寄情况，恐较以上所说要复杂得多。尤其是灶买民田的趋势愈演愈烈，终于成为各地盐产区的普遍现象。

（4）灶买民田。此种情况，明中叶以后日益普遍。如在广东，前引林希元《陈民便以答明诏疏》有云："殷实灶户，多买民田，全免科差，府县官遂将灶户与民一般编差。"可见灶买民田不在少数。又如长芦，段如蕙《（雍正）初修长芦盐法志》卷六《灶籍·各场地亩》记弘治免田后，"奸灶置有民田，意欲欺隐税粮。执全户优免之说，概称灶产为灶地④，抑或奸民觊免粮差，称民田为灶地，年久地更两相混淆，致亏国课"。又如两淮，"灶户置买民田，不复应当科差，以致小民独累，其害有不可胜言者"⑤。

综上所述，劳役制下的免田法，终因诡寄而失败。灶户为摆脱劳役制的束缚，最简单的方法莫过于隐占丁田。这一点，连明朝官吏也大为感叹。星石《上陆都运灶议》中写道："祖制，免田恤灶，而反滋民间诡寄之奸。"于是在万历十四五年间改制为"灶田概不优免，与民一体征银，发场抵课"。其具体方法是，由盐运司"通行各县，查将属县之灶，每年审编之期，将场灶免田银数，造册发场，于业户名下追银，以抵众灶应纳之数"⑥。但无论是"变免田为征银"，还是"改发场为县解"，尽管明朝官吏们说"法愈变愈精美"，可是所谓"诡寄"、"隐占"诸弊端却并未消除。从灶户方面讲，由于灶丁优免杂役制根本无法实行，灶丁备受有司差役勾扰，负担沉重，不得不以逃移的方式进行反抗，这是造成明朝灶户役制解体的重要因素。应该承认，明初金民为灶的"民"，本系沿海地区的富裕自耕农阶层，他们不从事煎盐作业，却承担朝廷盐课，同时也享受免田优待，然其盐课则大部分转移到煎盐的"穷丁"、"贫丁"头上，不煎盐的"水乡灶户"则

---

① 徐元旸：《剂和悃诚》。

② 赵春，字体仁，四川巴县人。正德十年（1515年）任两浙巡盐御史。见《（雍正）两浙盐法志》卷十四《职官》。

③ 陈仁锡：《皇明世法录》卷二九《盐法》。

④ 此"灶产"即"事产"，多为灶户私有田地。而"灶地"也包括官拨荡地、滩池地之类。官地概不应粮差，故有指灶产为灶地者。

⑤ 《（万历）兴化县志》卷三《田赋》。

⑥ 两浙都转运盐使司《为恳救偏患裕国苏灶事》，载徐元旸《剂和悃诚》。

承担煎盐灶的"工本"。朝廷实行免田制，恰恰是朝廷已无力支付灶户工本，而不得不依赖于水乡灶户，可以说水乡灶户是明朝名副其实的杂役优免户，是免田法中受惠的主体。明中后期灶户役制的失败、富灶经济的兴起，当与免田制有着直接的关系。

问题与讨论

1. 土地交易日渐频繁导致的必然结果是国家对于土地究竟为谁所有、由谁耕种的情况失去控制，直接导致土地赋税的减少。阅读以上资料，你认为土地交易必然带来土地失控现象的发生吗？从国家制度和政策的角度看，国家对于土地交易该如何管理呢？

2. 随着经济的发展，农业所提供的税收已经作为农民的收入被减免，从这个角度说，传统社会的免田制度对现代社会中农民的农业税减免有什么借鉴意义？

3. 传统社会的赋税与现代社会的税收有什么差别？请以发达国家的案例说明农业在国民经济中的地位问题，谈谈你对农业产业究竟如何发展的看法。

分组讨论

1. 目前我国的农民、农村、农业问题突出，不仅成为我国社会经济发展亟待解决的问题，对中国未来发展也关系重大。你怎么看我国的"三农"问题？

2. 土地分配到户后，农村土地变为小土地，如何提高土地的收益则成为农业生产率研究的大问题，谈谈你的看法。

3. 我国传统社会中的土地与房产的继承关系，可以从"祖遗"产业和"分家书"中知道其家庭固定资产分配的基本制度。举例说明你对当代处理房地产纠纷有哪些模糊认识。

思考题

1. 为什么说土地关系与农村经济发展关系极为密切？

2. 现阶段中国所实行的土地流转政策会形成怎样的土地关系，请撰写提纲，对现代中国土地关系进行简要的描述。

3. 请举例说明土地流转的负面影响。

作业题

1. 对于农村住宅用地即宅基地的管理制度，当代的土地政策与传统社会的相比有什么不同。宅基地可以买卖吗？

2. 为什么现阶段我国城市郊区农村建设的"小产权房"不能进入商品房交易市场？在政策上怎样理解？请说明城市商品房的土地政策和小产权房的区别。

3. 简要说明土地的供求关系同房地产涨价的关系。

第八章

中国传统社会的乡村组织

传统中国农村中的社会组织，乃是以宗法制度为其组织框架，并在农村社会中发挥支配性作用。农村宗族组织的兴起与"敬宗"活动有密切关系，而"宗"社会地位的提高，对于明清时期地方农村社会的整合有深刻的意义。为说明宗法的社会含义，本章集中就宗子法的基本内容、徽州地方社会的宗法观念与习惯做法、"始祖"确立的意义与祠堂制度之关系、"进主"制度与祠堂祠产制度的关系诸方面进行论述，以求对传统社会中的农村组织制度有新的认识。

第一节　传统农村社会的宗子法

传统中国农村社会，最被世人所重视的是父系血统的纯洁性，这就自然而然地架构了"宗子"的"法"的系统。但对于明清以来江南地方社会中的家族来说，如果说宗子的确立是组成所有亲属关系的核心内容的话，那么，对于整个家族而言，其宗族所重的则是"宗"而不是"祖"。换句话说，宗族组织是在"尊祖敬宗"的旗号下，借以强化和提高宗族的社会地位，实现"宗族"在地方社会中的整合作用。为何如此，恐有更为深刻的含义。

一、中国传统宗子法的基本内容

中国地方社会的宗族与地方社会经济的关系，是近年来国内外学术界研究较多的课题之一。由于徽州地区现存有大量的地方文献资料，为中国地方社会研究提供了丰富的研究素材，以致近年对徽州地方社会宗族的研究，为中外学术界所关注。

在宗族研究中，过去的研究成果，一般认为明代以来徽州宗族的兴起，强化了封建宗法制度，维护了封建统治。但从大量的宗族资料看，明代中期从宗族观念到民间的宗祠制度及当时祭祀制度等方面，都反映出轻"祖"重"宗"的倾向。这种倾向是否意味着当时所兴起的宗族以及以宗族为主体的地方社会具有整合的意义？这一点是不清楚的。

关于宗子法的基本内容，以前学者多有论述，此不赘言。但有两点需要注意：一是宗子法的意义远远超过家训。对宗子法与社会整合的关系问题，北宋张载阐述得最为明确。他认为，"且如公卿一旦崛起于贫贱之中，以至公相"，如果"既死，则族散"，一人富贵，"止能为三四十年计。造宅一区，乃其所有，既死，则众子分裂，未几荡尽，则家遂不存。如此则家且不能保，又安能保国家？"因此，他主张立"宗子法"，"以管摄天下人心，收宗族，厚风俗"①。按照张载的说法，宗子法的功能主要在于通过宗族社会组织形式，为国家造就能担当"公相"大任的人才，即便是在战乱时期，国家对于匡世之才的养育，也只有通过宗族生活方式的培育才是最有效的手段。如果无家可保的话，那么，所谓"保国"也就成为一句空话。可见，张载所谓立宗子法的目的，显然是为以出身"贫贱之中"的"公相"为中心的官僚体系来营造源源不绝的社会基础，这自然成为传统国家开始重视宗族组织的重要原因之一，同时也为后世宗族祠堂制度的建立提供了理论前提。二是宗子法确立标准和经济成分。张载认为只有"大臣之家可立宗子法"，其具体做法是"以嫡长为大宗，预计所有家计，厚给以养宗子"。宗子除自供外，将其余部分"均给族人"，但宗子则仍要依朝廷之法，对于族人应"须管遵依祖先之法"。此外，还规定宗子"庙其祖祢"，支子则不能别祭。唯有如此，才能"严宗庙，合族属"。由此可见，宗子法的实现，是以宗族祠堂制度的建立为标志的，而祠堂支配地位的确立，实质上确立了祠堂与农村地方经济的关系，其具体的表现即是以祠堂为中心的家族产业的兴盛。继张载之后，南宋大儒朱熹进一步发展宗子法，明确地提出在每个家族内建立奉祀高、曾、祖、祢四世神主的祠堂。为了保证祠事活动世代不绝，朱熹提出宗族在建立祠堂时，须从高、曾、祖、祢四世神龛中取二十分之一的田地作为祭田，亲尽则将此田作为墓田，仍由"宗子主之，以给祭用"的主张②。这样一来，朱熹的方案，实际上就打开了祭祀祖先的精神活动与发展宗族经济紧密结合的大门。

二、徽州地方社会的宗子法案例

在江南地区，因徽州山区乃是宗族盛行之地，其地方精英及社会普通民众对宗子法的认知程度，想必较其他地区高，故可作为典型地区进行分析。在这里，且以休宁《茗洲吴氏家典》的作者吴翟的看法作为典型例证，以了解清代康熙时期徽州士大夫对宗子法的基本认识。

吴翟在《茗洲吴氏家典》卷二《宗子议》中认为，"自汉以来，其法已废。至宋圣人出，昌言正论，提撕警觉，而颓风依然未复于古。沿及后代，卿大夫起自庶士，世嫡未必皆贵且贤，又世竞舍宗立长，世嫡反置卑幼之列，则言宗法于今日难矣"。且不论吴翟描述的宗子法演变过程是否准确，但至少可以看出宗子法的确立已成当时徽州地方社会精英阶层非常关注的大事。因为如果"此法不修，上无以为先祖主，下无以为宗人之所尊。宗人不尊，何以统理族人？无以统理族人，则冠昏丧祭之间遂处隔碍"。所以在乡村士人的观念形态上，"宗法之重"乃是维系宗族或者说村落社会秩序的制度问题。

至于实行"古宗子法"的具体办法，茗洲吴氏也是有所变通的。主要是"吾族自迁祖以来，宗法坏矣。而其应为宗者，又皆星散他处，或故绝无人。今诚准占宗子法，以次递及其应为后者，立冬至、立春之祭。其各支高、曾、祖、祢之在庙者，各就其宗子主之。如宗其为曾祖后者为曾祖宗，宗其为祖后者为祖宗，宗其为父后者为父宗"。这样做，"于朱子所论祭祀用宗之意，或有当焉"。

由此看来，宗子法的本意在于：一是借以提高"宗"在地方社会的政治地位，由宗室

---

① 《张子全书》卷四《宗法》。
② 《金石萃编》卷一五六《义田记》。

来主持宗族内的"冠、昏、丧、祭"四礼，其用意在于"行四礼而范家"，其作用在于"所以管摄天下人心风俗者，孰有过于此者哉？"二是宗族间最为重要的是"兴大宗"。在宗族精英看来，如果在徽州推行"古宗子法"，即"自今以始，宗其祖、祢，宗其曾、高，五世之宗焕然，由是自高尊而及于继别之祖，则大宗亦渐可复矣"。

在宗族的祭祀中，"宗"是有"大宗"、"小宗"之分的。按《通礼仪节》的说法："礼有百世不迁之宗，大宗也，是主祠堂之祭者；有五世则迁之宗，小宗也，是主高、曾、祖、祢之祭者，虽宗法之废久矣，然主祠堂之祭祀制者，自宜用大宗，而各支高、曾、祖、祢之祭祀制，则以继高祖之宗者祭高祖，继曾祖之宗者祭曾祖，继祖之宗者祭祖，继祢之宗者祭祢。他若有事则告，皆准此而行焉。"[1] 在江南徽州地方社会中，"大宗"同"小宗"的划分，如果按照徽州休宁《茗洲吴氏家典》卷二《大宗小宗图》的解释，所谓"祢"，乃是指父所生"子为继称小宗，统亲兄弟主称庙祭，至曾孙"；"祖"，是指传至"孙为继祖小宗"，"统从兄弟主祖庙祭"，是"至玄孙"的"五世则迁"的小宗；"曾祖"，是传至"玄孙为继曾小宗"，"统再从兄弟主曾祖庙祭"的，"至其孙"止；而"高祖"，则传至"玄孙为继高祖小宗"，"统三从兄弟主高祖庙祭"，其规定是"至其子"。以上所说祢、祖、曾祖、高祖均为"五世则迁"的宗，可见是"小宗"。而"大宗"，则是祭祀"百世不迁"的始祖。对中国传统社会的祖先祭拜及各种祭祖活动，实际上必须传承上述祭祀制度。如果违制的话，显然对该宗族在当地的社会地位是有影响的。

三、"始祖"的确定

按徽州宗族祠堂制度关于"大宗"、"小宗"的规定，对于"始祖"的祭祀，是由"长子继之，子孙世世为大宗，统族人主始祖之祭"。意思很清楚，有如茗洲吴氏，当以荣七公的长子支派统茗洲吴氏族人祭祀始祖，其他支派即便是资产雄厚的商人，也不能取代"长子"的主祭地位。当然，对于"有封爵"的族人，则是另一回事。

关于"长子"在宗族中的地位，因是"统族人主始祖之祭"，想必对于全体族人来说是居于不可动摇的"主祭"地位的。但在现实社会中，正因为"长子"大多是在祖居地"主祭"，自然少有"仕进"或外出经商的可能，是否能够长期保持"主祭"地位，是有疑问的。尽管徽州地方社会精英曾极力倡导所谓"古别子"之制，但这正好说明"长子"地位的维持是相当困难的。在《茗洲吴氏家典》卷二《大宗小宗图》中，作者特意加了一段说明，就反映"长子"统族人"主祭"难以实行的情况。其文曰："按礼经别子法，乃三代封建诸侯之制，于今人家不相合，故今为此图，专主人家而言。以始迁及初有封爵者为始祖，准古之别子；又以始祖之长子准古继别之宗，虽非古制，其实则古人之意也。"[2] 如果理解没错的话，那么，在徽州宗族对祠堂制度的认识上，至少是试图以古别子制来作为徽州地方宗族生活的精神支柱，并在整个宗族的祭祀制度方面，实现以"始迁祖"作为宗族始祖，整合已衰微的宗族制度。其目的是在提高茗洲吴氏始祖社会地位的基

---

① 吴翟：《茗洲吴氏家典》卷二《大宗小宗图》。

② 就笔者所见江南地区的宗族谱牒而言，应该说吴翟所编纂的《茗洲吴氏家典》中关于宗法制度的论述是可以代表明清之际农村社会的中下层人士的基本看法的，这足以说明具有相当高的文化水准的农村精英层所提出的宗族组织的理论，也是有广泛的社会基础的。

础上，再借以所谓"地方望族"的名义进一步整合地方社会。这一点是相当清楚的。始祖的确定，徽州民间所认同的是"始迁及初有封爵者为始祖"，这就意味着在不同的宗族中，可以"始迁祖"作为始祖，也可以宗族中官品最高的所谓"封爵者"作为始祖，这样一来，就为地方社会由非"长子"出身的人取代"主祭"地位打开了方便之门。

第二节 宗族的祠堂制度

明中期以来，民间对于亲属关系的认同，不用说仍是围绕父系展开的。而在所谓父系的确立上，如果是民间的祠堂制度，当以"宗"作为建立祠堂的理论依据。

一、农村宗族的祭祖制度

在中国传统农村社会，宗族制度的核心是确定其始祖问题。明代关于祖先的确定，据《明实录》记载，明初建四亲庙于阙左，"东西有夹室，有庑，三门，门设二十四戟，缭垣，略如都宫之制"①。但问题是，由于明代初期的"四亲庙"所供奉的高、曾、祖、祢乃是帝王祭祀制度，依据礼制，当无疑义。但地处乡野的村落乡民，究竟怎样认同宗族共同祭祀的祖先，则成为民间祠堂制度究竟如何确立的核心问题。对此，徽州各家族有不同的看法。换句话说，在祖先的确定上，何为始祖，当是地方社会中宗族争论的大问题。以茗洲吴氏为例。据《茗洲吴氏家典》所载《奉迁祖为始祖议》，可以看出在农村民间社会对始祖和始迁祖的认同是有区别的。按茗洲吴氏的说法，"冬至祭始祖，茗洲始祖向奉小婆，今议当以荣七公迁祖为始祖"，理由是"小婆肇自龙潭，言吴姓支派者多宗焉。自龙潭以来，而大溪而石门，几播徙至今茗洲。茗洲者，荣七公之所迁也"。休宁茗洲吴氏宗族以始迁于茗洲的荣七公为始祖的做法，表明当地宗族大多是按此观念建立祭祖制度的。由于以始迁祖作为始祖是以农耕定居作为制度依据，势必引起外出经商仕宦人的反对，以致形成明清之际始祖与始迁祖问题的论争。"有功于宗族"成为立始祖的制度依据，则成为徽州商人投资宗祠的理论工具。

二、祠堂的制度

按照《通礼仪节》的记述，所谓"今之祠堂，即古之祖庙也"，而"庙之中，莫大于尊祖，尊祖莫大于敬宗"。按此说法，至少有两层含义：一是说"古之祖庙"即是当时祭祀祖先的祠堂，二者并无区别；二是表明现在所说的祠堂与当时农村中所流行的"敬宗"活动相联系，在宗族看来，"尊祖"是"敬宗"的前提，而宗族活动的中心则是为了"敬宗"。之所以如此，显然与当时各地家族中"宗"的社会地位提高有直接的关系。如果这样理解没错的话，那么，在明代中期，中国农村所形成的"敬宗"活动，实质上促进了在地方社会中重构家族宗派的地位、形成以该宗派为主体的地方社会支配系统，并由此形成宗派的政治经济势力，而在政治和精神层面，当时农村社会中纷纷建立的祠堂，实际上就

---

① 吴翟：《茗洲吴氏家典》卷二《历代宗庙附考》。

是宗族中祭祀"宗"的庙堂和宗派活动的场所。如果该宗派在乡村社会中确立其统治及社会支配地位的话，那么，以宗为核心的新的农村社会秩序就已经建立了，并对后世产生长期的影响。

三、祠堂的形制

《通礼仪节》有明确的表述，其文云："祠堂正寝用三间制，堂下左右两廊，廊下有房，正寝后建祠楼，楼上分龛，以奉神主。中一间奉始迁祖考妣，先祖考妣暨配享神位，南向，龛外蔽以门。左右分昭穆，奉各支高、曾、祖、考神位（昭常为昭，穆常为穆），末另列一龛，奉庶母神主。其神主皆藏于椟中，龛外各设门蔽之。门外设桌子一张，前又设香案桌一张，置香炉烛台于其上，一切祭器于祠楼下东西两房贮之，封锁不得他用。"①祠堂的形制，不用说，是为其使用功能服务的。

在传统农村社会的宗族生活中，族人的生活样式，多与祠堂制度相联系，而在宗族性活动中，祠堂的作用显然居于主导性地位。具体地说，大体有以下几种：①出入之告，即所谓"君子事亲"之制。"出必告，返必面，事死如事生。"具体的做法是"近出瞻礼而行，归亦如之"；如果是出远门，则"焚香鞠躬"跪告。②正至朔望则参。按宗族礼制的说法，"孝子思慕之心生于变，至正朔望皆天道交变之候也"。③父母生祭。"父母在，人子称觞临祝寿；父母没，孝子仁人之新能遂忘乎？"④生日。指人子之生日时，乃是"父母劬劳之日也"，按宗族的规定，人子当"具庆则称觞，靡及则倍痛"。⑤生子庙见。"子生三日，负之以朝于庙，重宗祧也。"⑥立嗣。对于"无后"的族人，则须立嗣。其理由是"非所后而后焉，是谓诬礼；舍天性之爱而父他人，是谓抑本。苟有利焉，争为之。后无，则岁犹子于世，父弃也是谓怀利"。⑦仕进。依照古礼制，"仕有田则祭，无田则荐，是故三月无君则弔，中仕进也"。⑧追赠。"君赠爵禄，史执策命之背面再拜，稽首受书以归舍，奠于其庙，荣君命也；追赠焚黄，以君命告也。"⑨时物之荐，即所谓"食新"之制。"是以新谷既升，必荐于庙。"⑩俗节，又称"节祭"。按朱熹的说法，"今人时节，随俗宴饮，各以其物，祖考生存，皆常用之。今子孙不废，而能恝然于祖考乎？"如果按宗族礼制的规定，其宗族生活的各方面都严格按照礼制规定来实行，之所以循古礼，实际上是以此作为宗族生活的规范，任何族人都不能违反古礼制，以此为寻求乡村社会生活秩序安定的理论依据。

第三节　祠堂的进主制度

在江南地区，祠堂祭祀按照礼制来设计，并逐渐形成当地的基本祭祀制度。在这里，仅以歙县西溪南村的吴氏家族的祠堂祭祀制度为例，对祠堂祭祀的神主制度进行探讨。

---

① 关于祠堂的制度，有云："凡屋之制，不问何向背，但以前为南，后为北，左为东，右为西。"此"向背"关系，在宗族祭祀制度中皆依此，不可违制。

一、祠堂与祭祀制度的关系

清人吴元满曾为《续刻西溪南吴氏宗谱》作序，其中对吴氏建立祠堂及确立祭祀制度的过程有一段描述，很有代表性。其文曰："创建宗祠，上以奉祀祖宗，报本追远，下以联属亲疏。"其建祠堂的过程，按其所述，乃是"族兄良玉厥孙孝廉，君汝坦笃行尚义，慨然以宗祠聚族为己任，乃集七宗十八派齿德尊者而告之，曰：新安始祖左台御史少微公以诗学擅名，于唐初九世孙光公始迁于溪南，传至希周二十四世"，即于明万历时由吴氏良玉之孙"孝廉遂董其事，辟地若干亩为祠"，族人"量力捐赀"，于"万历己卯经始正尝，特祀得始"。其具体的祭祀是以"始祖泰伯而配以仲雍、季札"。至万历"己亥后堂寝室告成，则祀始祖光公十八世主，以下皆以昭穆配享"。按照这一描述，可以清楚地看出吴氏家族的祭祀制度是以最初迁徙到歙县西溪南的始迁祖为主祭，而将其支子即"仲雍、季札"为配享。至于祠堂中寝堂所祭祀的祖先，则是始迁到西溪南的村落的始迁祖，其配享的始迁祖下的"十八世"祖先。这一点也很清楚。

在宗族的祭祀中，同样必须严格遵行宗子法的基本原则。歙县西溪南吴氏宗族仍以宗子法为依据，"以次递及其应为后者，主冬至，立春之祭"。其具体做法是："其各支高、曾、祖、祢之在庙者，各就其宗子主之。如宗其为曾祖后者为曾祖宗，宗其为祖后者为祖宗，宗其为父后者为父宗。"按照这样的祭祀制度，在家族看来，尽管"其余主宗子法或未必尽复，而于朱子所论祭祀用宗之意，或有当焉"[1]。至康熙五十二年（1713年），这种宗子法被正式确立为该宗族的家法，规定因"吾宗自迁祖以来，长房绝故，已非一日。今以次递次，亦自有主宗之人，当于冬至、立春两祭，立宗奉祀。其余各支高、曾、祖、考四时致祭，因事有告，则各以其小宗主之"[2]。这样一来，在徽州家族中，实际上就由此而产生因祭祀缘由不同而形成不同的祭祀群及其祭祀指导层，这对于家族组织运作也就产生不同的影响。

二、族人神主入祠制度与族属关系

作为宗族祭祀制度体系，除以上所述的祖先祭祀，对于现存族属的神主入祀，也有严格的制度规定。徽州宗族一般是分为"可入"与"不可入"两种情况的。其"可入"的具体规定是：①受封准入。②"其加捐职衔，未经受赠者，随时酌夺"。但对于"如捐监生、从九荣身者，即以其捐纳银数报祖，以归祠用"。也就是说，对以捐的形式所得的功名，如监生或从九品官吏，则必须以同等的捐银数捐纳祠堂，才可入祀。③对于无功名的族人，因"庶民力薄，躬耕自给外，则以二十八两为定制"。这就是说，对于无功名的族人，只有捐银28两，才可以入祀。④对于"读书入泮者，须念其锐志功名，寒窗十载，且既入圣贤之名，自知报祖之道，任其量力而行之"。关于此，在其他宗族中，如休宁查氏家族《祠司规纪事》，则着重强调"祖德"，规定"今后有致身科日及有功乡国者，请入；有隐居不仕著书立言者，请入；有行能未著，不挂讥弹，子孙能捐十金助祭者，请

① 吴翟：《茗洲吴氏家典》卷二《宗子议》。
② 吴翟：《茗洲吴氏家典》卷一《家规八十条》。

入；有朴愿自守，族单推尊，子孙贫乏不能捐助者，亦请入。"由此可见，在宗族族人死后其神主可入祠堂的人，应是对国家和宗族有贡献者，而功德和行为则作为后代子孙供养其神主的主要依据。仅从这一点说，对于维护农村社会秩序有积极作用。

至于"不可入"的规定，具体地说，明代宗族主要强调"子孙一脉"，所以看重血缘关系。其宗族的入祠倾向，可从如下规定中反映出来，即："如有他姓过房及血胞带腹者，不许入；贪图货利，结婚匪类者，不许入；灭祖忘亲，擅卖先垄抔土一木者，不许入；不守四业，酗酒懒惰，充当府县皂快者，不许入。"① 由此亦可知最初的入主规定，其本意在于维系宗族血缘的纯洁性，并对族人生产、生活行为具有较强的规范作用。"不可入"的规定，显然是当时社会对于善恶是非评价的标准，尤其是在宗族生活方式成为农村普遍的生活样式的情况下，对于宗族建立符合宗族生活秩序的乡村社会文化导向具有推动作用。反过来说，如果宗族中人被列入"不可入"的范围，想必其要想在宗族和社会中立足，则是相当困难的。当然，对于宗族家法来说，如果因违反宗族规定而被逐出祠堂的话，那么，该族人在社会上也很难生存下去，即便流落他乡，也是如此。

至清代，宗族的入主规定，除仍具有保持宗族血统的含义外，更多的是将宗族的祭祖活动作为维系村落宗族组织秩序的工具。其规定一般是：①异姓继者不得入；②出继异姓不得入。如归宗者，先期告祖后得入；③未娶而殇者不得入；④不才犯罪死于刑狱者不得入；⑤"出嫁之母"即母改嫁者，不得入；⑥"无出者"即无子嗣之人，不得入；⑦"庶母不得入"，以子贵受封者准入。② 徽州歙县西溪南村吴氏族谱所反映的族属神主入祠的诸多规定，实际上是宗族组织所确立的宗族边缘界限。族人究竟是在宗族组织体系内还是被排斥在其组织之外的边界，则完全由宗祠的入主规定所制约。此外，需要说明的是，由于祠堂的制度是在宗族的族人设立共同祭祀田产的基础上实现的，因此在中国农村中实行祠堂制度的经济基础，则在于村落田地产业向宗族祠产的集中，这实际上反映了中国农村小农经济不断解体、重组的过程。如果从农村经济整合的视野来重新审视小农经济分化瓦解乃至财产集中过程的话，那么，就不能忽视小农田地等固定资产向宗族转移的现实。事实上，这种财产向宗族转移的现象，至少在明清以来乃至民国时期都是相当普遍的。这样一来，就有必要对江南地方祠堂设置的经营原则与"进主制"所反映的地域性特点进行说明。

三、进主制度与祠堂经济关系

在早期祠堂制度中，对于宗族祠堂来说，进主制度的核心内容即是确定祭祀所用的费用是由其子孙的田地产业来承担的；而对于子孙来说，如果将其祖与父的神主送到祠堂供奉香火的话，就必须按宗族祠堂制度的规定将其田地产业转移到宗祠，由此而形成宗族的产业即"祠产"。从这个意义上讲，祠产即是享受进主的族人的共同财产，而不是整个宗族的财产。因为无力出让其田地产业，自然就无从祭祀其先祖。这一点是相当明确的。需

---

① 明《查宁查氏祠记》，《祠规纪事》，崇祯十六年刻本。
② 吴元满：《续刻溪南吴氏世谱序》。按：西溪南吴氏世谱的成书年代为清乾隆六十年八月，而当时所修族谱，时有族长 1 人，八公 1 人，房长 19 人签名的记载。想必是西溪南吴氏家族组织的重大活动之一。此外，关于不可入祠的规定，参见鲍诚猷：《新馆鲍氏著存堂宗谱》，《祠规》。

要说明的是，由于在观念形态上早已形成按比例转让祭祀田的制度，因而祭祀的范围也就被限定在有田地产业的族人的范围内；另外，族人中无力进奉祭祀的族人，则只能在宗族组织内享受义田，即"收族"制度所规定的权利与义务，而不能进入祭祀祖先的行列。

关于族人进主的具体方式问题，从徽州乡土档案资料中，亦可窥其详。其典型的契约样式，有如顺治年间歙县二十一都二图许氏所立送主入祠的文契。现备录于下：

二十一都二图立文契人许志尹、许志仪，今因送主入祠，将续置新丈方字一千九百号田，计税一亩一分八厘九毫；又田税二分二厘五毫，土名杨树坵，计价纹银一十三两正；又化字二千二百三十二号田，计税一亩三分，土名圩上，计价纹银一十二两正，二共计价纹银二十五两，外找纹银五两，共纹银三十两，付讫。四至照依清册，其田听凭荫祠管业收租，其税随即过割，归入祠户支解无异。今恐无凭，立此文契为照。

顺治十七年八月　日立文　契人　许志尹　许志仪

族长　许应鹏

祠首　许奉明

经手　许嘉琦

代书　许应衡（余略）①

上述文契说明：在宗族组织中，要求将其父以上的神主送进祠堂祭祀，必须经过族长、祠首即当年轮值的宗族门派掌管祠户经济的人同意才能转让其田地产业，并将其产业变卖所得银两作为宗族的祠产。对此，宗族组织一般有两种处理方式：一是将其田产转卖给宗族的祠堂，即由祠堂得到神主银②；二是将田地产业转卖给其他人，然后将所卖得银两交纳给宗祠。但无论族人采取何种方式，都表明该族人已具有进主的资格与权利。在这样的情况下，宗族组织因祭祀活动而要族人交纳神主祭祀银时，其族人的父祖神主自然要按照宗族的规定交纳"祭祀银"。如清顺治十七年（1660年）八月，许氏家族族人许光恺出卖田产的缘由，即是"今因为荫祠神主祭祀［银］三十两"，由族长"见付"后，由"众议付管祠首人收执，其税粮岁即过割，管纳收租"，即是明证③。

按上面的说法，在徽州甚至以江南为中心的广大区域内，宗族组织的形成，主要是以宋代所形成的供奉神主方式，由祠堂确立的"祠户"作为集中小农田地产业的单位，将宗族的族人田地产业都纳入到祠产的体系中，从而实现农村公堂共有经济的支配地位。如此说来，只有当神主的范围确定后，宗族组织的田地产业的集中规模才可以确定。换句话说，在早期的宗族组织中，其祭祀圈是相当有限的，随着宗族祭祀观的普遍认同程度的提

① 原件藏安徽省博物馆，藏号 2：23029。

② 关于卖田以得神主银的事例，如"二十一都二图立卖契人许光潢，今因欠少神主银，自愿将祭拜田化字二千九百七十六号，田七分七厘二毫，土名枫树下，凭中立契出卖与荫祠名下，三面议定得受神主银十一两正。其银当即收足，其田听凭祠内管业收租。康熙四十五年二月　日立契人许光潢"（余略）。原件藏安徽省博物馆，藏号 2：23321。

③ 原件藏安徽省博物馆，藏号 2：23030。值得注意的是，这里所说"进主银"的交纳与后面所说因交纳神主银所出卖田产并不是一回事。在江南地区，祠堂的最初建造者，实际上是由家族的分家制度所引起的支、房门派出现，才形成宗族中以嫡子为中心的祭祀制度，至于其他支子，在最初的祭祀圈中，只能作为嫡子的从属而参与祭祀活动，支子没有祭祀祖先的权利，这在宗族法中有严格的规定。但在宗族分家制度形成后，原家族组织中的支子就不得不另迁他地居住，从而演化为宗族在更广阔的空间范围形成祭祀圈，当宗族出现士人或大商人捐资建祠后形成宗族组织，并具有祭祖先的权利。迁居外地的支子回故里祭祖，即称为"统宗"。

高，才实现了宗族的财产集中化。而宗族财产的集中过程，实际上是通过不断改变神主的范围而实现的，这就为不断扩大其宗族的祭祀圈提供了前提条件。

关于神主的供奉范围，根据现存乡村资料，大体上可以看到三种类型：一是送父母神主入祠；二是为节妇烈女神主入祠；三是要求庶母入主祠堂。前两种因有宗族祭祀制度规定，可略而不论，其宗族中争论的焦点，则大都集中在"庶母入主"的问题上。

所谓"庶母"，即是农村中男性于原配妻之外所娶的偏房、侧室，俗称"小老婆"。因其生育子女，宗族中即将其称为"庶母"，以为"嫡母"之区别。正因为"庶母"在传统社会中的社会地位低下，所以在宗族生活中，始终被排斥在外。从前示吴元满所撰写的《西溪南吴氏世谱》的序中，已经强烈地感觉到"庶母入主"问题已成为宗族制度中最难以跨越的障碍。但随着时间的推移，由于宗族中"庶母"所生养的子女逐渐增多，有的甚至登科入仕或经商致富，并有功德于家族，在这样的情况下，宗族内部人口及社会地位结构开始发生变化。至少在清代中叶，"庶母入祠"问题已成为宗族生活中必须认真对待并加以解决的突出问题之一。

应该承认，在传统的祭祀制度下，尽管庶母被排斥在祭祀圈之外，其子孙自然也无从参与宗族活动，但按前示歙县西溪南吴氏宗族的祭祀情况分析，显然很难实行真正意义上的宗子法。如在早期的宗族生活中，有功德的"庶母"之子，也开始供奉"庶母"神主，宗族也采取变通的做法，在祠堂之末"另列一龛，奉庶母神主"。其具体规定是，"庶母祀于私室，礼也。吾族私室不奉神主，虽庶母，亦列祠堂习俗，相沿久矣。今议以前庶母之在庙应祧者祧；其存者，另置一龛于西序之末。以后庶母之入庙者，皆登庶母之座，终其子之身，即奉主埋墓侧，不得杂处，以礼祠规"。按此说法，庶母不得入祠堂祭祀乃是礼制的规定，原因即在于严遵宗子法。但因庶母所出之子孙的情况是相当复杂的，传统的礼制已不能适应现实生活之需要，这就必然出现各宗族按其认为合礼制的方式处理"庶母入主"问题。正如施诚斋先生曰："家礼，庶母不可入祠堂。若嫡母无子，而庶母之子主宗祀，亦当祔嫡母之侧，何其严也。但母以子贵，庶母之主，僭越入祠甚多，终于礼不合。另置一龛，以奉庶母之主，亦酌乎礼而当其可之义也。"[1] 想必这也是解决庶母入祠问题的办法之一。

对"庶母入祠"问题的解决办法，歙县新馆鲍氏家族则有所变通。嘉庆年间，新馆鲍氏对庶母入祠作出新的规定，归纳起来有三条：一是嘉庆三年（1798 年）夏四月规定"孝思恺切者，议捐良田二亩，亦准入祠，以广祀产，并使为子者少伸其乌曲之私也"；二是对于捐银，亦有规定。道光六年（1826 年），经众议修订祠规，仿照立继捐银 28 两之例，"凡族中庶母入祠设有与此相符者，即照此例遵行"[2]；三是于同年十二月又立祠规，规定"庶母有子者，捐银二十八两；其后嗣有捐功名者，捐银五十六两，方准入祠；其后嗣有能读书得功名者，不在此例，准其入祠"。显然对庶母入主的规定已有所松动。值得注意的是，对于"无出者，无论有无功名，定捐银一百一十二两，方准入祠"。该宗族之

---

① 吴翟：《茗洲吴氏家典》卷二《通礼仪节》。

② 此法见行于嘉庆三年（1798 年）岁次丙午孟夏四月。参见新馆《鲍氏著存堂宗祠谱》中《庶母入祠》新族规。

所以修订族规,其目的完全在于"欲广祀产",这是很清楚的①。至晚清,由于太平军入徽,"继以水灾,居庐大半为墟,人亦仅存什一"。家族祠堂"祠宇椳桷半圮,器物荡然,春秋祀事,无以为礼"。于是,宗祠又规定:"以道光二十七年(1847年)起至咸丰五年(1855年)止,其中有庶出子孙愿奉庶母入祠者,捐大钱十四千文,得以入祠。如过五年之外,仍照旧章,须银二十八两,毋得再众议。但族中亦有庶母而无出者,或抚育众子经持家务有大功劳者,不与寻常庶母比,亦准照有子之制,捐钱十四千文一例入祠。"

在徽州宗族祭祀制度的演变过程中,可以说至少在清代已出现以经济利益为中心的价值取向。江南地区尤其是宗族盛行的边缘地区,随着宗族血缘关系以父系为中心的产业经营制度体系的确立,家族式经营体开始向以一夫一妻制为中心内容的宗子法转化,无论是农村中的大家族还是农户家庭也开始重视和强调一夫一妻制,并根据地少人稠的社会现实需要减少生育,而对"庶母"入祠的限制,显然也体现了这种观念形态在社会生活中的作用。至于传统意义上的对女性的歧视倾向,自然也随着对"庶母"政策的调整而发生变化,这对于当时农村社会生活秩序,想必也是具有重要的维护作用的。

拓展学习

"差役勾扰"对土地制度的冲击

无论怎样说,灶户的盐课或民户的钱粮赋税都是朝廷的收入,这种收入是建立在对天下人户劳役制基础之上的。至于灶田,其担负的赋役的"赋"的部分即里甲正役粮草,往往也按亩折纳盐课,即有一部分灶户土地上纳本色粮草,而"役"的部分,则一概办纳盐课,这就是灶户的"户役",其与民户不同之处,亦在于此。②但是由于灶户的田地本是民田,其原田所应当的杂役,则由州县编派,所以称为"县役",同时,灶户上纳粮草,也由府州县地方官府征收。这样,府州县在征粮派役时,为取得更多的人丁驱使或最大量的代役金,就势必不顾及免役户的所谓免田法,依然编发灶户杂役。可以说,终明一代,地方有司的"差役勾扰"问题始终很严重,这表明了朝廷与地方有司在利益上争夺的社会现实状况。

地方有司"差役勾扰"的记述,可说史不绝书。最早的见有洪武十七年(1384年)浙江布政使王纯《恤灶疏》。③其疏言:"灶丁煎盐之苦,不分冬夏昼夜,比之工役,有何轻重?有司杂泛差役,全无优免,是以灶丁分力,额课常亏。"这里所说的"比之工役",则是指比民户所应杂役之意,意思很明白。又如宣德二年(1427年),两淮都转运盐使司判官杨陵奏疏云:"比来有司概令(灶户)养马当差,不获安生,以致盐课日亏。"④正统二年(1437年),刑部右侍郎何文渊奏言:"旧制:煮盐之家,复其他役。今有司奉行不至,是以人多贫窘,盐课逋负。"⑤景泰五年(1454年),兵科给事中王铉《优恤灶丁议》

---

① 参见新馆《鲍氏著存堂宗祠谱》中《庶母入祠》新族规。该规定为族长8人于道光六年(1826年)岁次丙戌季冬十二月立。至于祠规所定捐1亩与捐银28两或捐钱14千文的规定,实际上反映了当时徽州地区银、钱同土地价格的比价关系。按其说法,可知庶母入祠的价格是以徽州良田时价为依据的,即以田"每亩价银十四两正"作为"有志者捐银二十八两,作归田二亩之数"的制度依据。

② 按明朝配户当差制,承当朝廷特需的人户,如看守陵墓的陵户,供办鱼的渔户即疍户及瓜果户、菜户、柴户之类,大都根据其户役的轻重,免除其田产人丁杂役。

③ 此疏见朱廷立《盐政志》卷七。

④ 《明宣宗实录》卷三三"宣德二年十一月丙申"条。

⑤ 《明英宗实录》卷二八"正统二年三月壬申"条。

曰："近者，灶户与民一体当差，又煎办盐课，且如他人犯徒罪问发煎盐，只办本身盐课，并无份外差科，其灶户系平民点充，反加别役，虽经奏准优免，有司妄执不从，是以逃半，仅存者贫苦莫胜，以致课额不能完。"此疏对灶户办盐同民户应役的关系阐说得再清楚不过了，毋须赘释。至弘治元年（1488 年），巡按直隶监察御史史简《盐法疏》还力言"差役勾扰"事。疏曰："近年以来，有司多不遵守（免役法），将各场灶丁，或佥点解军等役，或小事一概勾扰，或税粮借辏起运，间有存者，却又多收加耗脚价，以致灶民流徙，盐课拖欠。"① 史简此疏，是指陈明朝最大的两淮盐运司差役勾扰情况严重。而在两浙，亦不例外。如《（嘉靖）定海县志》卷八说，灶户"身应二役，县有里长，场有总催；县有甲首，场有头目；县有收头，场有解户；县有支应，场有直日；县有见递年，场亦有见递年，则灶之与民，其苦乐已倍矣。为有司者，又以灶得盐利而每困苦之，凡征输杂办，咸欲与民相埒"。可知灶户与民户一样编派杂役。与此相近者，还有明人黄绾《明道编》卷四云："吾乡府县欲迎上司取财之意，又有掣盐、馆盐、铺户之役。"姜准《岐海琐谈》卷一也说："有司以灶得盐利，多方困抑。凡杂办差徭，悉与民等。"以上赘引诸说，无非证明"差役勾扰"乃是具有普遍性的现象。当然，论者大多站在维护朝廷盐利的立场，极力抨击地方有司违制编发灶户差役，以致"盐课不完"。在这里，即不难看出明代差役繁重是致使灶户逃移盐课逋欠的原因，但从制度深究，且不说明朝前期"优免灶丁杂役"缺乏具体内容，以致现实中难以遵行，仅就府县能够违制编派灶丁杂役、而且屡禁不止的问题，至少有以下原因：一是就制度论，明朝对灶户管理的双重性，无疑是差役勾扰的直接原因；二是在盐场内，因盐场及盐运司衙门也需要一定量的杂役使唤，而这些杂役本身是不能向地方有司所辖之民户征发的，所以也采取在灶户中编排总催（相当于民户里甲），向灶丁编派杂役。此种役虽不可等同于前述有司差役勾扰，但灶丁必须以丁身应役（即力差）这一点则是相同的。以两淮为例，两淮灶丁盐场杂役，"各场因课多寡设立，以守仓库，便搬运，或程递公文，解送盐价于京"②。与民户不同的是，承当此役多佥灶户中之富裕户，贫难户不在此列。仅洪武初就额定 463 户，共 1 082 丁。此种情况不限于两淮，其他盐区亦然。如长芦南北各场，"则有往来运载、看守、伺候、交纳等费，其总催解京交纳，又有沿途起运车船大小使用"。既有"力差"身役，也有科派杂费。后因此等"灶户"多"在场扰害"，经都御史李嗣奏准，此种役户才改由州县佥拨民户承当。这里至少应该承认，明朝灶户群中有一部分富灶是承当盐场杂役的户；三是具体到灶户而言，实际上明朝灶户分为两大类，即煎盐灶丁（又称为"卤丁"）和"水乡灶丁"。③无论各地水乡灶丁成因如何，总是"不谙煎晒"却"户在灶籍"的人户，且多系田多丁多的富灶。这样，朝廷对这两种灶户不得不区别对待，即：办纳正额盐课的卤丁或附海户，照例优免杂泛差役，免田百亩，而"水乡灶丁，例不免差"④。其实例，如嘉靖《浙江通志》卷十八记载，嘉靖二十一年（1542 年），松江府知府樊莹疏请，以"荡价抵水乡盐课之半"。于是将水乡灶丁"尽归有司应民役"。此即不免水乡灶户杂役之意。除两浙外，其他盐区的水乡户恐还是"只办盐粮，不派民差"。尽管如此，在有司编派民差时，

---

① 朱廷立：《盐政志》卷七。
② 朱廷立：《盐政志》卷四《制度下·工脚》。
③ 福建称之为"附海"、"依山"。"水乡灶丁"是淮浙的称谓。
④ 《重订两浙鹾规》卷三《优恤灶丁》。

水乡灶丁与煎盐灶丁的界限也是不容易划清的，因为水乡灶户也承"办盐粮"。

问题与讨论

1. 在天下人户与国家所形成的经济关系中，其土地所缴纳的赋税成为家庭人户与国家的基本联系方式，这对于生活在农村的宗族来说有什么意义？

2. 无论是农业还是盐业手工业，其生产活动都在国家所制定的土地制度中运作，请参阅以上资料，说明当时的工业生产与农业生产人户所处的社会环境有什么差别？进而评价传统社会的土地制度有什么积极意义？

3. 免除有关产业人户的赋税，其政策实质是什么？对于国家基本制度必须体现社会公正的这一现代社会的基本原则，你怎样评价古代的免田制度？而这里所说的"差役勾扰"问题，在现实生活中有什么具体表现？请举例说明。

分组讨论

1. 改革开放以来，我国农村人口出现两次大流动，一次是改革开放初期，大量的农民从农村流向城市，主要流向东南沿海大城市，开放度越高流动的人口就越多，我国大城市常住人口与流动人口的比例开始大幅度上升。以北京、上海、广州为例，其经济发展始终保持较高的增长速度，尤其是广东地区，改革开放30多年来，其经济增长速度一直处于全国领先水平。但在最近两年，由于金融危机和产业结构调整，上述大城市及东南沿海地区出现"用工荒"的情况。如果说农村剩余劳动力外流是土地与人口矛盾爆发的结果，那么，"用工荒"问题是否就意味着我国的土地与人口压力的矛盾已经解决了呢？你怎么看？

2. 宗族中的祠堂对本宗族的人有什么支配作用？在漫长的传统社会中，统治者为什么要强调宗族的社会作用？

3. 农业税免除的政策可以认为是我国对市场经济的一次重大调整。从我国消费或内需情况看，城市在相当长一段时间内消费疲软问题会得以延续，农村消费能力弱的根本原因则在于农民收入水平低。因此在农村市场中提高消费能力，使农民增加收入则是根本途径之一。对此，国家实行了一系列的惠民政策：一是国家实行电子产品下乡的政策，由国家给电子生产企业补贴，等于是国家给农民电子产品消费的价格补贴；二是减免农业所有的税费，这是给农民的最大实惠；三是实行全民社会保障制度，农村实行医疗保险；四是九年义务教育的重点区域是农村。各种惠民政策的出台，你认为对于提高农民收入有帮助吗？

思考题

1. 宗族在我国传统社会中存续时间长，对农村社会的控制力也相当强。你能否说明中国传统社会为什么会形成宗族社会组织？对农村人户的控制与支配，宗族起到什么作用？

2. 传统社会中对于山林的保护主要通过民间信仰和地方宗族组织体系来实现，对于生态系统的维护有一定的历史作用。请举例说明传统农村社会中对于民间信仰的作用问题。

3. 在国家推行新农村建设及大量的惠农政策出台后，农民收入大幅增加，这对于农村市场的形成有积极作用。通过查阅网络资料，请撰写我国现阶段土地政策调整与解决

"三农"问题的关系,并在课堂讨论会上演讲。

作业题

1. 宗族的长期存在,从农村社会文化上讲,宗族社会生活对农村社会的影响有多大?你能举例说明你所熟悉的农村宗族生活和宗族文化现象吗?

2. 社会进步的标志是什么?怎样看待二元社会经济结构的转变?

3. 人口流动的加剧,成为农村宗族制解体的重要原因。为什么传统社会的统治者对于人口流动持反对态度?

中国农村"会"组织的经营活动

　　本章通过具体考察清代江南徽州府祁门县福广乡善和里安仁社的程氏宗族的"会"组织，对聚族而居的山地同族住民的自愿性社团组织的形式、发展过程，"会"组织内部结构、功能，以及社团组织权利、义务分配关系诸文化意义，得出明晰的认识。

第一节　中国传统地方社会中的名门望族

　　据学术界的研究，中国地方社会中的宗族组织，自北宋时开始有较大的发展，其标志即是宗族四处迁徙，开始在新居住地定居。此后因宗族举族迁徙，大量的财富及农业耕种技术也随着宗族人口流动得到普及，在南方地区逐渐形成地方社会势力。明清时期，宗族的社会地位上升，并且逐渐成为地方社会的支配力量，宗族组织与地方行政组织即里社相结合，在地方社会中形成支配力，尤其是在较为封闭的山区，宗族组织成为地方社会的主导。随着国家权力系统日趋弱化，宗族在地方上的统治力量也就随之加强，其标志是在乡村中有名门望族出现。应该说，在中国农村社会中，宗族以血缘关系为纽带实行对地方的统治与支配，至少可以通过社会和文化两个方面促使经济高度集中，而在农业生产和农村社会生活中，大量的宗族经济通过购置土地实现了对乡村经济的统治，其表现即是公堂地主的形成和壮大。而宗族经济形成另一种地产集中的组织，则是以宗族族人为主体的"族会"。族会在宗族关系中究竟处于什么样的地位，在传统地方社会中发挥什么样的作用，显然是进一步了解中国农村社会经济结构问题所必须回答的问题。

一、祁门程氏宗族在地方社会中的地位

　　在清代，江南地区的徽州府祁门县善和里程氏，是江南地区的名门望族之一，在地方社会中有举足轻重的社会地位。该宗族的"会"组织，乃是考察中国传统社会乡村生活社区较有代表性的案例。

　　应该承认，徽州程氏乃系徽州府属歙县、绩溪、休宁、黟县、祁门、婺源（今属江西省）六县的大姓，《新安大族志》、《新安名族志》所记载的"大族"、"名族"中，均以程氏为首①。程氏的起源，据徽州方志记载，东晋元帝大兴二年（319 年），襄州刺史程元

---

　　① 参见［日］多贺秋五郎：《关于〈新安名族志〉》，载《中央大学文学都纪要》1956 年第 6 期。中译本见拙译《徽州社会经济史研究译文集》，黄山书社 1988 年版。

谭持节为新安太守，遂留居新安黄墩，"歙之程氏自此始"。萧梁时，迁入休宁县的程氏族人程灵洗"以勋显"，载入《南史》。因"号其庙曰世忠"，程氏子孙乃至徽州人多建"世忠庙"，"以义祀之"。其功德，按宋朝靖大夫前知鄂州诸军事罗愿所撰《歙黄墩程忠壮公庙碑》记载："灵洗始梁侯景之乱，公以布衣起义，奉太守萧隐以捍州里，元帝因命以郡事，以故此邦之人，得免于乱。"因程灵洗有德于一方，至宋代封其庙为"世忠"，元时累封为"忠烈王"。明朝春秋二祭，"遣郡守二，以牲币从事。岁时子孙相率，会拜祠下"。以上概述，可以想见程氏为新安大族名族的历史原因。[①] 如果就祁门善和里程氏考察，应该说善和里程氏在整个徽州程氏中也有相当高的地位。按程文翰所纂《善和乡志》记载，程灵洗乃程元谭十二世孙。程灵洗十四世孙为唐户部尚书程仲繁，曾因"拒郡盗"，而一度家于祁门善和里。后迁浮梁（今江西景德镇）潭口。程仲繁三子系中奉大夫程令洭，乃由浮梁迁徙至祁门善和里，遂累世族居，成为祁门望族。按《善和乡志》的这一记述，至少可以说祁门善和里程氏是当地的早期移民之一，而居住年代久远，无疑也是名族成立的重要条件。[②]除可以追溯的系谱及显赫的始迁祖外，善和里程氏显名于世的又一原因，则是南宋时庐墓守孝。[③] 南宋初，程炕与妻余氏卒，葬其所居和溪之南。其"四子伯源、伯椿、伯彦、伯祥庐于其墓左者越载有三，遂即墓前立祠以追崇祀事"。至绍兴十七年（1147年），由地方官府上奏朝廷，"特赐额曰报慈，请僧焚修，遂以名刹盖加，嘉其孝"[④]。这里所说的"程炕"，乃系中奉大夫程令洭五世孙，而其六世孙程伯源等，"尝推迁始之义列祀中奉以下诸祖于报慈，入田以饭僧。每岁清明藏事，则燕享以合族，盖三百年矣"。记述善和里程氏自南宋以来祀祖合族盛举的乃是明代徽州著名文人程敏政，其官为赐进士及第奉训大夫左春坊左谕德同修国史经筵官芜太子讲读官，程敏政为善和里程氏撰文，可以说明善和里程氏在当地社会中的地位。而在明代，祁门善和里程氏也有功名人物出现。如《善和乡志》所载，明初，程德坚"佐太祖征鄱阳，平友谅，授行枢密院都事，赐以御札，命守景德镇，镇之德之"。然成化以后，族人中以功名出仕者颇为少见。这在善和里程氏族人看来，"昔，先人礼重祖祀，故科甲世盛"，而自成化以后，"今吾乡文风不振，家业欠丰"，乃是由于族人"视祖先为不急之务"所致。于是以程揆度倡首，"邀集族叔英道、修道、源叔、良信、德兴、兄文爆、弟文煜、侄汝璞、汝琏、迅等，倡议鸠工兴修"孝子祠。至崇祯十七年（1644年）冬告成，"未几，族弟甡忝中壬午乡榜矣"。因此于明末又大兴祀事活动。除此之外，应该说，自明代宣德年间窦山公置产祀祖[⑤]和天顺成化时兴修祀庙，构成了明代祁门善和里程氏宗族三次整合。至清代，宗族祭

---

① 徽人除崇敬程灵洗外，还有汪华。然汪华保障地方事为隋末唐初，故其地位在程灵洗之下。

② 关于祁门善和里程氏迁入的历史，明成化四年（1468年）赐进士及第资善大夫兵部尚书兼大理寺卿程信所撰《重修最高祠堂记》的说法与《善和乡志》略有不同。据《重修最高祠堂记》载：唐户部尚书程仲繁，乃系灵洗"十有五世孙，居歙之黄墩。唐末从其父御史中丞沄起义兵以拒郡盗，复自狱驻祁门之善和而家焉。既又迁浮梁下田，生五子。至宋元间，益衍益盛。凡今之居浮梁者，实其后也"。

③ 应该注意的是，在徽州宗族谱中，可以看到许多名门望族的显名都在南宋时期，例如歙县棠樾鲍氏，也以"慈孝"闻名一时。关于此，参看拙作《徽商鲍志道及其家世考述》，载《江淮论坛》1983年第3期。

④ 程敏政：《善和程氏重修报慈庵祠宇记》。明天顺五年（1461年）程氏族人程显所作《程氏新增祠田记》载，程炕妻余氏，乃"汪伯彦丞相秦国夫人之侄，故丞相疏其孝行，时朝廷嘉之，赐祠额'报慈'"。然程敏政记文仅说"当道上其情"，甚为隐讳。程显为程伯彦十二世孙，他撰写的祠记，当有所依据。然无论怎样讲，徽州大族极注重与官宦人家的联姻，借以结交官府，进而侧身于官僚集团，这是很常见的现象。

⑤ 参见《窦山公家议》（顺治刊本）中的《山场议》、《田地议》等。

祀活动继续发展,"会祀"组织活跃,则反映了祁门善和里程氏家族累世族居的祭祖活动与社会变迁的关系,而这一关系,可以作为反映徽州其他大宗族生活的代表。

二、程氏宗族研究的意义

祁门善和里程氏可以反映一般山地宗族组织的特点。[①] Maurice Freedman 认为中国宗族组织常见于中国东南沿海地区,其直接的经济原因是稻米的生产。但在中国内陆山地地区,其实也极盛行宗族制度。就自然地理条件看,祁门县位于安徽、江西的边界地区,海拔为 200~400 米,全县皆为山地与丘陵,阊江、凫溪、秋浦等河流的两岸及山谷之中,分布着大小不等的小平原和盆地。其土壤为砾石黏土,具有土层深厚、土质缓软、表土中有机质丰富,排水良好,酸性强等特点,[②] 适宜种植茶、松、杉,因此桐油、茶叶、茶油、杉木、柏油出产很多,尤其是茶生产,自唐代以来就极为发达。[③] 然从粮食作物种植看,祁门县境内的小平原及盆地也适宜种植稻米和小麦。至少在宋代以前,祁门的稻米、小麦产量居于徽州属县之前列。仅据弘治十五年(1502 年)汪舜民编纂的《徽州府志》卷二《食货志》记载,在宋代,祁门县田地总额已达 70 万亩之多,而歙县为 46 万亩,休宁于宋淳熙嘉定时为 30 余万亩,婺源为 79 万亩,黟县 33 万亩,绩溪 29 万亩。元末,歙县官民田地约为 468 890 亩,休宁 463 760 亩,婺源 327 852 亩,祁门 159 163 亩,[④] 黟县 358 866 亩,绩溪 322 494 亩。明洪武二十四年(1391 年),歙县官民田地塘亩额为 550 408 亩,休宁 516 879 亩,婺源 519 279 亩,祁门 158 457 亩,黟县 341 642 亩,绩溪 340 383 亩。由于祁门县自宋代以后粮食耕地面积减少,粮食的供给则仰赖于外运。但这并不意味着祁门居住民生活水平的下降,因为当地山地经济林、茶、药材的生产及祁门盛产景德镇瓷业所需原料陶土,宋代以来祁门人的生活及赋役来源多取自经济作物收入及手工业收入。例如明代《窦山公议》中最重视山场林木经营,[⑤] 即是明证。这种情况,直至今日,也是如此。[⑥] 然宋代以来农林经济构成的变化,恰恰与宗族的形成及整合过程相一致,这二者之间有什么必然的联系,特别值得注意。

---

① 参见 [日] 斯波义信:《宋代徽州的地域开发》,载《山本博士还历纪念东洋史论丛》,东方,1972 年版。中译本载前引拙译。

② 参见 [日] 中支建设资料整备事务所:《祁门红茶的生产及运销》第三章"地理条件"。

③ 参见 [荷] 宋汉理:《〈新安大族志〉与中国士绅阶层的发展(800—1600 年)》。中译本刊于江淮论坛编辑部编《徽商研究论文集》,安徽人民出版社 1985 年版。

④ 《徽州府志》统计祁门县元代税亩,原文作"五万九千一百六十三亩有奇",恐误,以明代初期统计,元末亩为"十五万九千一百六十三亩有奇",故改之。

⑤ 窦山公,姓程名新华,字景华,明宣德时人。程灵洗三十三世孙,世居祁门善和里。现存有《窦山公家议》其中《山场议》、《田地议》,知明代祁门极重视山场林木的管理,并知其田地的稻、麦实物地租收入。以此三项收入作为三公派下祭祖、供应户役、军役的开支。另外,林木收入当是补充粮食收入不足的主要方面。粮食生产的衰减,与山地生态环境有密切关系。山地居民以林木起家,当是很自然的事,窦山公即如此。

⑥ 据 1984 年统计,祁门县土地总面积为 2 257 平方公里,耕地面积为 12.5 万亩,林业用地 279.3 万亩,占全县总面积的 84.7%。1983 年全县总人口为 168 291 人,乡村人口 138 422 人,人均耕地面积 0.9 亩,人均林业用地面积 20.2 亩,木材总蓄积量 479.5 万立方米,人均 34.6 立方米,1983 年粮食总产量 7 031 万斤,水稻占 90%,油料产量 2.38 万担,产量 5.63 万担,农业总产值 4 673 万元,人均产值 277.67 元。见《1984 年安徽经济年鉴》,安徽人民出版社 1984 年版。

三、程氏宗族"族会"的种类及结会缘由

所谓"会"（又有称"社"者，因时因地而异），乃是一种自愿结合的社团组织。明清时期，"会"或"社"在旧有传统的会社基础上得到很大发展。① 因其现实的需求而成立的各种类型的"会"，反映了明清时代人们各不相同的社会价值取向。"会"的观念和原则渗透到山地宗族中，就促成传统宗法观念制约下的族人群体发生分化。其结果即出现与宗法制下的宗族组织并行发展的"会"组织。清代，祁门善和里程氏宗族内部的"会"组织有 33 个。② 为便于展开讨论，兹将各会会名、祭祀神祇及缘由、办会日期、立会年代、会数及会友人数等一般情况，胪列于兹。

（1）世忠会，正月十三日举办。此会共分为 11 牌，前 10 牌每牌会友均为 10 人，第 11 牌会友为 2 人，共 102 人。祭祀神祇为程灵洗。此会创始年代无载。

（2）元宵庚子会，正月十五日举办。会友 5 人，仅"备酌"而已，故此会无祭仪定式，由会友"割田"以为会产，供酒席之用。

（3）元宵灯会，正月十五日举办。此会共有 9 会，每会 1 人。祭程氏十世祖考唐枢密院都事阳德坚府君、十世祖妣汪氏孺人。此会有议定祭仪，会友所输田产，亦称为"祀租"。

（4）忏灯会，每年上元（正月十五日）、中元（七月十五日）、下元（十月十五日）举行祭灯。此会分为 18 会，每会 1 人，每年为首者 3 人，轮流管办。所轮会首即"点灯之家"，"每逢朔望之日，洁净焚香，供献斋饭，务要敬心"③。这里所说的"祭灯"，其实也伴随有祭祖活动。

（5）纪事会，雍正四年（1726 年），程绪等 6 人因"村风水之最重者，则和溪桥为最"。之所以以此桥为最，乃因为和溪之南为葬其先祖程姓墓所，为程氏宗族的风水地，④并立会修桥。明末，其先人静乐公于和溪建桥，雍正时倾损，程绪等人则立纪事会，以纪修桥铺路之善行义举。此会初为 6 人，后为 5 人，各出会租，规定于每年正月天春日备酒席叙旧。

---

① "会"或"社"的起源，乃是伴随农耕社会所固有的农时农事的需要而产生，经历了两个历史发展阶段。关于此，参见郭锋《敦煌的"社"及其活动》，载《敦煌学辑刊》1983 年总第 4 期。

② 《徽州会社综录》关于善和里程氏宗族的"会"组织，按其有完整记载的为 33 个，其他如添丁会、友义会、资仲会、三官会、清明会等，则散见于天春会、十一周王会《会租、土名、字号、步则》账簿中，可见其会组织是相当发达的。因其记载不完整，故未统计在内。仅以此，已足以说明农村宗族会组织活动的一般情况了。

③ 《徽州会社综录·忏灯供献上、中、下元规则》。

④ 在宗族中，家居、村居乃至四围山水的风水观念与祭祖活动中的祖先崇拜具有一体化的倾向。诸如四围山，乡人认为具有超自然的神力，不准剪伐，以保全风水，庇荫后人。明弘治十年（1497 年）族人程复用《风水说》，记载了善和里风水之验的三个传说，即是最好的说明。如洪武、永乐间，族中信风水者买和溪南茅田降一带高地，"栽莳竹木，荫护一乡"。至宣德时，窦山公于此山下"开塘一所，蓄水养鱼，缭以垣墙，本图有益"。但风水者却以为"似为图圄之状"，窦山公"闻之立为改正，无待人言"。此为"信风水者昌"的例证。而"不信风水者殃"的例证：成化年间，族人程复用"居用衡兄凿平其山（即当地案山），造屋于上"，结果"先兄布政公得暴病而卒于官，又不几时，族叔宪副公感风症而徇于家。于是一乡之人大骇之，以为风水之验"。后族人程用本公"鸠一乡贤达，重立议约，"各家爱护四围山水，培植竹木，以为庇荫。如犯约者，必并力讼于官而重罚之"。族人甚至认为，对四围竹木，也"勿剪勿伐，保全风水，以为千百世之悠久之业"。（以上均见程文翰《善和乡志》卷二《山水景致"风水说"》风水观念的现实基础，当是山区的农林经济必须常年养护的特点，同时也反映了明清时代山民的文化价值观。

　　（6）天春会，康熙七年（1668年）立。以祭其祖仲甡公暨孺人佘氏所生四子（即庐墓守孝的伯源、伯椿、伯彦、伯祥）。根据窦山公派下斯文程元勋康熙时与会众议定：每年正月天春日"齐赴本祠"［即明崇祯十七年（1644年）所建孝子祠］拜祭。天春会共分为42股，每年3人为首一次，共分为14会。按其所记，即3股办一会。

　　（7）文昌阁玉成会，乾隆四十四年（1779年）立。每年二月初三日，会友祭文昌帝君（又称梓潼帝君）。从风水先生所言，建文昌阁求得功名利禄。此会共有8会，每会2人。

　　（8）老君会，每年二月十五日举办。共有9会，每会2人。祀"本命星君一副，文昌帝君、关帝圣君各一张"，"门启、家先、三清各一疏"。祭时有道士2人。

　　（9）大士会，每年二、四、八月在报慈庵举办敬神礼佛活动，祀观音大士。此会共23会，每会1人，"每年阄定三人为首一届，周而复始，不得遗异，永远定例"。

　　（10）利济会，始立于康熙三十七年（1698年），为"发棺掩骸，施茶拨路，所以溥美利而行惠济者"，故称为利济会。共有6会，每会2人，唯第六会3人。

　　（11）老关帝会，共分为4会，每会1人。祭"三界伏魔协天大帝、神威远震、天尊仁勇关圣夫子"。祭期为每年夏五月朔日。

　　（12）英义会，祭关帝、文昌帝君。共6会，每会2人。经会友议定："每年为首一人，周而复始。"

　　（13）正义会，祭关圣夫子，有关帝神像一轴，祭期张挂。共5会，每会1人。

　　（14）崇义会，祭关帝，祭期同英义会。此会共6会，每会1人。

　　（15）叙义会，祭关帝。祭期同前。共8会，每会1人，轮流办祭。

　　（16）友善会，祭关帝。祭期不详。此会共8会，每会1人，轮流办祭。

　　（17）崇正会，为生子、生日、娶妻纳妾、进学所立之会。有神像一轴，祭关帝。此会共10会，每会1人。入会之人，必须填注生辰年月，与他会有异。

　　（18）复关会，祭关帝。每年仲夏月朔越十三日举办。共8会，每会1人，即为首办祭。

　　（19）新张王会，七月二十四日举办，祭唐朝东平浪王、张王，以祈福生人。按新张王会规所言："尊神生为唐室之忠臣，名留青史；死作人间之福主，德庇黎元。护国祐民，御灾捍患，大人官非消散，小儿麻痘稀疏。"其义甚明。此会共11会，每会一般为2人，也有1人或三四人者。所以有"二十三位为首者"。因各会的会友多寡不一，每年办祭则采取"轮流互搭，周而复始"的办法。

　　（20）老张王会，祭祀神祇同新张王会。此会共13会，会首25人，即为25股，大约2股为1会。办祭方法也是"轮流互搭，周而复始"。

　　（21）地藏会，七月十三日办祭。供祀本命星君一张，主祀神祇不详，恐为地藏王。本会共有6会，会友23人即为23股，每会有会友4人，即4股，唯第五会为3股。

　　（22）乐圣会，每年八月十五日举办。祭神点灯，雇请吹手4名。此会共8会，会友30人，会首仅3人轮办。

　　（23）树灯会，每年八月十六日祭神点灯。中秋佳节早晨，为首之家备饭一席，晚间将所备彩灯至其祖墓地桃花墕张挂。此会共10会，每会1人。

　　（24）銮光会，乾隆二十九年（1764年）立，祭程灵洗生辰，即八月十八日。按程延谷所撰《銮光会序》所云:"吾祖灵洗公生于五季浊乱之秋,事梁文孝皇帝,一心一德,诛乱讨贼,屡立大勋,载在史册。封宁野王,谥忠壮,至今庙食不绝。"而每年"送神",里人因夜晚山路崎岖,"事从义起,构为二轿灯会,燃灯烛道,低昂毕现,使神灵无受惊怖"。因"送神"而成立了"二轿灯会",故称之为"銮光"。此会共 10 会,每会一二人不等,采用"阄会"办法确定会次会首。

(25) 佛士会,又称四月初七日佛子岭观音会。其立会缘由,据道光十五年(1835年)程捷所作《佛士会序》云,此会原先由"众友醵金置田,统归佛子庵僧管办"。后因"僧逃庵落",会友则将其田收回,"第于四月初七日早晨送诸会友乌饭三斤,仅存饩祥之名"。所谓"礼佛献神",恐与祭祀观音大士的大士会同。本会共 6 会,每会 2 人。

(26) 凉伞会,又称为"缵伞会"。嘉庆二十一年(1816 年)为程灵洗"送神"而立。程茂銮《凉伞会序》说:"凉伞之为物也,偕旆旌而翩跹,与族旗以辉映。象则配以五彩,幕则合以四帏,一重再重殊其制,或舒或卷适其宜。昼乘日彩而灿烂,夜藉火烛以光辉。"程氏族人以为凉伞可以盛大迎神、送神声势,故"构为凉伞数把,立成一会。凡送神之期,燃灯轿前,庶几道路辉埕,自他有耀,使神亦觉"。从功用看,凉伞会与銮光会性质相同,均为送神所设。此会共 5 会,每会 2 人,八月十八日集会友送神,然后结账移交。

(27) 重阳十庙会,九月九日举行。"是日,诸位会友各整衣冠,同游十庙,各处点烛燃香。"游庙后,"齐至胡家段葫芦山嘴显思文公坟所,备金银纸烛,焚香供敬",然后散胙,此会共 6 会,每会 2 人。

(28) 预庆周王会,又称为十一周王会,九月十一日举办。据会规载,祭周宣灵威王。共 8 会,每会 2 人。

(29) 十二周王会,九月十二日举办,祭周宣灵威王。共 8 会,每会 2 人。

(30) 十三周王会,九月十三日举办,祭周宣灵威王。共 10 会,每会 3 人。

(31) 报慈庵燃香胜会,十月初一日举办。会期前三日,由该庵僧人办会,招会友礼佛。

(32) 老经会,十月十五日举办。祭星马君,由报慈庵僧人管办,共 8 会,每会 3 人,由"首会阄二人为首",会友 23 人。

(33) 敬神会,腊月初八管办腊八粥。共有 6 会,每会 2 人。

以上所列程氏宗族内的 33 个会,若按其立会缘由划分,大体可以归纳为五种类型:①祭祀远祖、始迁祖(开基祖)及被徽州程氏所共同认同的程姓土神即程灵洗所立之会。与祭祖活动相应的是迎神、送神的扎彩轿、制凉伞、燃灯、祭灯等辅助性祭祀活动。②祭祀文昌帝君、关帝、周王等凡有德泽于民的先圣先哲,以祈求功名利禄,福祐生人。③礼佛敬神,其意在于求得庇护。④为修桥铺路、发棺掩骸、施茶于道等社会公益事业及会内人娶妻、生子、入学等福利所立之会。⑤因岁时节令而立之会。然无论怎样讲,祈求神的福祐这一点,在各会的立会缘由中均有直接或间接的诉求。因此说,"会"组织的主体功用是以小祭祀团体建构适宜于现实的族人群的生活需求,以祭祀形式表现出来的与神灵的交往活动,实际上反映了当时族人希图扩大其生活范围的意识与要求,而这种现实生活和精神上的需求,乃是借助于神灵实现的。正因为"会"的活动始终限定在对祖先及神灵崇拜上,所以才为其所生活的宗族所认可。

第二节 族会"会规"的意义

通过以上对程氏宗族的"会"组织种类、数量及主要活动的分析，可以想见在中国传统社会的乡村中，宗族族人以"会"的形式进行各种活动，已成为当时社会生活的重要内容。但问题在于，村民所组织的"会"究竟是如何成立及运作的呢？这显然是需要讨论清楚的问题。

一、"会"成立缘由

一般来说，"会"的成立，乃是由倡首人邀集"同志"、"同道"即关系亲密的族人共同创立。在这里，倡首人本人的素质、社会地位、道德品质及其亲和力、影响力都是至关重要的。立会时齐集，共同议定会名、会规，然后凑集会产以供"会"活动开支，此即可说是"立会"。至于立会之时是否需要宗族或地方乡里组织的批准，因会社资料中全然无载，不敢遽断。但"会"的成立必须由宗族认可，不能说是不可能的。从祀会处理会务并呈案县衙门事，可以想见地方官府及乡里、宗族对"会"的成立及"会"的活动是持支持态度的。这也表明宗族准官组织是处在"会"的上层指导地位。这可能与"会"是一种纳赋单位即"法人团体"有关。

从各"会"所立会规看，条目虽繁简不一，但其共同的内容是：①收谷完粮，即由当年管办祭祀的会首收取会租，上纳钱粮。而钱粮的具体数字，会规有明确记载。如《天春会会规》载："递年钱粮票银九钱五厘八分，营米一升五合，共计税十亩七分六毫三丝四忽。"并记有"该交二图七甲代纳钱二百一十六文"。可谓毫发不爽。②议定办祭祭仪、祭品及备酌酒席菜肴、盘数、尺寸及饮何种酒等。③"会"活动的项目和范围。④确定结算"会"收支账目并向下届首人移交清账，此即表示"会"产的经营权及"会"祭祀权的更替。⑤对有违会规的处罚。以上五方面的内容，构成清代山村乡民对"会"组织的总体认识以及"会"成员的行为模式。值得注意的是，会规中所确定的行为模式，实际上包含两层意思，一是该怎么做，一是不该怎么做。这反映了"会"组织运作过程中法则的两个方面。这里以道光五年（1825年）利济会《重新议定会规》为例，可以明了。其会规共10条，除3条系申明办会宗旨及意义外，有7条是关于"会"的行为模式的。主要是："一、议各家输出田租，均出诚意，既归会管，永为公物，共相保守，毋得悔退。倘有悔退，以子孙违悖祖规，准破祀例论。二、议选年阄定二人为首，经收会谷。务要逐号开明收谷若干，除支用外，仍存余之谷，每秤十八秤［斤］，[①] 作米八升，照市折价，交钱入匣，公同生贩，务要现钱，不得押欠、拖迟。违者罚。三、议生贩，必审其人诚实稳妥，方允立券。其谷公同追收。倘有失脱，责令经手出贩人赔偿。四、议选年收谷完粮、施茶、拨何家冲路各事，均系当年首人经理。订期次年四月初十日备酌，齐集会友，清算交

[①] "秤"为徽州地方计量单位，每秤斤数，各地相异。而在祁门善和里，宗族祭祀活动及"会"收取祀会田租，均采用窦山公家秤，只是一秤的斤重略有不同而已。据《窦山公家议》卷四《田地议》记载，窦山公田产每亩收租十六秤，每秤十五斤平称。但从正德以后，其祀田管理者往往以一秤十八斤收租。至清依然无改。

账，务要年款年清，上交下接，毋得过期、移易滋弊，违者议罚。五、议算账之日，会友各宜齐集局中议事，毋得拖故不到。违者罚。六、议拨何家冲路，会内开支钱五百文，付当年首人雇请土工开拨净尽，以便行人往来，不得潦草了事。违者重罚。七、定例：当年收谷，次年交钱完粮办酌，毋得更移。"

综观利济会会规，可知在一利益共同体内，其入会的田地产业是由该年轮当会首的人经营管理，其他会友只是在清结账目之时，才行使其对会产的权力及义务。如果该年会首经营不善，有违会规，则依据众议会规给予处罚，倘若有欠，则由当年会首赔偿，否则即不能移交下年会首。如果是这样的话，那就要求入会的每位会友（因为都有轮当会首的机会）都有独立经营农业、贩谷、放债、参与并主持社会活动的能力，而具有这种才能的人，想必属当地农村社会上层的人。

二、会产的经营与管理

会规集中于会产的经营管理、会租分配及入会者的权力和义务方面，这不难想象会租乃是"会"成立的基础和发展的条件。以祁门善和里程氏宗族各自的"会租"而论，没有"会租"的"会"是不存在的。相反，关于"会租"的记载，乃十分完备详尽，为会友所重视。祁门善和里程氏宗族各"会"的"会租"，大体有三种形式：①割田入会；②交租入会，田产仍由会友所有；③出钱（或银）入会。

（1）割田入会，可以玉成文昌会为例。从文昌会会租记录中，可以看出所割之田产，必须明确记载土名、字号、步则、租额①、佃人，买何人田产，又卖与何人，每年上纳钱粮等。为窥其全貌，表列如下（见表9—1）：

表9—1　玉成文昌会会租示例

土名	字号	步则	本会租额	佃人	备注
杨坑周二坦	一保1246号	51步4分2厘	3秤	吴有祯	乾隆五十五年（1790年）买受元厚业
吴家坞朝山下	三保1226号	171步9分7厘7	9秤	桂生	乾隆五十六年（1791年）买受震伯业
胡家坦店前	四保858号	121步5分5厘7毫8丝9忽	8秤	汪天仁	乾隆五十二年（1787年）买殿生业
黄塘坞冲里	四保999号	111步1分9厘	5秤	汤本	乾隆五十七年（1792年）买秀章业
柴木坑萧南坞	四保62号	65步3分2厘5毫	2.5秤	汤兴才	乾隆五十六年（1791年）买元厚业

---

① "租额"有硬交、实收两种形态，这与徽州公堂地主、私营地主的田租形态没有什么差异。

（续上表）

土名	字号	步则	本会租额	佃人	备注
塘坑上号	四保 276 号	47 步 8 分 5 毫	2 秤 4 斤 4 两	林旺	买传芳业
七亩坦庄里	三保 368 号	44 步 4 分	2 秤	林土口 金周喜	买惟孝业，伙佃
插坞口小姑丘	四保 424 号	97 步 2 分 5 厘	4 秤	汪上意	买传芳业
小岭上江家坞			1 秤	张好	乾隆五十六年（1791年）买传芳业与元宵会共业
沙弯低垄里			5 秤		嘉庆二十一年（1816年）卖出
小计		707 步 36 分 30 厘 24 毫 8 丝 9 忽	41.7 秤		

按上表统计，维持文昌会运作的会租田产共有 707 步 36 分 30 厘 24 毫 8 丝 9 忽，折合市亩约为 6 亩 8 分 7 厘 7 丝 2 忽[1]，每年收取地租米 41.7 秤，约合今 750.6 市斤。在其 10 宗会产中，只有胡家坦店前 121 步 5 分 5 厘 7 毫 8 丝 9 忽，"折田税 4 分 9 厘 4 毫 9 丝 4 忽"，每年上纳朝廷的钱票银为 0.192 两，营米 3 合，田租收入的大部分则用于办祭办酌。从上表计算的田租总额，可以推测"会"在成立之初，入会会友所割田产的地租收入总和，当可以满足"会"组织活动的基本开支。少部分的盈余，恐作为"会"发展的资金，这即是前述"公同贩谷"收取现钱放债营利的部分。如果这一猜测不错的话，最初的"会租"入会额度，乃是在会友共同计算每年"会"活动开支额度后确定的，并将此入会田地亩步、租额由入会之人平均负担。这应视为"会"成立时的基本法则。再者，入会者所割田产，均系其本人所置买的田产，其祖遗、分家田产，恐都不能为"会"组织所接受。入会田产一旦割入，即视为"公物"，可由"会"组织共同出卖，田产的原持有者不再对其入会田产拥有处置权。但作为"会"的成员之一，则对整个会产有轮当会首一年的权益。

（2）交租入会。在此种情况下，会首不直接经营会产田地，仅收取会友所交的"会租"，这可以看成是"割田入会"的演化形态。其代表性例证，如八月十五日乐圣会《会内小租》。[2] 计有：梓木坑白杨树下 0.5 秤，溪头坞神林背 1 秤，佃人松友；智分轮谷 20

---

① 按《明史·食货志》记载，明制："五尺为步，步二百四十为亩，亩百为顷。"这里以"步"折亩，仅按田制计算，现实中的税亩折亩，恐略小于田制。

② 这里所说的"会内小租"，并不是说该会没有割田入会。作为会租的构成，可以采取一种形式，也可以同时采用多种形式。会产形式构成的差异，当视是否能满足祭祀的基本需要而定。

秤，方来云小租 5.5 秤，方来贵小租 2.5 秤；方家门前租 1.5 秤；礼分轮谷 28 秤；① 子巷交小租 4 秤，大德交小租 2 秤；星文交利银 0.44 两（借本银 2 两）。乐圣会与前述文昌会办会规模及祭品、办酌大体相符，其会每年可得到会谷 65 秤，收取利息银 0.44 两，而在其全部会谷中，"智分"与"礼分"的"轮谷"即占 48 秤。这里所说的"轮谷"，即是指"房"所"公出"的谷。按《窦山公家议》卷五《山场议》所载《众立合山文书》，知窦山公派下共有五大"分"即五大房。其房长即称为"家长"。以五大房家长的姓名签署合约的形式，最早见于万历二十五年（1597 年）由"县主刘爷"批示的《共立保守文约》，其中记载"窦山公秩下五大房子孙程错、程锭、程铤、程钱、程潮等"，这五大房又称为仁、义、礼、智、信"五大分"人。"五大分"的称谓，则可从隆庆四年（1570 年）十一月十五日《众立保业合同文书》得到证明，这大体上可以得知按"宗"分配租谷会银的制度，是当时明代后期徽州地区普遍实行的基本制度。

（3）与以租入会和"轮谷"相联系的，乃是出钱或银买租祭祀。①出银买租的例证，据崇祯十七年（1644 年）程进所撰《立孝子祠祀田序》记述，当时建成"孝子祠"，"订一簿"，"更邀族中之尊祖敬宗，以四十人为率，每人出银二两，共银八十两，买田租一百秤，迭年轮派四人为首，收取租谷银两，买办牲帛庶品，于正月天春日特设一祭于其祠"。至康熙年间，因族内斯文程元勋"与族众诸公议"，②祭祀仲炕公及汝霖公兄弟，所以改由"诸父老为首，率众乐输。凡怀孝子顺孙之念者，每服出纹银五钱，先立牌座，以所余者置田立祀。爰定款条，每年轮管，三人为首，收谷备祭。于天春之日，齐赴本祠，拜祭上述祖宗报慈之义"。崇祯时立会，乃是由入会的 40 人每人出银 2 两以买田租，这毋庸解说。但为什么仅限定 40 人并规定每人出银 2 两？这除前述立会时必须满足"会"开支的经济原因外，大概是以 40 人之数以应程炕的四位庐墓守孝的孝子之故，并以此表示入会之人是"孝子"的后代，也是具有"报慈"之心的孝子贤孙。只是由于斯文程元勋的"更议"，才不得不改为"每服出纹银五钱"了。但值得注意的是，斯文程元勋这一重要的改议事件，乃是将明末的"出银买租"改为"置田立祀"，其理由则是"置田立祀"，以图久远。想必斯文程元勋的这一重大改议，实际上反映了读书人在农村社会的地位是相当高的。②出钱入会的例证是凉伞会。凉伞会无田产，也不买租，仅以钱放债。按其《会规》记载，该会大体有三项经济来源：一是立会之时，"会友出利钱六百文"，以此作为立会的"会本"。由于凉伞会的会期是每年的八月十八日，所以会友的"利钱"必须于八月初一日交出，逾期不交则罚；二是凡入会的会友，如遇喜庆，也要由"会"酌量收取"喜庆银"，称为"喜钱"。"喜钱"的具体数额，按《会规》："大凡取媳，各五分；生子生孙，各一钱；独补廪、入泮，各二钱；捐监、捐贡，各三钱。"关于"喜钱"的交付日期，乃是每年的会期日即八月十八日，与"利钱"交付日期相同。而"喜钱"收入，也

---

① 在祁门善和里窦山公派所立保守山场的文约，最早的是正德十五年（1520 年）五月二十六日所立《青真坞禁约》，其署名未见有"家长"、"家众"、"斯文"、"管理"四种不同身份的人共同签署的现象，而是家长与家众按次署名。所以说，对祖遗公产的经营管理，万历时期是宗族内部重新确定的重要阶段。

② 所谓"斯文"，即是指有举人、生员身份的人。例如顺治朝程氏宗族所签署的保守山场合约中常见的"斯文程炕"，即是崇祯十五年（1642 年）中"壬午乡榜"的举人。"斯文"在乡村中有对宗族活动进行"核查"的权力，具有准官身份。如宗族中"会"的成立，当与"斯文"赞同与否有直接的关系。"天春会"的成立，即反映"斯文"在宗族活动中的作用非同一般。

计入"会本";三是对"会本"的管理,称为"设匣",由会首管理。对"会本"的放债生息,徽州称为"生贩"、"收贩"。因放债收息均是现钱,所以《会规》规定必须"立券分收","其契须即入匣,不得私藏"。会首对"会本"的经营,按程茂鉴《凉伞会序》所说:"每年阄定二人为首,设匣注账,支收明晰。每年八月十八日即集会友清算,以交下首董事之人,不得私扯私用,捺账不交。"会首经营放债,亦有责任。放债时,务要视对方"诚实稳当",才能放债,以不亏本。如有"拖欠"利息,即"责令经手人取讨,并令垫赔"。凉伞会"众贩"生息的经营原则,也反映在以银钱为"会本"的銮光会的经营活动中。这说明生息"会本"的运作规则的运用,在当时的农村社会中是相当普遍的。

三、入会之会费处置

入会之人必须交纳会费,这是"会"的基本组织原则。一般来说,会费是以"会"设定的多少来确定有多少"会股"。1会即为1股,也是通行的法则。如1人1会,此人即占有会股1股;2人1会,每人则占有会股半股。明显的例证,有崇义会会股。崇义会共有6会,实即为6股。其第2会程亘龙名下,即注明"得股之一",原因是第2会程亘龙是1人1股。而第3会程君视、程君垣则2人为1股,后为程拱烈、程捷所替代,其名下则注明"二共半股"。以此推之,如果是3人或4人,同样仅为1股,而每人则出资1/3或1/4,搭股的人越多,每人所占的"股份"就越少。反之亦然。这样,"会"组织的规模大小,即视所立之"会"或称"股"的数额多寡而定。但就一股情况而言,这一原则比较适合规模较小的"会"。例如庚子会,共有5会,每会1人,即设5股,轮流充当会首办祭。其《会友芳名》所载:"首会程壬,二会程柱,三会程大有,四会程缵,五会程大有。"这表明此会遵行的也是"一会一股"的立会原则,尽管程大有占有3会、5会两股,但也不违背"一会一股"的立会宗旨。但对于规模较大的"会",其所设的"会"与"股份"额也不一定都是"一会一股"。对于规模较大的"会"来说,入会之人每人持有1股,由若干股共同主办一"会"。例如天春会,共设14会,而股份则设有42股,入会者每人持有一股,按其会规,"每年三人为首一次"即办一次会,这就意味着"股份"额与"会"数的分离。但"一人一股"的基本原则却仍然有所保留。这大概是由于股份额与会数不一致,容易引起入会者异议①,所以在规模较大的"会"中,即出现以"牌"替代"会股"的做法。以"牌"组成的"会",实际上是对旧有惯习的"以会为股"的复归。如以世忠会为例,即是"以牌为会"。第一牌会友为程拱扬、程汝堦等10人;第二牌为程骏、程康炳等10人;第三牌为程植、程捷等10人;第四牌为程茂才、程娃等10人;第五牌为程筠峰、程茂献等10人;第六牌为程前溪、程延汶等10人;第七牌为程延标、程汝堦等10人;第八牌为程兆确、程康灿等10人;第九牌为程百练、程裕大等10人;第十牌为程诚谷、程士时等10人;第十一牌为程允、程祐等2人。很清楚,"牌"与"会"的关系,原则是一致的,只是因大"会"会友多,为排定顺序,才采用抓阄的办法以确定其管办祀会的排年及顺序,故才有"牌"或"牌座"之称谓。每牌所限定的10名

---

① 天春会的"股份",如果按徽州通行的"一会一股"解释,那么所谓"四十二股",实际上是14股,40名会友按3人1股入会,这从道理上也可以说通。但如果把天春会的"会"与"股份"当作变通做法,即正文所说的每人1股的话,办会又是另一回事。如作是解,也未尝不可。这里暂且把天春会的会股作为特例看待,有待进一步考察。

会友，均系某年份管办祀会的集体会首，而因"人众"，集体会首中又有"首人"、"司事"之区分。由此可知，"会"组织内每牌也采用宗族祭祀活动中的职事划分。值得注意的是，第十一牌仅有会友2人，是否也为一会呢？据《会友芳名》的记载，此牌后由程元顶替程允、程祐为会友，但"不为首"。换言之，即不足10人的牌，没有承担办祭的资格和义务。之所以如此，大概世忠会也是以会友1人为1股，第十一牌不足1牌10股之故。

关于会友与门派为主体的祭祀团体的关系问题，从《徽州会社综录》记载的《会友芳名》看，大概"会"的成员并不限定属于什么门派，只要是善和里程氏，即可以入会。仍以世忠会为例。在此会十一牌会友中，即分属于仁山门、兰山门、松山门、圭山门四大门派。具体讲，松山门会友有程汝堦、程墂、程延和、程康镒、程柱、程荣宗、程师祥、程前溪、程拱星、程深洪、程槿洪、程长福、程阳亨，共13人；兰山门有3人，即程骏、程旻祀、程拱垣，仁山门、圭山门族人分属情况不详，大概以仁山门为多。这一情况，也见于庚子会。据《会友芳名》记载，该会首人为仁山门派下子孙，而"圭山门天章叔叔"也是该会的会友，[①]这说明在宗族的族"会"组织中，其参与"会"的活动，一般是不受门派限制的。不过，仅据以上案例，大概还不能排除有的"会"即是以一门派的族下子孙为会友，而排斥其他门派族人入会的可能性。

无论"牌"还是"会"，排定会首（或称牌首）乃是重要的议程。排定的方法，大体均以"阄定"方式为主，少数的也有"议定"。而会的规模越大，则越偏重于"阄定"。但由于入会"会股"的多寡不同，以致有的会友总是"轮当会首"，实际上是对"轮当会首"原则的否定。例如玉成文昌会，共立有8会，每会2人，然会首均系程捷一人，引起会友的不满。道光四年（1824年）二月初三日会期，会友公议：因会内缺少一股，不便为首，提议另推一人，以替代程捷。会友认为程康璿"经手造庙，不但督工细细，且出费不少"，于是"众议举康璿之子茂銮承补，出钱1 200文，交会公用，以后不得藉词照样"。程茂銮实为热衷于"会"活动的人，但他之所以能成为文昌会的会首，恐怕倒不是因为其热心"会"的活动，也不在于其父热心修庙，而是因为会友不能容忍会首由程捷一人独占，此外程茂銮能出会股钱1 200文，想必也是他能够入会的主要条件之一。

会首独占现象并不仅见于文昌会，所以会友反对独占会首的做法，通常是拉其他人入股。常见的做法，除传统的"轮流为首，周而复始"外，还有"轮流互搭，周而复始"之法。而在会首为一人而又不便于推其他人为会首的情况下，采取"轮流互搭"即以一人为固定的会首，以其他会友轮流与之搭配办祭的做法，则是较为普遍的形式。这方面的实例，还有如"新张王会"的办祭法。新张王会共设11会，每会规定为2人，除第九会外，该会"会首"均系程康华一人担任。这样，此会产的常年经营权、祭祀权，实际上为程康华所控制。

会首人地位的争夺，乃与会首人的职事有关。如前所述，会首人享有在一定期限内对"会产"、"会本"的经营管理权。其会存续期内，会首人主要有四项工作：①收取地租。如元宵庚子会会规载："每年为首之家，头年收谷，次年于元宵前三日具帖相请。"而在放债的会中，会首则有经营"会本"及其利息的权力。②缴纳钱粮。应该承认，由于会租的

[①] 第九会会首为程康靖、程茂名、程兆确、程烈4人。其"会首"人程康靖与程康华均系"康"字辈，疑为兄弟。如若此，此会当系其兄弟的利益共同体。

集中，其田租所办纳钱粮亦随之改动。租佃关系的变化，反映在会首与佃户、会首与乡里、县衙门的关系方面，也必须有重构的过程。③办祭。所谓"办祭"，即是指会首人安排会友公议的祭品、祭仪及操办祭祀活动需用的一切费用，这均作为会组织办祭的工作。具体讲，采买祭品，管理祭祀场所，雇请吹手、戏班、佛道、庙祝、散胙，役使各田地租佃人为祭祀活动供力役，不服役者告官理治，分配收取佃户的租鸡，养办祭猪、祭羊、祭鱼斤数，如此等等，均为"办祭"中会首人所操办。④办酌。招请会友议事，或按《会规》办酒席。如果会首人有违《会规》，遂即"自愿出会"。"自愿出会"有两种形式，一是没有"办祭"而出会者，即为"永不复入"之人；二是欠"会租"或"会费"，也作"自愿出会"处置，但若补交，还可入会。关于此，树灯会第七会的会首程大有，"凶年因未办祭，自愿出会，永不复入"。此当为第一种形式；又，该会第六会会首程延徽，"因欠小租，自愿出会"。至于程延徽是否可以"复入"，未见明载。但从崇正会对"欠租"、"欠钱"的处置，可知只要补交，还有可能入会。如第五会会首程茂典，"欠会内本钱，暂停。异〔俟〕后本利付出，依然进会"。① 如果可以此作为复会的原则，即是说因欠租欠钱出会还有复会的可能。但如果"未办祭"，则被视为"有违祖制，作不孝论"，将永远不得入祀会，这种处罚，对于终生以宗族生活作为其生存方式的族人来说，无疑意味着将被永远隔离于宗族生活圈之外，而不被宗族所接受。而在这一点上，"会祀"与"宗族祭祀"应该说在本质上并无差异。

第三节　乡村宗族中的"会祭"

在传统农村社会中，由于是以宗族组织作为乡村行政的基础，因此对于地方社会的支配，很大程度上是以宗族作为地方里社行政机构的补充，甚至是二者合一的。在农村中，由于宗族组织的衰落，以宗族族会为单位进行的"会祭"形式，则成为中国传统社会中晚期盛行的形式。在这里，如果以皖南徽州地区祁门县善和里程氏宗族作为案例分析的话，那么，从该宗族的"会祭"制度及其组织方式，大体上可以反映出中国传统社会农村生活的样式及其社会意义。

一、宗族"会祭"的形式与种类

善和里，位于安徽省祁门县北部。宋时，祁门县置七乡二十三里，善和里属福广乡。

---

① 崇正会会首情况与其他会均不同，大概属于未生子的父亲为祈求生子而设。例如文中所述第五会会首程茂典，实生于嘉庆十四年（1809 年）五月，但在会内因其未交"本钱"而作的处理中，则说他嘉庆十一年（1806 年）已"欠会内本钱"，显然是在程茂典未出生前，其父已为程茂典交纳"本钱"。如果是这样的话，那么此会所开载的会首名单，其中无疑意味着还有如同程茂典的情况。其会首名单是："一会康播，乾隆己丑（乾隆三十四年，1769 年）八月生；二会燮，嘉庆癸亥（嘉庆八年，1803 年）十一月生；三会壬（改），嘉庆辛酉（嘉庆六年，1801 年）十月生；四会国植，嘉庆庚午（嘉庆十五年，1810 年）十一月生，五会茂典，嘉庆己巳（嘉庆十四年，1809 年）五月生；六会际初，嘉庆丙子（嘉庆二十一年，1816 年）九月生；七会端骧，嘉庆乙丑（嘉庆十年，1805 年）六月生；八会际明，嘉庆甲子（嘉庆九年，1804 年）十一月生；九会茂名，嘉庆庚申（嘉庆五年，1800 年）十二月生；十会国模，道光壬午（道光二年，1822 年）二月生。"

元置六乡二十二都，善和里为六都及善和下七都，明仍之①。至清，乃为江南徽州府祁门县福广乡善和里安仁社②。乡里行政区划，形成善和里程氏宗族的生活空间。厦门大学历史系收藏的《徽州会社综录》（上、中、下三册，据称系 50 年代抄录），记录了徽州吴姓、许姓、程姓宗族的"会社"情况，其中尤以善和里程氏的"会"的资料最为详尽。这些资料为我们具体认识徽州宗族内部"会"组织的有关活动提供了翔实可靠的依据。

如前所述，根据现存祁门善和里程氏的私家文书资料，可知其宗族的"会"组织大体分为五种类型：一是为祭祀祖先倡立的会；二是为祭祀关帝、文昌帝君、周王的会，属民间信仰系统；三是祭拜佛道的会；四是为修桥补路、积德行善举办的会；五是为族人娶妻生子、子弟入学所立之会。立会缘由的不同，使宗族内部的"会"组织分为祭祀和公益事业两个系统，在祭祀系统内，不用说是在以祭祖为中心的祭祀圈中，建立以诸多神祇共同福祐生人的民间信仰，而祖先荫庇后人的作用当大于其他神祇。从这个意义上讲，"会"组织的祭祀和信仰系统的建立，显然是既不脱离传统的宗族生活的祖先崇拜轨道，又包含了更为广泛的神灵信仰范畴。至于第二个系统，虽从表面上具有公共福利的性质，但在立会的行为取向上，也大多是借助于四周山水的土地神祇、忠臣烈士、先圣先贤的"神力"，以作为福祐善和里程氏宗族人丁兴旺、文风昌盛的祭祀组织。因此说，宗族内的"会"组织，乃是以祭祀和信仰为基础而组合的乡村宗族内部组织。由于宗族内祭祀和信仰的差异性所产生的分化现象，大体可以表明宗族组织和地方社会分化与重建的过程。

如果按上述祭祀系统划分，那就有必要对善和里程氏的"会"组织，依其祭祀的神祇不同，划分其"族会"参加人和由会所组织的活动性质，对于族人来说，显然也有所区别。如祭祖的会，在《徽州会社综录》中明确记录会名、会产、办会缘由、立会日期、人数及祭祀情况的共有 9 个会③，各会在祭祀时的主要活动也不尽相同。如"世忠会"，每年正月十三日举办。该会共分为 11 牌，前 10 牌每牌会友 10 人，第 11 牌会友 2 人，共有会友 102 人。每牌有牌首，轮年办祭，祭祀的神祇乃是徽人所认同的忠壮公程灵洗。"元宵灯会"为正月十五日举办。此会共有 9 会，每会 1 人，祭祀程氏十世祖考唐枢密院都事阳德坚府君、十世祖妣汪氏孺人。"忏灯会"，每年于上元（正月十五日）、中元（七月十五日）、下元（十月十五日）祭灯。该会共有 18 会，每会 1 人，每年为会首者 3 人，6 年一轮，管办祭灯。该年所轮会首即系"点灯之家"，"每逢朔望之日，洁净焚香，供献斋饭"④。"天春会"，康熙七年（1668 年）立。祭善和里程氏祖仲鈗公暨孺人余氏所生四子即程伯源、伯椿、伯彦、伯祥庐墓守孝。明崇祯时立孝子祠，以祭其先。康熙时，窦山公派下斯文程元勋与众人议定，改祭"自航起，下至汝霖公兄弟"，于正月天春日"齐赴本祠（孝子祠）拜祭。天春会共分为 42 股，每年 3 人为首，共分为 14 会。"乐圣会"每年八月十五日举办，祭神点灯。此会共有 8 会，会友 30 人，会首 3 人，轮年办祭。"树灯会"每年八月十六日祭神点灯。按其会规，中秋佳节早晨，为首之家备饭一席，晚将所备

---

① 汪舜民：《徽州府志》卷一《地理一·厢隅乡都》。

② 《徽州会社综录》（抄本），现藏厦门大学历史系。

③ 《徽州会社综录》记载程氏的"会"共有 33 个，在这 33 个会中见到的其他"会"的会名，还有添丁会（《天春会会租、土名、字号、步则》）、友义会（《大士会会租、土名、字号、步则》）、资仲会（《十一周王会会租、土名、字号、步则》）及三官会、清明会等。因材料阙如，以上诸会情况，不得而知。

④ 《徽州会社综录》所载忏灯会《忏灯供献上、中、下元规则》。

彩灯运至其祖墓地桃花塍张挂。此会分为 10 会，每会 1 人，即为该年会首。"銮光会"于乾隆二十九年（1764 年）成立。办会日期为每年八月十八日，即系其祖程灵洗生辰。按程延谷所撰《銮光会序》所云："吾祖灵洗公生于五季浊乱之秋，事梁文孝皇帝，一心一德，诛乱讨贼，屡立大勋，载在史册。封宁野王，谥忠壮，至今庙食不绝。"由于程灵洗是徽州程氏共同祭祀的祖先，所以在其生辰时，善和里程氏须至其庙"迎神"，至晚"送神"，因山路崎岖，故"事以义起，构为二轿灯会，燃灯烛道，低昂毕现，使神灵无受惊怖"。所以称为"銮光"会。该会共 10 会，每会会友一二人不等，均为一股。每年祭办祭品、祭仪、新轿，采用"阄会"办法，以决定办会会次。"凉伞会"，又称缵伞会，嘉庆二十一年（1816 年）立，其会乃是为程灵洗送神所立。据程茂銮《凉伞会序》所云："凉伞之为物也，偕旆旌而翩跹，与族旗以辉映，象则配以五彩，幂则合以四帷，一重再重殊其制，或舒或卷适其宜。昼乘日新而灿烂，夜藉火烛以光辉。"可知程氏以为凉伞可壮迎神、送神声势，故"构为凉伞数把，立成一会。凡送神之期，燃灯轿前，庶几道路辉埕，自地有耀，使神亦觉"。此会于每年八月十八日集众送神。分为 5 会，每会 2 人，轮流管办。"重阳十庙会"，则是每年九月九日举行。"是日，诸位会友各整衣冠，同游十庙，各处点烛烧香敬神"。游神后，"齐至胡家段葫芦山嘴显思文公坟所，备金银纸烛，焚香供敬"，然后散胙。此会共分为 6 会，每会 2 人。

此外，徽州地区宗族的族会也多有祭先圣先贤及佛老的各种各样的"会"组织，并且在作会的数量方面，似乎较祭祖性质的族会还要多得多，如仅祁门程氏宗族中即见有文昌阁玉成会、老君会、大士会、英义会、正义会、崇义会、叙义会、友善会、崇正会、复关会、新张王会、老张王会、地藏会、佛士会、预庆周王会、十二周王会、十三周王会、老经会、敬神会等，具有社会公益性质的会，如利济会、元宵庚子会、纪事会等。以上所见善和里程氏宗族共有 33 个会，其中祭祀祖先的会有 9 个，占会总数的 27.3%；祭关帝、佛老及先圣先贤的会有 21 个，占会总数的 63.6%；其他社会公益性的会有 3 个，占会总数的 9.1%。仅此比例，即足以说明宗族"会"组织是以祭祀为其主体功能。而从该地区其他宗族所见会组织资料中，可以清楚地看到乡村中"会"组织的出现，都是以宗族"族会"的立会原则为基础，而"会"组织一旦被认为是乡村中社会团体力量形成的有效方式，地方宗族内部即开始发生分化，族人的土地不动产即开始向"会"组织集中，并纷纷成立各种名目的"会"组织。应该说，在以上"会"组织中，其早期的会组织的主体是族会，即是有血缘关系的族人所倡议组成的会，而随着时间的推移，"会"组织的入会人也多见有异姓村民，"会"组织甚至脱离宗族而独立存在。这样，宗族组织也因"会"组织的盛行而解体。

二、会祭中的"分胙"与"办酌"

同宗族的"祠祭"、"墓祭"相区别，"会"的祭祀活动称为"会祭"即"会祀"。"会祭"的经济来源，则在于入会会友将其田产入会，作为"会产"，会产收取"会租"，以作为办祭的开支。但问题是，由于各会立会缘由各异，入会之人究竟割输多少田租作为"会祭"的开支，这应当是根据该会祭祀的对象及祭祀规模的大小来决定的。

在通常情况下，"会祭"的规模是由会友议定的祭仪决定的。祭仪的内容主要有五个方面：①祭品清单，包括祭品名称、数量、规格等；②祭品供献顺序及仪式；③分胙；

④会酌；⑤祭祀活动中的役使人夫费用等。祭仪一经议定，各会会首均需按此祭仪办祭，不得有违。如需更改，则仍须会议。

关于祭品清单，会规仿照宗族的"祠祭"制度，有严格的规定。例如世忠会，由于该会是祭祀程灵洗，故祭品远较其他"会"为高，可作为"会祭"的代表。其清单所定祭品，开列如下：

饱馐三副（作八斤一副，八斤二副，共十六斤，窦山公秤称，须定足秤二十斤）、圆眼一斤七两（去纸净称）、糖尖一副（计五枝）、中糖人马塔全副（计五件）、小包四斤四两（约一百个，内众十个，又给发六社二十四个，余仗首人收回）、炙鸡五只（计五斤，爪血不用），熟肉十四斤〔自嘉庆丙寅年（1806 年）为始，改称去骨熟肉十二斤〕、熟火肉六斤（去骨净称）、祭猪一口（祭毕，称生肉五十一斤，遵窦山公称〔秤〕，作二等，较墨一字平称）、油煎鱼二等（去头尾不用）、鸡子三个（雕花五枝，祭毕，首人收回）、羹饭粉三碗（祭毕，首人收回）、梅红全贴一个、红烛十两（用半斤一对，十六枝一对）、福钱一百、弓单四十（腰帛二贴）、禄黄五十、印纸半个、料香一百、花茶一钟、檀速香一两、坐褥一个、拜席三条、双边〔鞭〕金银一千二百（内至庙迎神二百）、边〔鞭〕炮一百（作二串）、香炉、花瓶、香匙盒各全副、京果五碟（不用）、大小祭盘六十五面、玉露羔半斤、铜盆、面架、手巾全副、时果五碟（金桔、青果、栗子、碧荠、雪梨）、银镶杯橐〔托〕二副、香案一对、十格桌盒一架（盛细果、海菜）、献烛并烛台一对、祭酒一瓶、橐〔托〕盘一个、牙快〔筷〕一双、古爵三厄、桌围五个、果子罩十套（计五件）、高灯一对、茅沙碟一个（降神礼用）、吹手四名（给钱一百文）、戏三齣（外扮八仙一局，共给钱一百四十文）。

世忠会的祭品清单，实际上包括了会祭活动的全部开支。从经济方面看，以上的祭祀费用，是由会产支付的，世忠会的产业，根据其会租的记载，分布在善和里二、三、四、五保，共计 28 宗，约有田 4 520 步，每年所收租米 197 秤有余。除支付会祭外，尚有余米，根据会规，则将余米按当地"时价"出卖，所得银钱"入匣"，以作为购置田产、放债生息的本钱。如此看来，宗族内部所建立的各种"会"组织，其会产的经营有如宗族的祠产经营方式，具有独立经营的意义①。随着会友的增加及会租余米的出售，会产的规模也将不断扩大，这是不言自明的。

值得注意的是，如果对以上 33 个会的祭品进行全面考察，那就会发现会祭的祭品实际上分为猪祭和素祭两大类。在猪祭的场合，不仅对猪肉及内脏有具体的要求，而且一般都有分胙和酒席。除上述世忠会会祭情况之外，其他"会"的"猪祭"方式，也极盛行。如元宵庚子会，仅酒席规定就必须有猪肉、猪肚、猪肺，其会规还特意申明："备酒饭一席，用九篡，俱要丰盛。"显然是以会祭作为会友"会酌"的理由。又如銮光会，嘉庆十年（1805 年）《会议会酌》则开载会友"吃会"的菜单，其中有"海参、鲜鸡（不用物和）、银鱼、虾米、蛹蛾、海带、旦羔、肉员、猪肉、塘鱼，俱用炉，大碗，并用赣酒"。

---

① 关于此，参见拙作《清代徽州祠产土地关系：以徽州歙县棠樾鲍氏、唐模许氏为中心》，载《中国经济史研究》1991 年第 1 期。

不仅规定"吃会"的菜名菜品，而且对如何吃、喝什么酒也有明确的规定。[①] 为防止会首草率行事，《会议会酌》特意规定，"以上菜蔬俱要丰盛，无得潦草"。无论从哪方面看，都可以证明会友对"吃会"的重视程度。需要注意的是，"会酌"的丰盛与否，与办祭的"祭品清单"有直接的关系。不用说，办祭的祭猪及其他祭品，一是由会首操办，其重要内容则是在祭后会友"办酌"；二是会友参与"分胙"之用。关于"会酌"，如英义会办祭，即有"祭猪一口，祭毕，称生肉二十五斤，头蹄均搭，纳庙祝半斤，在内悉用窦山公称［秤］，作二等，乙字手称"。除猪外，还有"三牲"一副，并且规定"本家收回办酌"。至于"办酌"的菜单，会规规定："中午用饭六肴，虾米、银鱼、猪肉、员子、蛋羔、付菜（即豆腐青菜之类），而在晚间则'办酌九盘'，有鸡、虾米、猪肉、糟鱼、猪肝、彩蛋、煎员、爪子、时果，酒听用。""分胙"，也是祭祀活动的重要内容。分胙的原则，是由会首按入会之股平均分配祭品，有多少股就分多少份。分胙时，会友必须到会，"不到者不分不送"。此外，由于祭祀活动由庙祝提供场所及力役，所以分胙时亦作为股份分配祭品。典型的例子，如地藏会供献礼仪，所有祭品，均"用本庵租秤称，作二十五股均分，本庵僧收二股，内一股作力使钱"。由此可以证明作"会"的规矩。

素食系统的"会"，仅限于以佛老宗教性质为名而成立的会，其会友想必也大多是崇信佛老的善男信女，所以在祭品及祭后办酌方面，则是采用素食而非"猪祭"。以善和里程氏而言，这类的"会"有老君会、大士会、老经会、敬神会、燃香胜会、地藏会及佛士会等。由此可以推断，除去佛老的素食系统的会之外，其他以各种名目所立之会，均属于猪祭系统，而食肉的会与食肉人群的比例，肯定远远超过素食人群，更何况因信仰或其他方面原因加入素食系统的会友，不一定不食猪肉。在其他的场合，这些会友有可能加入猪祭系统的会，或者享用猪祭系统的祭品，这一点可从上述程氏宗族的"会"组织的入会会友名单来看，其会友是自愿加入的，一个人也并不仅限于参加一个会，在大多数情况下，会友往往是参加二至三个会，这很难说该会友属于哪个祭祀或信仰系统，当然，在祭祖之外，也可以参加佛老的会，这在乡村中也是很常见的事。因此说，在民间组织"会"的过程中，不排除村民可以参与多个祭祀系统的活动，而在"族会"与异姓"会"组织之间，也没有十分严格的界限，只是当宗族意识强化时，其族人参加本族举办的"会"可能更多些。当然，随着"会"组织功能的拓展，异姓"会"的经营范围更广，宗族内部对于族人的限制也就逐渐放松了。

三、宗族"会祭"的意义

如果我们暂时撇开上述"会"组织中佛道、关帝及社会公益性质的"会祭"、"会酌"不论，仅以祭祀其程氏祖先的"会祭"分析，首先需要解释的问题即是"会祭"与宗族组织祭祖的关系。

一般来说，徽州宗族组织的祭祀活动，乃以宗族的继嗣群体为主体，而承当祭祀活动

---

① 有的"会酌"还分为"小酌"和"酒席"两种。如纪事会天春日"小酌"，即从"早晨开始"，"用饭六肴"，有"猪肉、牛肉、旦羔、时菜、豆腐二碗，用炉二碗"。晚间吃"酒席"，规定用"七寸九盘"，菜肴有"脂肉、腰、舌、猪肉、员子、虾米、蛋羔、鱼、折［蜇］皮，瓜子、花生听用"。由此可见，会人对"办酌"酒席菜肴要丰盛的观念是很强烈的。

的载体是以该宗族门、派、房为单位的宗祠组织。就一区域内的同姓人群而言，例如程姓，由于门、派、房繁多，在该区域内有一共同的"祖"即东晋新安太守程元谭，以及程姓共同的"宗"即萧梁忠壮公程灵洗，这可以说是构成程姓人的主祭层面。但问题是，对于善和里程氏来说，以上的祭祀模式也在门派即徽州程氏的一支中反映出来。其祭祀的始迁祖即是唐户部尚书程仲繁，此人为祁门善和里程氏和江西浮梁程氏供奉的始迁祖①，而南宋时期的程先七，因以慈孝显名于朝廷，所以善和里程氏认为程先七有功德于善和里程氏宗族，故在祭祀中将其列为"宗"的地位。显而易见，宗族中的祭祀对象标准，并不纯粹以血缘和辈分来决定，而以"祖有德，宗有功"的标准来确定。在这里，如果我们把"祖"、"宗"作为一种祭祀层面的话，对于派下的子孙，其祭祀活动以高祖、曾祖、祖的祭祀，则是所谓宗族"祭礼的核心"。若仍以祁门善和里程氏为例，其祭祀的高祖即系窦山公，窦山公子则为曾祖，其孙为先祖。这种以高、曾、祖血缘关系构成的祭祀层面，则成为善和里程氏窦山公派下子孙每年祭祀的活动内容②。祭祀的形式，有祠祭和墓祭两种，而祠祭又分为"合族之祠"、"合户之祠"、"书院之祠"、"墓下之祠"四类。"合族之祠"祭唐户部尚书程仲繁；"合户之祠"祭善和里程氏始迁祖程令湮故居，故又称为"正居祠堂"；"书院之祠"祭窦山公及其孺人汪氏、刘氏；"墓下之祠"则于窦山公及其孺人所葬善和里杨坑百花园墓左山下所建墓祠，为窦山公子孙祭扫之用。仅以上所述，即可明了宗族祭祀活动是以门派的血缘关系为基础的。

对于"会祭"来说，似乎不存在上述门派的血缘关系。在前述33个"会"组织中，明确记载其会友门派的，即见有"窦山公派下"、"兰山门派下"及仁山门、圭山门的记载。既然在该会的《会租、土名、字号、步则》中特意标注其入会田产拥有者的门派，这说明传统的以门派血缘关系办祭的形式已不适应善和里程氏举办祭祀活动的需要，所以以"会"的组织形式作为门派祭祀的补充；此外，"会祭"具有"助祭"的意味，且与宗族祭祀方向并不矛盾，所以宗族和乡里组织允许不同门派的同姓人办祭。当然，"会祭"不唯祭祖，还存在多种祭祀与信仰系统，不过祭祖之外的祭祀活动与宗族祭祖很少冲突，这也是宗族允许其存在的原因之一。

不过，从上述"会祭"祭品、会酌、分胙的具体考察，猪祭在山地宗族中当有一定的文化意义。由于"会"的大量出现，而且以各种名目割田入会，这本身就意味着宗族生活已开始出现分化，会产的集中与"会"组织的经营活动，已构成独立的运作单位，而"会"组织的量的发展，势必对传统宗族组织产生冲击。因此说，宗族内部的"会"组织对徽州社会变迁的作用与影响，是值得再作深入研究的。

拓展学习

道光、咸丰年间江苏常熟邹氏隆志堂义庄规条

现藏于苏州碑刻博物馆的《常熟邹氏隆志堂义庄规条》，是目前国内档案馆所见宗族公堂地主义庄资料之一，极为宝贵，故备录于此，以作为分析研究之用。

江南苏州府常熟县儒学呈为谨遵遗命等事。今将本邑四十七都一图职监邹珏拟立邹氏

---

① "始迁祖"的概念，并非是第一位迁入程氏现居住地的祖先，而是程氏后裔以其族居地所出官品最高的族人，即奉为始迁祖。关于此，参见拙作《徽裔鲍志道及其家世考述》，载《江淮论坛》1983年第3期。

② 参见《窦山公家议》(清顺治刊本)卷三《祠祀议》。

隆志堂义庄规条造册呈候宪鉴。须至册者。

计开：

一、捐置赡族义田，共一千零三十亩八分八厘八毫二丝五忽，坐落常熟县南乡各图不等字号斗则，共岁收租米一千零五十六石九合五勺，照规赡族。

一、捐设义庄房屋一所，坐落南四场四十九都三图祥字号，二斗三升粮基地一十二亩三分。庄祠塾在内。

一、捐设祭田二十八亩八分，坐落南四场四十七都一图驴特骸垢等号，三斗二升粮田，共岁收租米二十八石八升正。

一、捐设族墓地一亩，坐落南四场四十九都二图五字号，地名沙滩湾，听无力人就葬。

一、捐设义墓地二亩一分，坐落南四场四十九都二图五十字号，地名沙滩湾，听无力附近里人就葬。以上共捐田地一千零七十五亩八厘八毫二丝五忽。又庄房一所。其契俱已税过。凡田屋、区图、字号、斗则、契价、额租，另造细册，兹不复载。

一、赡族之义，理宜推广。吾邹氏全六支始自十五世祖叔瑜公，数百年来族姓蕃衍，如欲遍给，恐所入不敷，难垂久远。今定自叔瑜公分支鳏寡孤独之苦贫无依者，照规给发。至耀卿公分支，除鳏寡孤独外，贫不自给者，五口以上每年给白米八石，五口以下五石，三口以下三石，分四季支领，按季首月初一日持票验给，春季正月初六日支给，闰月小建不计。后开各项支费，除应给米者，概不给发。

一、义田租息，宜先完国课，后计开销。每岁收入租米筛捣纯净，除完漕完兑外，确百定以九折为则，贮廒备给。其盈余白米及二三米糠秕谷头并收下抵租，别物统行变价入账，毋许短浮。其应给米石照市斛升斗，银两照市用七折串钱，凡银一两，给足底大钱七百文，以归划一。

一、设遇欠岁，司正副须公同踏看，分别实在分数，毋任催佃捏报，并须筹核一年经费，不敷若干，劝请族中尚义者量力各助，俾支放不拙，是诚族中之幸。如其不能，惟积贮可以弭灾。每年白米，除将岁支正数、耗数提出外，所余白米，入廒安贮。俟积至足敷一年支放后，始出陈易新，则有备无患。然立法虽周，事难预料，或额支无余，或告助不应，或蓄未一年而猝遇岁歉，只可量入为出，酌减支给。余类推。此实事非得已，在族众应谅苦心，不得妄生攻讦，俟成熟复规，不准借垫遗累。如存一年之外，再有余资，不得借出并单契抵押等生息，以除荆棘。司正当慎守存贮，知会庄裔。增置庄田附近处绝产，须存实踏访，的系沃产。如置有名无实之田，查出后照经手人照价垫还，其田即行退出。一切进出，不得用银钱各票据，以杜枰合、克扣、遗摊诸弊。凡置田一百亩，即同有捐银米者一并呈明立案，续行勒石。

一、族中例应按口给米者，无论男女，十七岁以上每人日给白米七合；十一岁至十六岁，每人日给五合；四岁至十岁，每人日给三合；三岁以下，不给。女于出嫁日停给。闰月小建，总以日计。近庄者每月初一日支给，正月初六日支给；远居者四季孟月初一日支给，春季正月初六日支给。届期风雨无阻，持票到庄，经管者注册，挨次给发，加用义庄给讫图记，不得预支及寄存，以杜非期出入之弊。其票不得遗失。无故遗失，停给一月之米。或典抵他人，及领米不运回家，查出停给一季之米。如老弱病躯，许托信人及亲房持票代领。

一、收养异姓子女，及将亲生子女出继外姓者，不给。已嫁女非因守寡无靠归母家者，不给。

一、生死归出，应减增人口，均随时到庄告知事故、世数、名字，司正增除注册。如有迟告冒领，查出即向经领人名下扣除还庄。

一、四穷中如有鳏独无依者，年至六十，方准入册。寡妇不论年岁，其守节至五十岁，除应给米者外，每日加给薪水银一分。守寡不终出姓者，不给。孤子自十七岁，自可成立，即行缴票停给。如学生理，族人公保，给与行李资费钱六两。倘给费而不学生理，在公保人内所领月米扣还归庄。

一、族中有田产者不给。稍有资本经营者不给。有亲房照应者不给。出外者不给。此外不孝不悌、赌博、健讼、酗酒、无赖并僧道、屠户、壮年游惰、荡费祖基及为不可言事、自取困穷者，概不准给。后或改革，族人公保，一体支给。

一、族中无力读书者，自膳至塾就读。塾师修脯，分六节送，每节六两。远居者每年给束脩银三两，听便从师。七岁起至十六岁止。如仍有志功名，从师肄业者，每年给银六两，至二十二岁止。领银而不从师者，停给。如应童子试、县试，给考费银一两，府试二两，院试三两，入泮加给十两，岁科试各给三两，乡试十两，中试加给二十两，会试给银四十两，中试加给三十两。修脯定节前三日支取。考费临行支给。如支银而不赴考、不从师者，查出将应给月米作价扣还。

一、族中有事关风教、例宜请旌，本家无力呈报者，由庄酌给资费。

一、族中力不能嫁娶者，娶妇给银十两，嫁女给银五两。如单传年逾四十无后娶妾，给银十两。子死而已有孙者不给。娶再醮妇者，不给。

一、族中力不能丧葬者，无论男女，十六岁以上由亲信族人报庄查明所故世数、名字，随时缴票注册，给与棺木一具，风化矿灰五斗，丧葬费银二两。如需买葬地，再给银四两。十六岁以下，棺木矿灰随时递减量给。倘支葬费不葬、支地价不买地者，查出在月米内照数扣除，俟葬后再给月米。至贫甚无后及夭殇者，到庄报名注册，听葬族墓，冢前立石，刊明第几世某人，或某人之妻、子女名，给冢石工价钱五百文，挨次连葬，不得搀越。司正副须时加察看，毋任侵占。每岁春秋，除有后之家听其自祭外，仍由庄备办祭品、香烛、纸锭，到冢祭奠焚化，以慰馁魂。每次赏给看家人银一钱。祭余，亦即给与。就葬后，有买地迁葬者，须到庄注除。

一、前无力而给米后或可自养者，应将月米除。司事失察滥给，照数赔出还庄。如辅侯公后子孙有贫之者，同众一体支给，不得多取。

一、迁虞祖耀卿公墓在稽字号汤家桥西首。又公玠公墓在器字号圩厍东潭角，其昭穴为辅侯公。又振远公墓在苑山南澄字号老陆家巷前，其昭穴为华西公。每岁春祭，定以清明日，秋祭定以十月朔日。先期司监会同本堂子弟预备祭奠应用各物，届期诣墓祭扫，永不更期。其费统归祭田租内开销。

一、义庄内正楹设龛，奉祀创始义庄及承建义庄之人，两世创承经营集事，重报功也；后楹像奉设沛霖曾祖考妣三代神位，重报本也。将来子孙及族中子姓，除司监祔祀外，必捐良田百亩以上，或银二千两以上，方准祔祀。每月朔望，司正率同庄裔族姓，立簿书名，拈香展拜。春秋祭祀，定期二、八两月朔日，届期司正整备祭仪、祭品，与祭者同质明将事，风雨无阻。祭毕合同饮福。祭招经费在庄内正项开销。此系崇德报功，其各临事尽敬，不得无故不到。

一、捐入义庄田亩，族中子弟无论支米不支米，概不得租种。至庄祠为办公之所，除饮福外，族人不得借居、租赁及宴会红白等事在内权歇。庄祠中器皿物件一切在内之物，不准借出。如有查出，除原物归庄外，再照其价议罚充庄公用。司正副通情容隐，即罚酬金。其庄中什物，司事随时修葺，工价不得浮短。

一、义田各佃，赖彼力作，供我宗支，宜略示优别。凡每年租额全清之佃，每石赏给白米三升。稍有丝毫拖欠，立即送官追究，勿稍姑宽。设遇歉岁，踏看实在情形照边方分数酌让。

一、如有新报贫族，即注明册籍，本年不得遽给。必核对家谱世系，确然符合，而又同族中有给实可靠之数人向来与之相识，能立时指出其上代来历、现在世次者，方准于下年挨序编入领米户籍，照例给发。此系梁溪华氏之法，非创也。如报无依鳏寡孤独难于少待者，仍准随时核给。

一、里中贫老男妇，于冬至后施给棉衣。司事者预为置备，如果实在赤贫，由住处地邻报庄，登簿给发。

一、里中无力收殓乞施棺木者，须由尸属地邻报明所故姓名注册，给发其棺，俱在庄内预雇匠工做就数具备用，不得在匠店置办，以免草率。

一、设义冢一处，坐落南四场四十九都二图五字号内，听里中无力者就葬。司事四时往查，至大寒节内须令做工人加泥封固，不得草率了事。

一、庄内一切屋宇，司正等须岁加修葺，督率工匠不得草率了事，亦不得任意浮费。所须之数，准作正项内开销。

一、给米设立合同号票。每票板刻两连，骑缝处留空一行，由司正用笔墨填写"全六支邹氏"，第听隆志堂择身家殷实老成练达者为之总理诸务。司副二，不拘同宗异姓，须由殷实亲支举保，一管收租春白一切钱货，一管完纳银漕经放钱米。司正副名虽分任，事实互理。各宜秉公办事。此外需人随时酌用，量给辛力，第不得人浮于事。

一、义庄收租完漕办赋等用船只、支纸张、油烛、饭食一切之费，在出入总簿开销外，另立便览细册，随时随事登入，使额费易于稽查。如钱米出入检点稍懈，以致亏缺，司正赔补。司副常时轮住庄房，不得旷误委咎。看庄夫役，每月朔将前月出入细数送隆志堂司监查核。新陈交界时，汇造年总册两套，至十月十五日将一套存司事者协同查核，一套送司监备查。司正酌定三年交卸，先期将经手一切田租钱粮、出入账目、支给人户细数、原交各册图戳、现贮钱米、器皿、庄房装修等项，无论巨细，汇造总册三套，各具合同、图书、花押，以凭核对。本日以一套交接办者照数点收，一套存卸事者处备查，一套送隆志堂司监备查。虽年远，俱不得遗失。如三年期满，有功无过，诚实可靠，仍留经管。其人亦当不避嫌怨，不可坚决委卸。如未及三年而办理不善，即由司监同众议易，不得拘例延误。司副则按年定夺。司正岁酬白米二十四石，司副岁酬白米十二石，按月支取。若在庄司事之人有应得辛俸，听司正副酌发。如有为公出力不与酬银者，计数而作捐项，勒石以表敦宗裕族之志。

一、纠察庄务，宜设司监一人，由本堂公举庄裔之殷实可靠者为之，专司申明条约，稽核出入。倘司正副经画未周，听情容隐，或庄裔越分谋求族众，妄希冒混，一应庄中要务，皆由司监纠之。虽族中尊长，不得干预阻挠。司监六年交卸，先期将庄内簿籍钱米器皿，眼同司正副及庄裔交接办者检点明存，无所亏缺，方准交卸。如司正副舞弊，司监失察，以致亏缺，即着司监理偿。倘期满无过，家仍殷实可靠，复留总管，不得坚辞。如不胜任，虽六年内亦准随时议换。六年无过，将来准附祀庄祠。

以上规条，司监及司正副循照经理，族众不得干预。即有要事，亦惟诉知司监、司正，会同庄裔，从公理论，勿遽滋事，紊乱成规。至现捐田亩租息，量入为出。现在可资应用，异日或至不敷，惟冀后之尚义者随时捐助，尤厚望焉。

问题与讨论

1. 仔细阅读以上义庄资料，你对这一原始私家档案资料所记录的宗族生活样式有什么看法？请撰写发言提纲，在课程讨论会上演讲。

2. 宗族中的义庄是怎样进行经营管理的？请运用管理学的基本原理，对中国传统社会的农村义庄宗族组织管理特点进行分析，并谈谈你对传统组织管理方式的看法。

3. 义庄宗族组织在中国传统社会的社会保障功能是什么？

分组讨论

1. 现阶段我国的农村社会保障体制的建立是否可借鉴中国传统社会的经验与做法？如果不能，请说明理由。

2. 在相当长的历史时期内，我国始终是农村人口占大多数，城乡差别长期存在，二元社会经济结构的转变也成为我国社会转型的基本标志。在人口众多、幅员辽阔、历史悠久的中国，你认为西方国家所经历的工业化、城市化道路适合中国国情吗？你如何看待中国特色社会主义道路？

3. 从传统中国农村社会组织来看，其中并不是一切都由官府操办，而是由以地方社会的村落或宗族组织为基本单位来解决农村社会保障问题。你认为这种制度有积极意义吗？

思考题

1. 我国传统农村社会的生活样式是什么？

2. 中国传统社会中的农村社会保障制度有什么特点？

3. 社会保障问题与社会组织的基本关系是什么？

作业题

1. 在国际贸易中，农产品的初级产品始终是国际贸易的大宗商品。怎样看待国际贸易中农产品贸易与农业生产的关系？请举例说明农产品产量下降对大宗农产品贸易有什么直接影响？

2. 土地资源管理的基本依据和主要内容是什么？

3. 政府的土地制度规定与民间的土地交易习惯有什么关系？

第十章

江南徽州社会生活样式

　　明清时期，徽州商人在家乡不惜耗费大量的财富，精心构筑用于个人、宗族及地方公益性的建筑物。《歙县志》说："商人致富后，即回家修祠堂，建园第，重楼宏丽。"就是当时真实情况的写照。

　　徽州商人把大量的商业利润投入建筑，不是少数人的偶然行为。从起迄时间上看，南宋已见端倪，明成化至清道光间极盛，晚清时日渐销声匿迹，前后延续长达 600 余年。据新中国成立以来歙县一地的调查，明代徽商建造的祠堂、住宅、牌楼、佛寺、道观、桥梁、园林、路亭就存有 200 处之多，清代建筑比比皆是，随处可见。而文献中关于徽商建筑的记载就更多了。本章对徽商在家乡的建筑活动与商业利润转移的原因以及对社会经济产生的影响作初步探讨以期对中国传统社会农村生活样式有所了解。

第一节　徽商在故乡的建筑活动

　　徽商在故里庀材鸠工，大兴土木，有其历史的发展过程。现找到较早的例子见于南宋。这大体上也可说明外出经商致富的人与其故里关系是相当久远的。

一、早期地方性商人的活动

　　南宋时，徽州商人已有行商和坐贾的区分。这两大类商贾都致力在家乡建亭造房。坐贾中，南宋大儒朱熹外祖父祝确字永叔，"世以资力顺善，闻于乡州。其邸肆生业，几有郡城之半，因号'半州'"[①]。行商注重建筑的，首推歙县吴氏。吴氏经商历史颇早，如唐中叶居歙县西溪南光公一支，世代为商。该村位于从黄山发源的丰乐河西畔，上至黄山采竹伐木，下沿新安江贩负他郡，名商巨贾一时辈出。南宋十一世祖吴起隆字明甫，官两浙运干，致富还乡，"创绿绕亭于正堂之外十寻许"[②]，"修桥梁，治道路，无靳意，性尚闲适，尝筑室一区，与客徜徉其间"[③]。

　　元代由于蒙古贵族的统治，徽商一度消沉。明初，徽州的建筑业基本上处于停滞状态。因为经过常年战乱，这里人口数量下降，土地荒芜，人民需要休养生息，恢复生产，

---

① 朱熹：《记外大父祝公遗事》，歙县《西干志》稿本，藏安徽省博物馆。
② 王遽：《绿绕亭记》，吴吉祜：《丰南志》稿本，藏安徽省博物馆。
③ 吴吉祜：《丰南志》，《义行》。

大兴土木无从谈起。例如歙县潜口汪氏，永乐初族人汪善登科，明成祖朱棣于永乐四年（1406年）亲笔敕谕，[1] 汪善衣锦还乡之际，苦于财力掣肘，只好草草了事，弘治年间汪氏经商致富，遂为汪善独建"奉政大夫汪公祠"（今司谏第），大肆鼓噪。又如南宋隆兴年间，汪氏始祖叔敖公以子贵，赠金紫光禄大夫，官正二品，赐紫金鱼袋。建"金紫院"供奉神主。永乐至正德时，几次议修，都因资金不足而罢，万历时汪氏商贾归省力捐，方扩建成规模宏大的"金紫祠"。[2] 再如世代业盐的棠樾鲍氏，元初战乱，鲍宗岩被盗缚，其子鲍寿孙求代父死，一时传为美谈。明永乐时，乃蒙翰轩搜采，永乐皇帝于十八年御题"慈孝诗"，[3] 表彰鲍家父慈子孝，当时仅仅勒碑记之。弘治时，鲍氏于村口建了一座四柱三间三楼的高大石牌楼，上题铭"慈孝里"，成为棠樾村的标志，其资金也是鲍氏富商捐助。上述三事，大体可以反映出明初徽州家族资金匮乏、无力建筑的状况。

二、商人资本与地方社会生活

成化以后，徽商经济蓬勃发展，徽州建筑业也随之进入"黄金时代"，使用功能不尽相同的建筑物层出不穷，园林、别墅、住宅比比皆是。歙县双桥（今郑村）郑氏，其祖"球公以艾名于乡"，[4] 自五代始居双桥，繁衍至明，为贾众多。嘉靖时，经族属苦心经营，郑村景致呈现出园林化的意境，族人郑九夏曾作《十二景图》，每图题诗一首，[5] 这是人工造园与自然景观相结合的较早范例。清初，人工造园已成风气，最负盛名的是歙县唐模的檀干园。该园系一处典型的江南乡村的郊园，俗称"小西湖"，据说是在苏皖浙赣经营三十六爿当铺的许氏富商为其母享老而建。檀干园模拟杭州西湖风光，建有三潭印月、湖心亭、苏堤、白堤、玉带桥等名胜，楼台亭阁，津梁轩馆，叠石理水，妙不可言，乾隆时扩建为许氏文会馆，"有池亭花木之胜，并宋元明清初人法书石刻极精"。[6]

徽州不但有供宗族游玩休憩的园林，富商巨贾尚营造私园。著名的有歙县西溪南"老屋角"，此为三进庭院式住宅，占地340平方米，右侧有近400平方米的私家花园，广植花木，左侧为一方池塘，故称"渔翁塘"，养荷放鱼，供人观赏垂钓。池畔建绿绕亭，"老屋角"住宅拱立池园之中，意境清新恬适。更有甚者，为该村吴鹤秋的"果园"，县志称系江南才子祝枝山、唐六如规划设计。据记载："原有一大塘一小塘，树有柿、批把、花红、梨、枣、杨柳。花有芙蓉、蔷薇、梅、桔、石榴、牡丹、海棠、桂，惟白玉兰树高约三丈，此特别之花也。其景有六：仙人洞、观花台、石塔岩、牡丹台、仙人桥、芭蕉

---

① 匾文："皇帝敕谕进士汪善：朕惟圣贤之学，终始无间，德业大成，必资持久。尔绩学能文，克膺举荐。省贤敷言，良深嘉叹。资特命尔归荣故乡，以成德业，副朕所期。毋自满而骄，毋自息而纵。博学审问，慎思明辨，笃行所至，希圣希贤。朕有命，尔即来朝，钦哉。故谕。永乐四年三月二十五日"。现存歙县潜口村司谏第。

② 明许国：《金紫祠记》，文曰："始祖叔敖公由唐模而徙潜川，举四丈夫子，伯若容枢密院学士，仲若泉右司谏，林若虚、季若里直华文阁学士，公累以子贵，赠至金紫光禄大夫，赐葬杏城而祠。"又，金紫祠坊题铭，赐紫金鱼袋的年代是"宋隆兴二年"。

③ 御制"慈孝诗"：父遭盗缚迫克危，生死存亡在一时，有于前来求贷死，此身遂□血书□。救父由来孝义深，□今强暴肯回心。鲍家父子全仁孝，留取声名照古今。永乐十八年"。刻于歙县棠樾村"慈孝里"坊。

④ 虞集：《元故承仕郎休宁尹郑公耆卿墓志铭》，《双桥郑氏世系图谱》稿本，藏安徽省博物馆。

⑤ 《双桥郑氏世系图谱》卷首。

⑥ 许承尧：《歙县志》。

台。"① 此外，园中水塘尚设一叶小舟，摇桨可观花枝深处，泉石幽邃，差称胜境，一时誉为徽州名园。另外，砚子园、枣树园也极见规模。祝允明曾作溪南《八景诗》，族人吴锡祺绘图，题诗八首，② 描绘园林风光。众多的园林别馆，其建造费用，大都为吴氏商贾捐资玉成。

建造别墅，也蔚然成风。如休宁西门查道大字世宏（1461—1531 年），"尝客吴楚间，货殖多中，中岁业益殷，幡然归来，独偎一室，日'慎斋'"③。此类建筑，方志记述甚多，故不繁举。捐输宗族修祠堂，置祭田，建宅舍以资族人居址，尽力不吝。如休宁西门查岩振字彦辉，"勤生积累，好善乐施。岭南塞北，饱谙寒暑之劳；吴越荆襄，频历风波之险，经商于外而誉驰湖海，千蛊于家而推重乡间……每举祭而必躬必亲，岁输纳而克诚克己。正德辛巳十二月十六日卒于正寝"④。又，"胡天禄，祁门人，幼贫而孝，后操奇赢，家遂丰。族人失火焚居，天禄新之。又建宅于城中，与其同祖者居焉。输田三百亩为义田，以备祭祀及族中婚嫁丧葬贫无依者之资"⑤。

万历时，徽州著姓望族人丁以千万计，因祠堂陋旧，不足以容纳族属，纷纷于村外及交通便利处沽地重建，称为"家庙"。如歙县潜口金紫祠、郑村郑家宗祠、棠樾慈孝祠（男、女祠）、唐模许氏宗祠等，都是家庙建置。其规制，在兵部左侍郎汪道昆所撰《溪南吴氏敦本祠碑记》中可窥一般："中祠为堂，堂后为寝，皆五达。旁为左翼，亦如之。改承祠务，为敦本祠署。其堂曰'敦本'。左偏为居室二区，举家之无者。其后为塾，最后为处士祠……右偏为书室二区，召举宗之糜者。其后为床，以絫盛。最后为厨，以共鼎赇。"⑥ 如此规模宏巨的建筑群，资金若不依赖于本族商人，想必是很难建造起来的。除家祠供奉始祖、支祖外，当时还出现了商贤祠，其因自然是商贾力捐宗族。如歙县潜川（今潜口）处士汪佩字子鸣，"以服贾起家"，客死大梁。汪族认为他生前义举卓著，"遗金授能"，遂为其建专祠供奉，"前堂后寝，缭以周垣，簋豆囊衣，各得其所"⑦。按明代庙制，品官可立祠祭祀祖先神主，庶民在居所设祖宗牌位，称为影祭。⑧ 汪佩非祖非官，论其身份，应为庶民，当然没有资格建祠。这一举动，致使其他宗诸族纷纷仿效，大兴建祠之风。如溪南吴氏以"吾宗以饶富倾郡，即千金之子何可胜道哉"为由，经族众公议，推举南宋商贾"两浙运干公即吴起隆为祖，其下各以昭穆祔焉"⑨，建造了吴氏宗祠，实际上是一所商贤祠。可见徽州家族已将商贾置于同品官相等的地位上，这就更有力地刺激了徽商对宗族的捐输热情。

三、商人资本与家乡社会关系

修桥补路，治理交通。徽州山高水深，交通闭塞，徽商致力于改变皖南山区封闭状

---

① 吴吉祐：《丰南志》，《古迹》。
② 吴吉祐：《丰南志》，《艺文》。
③ 黄福：《城西善士世宏查君墓志铭》，休宁西门《查氏祠记》。
④ 黄彦执：《凤湖处士彦辉查公墓志铭》，《查氏祠记》。
⑤ 黄福：《城西善士世宏查君墓志铭》，休宁西门《查氏祠记》。
⑥ 汪道昆：《溪南吴氏敦本祠碑记》，《丰南志》。
⑦ 《溪南吴氏祠堂记》，《丰南志》。
⑧ 《明史·舆服志》。
⑨ 《溪南吴氏祠堂记》，《丰南志》。

况，无疑具有进步意义。当然，这也利于开辟徽州与外地商埠之间的商业道路。如商人方如骐，歙人，与郑滂石赞金陵孔道，以达芜湖。汪琼，祁门人，"邑南溪流激撞，善复舟。捐金四千，伐石为梁，别凿道引水迤逦五六里，舟行始安"①。余文义，歙人，构石梁以济病涉。同邑罗元孙亦甃石箬岭，建梁以道往来。② 歙县万年桥，"庀材度役督伐石之工六七辈，经营阅五年，桥工告成，凡用费万余金。支桥格，补涵洞，整旧换新，修柱交揭，填平大道二百余丈。道途安稳，会计助费出四乡者三分之一，募于屯溪、浙苏绅商者三分之二，且有独力助桥栏者"。查杰，休宁人，客芜湖，往来吴越扬楚间，砌石埠于姑孰，广石道于南陵达百里。"以故桥埠道路之施，遍于四境。"③ 歙县岩镇青云桥，为里人汪伯贤建；洪福桥，成化五年（1469 年）为郑彦华建，康熙庚子毁于火，乾隆时郑为翰重建。④ 独力建桥，除商贾所不能为。歙县城西太平桥，弘治时"知府何歆始易以石"⑤，万历时邑人汪徽寿修。清道光初，洪水冲坏桥栏面，二十二年冲断桥中段，维修共用银十万余两，移用各典商捐助海疆防御用银四万八千余两，六邑乐输银二万一百余两。后桥上建亭一座，共费洋二千五百余元。

建造路亭，供人纳凉休息。年代最早的是绿绕亭，至今尚存"景泰七年岁次丙子十一月十八日甲申吉辰重建绿绕亭以便休息吴斯和乐造"的墨笔题记。据歙县《丰南志》记载，该亭系吴斯和与其弟吴斯能合建，吴斯能是行商，吴斯和即吴有贵，兄弟二人"造桥梁，修道路，乐善好施，乡人怀其德"。此外，尚有嘉靖时许岩独力捐资建造的东沙塍善化亭、歙县许村山下嘉靖时许理成建的仁寿亭、许氏族合资建造的大观亭等，这些路亭，至今尚存，为路人歇脚提供便利。

施财于佛寺道观及牌楼的兴建。如歙县西干长庆寺塔，明万历天启时修缮，均由黄备张氏出资。乾隆年间，塔刹被雷电击毁坠落练江中，商人程光国与郡缙绅"相与出白金，鸠工召匠而经营之"⑥。歙县七里涂圣僧庵，万历四年（1576 年）维修，全部款额都由永丰乡清泰里、岩寺镇吴塘大社、永和二社的商人捐助，当时的住持曾将施主姓名勒石刻碑，藏于庵中，保存至今。道教建筑最集中的是休宁齐云山，虽为朝廷库府支钱，但徽商捐助时而有之。休宁查应光，字宾王，号玄岳先生，经商回故里，曾"助石梁，助文昌、毗卢两阁"⑦。齐云山今之梦真桥、石窟造像、石阶、凉亭等，大都出于徽商私囊。⑧ 歙县《重修禹王庙记》碑刻写出雍正时修庙始末，"需用三四万金，官府倡修，不一月，阖郡绅士乐输争先恐后。鸠工始于甲申之冬，落成于乙酉夏天"⑨。徽州商人常年客居异乡，这就希望在家的妻女保持贞操，由此为节妇烈女建坊旌表一时成风。而徽州贞节坊的特点，是以数座乃至一二十座牌坊组成坊群，各坊相距数十公尺，跨街而立，蔚为壮观。世

---

① 赵吉士：《寄园寄所寄》卷十二。
② 赵吉士：《寄园寄所寄》卷十二。
③ 《查灵川暨配汪孺人行状》，叶向高：《明查灵川公暨配汪孺人合葬墓志铭》，《查氏祠记》。
④ 《歙县志》，《义举》。
⑤ 《歙县志》，《宦迹》。
⑥ 程瑶田：《重建太平十寺塔顶记》，歙县《西干志》稿本。
⑦ 《寿字廉玄岳查老先生七袠叙》，《查氏祠记》。
⑧ 鲁点：《齐云山志》。
⑨ 歙县《西干志》。

代业盐的棠樾鲍氏①，村口沿路拔地而起七座高大的石牌楼，其中就有旌表盐商鲍文龄妻汪氏的"矢贞全孝"坊，鲍文渊妻吴氏"节劲三冬"坊，这种含义的石坊，府县乡里随处可见。对于所谓有义举善行的商人，清时开始立坊表彰。如棠樾盐商鲍淑芳，想请嘉庆皇帝为他赐建一座"义"字坊，以凑足棠樾忠、孝、节、义四字坊群，竟以解囊发放三个省的军饷、修筑 800 里河堤为条件。后来，在洪泽湖决堤，"诸坝灾民嗷嗷待食"之机，他又捐米 6 万担；淮河、黄河大水成灾，力请公捐麦 4 万担，改六塘河从开山归海，他"集众输银三百万两，以佐工需"，疏浚芒稻河，捐银 6 万两，助浚沙河闸，再捐银 5000两。② 屡次捐输，嘉庆十九年（1814 年）五月获赐"乐善好施"匾，二十五年八月于故里建成"义"字坊。徽商为在家乡建坊扬名，数千万金为之一掷，足可看出豪富对纪念性建筑的重视。

捐资义馆、学宫、书院，用以培植人才，以期抬高宗族的社会地位，扩大宗族的政治势力。徽州宗族对读书进仕极为热衷，几乎所有的宗族家法族规中都有对本族"器宇不凡"的子弟加以培养，"族内贫不能学者"，招入家塾"悉力扶植之"的条目明文。③ 歙县潭渡黄氏世代经营盐业，其《家训》云："子姓十五以上，资质颖敏，苦志读书者，众加奖劝，量佐其笔札膏火之费，另设义学以教宗党贫乏子弟。"④ 休宁茗洲盛产竹木、茶叶，这里的大姓吴氏，茶商木商最多。其《茗洲吴氏家典》列《家规》80 条，中有"族内子弟有器宇不凡、资察聪慧而无力从师者，当收而教之，或附之家塾，或助以膏火，一个二个，好人作将来楷模，此是族党之望，实祖宗之光，其关系匪小"⑤。由于家法所约，捐助于学者络绎不绝。如歙人汪兆晁，以服贾致富。设义馆以教无力延师者，岁费凡数百金。⑥ 又，紫阳书院为朱熹始创，为徽州最大书院之一。乾隆十四年（1749 年），"徐士修增置号舍，捐银一万二千两，以赡学者"。五十四年（1789 年），"歙人项琥捐银一千二百两修葺前祠宇。五十九年，歙人鲍志道（两淮盐总）捐银八千两。黟绅胡元熙、胡积成捐银五千两"⑦。歙县《汪氏谱乘》谓：大盐商鲍志道捐银 8 000 两修建山间书院。乾隆初年，担任两淮总商的徽州大盐商汪应庚，捐银 5 万两修建江甘学宫，并"以二千余金制祭祀乐器，又以一万三千金购腴田一千五百亩，悉归诸学以待岁修及助乡试资斧"⑧。在徽商的大力扶持下，私塾、学堂、义馆、书院遍布徽郡，"十家之村，不废诵读"。⑨ 读书风气的盛行，使明清时期徽州名臣辈出，英才济济。

徽商在乡里建筑活动频繁，其建筑类型也是丰富多彩的。当然，建筑的类型尚不止于此，还有商肆、作坊、官衙、陵墓建筑等，可以看出在徽商的全部建筑活动中，最大量的、花费最多的是消费性、祭祀性建筑。这不得不使人们提出疑问：徽商为什么在故里不惜工本恣意建筑，其目的何在？

---

① 叶显恩：《试论徽州商人资本的形成与发展》，载《中国史研究》1980 年第 3 期。
② 《歙县志》，《义举》。
③ 《棠樾鲍氏宣忠堂支谱传志·鲍氏两翁传》。
④ 黄玄豹：《潭渡孝里黄氏族谱·家训》。
⑤ 吴翟：《茗洲吴氏家典》卷一《家规》。
⑥ 赵吉士：《寄园寄所寄》卷十二。
⑦ 《歙县志》，《义举》。
⑧ 汪客吟：《汪氏谱乘》，乾隆稿本，藏歙县图书馆。
⑨ 《（嘉靖）婺源县志》。

徽商把积年攫取的巨额商业利润携回故里，投入建筑，说到底是由于商业资本在中国封建经济的重围中找不到出路，最终不得不投资于桑梓。在徽州，宗族经济及其宗法势力与徽商商业资本相互通融，合为一体。我们知道，徽州基本与世隔绝的经济地理状况，形成了累世义居的家族生活方式。用赵吉士的话说："新安各姓聚族而居，绝无一杂姓搀入者，其风最为近古。出入齿让，姓各有宗祠统之，岁时伏腊，一姓村中，千丁皆集，祭用朱文公家礼，彬彬合度。父老尝为新安有数种风俗，胜于他邑。千年之塚，不动一抔；千丁之族，未尝散处；千载谱系，丝毫不紊。主仆之严，数十世不改。"[①] 在这样严密的宗族生活中，商贾仅为自己建房，往往要受到宗族的干涉。如前面说到的休宁西门查道大，初回故里时独筑一室自用，就受到指责和非难，后来他不得不转而依附宗族，"岁乡射行礼，君（查道大）每与焉，凡二十一请，五为大宾，人谓称其德"[②]，直到把钱花光为止。长期形成的宗族观念，捐输不吝，是德行善举，捐得越多，积德也越多；不捐或少捐，就被族众视为不敬祖宗、不孝不悌，在家族中就会站不住脚。在这种宗族观念的支配下，不少中小商贾为之倾家荡产。如明查灵川虽享有德声，生活却日加贫困，"晚年衣食用费犹循俭"[③]，即是有力的明证。

为保证商贾捐输于宗族，宗族还用家法的形式作为捐助制度固定下来，以维护家族利益。"赖族彦维佐，输祖四伯，当依条议，每岁一给，顾仁孝之念，人所周具。或贾有余财，或禄有余资，尚祈量力多寡输入，俾族众尽沾嘉惠，以成巨观。"[④] 对久居外地的本族商人，为约束其奢侈性消费，家法仍然有效。如"不得沉迷酒色，妄肆费用，以致亏陷"，"不得从事交结，以保助闾里"，"不得修造异端祠宇，装塑土木形象"，"不得引进娼优，讴辞献妓，娱宾狎客"，"不得设置俗乐，诲淫长奢"，"棋秤、双陆、辞曲、虫鸟之类，皆足以蠹心惑志，废事败家，子弟当一切弃绝之"[⑤]。违背家法的"理财为务者"，族人有权执墨鸣族，绳以家法。[⑥] 这些规定，对于节制外出经商者腐化堕落具有一定的约束力，但实际上本意却是保证商贾有更多的钱财输入，"俾族众尽沾嘉惠"。

徽商经济与宗族利益有割不断、扯不开的关系，举族经商是其原因之一。因为最初的本钱及经营方式都带有家族的意味。如"长公乃结举宗贤豪者得十人，俱人持三百缗为合从，贾吴兴新市。时诸程鼎盛，诸侠少奢溢相高，长公与十人者盟，务负俗攻苦，出而即次。隆冬不垆，截竹为筒，曳踵车轮，以当炙热。久之，业骎骎起，十人者皆致不赀。"休宁茗洲吴氏对同宗共业更为赞同，"族中子弟不能读书，又无田可耕，势不得不从事商贾。族众或提携之，或从它亲友处推荐之"[⑦]。休宁南乡商山举族经商的风气比吴氏更烈，"故都以南则吾徽雄诸郡，休宁雄诸邑，吴雄诸姓，商山雄诸吴，顾世受素封"[⑧]。"吴拭居休宁之商山，宗族多富人。"[⑨] 宗族性的经商，族属的人身尚且依附于宗族，其商业资

---

① 赵吉士：《寄园寄所寄》卷十二。
② 《歙县志》，《义举》。
③ 褚唐、叶向高：《明查灵川公暨配汪孺人合葬墓志铭》，《查氏祠记》。
④ 吴翟：《茗洲吴氏家典》卷一《家规》。
⑤ 吴翟：《茗洲吴氏家典》卷一，《家规》。
⑥ 汪道昆：《太函集》卷六十一《明处士休宁程长公墓表》。
⑦ 吴翟：《茗洲吴氏家典》卷一《家规》。
⑧ 汪道昆：《太函集》卷五十一，《明故征仕郎中书舍人吴季山墓志铭》。
⑨ 《列朝诗集》，赵吉士：《寄园寄所寄》。

本的隶属性也就更为显然了。所以说，宗族生活习惯和强大的宗法势力始终像重重枷锁束缚着商业资本的自由活动，一旦徽商赚取了一定数量的商业利润之后，宗族意识和宗法势力就会以名目繁多的如"敬祖效宗"、"抚孤恤贫"、"教养子弟"等各种名义，变商业利润为宗族财产，修祠堂，置祭田、祀田、义田，美其名曰"收族"，其实却表现出商人资本同家族势力一体化的倾向。

唯利是图，是一切旧商人的宗旨。久谋经商之道法的徽商，他们投资建筑的本意是为了获取名利双收的结果，这是捐输于任何行业都无法得到的。就名而言，徽商纵然家资万贯，但社会政治地位却为庶民，因为他们本来就是农人、小商贩，甚至有的出身奴仆，被人歧视。即便在本族中，出贾者也是"资性愚蒙，业无所就"，被"令习治生理财"的人①，要想在社会上和宗族中立足，一是读书取仕，或买官例绶冠带，侧身于官僚阶层，以显门楣；二是捐输于族，大肆建筑，以德彰名，以善进身。无论走哪条路，只要成功，都可入祠载谱，列传祭奉。事实证明，徽州家族对走后一条路的商贾很欢迎，往往立特牌供奉。"孝义神主，仍照祠例，特牌缘本。本主生前孝行可风倡行，义举及有功劳于我祠者，迎主入祠，昭其事迹，鼓励后人。"② 以财求名，简便易行，徽商何乐而不为？扬名之外，还要图利。其利有三：一是宗族的财产多是入典生息的，无论是一次性巨捐还是逐岁补贴，余钱都入典取息，修缮或祭祀大礼，多用息银而不动或少用本银。歙县《朱氏祠志》记载隆庆三年（1569年）正月修理宗祠正厅、门屋，就用"递年生息并贸产共银一千一百四十三两五钱"③。许氏家族的一次理主大礼，花费各宗门及商贾捐输款一千九百一十一元八钱二分五厘，而收主资三百零八两，"归竭田义成公典生息，每月一分行息，甲戌十一月起息，有折存匣，此息每年春秋祭祀费"④。但问题是，祠匣的掌管者，大都是宗族各门门长，门长又是宗族中公推出来的所谓德行卓著者，富商巨贾捐输越多，因此而担任门长的也越多，把持族产的时间越长，甚至有终身操纵祠务者，族产几乎成为变相的私产，甚至贪污、挪用、侵吞族产，以致亏欠一空的事件屡见发生。⑤ 二是徽州祠堂几乎皆设祭田，亩数多至千亩，少至数十亩，收获归族开销。祭田的来源，有地主捐献、商人官吏出钱买田于族数种，其中商贾置买祭田最多，其结果，大量的商业资本转移到土地资本上。三是徽州地少人稠，徽商以高价买地盖房，确是留给子孙最牢靠的遗产。歙县许懋显是位积极从事建筑活动的商贾，房产巨宏，雍正十一年（1733年），其临终时对房产还很重视，立遗言道："其业之产，故行拆卖他姓，致使同业荡散，不知祖父之置产费尽心神，方得功成。而伊等拆弃，视若泥沙，此诚不肖之流也……遗赀殆尽，弃产售业，必须卖与本族兄弟叔侄之辈，该股房屋更要紧凑与共业，不得故意拆卖，出售他人，致使同业难保，而共业亲力不可受者，亦不得故意指拒不受。傥有此情，执吾遗言，以违悖祖训，作不孝治。"⑥ 仅以此例，大概可以想象出一般商贾对置房产的态度，同时也是他们乐于倾资建筑的真正原因所在。

① 《理主条规十则》，许氏《理主总账》稿本，藏安徽省博物馆。
② 吴翟：《茗洲吴氏家典》卷一《家规》。
③ 《朱氏祠志》，抄本，藏安徽省博物馆。
④ 唐模许氏《理主总账》。
⑤ 许氏《韵梅梅遗言》手稿，藏安徽省博物馆。
⑥ 雍正十一年《懋显遗言》手稿，藏安徽省博物馆。

　　徽州商人捐输于建筑上的资金，就其本质来说，都是采用各种手段牟取的商业利润。在长达 600 余年的漫长岁月中，这巨额的社会财富又转化成一幢幢豪华富丽的建筑物，久而久之，就形成难以改变的习俗。这样长期将作不休，将会给社会经济带来什么样的后果呢？

　　第一，徽商为了赚取更大的商业利润以资营造，必然会加重对消费者的盘剥，徽商支出的浩大建筑费用，正是被剥削者所失去的利益。以两淮盐商为例，徽商一面在家乡挥金如土，大兴土木，一面却在两淮千方百计地压低食盐收购价，抬高销售价，挖空心思，敲剥灶户，"贫灶终受其累"，盐商"以大桶中其盐，重利收其债"的手段，迫使灶户备受高利贷的剥削，使得两淮灶户"数家之口，且有不能供馕粥者"①。灶户不但生活日益贫困，生产上也因"各场煎锅口多有破损，贫灶无力置买，致使失业"②。别说扩大再生产，就连简单再生产都难以维持。所以说，徽商拼命榨取利润以大兴土木的过程，也就是生产者和消费者因被剥削而日益贫困化的过程。

　　第二，大量建造祭祀性建筑，耗费了无以计数的资金。明清时徽州祠堂、里社、先贤庙成林，如歙县西溪南村就有泰伯祠、吴仲升祠、老屋祠、思睦祠、吴氏宗祠、悖叙祠、著存祠、师俭祠、滔公祠、翼公祠、贯公祠、振公祠、永锡祠、仁德社、忠烈庙、天帝庙等 20 多座祭祀性建筑，③ 而歙县潜口村仅现存的明代祠堂就有司谏第、曹门厅、中街祠堂、乐善堂、金紫祠 5 座。若以歙县许氏《兴建寝室收支总汇》为据，单一座五间寝室所用费即银 16 311.161 两，④ 而祠前添设栏杆一项工程，就需支银 608.517 两。⑤ 倘若徽州祠堂规制大都如前面汪道昆所作祠记所述，那么，营造一座祠堂至少得数十万金。再以吴氏西溪南村、汪氏潜口村所建祠堂数目推算，仅歙县就约 6 000 座祠堂，⑥ 其耗费的资金就极为可观了。

　　祠堂的兴建，造成祭祀成风，极为繁奢。考其祭法，徽州礼仪尊崇朱子家礼。"月朔必荐亲（荐后方食），时季用仲月（止于高祖。旁观无后者，祭之别也），冬至祭始祖（冬至，阳之始也，始祖，厥初生民之祖也。始祖于庙中，正位设一位，合考妣享之），立春祭先祖（立春，生物之始也；先祖，始祖而下祖），季秋祭祢（季秋，成物之始也）。忌日迁主于正寝。"⑦ 此外，还有外神祀、社祀、祀灶、厉祭等，⑧ 其一切祭器、礼乐、酒宴、神主牌、僧道法事等共 16 项开支，⑨ 完备至极。祭祀大礼，徽人更是讲究阔绰的排场，豪华的铺张。如"万历二十七年（1599 年）休宁迎春，共台戏一百零九座。台戏用童子扮故事，饰以金珠绘彩，竞斗靡丽美观也。近来此风渐减，然游灯犹有台戏，以绸纱糊马，皆能舞斗，较为夺目。邑东隆阜戴姓更甚，戏场奇巧壮丽。人马斗舞亦然。每年聚工制造，自正月迄十月方成，亦靡俗之流遗也。有劝以移此巨费，以赈贫乏，则群笑为迂

---

① 以上见《（嘉庆）两淮盐法志》卷五十四。
② 《皇朝经世文编》卷四十九。
③ 《（嘉庆）两淮盐法志》。
④ 许氏《兴建寝室收支总汇》稿本，藏安徽省博物馆。
⑤ 康熙五十年八月《祠前改砌溪旁添设栏杆收支总汇》稿本，藏安徽省博物馆。
⑥ 吴翟：《茗洲吴氏家典》卷一，《家规》。
⑦ 《伊川先生祭说》，歙县《西溪南吴氏世谱》。
⑧ 吴翟：《茗洲吴氏家典》卷一《家规》。
⑨ 《理主总账》。

矣。或曰：越国神会酬其保障功，不得不然"①。对此，清人顾炎武也有评说：嘉靖末隆庆间，"末富居多，本富尽少，富者愈富，贫者愈贫，芬华有波流矣，靡汰有丘壑矣"②。过去淳朴敦厚的山乡风俗渐渐地被讲究奢侈豪华甚至是荒唐无聊的腐败习气所替代。

第三，徽商在故里挥霍无度，千金一掷，建造房舍讲求富丽华美，造价昂贵，精工细缕，不可言状。笔者所见，明清建筑所用木料硕大无朋，这与徽州盛产木材，徽商中又以竹木商人为多有关③，得天独厚的经济地理条件，使徽商建筑大都用高档的硬质木材，如梓、柏、株、椿、银杏等，更有甚者，从福建、岭南甚至海外运楠木回乡，精构为厅，如歙县西溪南的吴仲升祠，就是用这等优质木材建造的。④ 这些木材的使用，不但坚固耐久，而且纹理纤细，便于雕镂，明中叶后，建筑木雕在徽州风行，对细质木料的需求量越来越大，以致相当数量的劳动力从事采伐、运输、雕作，工钱微薄，仅以糊口，民怨沸腾。即使是用得最多的墙砖，富商也用打磨过的清水砖，有的还在砖面上大肆雕琢，"大厅前必有门楼，砖上雕刻人马戏文，玲珑剔透"，常年的劳作不休，形成了建筑专业队伍，被称为"天下雕工随处有之，宁国、徽州、苏州最盛，亦最巧"⑤。房屋的式样，明谢肇淛说："余在新安见人家多楼上架楼，未尝有无楼之屋也。"⑥ 间架用九五之数，盛行斗栱、彩绘，违反了明清时期庶民房舍"三间五架"，"不许用斗栱，饰彩色"⑦ 的规制。由此可见徽商财力过人，富埒王侯，其豪华生活，甚至为一般官员所不及。徽州明清建筑的精美奢华，也足以说明这一点。

第二节　著名商人与地方社会

明清时期的徽州商人，大都与其家族有着千丝万缕的联系，例如歙县"江村之江，丰溪、澄塘之吴，潭渡之黄，岑山之程，稠墅、潜口之汪，傅溪之徐，郑村之郑，唐模之许，雄村之曹，上丰之宋，棠樾之鲍，蓝田之叶"等十数著姓，⑧ 就是由于出贾众多，资财雄厚从而成为名族望族的。棠樾鲍氏家族就是其中最有代表性的"名族"之一。

一、地方名门望族与商人

从棠樾鲍家来看，曾任乾隆、嘉庆两淮盐总的鲍志道，不但是当时两淮盐业的头号人物，而且也是棠樾宣忠堂支派的支柱，他一生的活动，对维扬盐业和桑梓乡族组织的发展以及家族经济势力的扩张和村镇建设诸方面，都有着重大的影响。在这里，着重对寓居扬州的鲍志道一家的兴衰及鲍氏家族形成、发展的历史过程作初步探讨，以求窥视徽州其他

---

① 赵吉士：《寄园寄所寄》卷十二。
② 顾炎武：《天下郡国利病书》。
③ 傅衣凌：《明清时代商人及商业资本》"明代徽州商人"条。
④ 杜修钧等：《徽州明代住宅》。
⑤ 钱泳：《履园丛话》卷十二。
⑥ 谢肇淛：《五杂组》。
⑦ 《明史·舆服志》。
⑧ 许承尧：《歙县志·风土》。

家族的情况。

棠樾鲍氏，自南宋末即以孝义见于志传，但真正使这个家族兴旺发达的，却是盐商巨头鲍志道。

鲍志道，原名廷道，字诚一，自号肯园，生于乾隆八年（1743 年），卒于嘉庆六年（1801 年），年五十八。嘉庆九年（1804 年），清王朝准安徽巡抚王汝璧奏请，入乡贤祠供奉。后礼部尚书纪昀为其作传并撰写墓表，两江总督铁保亲笔手书传文，勒石于碑，传之后世，户部尚书朱珪又撰鲍氏与元配汪恭人合葬墓志铭，一时备受颂扬。

究竟是什么原因使这位民间商人享有如此声名呢？细查起来，其实他倒没有什么惊人之举。鲍志道 7 岁读书，11 岁因家道中落被迫弃家去鄱阳学习会计，从此开始了他的商贾生涯。数年后，转客浙江金华，经营浙盐，不久移居两淮栟茶盐场，这是两淮泰州分司的主要盐场之一，① 当时两淮盐商，"凡商有二，曰场商，主收盐，曰运商，主行盐"②。所谓"场商"，是指在盐场向灶户购盐的商人；所谓"运商"，就是指认引行盐的商人，又称为纲商。鲍志道在栟茶盐场主要从事最易获利的购销盐行当。20 岁时，他定居清代盐业集散中心扬州，起初辅佐维扬吴太守经营盐业，"后自操其赢，所进常过于所期，久之大饶。遂自占商数于淮南，不复佐人故事"③。此刻正值两淮行商极盛时期，显著者"有数百家"，清政府为便于催缴盐课，在运商中设总商，总商之任务，"凡盐业之消长赢缩，以逮公私，百役巨细，无所不当问"④。这些总商，大都由"资重引多"⑤ 或"家道殷实者"⑥ 担任。鲍志道任两淮总商 20 年，是继徽籍盐总汪应庚之后最为干敏者。例如"乾隆末年，福建盐阑入江西，其势蜂拥不可止，淮南颇困，而事体重大，莫能撄也。先生（即鲍志道）身任其事，支柱两载，其患始平。盐艘或有沉溺，例当补运，或受累至破家，先生倡议使一舟溺则众舟助，至今为永利"。淮商称此为"津贴"，这对当时促进盐运是起到一定的积极作用的。

鲍志道不但在业盐上受到商界推崇，其好义重礼，也为世人称道。清人李斗有一段文字，记述颇详。"初，扬州盐务，兢尚奢丽。一昏嫁丧葬，堂室饮食，衣服舆马，动辄费数十万……有喜美者，自司阁以至灶婢，皆选十数龄清秀之辈，或反之而极尽用奇丑者，自镜之以为不称，毁其面以酱敷之，曝于日中。有好大者，以铜为溺器，高五六尺，夜欲溺，起就之，一时争奇斗异，不可胜纪。自诚一来扬，以俭相戒，值郑鉴元好程朱性理之学，宜相倡率，而侈靡之风，至是大变。诚一拥资巨万，然其妻妇子女，尚勤中馈箕帚之事，门不容车马，不演剧，淫巧之客，不留于宅。先是商家宾客奴仆，薪俸公食之数甚微。而凡有利之事，必次第使之，不计贤否。诚一每用一客，必等其家一岁所费而多与之，果贤则重委以事，否则终年闲食也。"⑦

鲍志道崇尚勤俭，所积家私却不吝施予。如扬州自康山以西至钞关北抵小东门地洼，

---

① 《（乾隆）两淮盐法志》卷十五《场灶》。

② 王苍孙：《中宪大夫肯园鲍公行状》，《棠樾鲍氏宣忠堂支谱》。

③ 王苍孙：《中宪大夫肯园鲍公行状》，《棠樾鲍氏宣忠堂支谱》。

④ 鲍琮：《棠樾鲍氏宣忠堂支谱》。

⑤ 《（嘉庆）两淮盐法志》卷十八《课程》二。

⑥ 《（嘉庆）两淮盐法志》卷二十《课程》九。

⑦ 李斗：《扬州画舫录》卷六。

下街衢水易积，他为之砖为石；在扬州建12间义学，供贫家子弟就读；在京师助修扬州会馆，为往来商旅安排食宿，存放货物。在桑梓，解囊捐资更为慷慨，修宗祠，置祭田，捐赀学宫书馆，独建歙县北河水榭，修桥补路，可称是徽州致力于乡村建设最为著名的商人之一。而鲍志道元配汪氏，侧室许氏，志称皆有义举，如汪氏，初处困约之时，亦往往脱簪珥质衣裾，济亲朋之窘主，故乡党并称其义。鲍志道业盐暴富后，汪氏捐资建了几座大工程，如"构屋八楹，为族人贮农器"，又"置田百亩，取租给族之众妇"，"重筑大母堨、七星墩、堨田水溪桥，诸道路至今里人能道也"①。当然，仅仅如此，尚不足以使鲍志道名重江南，鲍志道进身显贵与他的两个儿子有关。其长子鲍淑芳，原名钟芳，字席芬，一字惜分，由太学生捐职员外郎。他自幼随父习理盐业，是继鲍志道之后的两淮盐总之一。鲍淑芳同他的父亲一样，当时也曾是以义举卓著而闻名朝野的。如嘉庆十年（1805年）夏，洪泽盛涨决车逻五里诸霸，十一年（1806年），淮黄异涨漫溢邵伯镇之荷花塘，他先后创捐米6万石，麦4万石，于各邑设厂煮食，以赈济灾民，全活无算。方义坝决堤，倡捐柴料400万斤，应高堰抢险之急。入秋后，全河流势将改，由六塘从开山归海，他倡议公输300万两，以佐工需。"芒稻河系洪泽之委各湖水入江至捷之路，亟谋疏浚，当即独捐6万两，以济工用。平时讲求水利，又以湖水入江之路自金湾坝迄南四十里而后达瓜洲，势颇缓。郡城东旧有沙河闸，泄运河之水以入江，为支河第一捷径，特集议捐溶，并出己赀五千金，是成之，复浚真州之天池盐河。鸡心洲、龙门桥等河请复罱船，增设混江龙、铁扫帚等器，刷漕河使不淤浅。又议与浚通属广福桥等处之运盐河，并谋培筑范公堤，以捍海潮，而护民田，皆为地方谋公益也。"②嘉庆皇帝深嘉其行，御题"乐善好施"匾额，并在其故乡建坊旌表。③

鲍志道次子鲍勋茂，原名钟茂，字根实，一字树堂，晚号耕叟，徽州府学廪膳生员。乾隆四十九年（1784年）巡幸江南，内阁奉上谕：由江苏、安徽进献诗册，考取一等三名进士，特赐举人，遇缺即补。鲍勋茂钦取一等，授内阁中书。五十五年（1790年），入军机处学习行走，从此为鲍氏结交达官贵人乃至清帝皇室打开了通道，棠樾鲍家在乾嘉时累受素封，身价百倍，大都是由于鲍勋茂而日渐显荣。例如，乾隆五十五年（1790年）元月初一日，鲍志道因其子鲍勋茂擢内阁中书加一级兼军机行走，进而又被封为文林郎内阁中书加一级。乾隆五十五年（1790年），皇帝八十寿辰，两淮盐商奋力输运，鲍志道等25名总商特加顶戴一级，其中自然少不了鲍勋茂的奔走。能够像鲍勋茂那样侧身于京城官僚特权阶层，则是出身低微的盐商们所梦寐以求的，因为这对于借助国家政权的庇护，从而攫取更高的商业利润，无疑大有好处。

嘉庆之后，鲍氏子弟已不大经商，除出仕任官者外，大都坐吃祖业，以工诗书音律为乐，消闲度日。如身居高位的鲍勋茂，其子鲍时基，字澄叙，号叙眉，曾官贵州黔西州知州，任官仅8月余，即以母丧为由，卸职归服，阕不谒选，终日"以课子赋诗为娱，好薰香光书，藏有真迹百余帧，因名画斋曰'宝香阁'。搜罗古今名迹，不惜重价购之，暇辄作没骨画，兼师白阳山人，于书法四体兼精。著有《槐西草》、《慕韦草》、《黔西游草》、

① 纪昀：《鲍肯园先生小传》，铁保手书拓本。
② 李斗：《扬州画舫录》卷六。
③ 纪昀：《中宪大夫鲍公肯园暨配汪恭人墓表》。

《息影草》、《息影续草》、《陶诗存》"。又传之三代，仍是布衣闲士。像其孙鲍亮宣字春圃，在江都"为文作书"，"旁逮医方音律，卜筮星历之术"春圃子鲍娄先，也是"博学好古，兼工绘事"。由此可知，昔日在两淮飞黄腾达、锦玉缠身的鲍氏，晚清时已一落千丈，不为人重。据调查，乾嘉时鲍志道所居于扬州北门外名曰"西园曲水"的园林式住宅，咸丰初毁于兵火，由其孙迁居南河下，"其故址已易他主"。[①]显赫一时的鲍氏盐商，至此销声匿迹，衰败不堪了。

二、盐商兴衰缘由

两淮盐商鲍志道一家同其他经营盐业的商贾一样，其兴衰的过程同清王朝的历史命运一样，有其深刻的社会历史原因。由于清初所制定的盐法制度是从国家经济运转的角度进行制度安排，盐商的盐业经营活动都是同国家的盐业销售利益相联系的，因此可在短期内获取高额的盐业运销利润。而对于徽州籍的盐商来说，由于自明代以来已经确定了在两淮、两浙等盐业主要产区的转运销售特权沿及清代，像鲍志道这样的鲍氏家族，已经成为两淮地区的盐业商总，加上其家族本是商贾世家，累代素封的社会政治背景和社会地位，亦成为客居维扬的鲍氏作为商业经营活动的基础条件，这一点，显然是优于山陕或其他地区的商人的。当然，由于徽州籍的大盐商贾人数众多，两淮商总共有12人，其中10人则是徽州人。在整个盐业经营活动中，商总所形成的盐业商帮的经营活动，实际上垄断了长江流域地区的盐业、金融业和其他大宗商品贸易，其商业资本之雄厚，经营范围之广，交易量之大，也是其他地区的商人无法企及的。

首先，清代盐政对两淮盐商有着直接的影响。总的来看，清开国至乾隆时的盐政，对盐商都是有利的。清初盐法多依明制，但重点却在扶植商灶，休养生息。当时所行"窝本"制度，即是以明代万历时期所形成的食盐转运销售数额，作为商人特许代理经营的大宗货品，由商人及其后代子孙世代经营，没有"窝本"的商人，无论其资金多么雄厚，也无法再进入"窝本"从事盐的转运销售活动。由于盐业经营是国家特许商人代理的，这就为日后商人的盐业垄断提供了前提条件。具有"窝本"的商人都是徽州人，其"窝本"内的盐货如何运销，则属于商人自主经营的事。按清代之规定，除根窝"引窝听商得，自为业"外，年窝"亦听商得相拨售"。这就使两淮盐业中的有窝之商进一步垄断了盐的购销特权，他们通过合法的身份公开售卖引窝、根窝，坐享巨额商业利润。

顺治时，清王朝又用免课和追加资本的办法，大力扶持和鼓励两淮盐业。如顺治三年（1646年），免征全部额课的1/3；八年（1651年），免解课外余银；十六年（1659年），悉蠲从前场灶逃课。康熙九年（1670年）停预征例；十二年（1673年），蠲湖南衡、永、宝三府纲盐21万余引正课；二十（1681年）年，免闰引课139 300余两，并宁、和、含等食盐壅课56 000余两；二十八年（1689年），免两淮在先加增银20万两；四十二年（1703年），于运库发银100万两，借纾商力，分十年带还，寻复恩免。雍正元年（1723年），免未完加根银229 000余两，其已交339 000余两并准抵消旧欠；二年（1724年），特遣户部侍郎李周望、内阁学士塞楞格出查两淮，各项加派革蠹，总裁浮费，岁省商赀70

---

① 李斗：《扬州画舫录》卷六。

余万两；四年（1726 年），准商人每引加盐 50 斤，"免其输课，永著为令"①。在国家的扶持下，两淮盐商得以迅速地积累资金，加快资本流通速度，从而出现了乾隆时两淮盐业的盛世。盐商鲍志道及其他徽籍盐商都是在这种经济形势下投身盐业，进而暴发成为富户巨室的。

嘉庆之后，盐商的经济实力已达到控制国内市场和金融领域的程度，旧日由盐商垄断盐业销售的引窝制度也弊端百出，商人"辗转抬价居奇，成本之重以此，运销之滞以此，官价昂而私盐日炽亦以此。本重价昂，私充课绌，而盐务一败涂地亦以此"②。道光十二年（1832 年），两江总督陶澍奏将淮行淮北，行之甚利。三十年（1850 年），两江总督陆建良奏将淮南改纲为票，其大要重在革浮费，淮北改行票盐。所谓"票盐"，即是"令民贩携资赴场验收，挂号领照，认岸运销"③。通成本，一时纲运顿畅。④ 以票改纲，其目的显然是要打破盐商势家的垄断特权，由民贩取而代之。"有商未认纲改票，而商亦废"，鲍氏家人自然也脱不掉破产的厄运。

咸丰五年（1855 年），盐课沉重。每引盐由原 400 斤增至 600 斤，课亦增加了一半。如江甘舟引课银由原来的 0.88 两增加到 1.3 两；高宝由原来每引课银 0.84 两增加到 1.2 两。而例不销引的纲盐改捆之地仪征，也行照场抽税，附场减半之科。同治四年（1865 年），每引课银 0.72 两，并添设额引。同治三年（1864 年），长江两岸战事停息，两江总督曾国藩仍广行票法，并设招商局督销。"五年，两江总督李鸿章裁招商局归并淮南总局，改验资挂号章程令，已领票之贩循还给运，至今循以为例。"所以说，道咸后推行改纲为票制，的确是给徽州盐商以致命的打击，即便是清代中期以前显赫一时的鲍氏商总，其后代也少有人业盐。这也恰恰说明盐业衰落直接导致徽州商人资本转向其他行业，而上海及沿海地区机器纺织业的兴起，为当时占据两淮、两浙地区的徽州商人提供了新的投资取向，盐业已经不再是传统社会商人资本集中的行业了。值得提出的是，咸丰时漕运状况的改变，对行盐之商也多有影响。咸丰元年（1851 年），"南河丰工决口，运道梗阻，江浙全漕改由海运，其时江北各邑漕米统归上海兑交海船运赴天津"⑤。而扬州历代为江淮要津，江南诸省行盐均在此北运行销，漕米改海运，运盐之路无疑被阻，而产盐的江浙沿海地区，所煎之盐自然也无需经扬州北上了，所以也就日渐冷落下来。

其次，鲍志道在扬州能够取得如此显贵的地位，与其累代素封的商贾世家有关，这也是鲍志道后来致力于乡族利益的出发点。

在徽州，诸族之首，当推汪、程二家及鲍家。据宋鲍永高开庆元年修《鲍氏宗谱》云：徽州鲍家，自晋太康年间护军中尉伸公领兵镇新安，见这里山青水淑，遂定居，子孙繁衍，而成为名门望族。棠樾始祖，是北宋时的文学荣公。沿至明中叶，有府治西门、蜀源、岩镇、棠樾四派，以棠樾宣忠堂支为大宗。这一支派之所以统驭诸支，究其原因，正是该支具有累代素封、世代经商这两个特点。这一支派最早见于史传的是鲍宗岩父子。《宋史》载："有鲍宗岩者，字傅叔，徽州歙人。子寿孙，字子寿。宋末，盗起里中，宗

---

① 江都董逸沧：《芜城怀旧录》。
② 鲍淑芳，《歙县志》记为"鲍漱芳"，《棠樾鲍氏宣忠堂支谱》及棠樾石坊题名均为"鲍淑芳"，故以此为准。
③ 博野：《扬州府志》卷十八《盐法》。《（光绪）两淮盐法志》卷一〇三《征榷门·窝价》。
④ 《淮南票盐纪略》。
⑤ 以上均见英杰：《续纂扬州府志》，《盐法》。

岩避地山谷间，为贼所得，缚宗岩树上，将杀之，寿孙拜前愿代父死，宗岩曰：'吾老矣，仅一子奉先祀，岂可杀之？吾愿自死。盗两释之。"① 明永乐时，乃蒙搜采褚轩，追表所居，称棠樾村为"慈孝里"，永乐皇帝御制慈孝诗，建坊旌表，一时名扬天下。

十四世祖鲍邦灿，② 字明，生于宣德六年（1431 年），卒于弘治十五年（1502 年）。《棠樾鲍氏宣忠堂文谱》称他"性至孝母"，"其母佘氏，年七十余，足患疡，腐秽不可近，濒于危。公露立泣祷，旦夕跪吮其疽疾，豁然愈"。当世士大夫争为诗歌，纪其事迹。后闻于朝，嘉靖时建坊旌表。

直到十六世祖鲍象贤，才真正确立起歙县棠樾村宣忠堂支派在诸鲍中的领袖地位。鲍象贤，字复之，号思庵，嘉靖八年（1529 年）进士，授四川道监察御史，后擢南京兵部右侍郎，因他平叛云南、抗击倭寇有功，为人所嫉，回籍听勘 10 年。嘉靖四十二年（1563 年）起为太仆寺卿，次年改户部左侍郎兼右副都御史，不久迁兵部左侍郎，因年过七旬，告老还乡，隆庆戊辰（1568 年）死于棠樾，明王朝遂加赠工部尚书，予祭葬崇祀乡贤。③ 由于鲍象贤是棠樾鲍氏家族官品最高的族人，自此之后，鲍家就以鲍象贤为始祖，用鲍象贤住宅大厅的"宣忠"匾额作为棠樾鲍氏祠堂名，其鲍象贤支下子孙即叫做"宣忠堂"支派。万历时，宣忠派较出名的是鲍象贤的孙子鲍孟英，此人也是以科举出仕作为提高宗族地位的手段。其登科后，初为河南开封府通判，天启元年（1621 年）九月，为山东都转运盐使司同知仍管莱州府海防事，上因其"心勤防输劳著，为朕分东顾之忧"，同时由于他"起家华胄，饶具干才。倅大梁而滩运之，节省良多，丞南海而屯蠹之，肃清累万，以推择佐治胶莱"，④ 遂晋阶朝议大夫。皇帝如此褒奖，一时为徽州鲍氏宗族带来荣耀，其家族在整个徽州地区也自然成为名门望族。

鲍象贤与鲍孟英都是由科举取士逐步成为大官僚的，这是徽州名族的普遍现象，哪个家族出了大官，哪个家族就是大族名族，其家族势力就凭借封建政权而日益扩大。但是，读书求仕，必须有读书的条件，这就需要有一定的财产以助膏火纸札。在徽州，商人子弟读书，一般并不是在其所居住的城市读书。按清代制度，商人大多是在家乡读书，这主要是靠商人家族资助，7 岁入义学、私塾，15 岁拜师，或入府县学、或入学宫学馆，然后参加科举而步入仕途。而对于商人子弟而言，由于家境优裕，一般都是自幼攻读，而天资聪颖的人，后来也大都身居高位，为家族带来荣誉。鲍象贤、鲍孟英的经历，显然就属于这一种。

据考，棠樾鲍氏自明初就已开始经营商业，特别是在明初实行招商纳粮开中制度初期，棠樾鲍氏即开始从事盐粮转运，由此而发家。如十二世祖鲍汪如，自幼好读书。洪武时，官府举其出仕，汪如辞而不就。后壮游四方，结识名流贤士。洪武时"边陲有警，募民上粮易盐，公遂运米，应云南军饷。盐拨温州，于时海寇侵扰，禁不得行。诸商联名呼请，有司不为理。公独备陈商困条奏于朝，始得放行。又令盐数不敷，稽延三载，公往复不一"。其行状本意主要是记述其先祖从事盐粮转运之艰辛，但却为徽州商人如何走向盐粮转运与销售提供了重要借鉴。又如十三世祖鲍万善，字文芳，汪如公子。他也是"少能

---

① 脱脱：《宋史》卷四五六《列传·孝义》卷二一五。
② 鲍邦灿，《歙县志》棠樾石坊题铭均为"鲍灿"，而在《棠樾鲍氏宣忠堂支谱》皆为鲍邦灿，故沿后说。
③ 《歙县乡贤志》。
④ 《明山东都转运盐使司同知仍管莱州府海防事鲍孟英暨妻程氏诰命》，载《棠樾鲍氏宣忠堂支谱》。

立志，经营积累起家"①。十四世祖鲍邦灿，万善公三子，"尝挟资客沐洛间"，致富后归故里侍母。十五世光祖，字允义，邦灿公次子，他"事父终身"，往来于北疆江南，贩负行商。十六世鲍象贤，便以科举出仕。可见明代嘉靖时商籍子弟以经商获得财富，进而培养子弟读书，以为跻身于官僚之列，是农村社会中极为普遍的做法。至明季，棠樾鲍家因其十四世祖鲍邦灿与淑人程氏合葬墓在歙县里田为家仆盗葬，讼讦不休，一度颇感资金匮乏。二十一世鲍寅宾兄弟四人，又开始重操旧业，服贾理财。如鲍寅宾之弟鲍文玉，名讳，"弃儒服贾，经营海滨，转徙瓯、粤间。是时市舶出洋，遭劫掠者无算。文玉数往来属有天幸，独不遇。货委于地人，皆争取无积滞又数得息"②。又如，鲍士讳弟鲍士臣，字汝良，5岁丧母，15岁丧父，贫无所依，徒步走鄱阳，舂米糊口。一日，"有客投宿，未达曙去，遗囊金于门，先生（即鲍士臣）如厕见，持白主人，请待客至而还之，主人慨然许焉。未久，客仓惶至，主人阅实畀之，且道先生之义，客再拜酬以金不受，主人以是重先生"。以后鲍士臣游扬州，人誉"廉贾"，名声显著，"其后纳交者日众，或贷金于先生而薄其子钱，先生始得时货之，有无兴贩四方，四方之人闻先生至，争先鬻其货，先生由是能蓄其财"③。值得注意的是鲍士臣是鲍志道的曾祖父，他的名声对后来鲍氏在两淮统领盐业有直接的影响。如鲍士臣之子鲍超万就是久居淮南富安盐场的场商，④ 其兄逢仁、逢义（鲍超万名逢杰），后来成了宣忠堂支派的主要三房。鲍逢仁是鲍志道祖父，为二十二世祖，二十三世鲍宜瑗，字景玉，一字竹溪，"长贾于外"，捐从九品官。其长子鲍志道，次子鲍启运，孙鲍淑芳，都是清中叶的著名两淮大盐商。而鲍士讳支下，也大都服贾从商。如长子鲍逢乙，"因父久客海滨，公走千里奉父"，投身商业。逢乙公长子宜生，字辅同，"少随父叔经营，不惮劳辞"。次子宜春，字景和，"尝贾于湘汉之区，多所创置"。鲍宜春三子鲍廷枚，字卜臣，"贾江右"。鲍廷枚之侄鲍钟蕃，字叙成，"客浙之遂安，工会计，为同辈所推"。这种举族经商的传统，在徽州固然不止棠樾鲍氏一家，但鲍氏家族起码可以给我们两点启示：一是以宗族近亲为骨干，世代相传，形成独立的宗族性商业集团。如嘉庆年间两淮盐政满人信山参奏盐商鲍芳陶抗金一案，⑤ 因鲍芳陶是鲍志道之弟，鲍家就得到清帝和官府的庇护，其中自然也有鲍家商人的周旋，结果不了了之，未予革究；二是明清时期素封成癖，商贾以资财捐官，以义举求功名，追求封赠，从而享有官僚特权，较之苦读四书五经，可谓是条捷径。自乾隆之后，素封不绝，收入其宗谱《诰敕》的诰文就有44篇之多，足以说明宣忠堂支派在明清时享有的社会政治地位已具有群体效应，而这些久客外地的商人，在维系家族利益上都起着重要作用。

三、鲍氏家族在家族经济中的地位与作用

　　徽商致力于家族经济，业为世人所知。然而，商业资本究竟采取什么方式同家族经济相结合却是颇值得注意的。笔者以为，在徽州，宗法制家族经济的构成有五个方面：一是

---

① 鲍琮：《棠樾鲍氏宣忠堂支谱》。
② 《鲍君文玉传》，载《棠樾鲍氏宣忠堂支谱》。
③ 张登镶：《鲍先生传》，载《棠樾鲍氏宣忠堂支谱》。
④ 张坦：《鲍君超万传》，载《棠樾鲍氏宣忠堂支谱》。
⑤ 《嘉庆九年四月十三日总督陈大文奏文》。

建立一个共同祭祀祖先的场所即祠堂，以作为族属精神联系的纽带；二是要有一定数量的宗族公有财产即祭田、仓储等，以作为维系族众、祭祀祖先的物质基础；三是要有较为完整的族规、家法、祠规，以为族众共同遵守的制度；四是需要较为完备的宗族组织及可统属族众的族长、祠长等；五是由宗族主持修纂的谱牒，亦称为"家史"，以明尊长，叙本源，敬祖孝宗，维持礼法秩序。这五个方面，徽州商人都是努力付诸实践的。歙人许承尧曾这样评价徽州地区的宗族组织，认为"邑俗旧重宗法，聚族而居。每村一姓或数姓，姓各有祠，支分派别，复为支祠，堂皇雄丽，与居室相间。岁时举祭礼，族中有大事亦于此聚议焉。祠各有规约，族众公守之。推辈行尊而年齿高者为族长，执行其规约，族长之能称职与否，则视乎其人矣。祠之富者，皆有祭田，岁征其租，以供祠用，有余则以济族中之孤寡。田皆族中富室捐置，良法美俗，兹其一也"①。按此描述，徽州地区的宗族组织已具有中国传统乡村社会生活样式。对此，日本学者牧野巽曾就休宁茗洲吴氏家族进行研究，认为宗法制度在这个"产业、文化发达的地方，却有加强的倾向"②。既然这是明清时期徽州的普遍社会现象，包括棠樾鲍氏家族在内的其他乡村社会自然也毫无例外。其中重要现象之一，则是在乡村中生活的家族都与在城市中居住的族人有十分紧密的关系，城乡之间的政治、经济联系是通过寓居各地城市的商人完成的。据初步考察，中国传统社会中城市商人与祖居地的宗族的联系，则将城市工业同农业结合起来，从而形成国家、地区、家庭经济的组合。而在大商人聚集的地方，商人资本对城乡投资也就更为集中。而商人对于农村的资本投入，显然也不仅仅限于购置土地。仍以鲍家为例，主要有：

第一，建祠堂，筑牌坊。棠樾村的祠堂有先达祠、绍一公祠、慎余堂、诚孝祠、宣忠堂、尚书公家庙、燕斋、翰林祠（耕读堂）、进士厅、诚孝堂、存爱堂、亦政堂、敦本祠、世孝祠、慈孝堂共15座，建造费用多出自本族商人私囊。如鲍志道捐资建造的有慈孝堂、世孝祠、宣忠堂等。每建一祠，均作祠记，明诫族属。如嘉庆六年（1801年）秋，鲍志道临终前亲撰《世孝祠记》，云："我朝逢昌公又以孝行受旌，夫孝者行之厚也……志道材质浅陋，少阅艰难，幸赖祖宗之灵，粗立家室……因是敬述先德，用勖后人，于宗祠外别建世孝祠，合累世孝子之主祀焉。以每岁季春季冬月朔举行祭礼，通族咸至，俾瞻拜堂阶，有所观感。更严立规条，继自今有孝行彰著者，上之于朝，次之孚众望者，咸得以时续祔之。"③ 俨然一个宗法制维护者的面貌。对于维修旌表祖宗的牌坊，在鲍家眼里也是至关重要的，他们认为"子孙而不能表扬其祖宗，不可谓孝；祖宗之德，前人已表扬矣，越数十百世，子孙又从而淹没之，则其罪有甚焉"。乾隆四十一年（1776年），鲍志道由扬州回歙省亲，动议筑"菟裘"园为其父娱老，其父鲍宜瑗执意不肯，"促长儿修整两坊，卜日鸠工庀材，命族侄岳炯集众量其事"④。可见鲍氏宗族对建坊旌表事之重视程度。

第二，购置田产，作为宗族的公堂财产。田产是家族族产的主要部分，建筑祠堂，就必须购置田产，以充祠内祭祀、修缮、抚孤济贫之用，这种田产，徽州称为祭田、义田、祀田、学田等，其名称与用途各有差异，但都是族产。祠堂与田产的结合始于北宋。范仲淹曾在苏州故里买郭常稔田千亩，名曰"义田"，每岁收租800斛，收族人90口，以为族

① 许承尧：《歙县志·风土》。
② 牧野巽：《明代同族的社祭记录之一例》，载《东方学报》第11册。
③ 鲍志道：《世孝祠记》，载《棠樾鲍氏宣忠堂支谱》。
④ 鲍宜瑗：《重修慈孝孝子两坊碑记》，同上。

人"日有食，岁有衣，婚娶凶葬皆有赡"①的开支。范公"收族"成为战乱时期的创举，备受儒家的推崇。如北宋时期的大儒张载、南宋时期朱熹所提倡的宗子法中，认为每个家族都需建立一个奉祀高、曾、祖、祢四世神主的祠堂。他主张建祠时，每家取现有田产的二十分之一作为祭田，亲尽则以为墓田，由宗子主之，以给祭用。②除祭祀开销外，祠堂的田产还用以保生。清人张永诠说："祠堂者，敬宗者也，义田者，收族者也。祖宗之神依于主，主则依于祠堂，永祠堂则无以妥亡者。子侄之生依于食，食则给于田，无义田则无以保生者。故祠堂与义田并重而不可偏废者也。"③如果从今天对农村社会经济构成的角度看来，宋代的儒家所主张的收族与宗子法制度，其本意在于以宗族作为中国的社会基础，而在收族的过程中，还要解决宗族族人的生活及供养的问题。这样一来，宗族就势必以祠堂为中心建立宗族组织，而维系宗族存在的"义田"就成为宗族族人日后实现社会保障的经济来源；而宗族中的"祭田"则是维系宗族组织长期存在的精神纽带，只有在村社中大家具有祭祀祖先的观念，才能在政治经济方面形成社会共同行为。而在此基础上购置田地产业，也就必然成为大家的自愿的行为。如果将以上的倡议同农村社会现实生活进行比较的话，那么，可以说在江南地区的广大农村社会中，以上两种性质的宗族田产，在鲍氏家族的私家文书档案资料中都有详尽的记载，可以断定这已成为早期传统农村社会经济模式。比如说祭田的购置，如"宣忠户"，系鲍志道捐置，共计购置田税53亩，塘税0.26亩，每年计时租谷1 251.5斗，硬租谷221斗。后续置西沙溪护坟地税0.274亩，交租钱48文。乾隆五十八年（1793年），以置祀产敬设冬祭及祔葬银两为名，由宣忠堂支三房输银1 000两，"先兑二百两，为二房庄仆完婚活家之计，其八百两俟捡葬时兑交公收"。嘉庆八年（1803）冬月，"照议开穴捡葬，找出银八百两，公同收置田亩税入宣忠户内，归祠轮管征租，以充公用。"④据统计，这次所置田税共计31亩，塘税0.284亩，每年共计收时租谷643.6斗，硬租谷137斗，与鲍志道所捐祭田一并合为宣忠户祠产，这反映在国家赋税系统上，即称为"宣忠户"。国家赋税征收是向其祠户征发的，道理很明白。

在中国传统农村社会中，宗族组织所购置的田地产业中有相当多的"义田"，这显然是早期农村社会中用于慈善或社会保障的重要组成部分。所谓"义田"，是指用来"哀鳏寡，恤孤独，赈困穷，补不足"的田产。如鲍志道妻汪氏于嘉庆五年（1800年）六月捐置的"节俭户"田。该田产以所谓"节俭所蓄，捐为公产"而得名，共计田99亩，塘、地共1.1亩，每年收时租谷1 146.6斗，硬租谷1 144.42斗，雇佃仆68户，其中鲍姓宗人仅有4户。汪氏置"节俭户"共用本利银2 000余两，"每年租谷归宣忠堂司祠与司年公管，房长稽查"。道光二十五年（1845年），鲍志道之弟鲍启运由扬州回乡省墓，倾资力购田产，名曰"体源户"。初置田540亩，塘7.2亩，地17亩。道光三十年（1850年），又续置田166亩，塘2.3亩，地2.46亩，至此，体源户共有田707亩，塘9.5亩，地20.1亩，每年共计收时租谷6 457.5斗，硬租谷7 251.25斗，其中上缴国家正则钱粮银93.35两，营米300.01斗。咸丰初，鲍启运又置立"敦本户"田，共买田503亩，塘8.5

---

① 《金石萃编》卷一五六《义田记》。
② 邱濬：《朱子家礼》卷一《通礼余注》。
③ 张永诠：《先祠记》，《皇朝经世文编》卷六六。
④ 《祔葬银两公置祀产敬设冬祭缘由》。

亩。至此，体源户与敦本户田产，仅鲍启运一人就捐置1 200余亩。以上这些田地的性质，均为该宗族的"义田"。清末徽商把巨额资本投资家乡的田地产，说明早期中国农村社会中的社会保障体系的建立，原本与商业资本有千丝万缕的联系。如果该宗族没有大商人，其投资乡村"义田"的资金，想必也不会太多。尽管如此，应该承认的是，在早期中国农村社会保障体系中，村民以其捐助、投资土地而形成社会保障，应该说是相当普遍的，只不过在富商巨贾辈出的徽州地区，其宗族中的"义田"数量也比其他地方多而已。而道光时期在扬州经营盐业的徽商将其商业资本投入家乡土地，显然也与其盐业经营环境变化有直接的关系。上面的族产如宣忠户、节俭户、体源户、敦本户都是乾隆以后陆续添置的，有资料表明，道光前徽州的祠产数目都不是太多，从未出现像鲍启运那样一次置田500亩的。就拿棠樾村来说，在地少人多的山区，元至正间，也不过"为田凡六百亩"，当然不会有如此之多的田地成为宗族组织的族产。至于在棠樾村一带购置巨额田地产，实在是难以想象的。

第三，严立规条，建造仓储，分配祀产。棠樾宣忠支派置田2 000余亩，约是元末全村耕地面积的3.5倍，每年收租谷约3万余斗，这么多原则上属于宗族公有的租谷将如何支销呢？简言之，大体有四项用途：

（1）修建仓储，以备荒年。棠樾祠仓为鲍志道老婆汪氏捐建，平檐八间，三房各占二间，中二间为族仓，每年租谷有600石入仓作底，存谷提出作为族属分配之用。

（2）所置祀产，大都被商家私吞。据鲍家规定，每年征租谷数，由管理祠务的督总、执事、襄事会同族长议定，所收体源、敦本户租谷，除入仓并筐罩、祖酒等临时性开支外，余谷五股均分，一股约合4 000斗，督总者得二股，襄事三人各得一股，以作薪水。这些头目，均是年老还乡的商人，如鲍志道父亲就是统管祠务的，可见祠租大部分落入商人的私家仓储。

（3）对于族属，分享的祀谷仅是极少部分。原则上"不论男女大小口，一例棐给，其小口三岁准棐"，但在细则规条中，许多人是分不到租谷的，如盗卖祖坟公产、盗砍荫木者，聚赌无论骰子、跌钱、看牌者；酗酒打架、男妇干犯长上、品行不端、好与人寻事争斗者；妇人打街骂巷、不守规法者；出嫁女归宁在家及妻之母相依或家用人者；外出贸易、来去不定者等，最为苛刻的条件是族人乃自宋代以来住居本村者方准棐、后来者亦不准棐规条，就将许多族众排斥在分谷之列外。

（4）宣忠户祭田租谷，均用于祭祀大礼开销。据鲍家祀事值年规例，司年由鲍齐英、鲍孟英、鲍同英三房轮管，每年除夕洒扫、元旦贺节、祭拜祖先、初二僧道过渡、立春接春、初九迎神、元宵赏灯拜客、十八瞻仰祖先遗像、灯节点灯、二十日春斋、二月二日社事、春社中元秋社烧年四次、清明标祀祭扫、祭孝子祠、里中各门婚娶寿诞、祖先忌日、冬至司祠以及尚书祠、宣忠堂两户钱粮营米每年二月上旬集谷，清明前完纳众验和每月朔望扫洒厅堂、修理祠堂桌案椅凳、更椽补望诸项，都在祭田租谷里开销，而每次祭祀活动，所置办的猪、牛、羊、鱼、鸡、鸭、鹅、果品、香烛、纸箔、果酒等祭品极富足，祭后还将按人头分胙。清中叶，宗祠修谱牒、停棺、棐谷都是宗族活动的主要内容。

棠樾鲍氏宗族占有如此之多的田产，在田少人稠的徽州山区，无疑是十分惊人的。宗族借置祭田、义田之名，行兼并土地之实，而且，每次新置田产都得到地方官府的支持和庇护。买田者都与当地官府签订保祀合同，借助封建政权的力量发展这种名义上的宗族经济。明代中叶以后，保祀合同已在徽州出现，如万历四十四年（1616年）十月廿五日程宗彦与官府的《万历保全合同》碑文，谓祀田约20余亩，"共计租一千一百余秤"。为保护这批祭祖用的祀产，"集家长家众于祠，俨然见我祖在上，复立保全合同，期以永远共遵。迄今以后，原祀田众业，凡为子孙，毋得妄自强抢强收，并私卖私分等情。如违，听家众赍文告，准以不孝论"[1]。入清后，随着祀产的扩大，保祀合同制度更为强化，如棠樾鲍氏在祠事、值年规例、祠规、堂约、祖训中都有这方面的规定，就不一一繁举了。

通过上面对鲍志道及其家族政治、经济诸方面的考察，可以得出这样的结论：第一，徽州家族势力的发展，是以徽商经济的发达作为支柱的，倘若没有像鲍志道、鲍启运兄弟二人的从中资助，棠樾宣忠派势力就难以形成；第二，清代巨商的出现，在一程度上尚依赖其家族的社会政治地位和商业资本的积累；第三，徽商把巨额商业利润转到土地资本上，反映了清代中叶以后商业资本无出路的窘境；第四，徽商广置田产，说明了封建社会末期商业资本的封建性，实质上是封建经济的附庸。而宗族经济的本身，恰恰掩盖了地租剥削这一点，鲍志道及其家族就是极好的明证。

第三节　农村社会组织扩展与演变

清代前期，徽州盐商在扬州地区的经营活动，对扬州城市经济的恢复和发展起到了不可低估的历史作用。本节拟就徽州盐商于盐业经营之外的有关经济、社会活动以及对扬州城市经济发展的影响，作初步考察分析。

一、清代前期徽州盐商和扬州城市经济的发展

清初，徽州盐商与扬州城市经济的联系，主要表现为捐赈。明清鼎革之际，扬州惨遭清兵十日屠城之祸，扬州百姓约几十万人丧生，昔日繁华的扬州城几成一片废墟，"扬州十日"惨案对这一地区的社会生产力和城市经济破坏极大。随着两淮盐业生产的恢复，徽州盐商资本得以迅速增值。这样，在对该地区的灾民赈济和优恤灶户方面，清政府也逐渐实行盐商捐输制度，借以调整清朝统治者与淮扬地区商民之间的关系，企图缓和社会矛盾和冲突，把捐输作为安靖地方的主要手段。如康熙十年（1671年）六月，两淮巡盐御史席特纳奏疏言："淮扬为商盐根本重地，商民互相依倚，必灾民得所，然后地方安靖，商课无虞。"于是，他"专集徽、西（山西、陕西）纲食众商，劝谕捐赈"。徽商陈恒升等"情愿乐输，于扬城外设立四厂煮粥，每月约赈男妇四万五千余名口。其泰州、高邮、兴化等处老幼不能就食者，各处分发数百石不等。又供给灾民棉衣一万四十五件。共用银二万二千六百七十两"[2]。这是捐赈的较早实例。在修筑海堤方面，"江南范公堤，为沿海之藩篱，盐场之保障，原系商人捐修工程"。雍正年间，由于海潮决堤，遂于"二三月间作速兴工，使沿海穷民得以佣工糊口"[3]。至于挖浚运盐河道、修桥补路之捐助，更是屡见

---

① 程宗彦：《万历保祀合同》。

② 《（乾隆）两淮盐法志》卷二十七《职官五·宦迹》。

③ 雍正十一年正月上谕，载《（乾隆）两淮盐法志》卷首《制诏》。

不鲜。捐输制度从而成为盐商进一步扩大经营，谋取冠带，攫取名利的一条捷径。

在经营方面，首先是粮食经营。两淮盐业人口的粮食供应历来依靠外运。清初大规模兼营米石的盐商颇为少见，至雍正年间，随着盐商捐输制的施行，遂有盐商兼营米石和"盐义仓"之设，此为淮商以合法名义经营粮业的开端。仅从雍正一朝来看，盐商购卖米石即极为盛行。如雍正四年（1726年），淮商捐银三十四万两"备交运库"，又"噶尔泰（巡盐御史）名下有应得银八万两"，共银三十二万两，其中两万两赏给噶尔泰，而将三十万两"即交选出之商人管理"，"为江南买贮米石"。次年，徽商"黄光德等愿输银四万两，以为薪水之费"。淮北徽商程谦六"请将水脚银一万四千四百两捐为建仓之用"①。同年六月，由徽商黄光德、汪勤裕、马裕、汪晋德等人经理建仓事宜。至五年七月，泰州、通州、如皋、盐城、海洲、板浦场建仓六处，共房 167 间，可贮谷 360 600 余石，共用工料报银 60 523 两有奇。盐义仓的设置，遂使兼营米石之商可径自藩库购米，较之市场米价更为便宜，如雍正八年（1730年），"两淮商人黄光德等具呈，情愿出资将湖南积谷三十余万石照依原买之价交纳湖南藩库领运，随地随时售卖"②。雍正皇帝在上谕中批示"不可分外交纳"，要给盐商贩米以"余利"。这样，官府同盐商之间的粮食交易即是公开、合法的了。由于湖广地区亦是明清时期重要米粮生产基地，盐商因此多至此地购粮。"汉口地方，自去年（雍正九年）十一月至本年二月初旬，外贩米船已有四百余号，而盐商巨艘装运者，尤不可数计。"③ 可见清代盐商的盐粮贸易，规模之盛大。

其次是醃腊咸货。淮盐行销地以湖广最广，而湖广洞庭湖以渔产为盛，徽州盐商借以投资醃腊加工业。按时人的说法，"楚地素为鱼米之乡，湖鱼旺产，亦号丰收，商得资其醃切，藉以完课"。一旦失去或减少渔业加工方面的条件，淮盐亦可能滞销。如雍正十三年（1735年），"汉水涨发，鱼市稀少"，淮盐"积至七八百万包"④。至于在扬州，盐业与醃制海货的关系亦相当密切。如扬州黄巾霸鱼市及沿海地区海货贸易，与淮盐同为盐商经营的主要方面。⑤ 由于盐商多投资于盐业以外的行业，故使江苏一带市镇经济得以发展。如淮安，"国朝为淮北纲盐囤集地，任瑳商者，皆徽、扬高赀巨户。役使千夫，商贩辐辏。秋夏之交，西南数省粮艘衔尾入境，皆停泊于城西运河，以待盘验。牵挽往来。百货山列"⑥。至于两淮盐商与苏南织布业乃至清廷所设江南织造，亦有更直接的经济关系，甚至每年亦向织造提供巨额的织造、铜斤费用。⑦

再次为钱业。盐典合一，为清代徽州盐商的主要经营项目，也是使盐业资本得以周转的行业。故之，徽人从事典业者甚多，资本量亦最著，甚至具有"全国金融几可操纵"⑧之实力。在扬州，最为著名者为徽人吴老典。"吴老典初为富室，居旧城，以质库名其家。家有十典，江北之富，未有出其右者，故谓之为老典。"⑨ 更有甚者，清代盐政衙门甚至

---

① 《（乾隆）两淮盐法志》卷三十二《盐义仓》。
② 《（乾隆）两淮盐法志》卷三十二《历代制诏》。
③ 《雍正朱批谕旨》第五十四册。
④ 《（乾隆）两淮盐法志》卷三十二，《历代制诏》。
⑤ 参见李斗《扬州画舫录》卷一有关扬州鱼市的记载。
⑥ 吴昆田：《淮安府志》卷二《疆域志·风俗》。
⑦ 《（乾隆）两淮盐法志》卷九《课入三·课则》。
⑧ 许承尧：《歙县志》卷一《舆地志·风俗》。
⑨ 李斗：《扬州画舫录》卷十三。

于内务府和其他官员，亦有将盐款入盐典生息者。可知明清以来两淮典业始终是徽州盐商的重要经济活动之一。

至于盐商兼营之饮食业，也不乏其人。如扬州面馆，徽色店以没骨鱼面胜，槐叶楼以火腿面胜，问鹤楼以螃蟹面胜。其中"没骨鱼面"，即是徽州"任以煮盐事"的鹾商徐履安所兼营，他"善烹饪，岩镇街没骨鱼面，自履安始"①。

固然，徽州盐商经营范围的扩大，并非仅此数种。但由此可以看出：一是清初徽州盐商的经济活动，并不仅限于盐业，而是以盐业经营为主体，兼营其他项目；二是盐商的商业活动，已脱离早期的"客商"活动，而以"坐贾"经营为中心，商业行贩活动亦受到坐贾经济的支配，而徽州盐商中之坐贾，则是以纲商和场商为其中坚。上述兼营米石以及经营其他行当的商人，其身份不外这两种。因此可以说，清代前期对扬州城市经济的恢复和发展起着直接作用的，即是徽州盐商中之纲商和场商，而不是其他商人。尤其在扬州市政建设方面，则表现得更为明显。

二、商人资本与寓居地的关系

清代扬州徽商投资于地方建设，如城市慈善机构、医院、消防设施及文化教育方面，仍以其"坐贾"为多，所见"客商"致力于这方面的活动，则微乎其微。徽籍纲商和场商的社会活动，主要有如下几个方面：

（1）建置育婴堂、普济堂。此二者皆为地方慈善机构，一般经理孤寡和婴儿等民政事。扬州和两淮盐场育婴堂，除小部分为地方政府开支外，大多由商人乐输或买置房地产，以其租谷、租息以养。这是主要的资金来源和经营方式。以最有代表性的扬州育婴堂为例，顺治时，亦由徽"闵世璋②、郑龙化、程有容、吴必长、许承宗等出资以助"。康熙五十年（1711年），"运使李陈常允闵世璋之子宽及余士观、汪光元、吴国士、陈莲等请，定月给银一百两"。至乾隆年间，扬州育婴堂"分西门、双桥、便益门、北来寺、高桥、广储门、毗卢庵、天宁门八处领养，选商十六人，每二人管办一处，一切事宜逐月承办"。其具体办法，即"委人经管，收到遗婴，送商人闵某处，分派四门寻觅妇头，转募乳妇"。然后"将收到遗婴即令乳妇收乳"，"签掣某门分乳，预备衣裙，即时穿着，庶免耽延冻饿"。另外，扬州育婴堂还"另造官房一所，楼屋六重，每月输租十二两，纳本堂公匣，上簿备用。另设规条，堂中董事一人，司事一人，管门一名，听役二名，司炊二名，打杂一名"。甚至还"设幼科一人，外科一人，酬资、药资各立定数。婴儿豆［痘］症，乳妇另为给赏"。此外，在小东门育婴堂设"拨役二名，剃头一名。每月各给辛费工食"。所有一切开支"不足之费，商自乐输。由是经理得宜，幼孤得遂长矣"③。由此可见，育婴堂的经营方式，亦是商建、商营、商助的性质，其堂中所雇用之杂工、医生甚至经理人和招募而来的乳妇、乳头，也是由商人出资给予工钱的，他们与出资商人的关系，应该说是雇佣关系。

---

① 李斗：《扬州画舫录》卷十四。

② 据《（乾隆）两淮盐法志》记载："闵世璋，字象南，歙人，业于扬。育婴庵，亦无虚日。"当是指徽州盐商闵世璋捐助扬州育婴堂之善事。

③ 《（乾隆）两淮盐法志》卷三九《杂志·善举》。

（2）救生江船的设立，也完全出自徽商私囊。根据乾隆年间所纂《两淮盐法志》统计，两淮徽商从雍正九年（1731年）到乾隆四年（1739年）间在瓜洲等地所设或重修救生江船共13只，岁给工食银凡1 025.12两。除此之外，扬州城市的消防设施与商人也有密切关系，关于传统社会的城市救火设施，一向是由官府置办的。但扬州地方府州县唯盐政是听，以致两淮盐商又负重捐。乾隆二年（1737年），两淮盐政三保同两江总督庆复奏准，又于"盐政衙门设水炮二座，需用各器具全，水兵二十名。扬州府及清军同知卫守备衙门各设水炮一座，需用各器具全，水兵二十名，共水兵二百五16名。各给工食有差。凡修理器具及各处救火兵役岁需工食银两，可众商乐捐"①。至于"水鸽"，则优给工食。"每月除本分工食外，增给银一两五钱。"② 正是由于有盐商的捐资乐输，使"烟火稠密，附郭兼多草舍，往往一家失火，比家延烧"的扬州城，"得鲜火患矣"。与消防设施性质相似者，还有义塚之设。清代两淮义塚，最早出现于雍正十二年（1734年）。这年，徽商黄仁德等"捐资于四郊买地十六处，令僧大嵒主埋葬事，在东关适中之地筑庵居之"。至此，扬州始有义塚16所，其目的仅在于掩埋受海潮及黄淮水害或无力葬埋的贫者。此后，徽州商人在两淮地区以及行盐地区设立义塚之事屡见不鲜。如"马塘场义塚一区，乾隆五年丰利场商人汪之置"，又"梁垛场义塚一区，乾隆八年商人黄禹卜置"，"何垛场义塚十四亩，在北关桥三里湾，雍正十二年商人黄郁周等置"。

（3）在城市排水方面，徽商亦多致力不怠，而且往往出自商人本意，并非由官谕令或摊派而成。乾隆以前"淮扬新旧两城，人户稠密，地势卑湿，皆凭沟渎以泄宣。而故道易淤，一逢淫雨，行路咨嗟，居民垫隘"③。乾隆二年（1737年）五月，淮南总商创议修理，估计工费14 500两左右。徽属祁门商人马曰琯"请于居宅相近之地，自广储门起至便益门止，独捐二千四百余两浚治。其余分十四段，众商出资公修"。与此同时，"新旧两城官井亦相继疏浚，公捐银五百七十五两有奇"。嗣后，徽商时有疏浚官沟官井之举。

关于书院、义学建置。书院于清初多由地方官员或文人学士建立。但细察其书院建造，其名为官建，而实出商资，或由商人助薪火、纸札、岁修、工食之费。商人乐于投资教育，是与其致力于培养商人子弟分不开的。

扬州有书院4所：一为安定书院。"在府治东北三元坊。康熙元年巡盐御史胡文学（徽州人）建，祀宋儒胡瑗。"雍正十三年（1735年）春，由商人"捐资建造，计工费银七千四百两有奇"，"至冬十月落成"。书院的规模亦日渐扩大，"初以六十人为率，后增至百人，规模灿然可观"。乾隆二年（1737年），"运使徐大极详定条例，额选四十人。至六年，运使朱继晫复增二十人。并合梅花书院生徒附院讲课，共百二十人"。二是梅花书院。该书院"在新城广储门外"。雍正十二年（1734年），"扬州府同知刘重选与绅商马曰琯独立兴建，更名'梅花书院'，江都教谕吴锐为记"。三是敬亭书院。"在府治北桥，康熙二十二年，巡盐御史裘充美因论湖口税商疏，两淮感其德，建此，会士子诵读。"四是淮扬书院。在西门内仰止坊，明嘉靖始建，后多修葺，清代渐圮。此外，淮扬尚有董子祠、蕃厘观、司廨内义学3所，皆为两淮盐政所设。至于晚清之扬州书院，亦出自商资。

---

① 《（乾隆）两淮盐法志》卷三九，《杂志·善举》。
② 所谓"水鸽"，即"专为挂猫救人而设。蹈火冒烟，演习非易人"。所以对"充此役"者，有增银之设。
③ 以上均见乾隆《两淮盐法志》卷三九《杂志·善举》。

祠寺建筑，也是两淮盐商捐输之主要方面。据《两淮盐法志》统计，徽商捐助的祠庙建筑就有 16 处之多。由于史料记载多偏于其善举方面，有关投资数目语焉不详。但可以肯定地说，仅从这一时期的主要祠庙建筑来看，徽商投资数目并不在少数。

总而言之，清代扬州及两淮地区有关市政建设方面的资料，主要来源于以徽商为主体的盐商，其方式亦有官府倡修、商总摊派、商人独建三种，而出资商人又往往由此而得到议叙奖封，得以跻身于仕宦之列。但在客观上讲，不能不认为对地方人民颇有益处。

三、地方商人资本的社会意义

在清代方志、盐法志（清代曾五修《两淮盐法志》）及大量的文人笔记中，多见有记述两淮盐商消费问题。而今人研究中，亦有不少研究者涉及于此①。然从城市经济发展以及城市消费结构方面加以研讨，迄今无多，故有深入研究之必要。

盐商私人性消费对城市经济、文化建设颇有裨益之处，大体上有两个方面：①园林建筑之盛以及由此而兴盛的诗文会和戏剧的发展；②私人性藏书和字画文风之盛，收藏古董，兴博物之学。

第一，园林建筑。乾隆五十八年（1793 年）随园袁枚曾对扬州城市的变化有如下记载："记四十年前，余游平山，从天宁门外，拖舟而行，长河如绳，阔不过两丈许，旁少亭台，不过匽潴细流，草树荟歙而已。"② 乾隆南巡之时，"两淮盐业又适当极盛之时，故各大商不惜靡千万巨金，争造园林。"③ 这说明清代扬州园林的兴盛乃与乾隆巡幸有直接的关系。据记载，乾隆辛未（1741 年）、丁丑（1757 年）南巡，自崇家湾一站至香阜寺，由香阜寺一站至塔湾，沿途即"黄、江、程、洪、张、汪、周、王、闵、吴、徐、鲍、田、郑、巴、佘、罗、尉诸园亭"④。其中除田、尉二姓可能不是徽人外，其余皆是徽州盐商。乙酉（1765 年）乾隆南巡，又增二十胜景。乙酉后，"复增绿杨城郭、香海慈云、梅岭春深、水云胜概四景"⑤。可以想见乾隆十年左右扬州城市的清凉荒寂以及乾隆十五年至三十年之间，盐商投入园林建设的资本之大，营造速度之快。当然，其中有不少名胜尚不属于盐商个人所有，但应列入商人资建的城市风景点之内。

园林的兴建与扬州诗文书画之风极盛颇有关联。时人曾云："扬州诗文会，以马氏小玲珑山馆、程氏筱园及郑氏休园为最盛。"⑥ 至于诗文会之盛况，李斗《扬州画舫录》记述甚详，云："至会期，于园中各设一案，上置笔二，墨一，端研一，水注一，笺纸四，诗韵一，茶壶一，碗一，果盒、茶食盒各一，诗成即发刻，三日内尚可改易重刻，出日遍送城中矣。"除作诗外，"每会酒馔极珍美"，诗成之后，还"请听曲。邀至一厅甚旧，有绿琉璃四，又选老乐工四人至，均没齿秃发，约八九十岁矣，各奏一曲而退。故忽间命启屏门，门启则后二进皆楼，红灯千盏，男女乐各一部，俱十五六岁妙年也"⑦。可见盐商

---

① 《（乾隆）两淮盐法志》卷四十《杂志二·书院》。
② 李斗：《扬州画舫录》卷首袁枚《序》。
③ 江都王振世铎生：《扬州揽胜录》。
④ 李斗：《扬州画舫录》卷一。
⑤ 江都王振世铎生：《扬州揽胜录》。
⑥ 李斗：《扬州画舫录》卷八。
⑦ 李斗：《扬州画舫录》卷八。

除好林泉之胜外，尚与诗文、家宴、戏曲相结合。而这些园主，即为当时著名徽州盐商。如马氏小玲珑山馆，其园主即为祁门人马曰琯。而歙人江春竟拥有 5 处园林，较马氏更甚。

第二，关于盐商收藏，分为藏书和收藏钟鼎文物两种。明代始见有徽人经营古玩业务的开展，入清，徽州盐商好蓄藏者，亦大有人在。如"周太仆铜鬲，周器也。藏鹾商徐氏家"[1]。这里所说的徐氏，亦指徽州盐商徐赞侯。在藏书方面，影响最大的亦为祁门人马曰琯。乾隆三十七年（1772 年）编《四库全书》，马氏所捐秘本有 760 种权选用。据说，马曰琯及其弟马曰璐，藏书百橱，积 10 余万卷，时有"藏书甲大江南北"之誉[2]。除马氏之外，徽人藏书亦不乏其人，甚至有世代以藏书为事的人家。如歙人方大治，"字在宥，岩镇人。祖父累世积书，至大治藏贮益富"[3]。而歙西溪南吴氏，则于明代即以藏书而著称于世。

徽州盐商收藏秘本珍籍，多不为私人欣赏，而是以此出借，招徕文人学士。当时著名的文人学者多来扬州，不少人即以阅读私人藏书为治学之途。如"杭世骏，字大宗，号奎浦，浙江仁和人，举博学鸿词，官翰林院编修，来扬州主马氏"。又"厉鄂，字太鸿，号樊榭，杭州人，来扬州主马氏，工诗词及元人散曲，举博学鸿词"。值得我们注意的是，徽州盐商于藏书刻书、收养食客方面，所费资金甚多。仍以祁门马曰琯为例。他"尝为朱竹垞刻《经义考》，费千金为蒋衡装潢写《十三经》。又刻许氏说文、玉篇、广韵、字教等书，谓之马版"。而厉樊榭来扬州，因其"年六十无子，主政为之割宅蓄婢"[4]。郑板桥避债焦山，马氏曾赠纹银二百两。"钱塘范镇，长洲楼锜，年长未婚，择配以完家室……天门唐太史客死淮扬、厚殓以归其丧"[5]。可以说，盐商将其资财用于文化事业，对清代江南地区的文化艺术及学术方面的发展起到重要作用。

通过以上对徽州盐商经济和社会文化活动的考察，可以看出清代前期徽州盐商中的纲商和场商对于扬州城市经济的恢复和发展起到了重要的作用。徽州盐商在取得盐业成功的同时，不断地扩展其经营范围和经营规模，从而在手工业和商业活动中，牟取更大的利润，因而有条件对于扬州及两淮地区的经济建设投入一定的资本。这一点，则与同在扬州业盐的山西、陕西商人有很大的不同，这正是清代徽州盐商的特点之一。而徽州盐商资金大量地用于非经营性支出，正反映了中国传统社会商人资本很难找到投资方向的状况。

⚫拓展学习

工业用地评估方法选择

城市工业用地不同于商业用地和居住用地，用地企业从产业区位竞争的角度考虑工业用地的选择，其基本出发点实际上大多体现在对城市区位优势的选择上。从这个意义上讲，一个城市工业用地价格水平的高低，直接影响到该城市招商引资的吸引力，如果土地能够同资本、技术、管理等生产要素结合，该地区的产业结构调整、劳动就业等方面问题，也自然而然地随着工业用地的开发而得到有效解决。其关键之处，则在于形成该地区

---

[1] 李斗：《扬州画舫录》卷一。
[2] 《清史列传》，《儒林》。
[3] 许承尧：《歙县志》卷十《人物志·士林》。
[4] 李斗：《扬州画舫录》卷四。
[5] 转引自罗蔚文：《清代扬州大藏书家马曰琯》。

间具有竞争力的工业用地价格及产业布局。

影响工业用地价格的主要因素主要是行政因素，此外还有土地成本因素、产业因素和市场因素等。应该说，在工业用地价格没有市场化之前，对工业用地价格起决定影响的因素是行政干预。城市用地的出让在很大程度上是由地方政府决定的，政府的意志同招商引资及城市发展战略、城市规划及产业布局有直接关系，这就容易出现"同地不同价"的现象，甚至有些地方政府为招商引资而人为地压低基准地价和出让最低价。又如工业用地成本，一般来说较低，工业用地价格往往不决定于成本，现阶段工业用地价格的成本构成主要包括征地取得费、相关税费、土地开发费等，其中征地补偿费所占比例在45%至60%；土地开发费除部分开发难度大、配套要求高的土地费用稍高以外，相对来说比较固定，其比例在30%至40%；相关税费就包括耕地开垦费、耕地占用税、基本农田用地保护费、征地管理费等，在新增建设用地有偿使用费不纳入成本税费的情况下，税费仍占工业地价的10%。从理论上说，工业用地成本的高低直接影响到工业用地的最低出让限价水平。但在政府主导的工业用地出让过程中，其土地价格决定往往是同该城市的招商引资政策相联系的，地价较低也成为普遍现象，可见其与土地成本的关系并不大。

事实上，工业用地价格最终决定于供需关系，但我国主要城市目前工业用地供需总体上呈现供大于求的局面，这一点在工业用地价格近几年间没有太大变化方面也有所体现，加之其他因素的影响，造成现阶段各城市工业用地基本上是有求必供，工业用地的价值和价格没有真正实现对等。

在实际工业用地评估中，除了基准地价修正法外，无论是采用成本逼近法、市场比较法还是收益还原法，均导致工业用地价格评估困难。因此，在城市地价动态监测中，成本逼近法是工业用地价格评估的首选方法，虽然成本逼近法有其自身的系统缺陷，但在工业地价交易案例不多、工业用地涉外评估时，成本逼近法仍是一种较能被各界认可的方法。市场比较法虽然更能体现土地价值，但仍有待市场进一步成熟才更接近真实的交易价格，目前各地应用市场比较法评估工业监测点地价，采用的案例主要是抵押价格和转让价格。抵押没有真正的交易，只是预先评估的价格，不能反映真实的交易，也没有通过市场检验，没有实际应用意义；转让价格尽管是一种市场价，但目前市场价格和取得价格之间的差异仍很大，且即便是真实发生交易的土地，交易价格也存在两个问题：一是地面附着物的剥离是否合适，二是这一交易价格是否真实。基准地价修正法将逐渐不再使用于工业用地价格评估。目前的工业基准地价，在一定程度上是迎合了地方政府招商引资的需要，没有真实反映土地的稀缺性，应用系数修正法评估工业用地监测点只能使评估价更加背离实际。今后可逐步根据厂房出租租金探索应用收益还原法，随着工业集聚效应和产业结构的调整，一些地方厂房的出租信息很多，与政府土地出让价格相比，租金更能反映市场实际。研究工业用地租金跟价格的关系，可以为今后应用收益还原法评估工业监测点地价探索新的道路。

问题与讨论

1. 城市用地中的商业用地、教育用地与工业用地的政策有什么不同？

2. 工业用地与农业用地有什么区别？为什么我国现阶段需要对随意划拨城市工业用地的做法有所限制？工业用地的价格究竟是由什么决定的？

3. 保护农业用地有什么战略意图？请举例说明我国人口与土地的矛盾在现实中的具

体表现。

分组讨论

1. 请举例说明中国传统社会中的城市土地政策同乡村土地有什么异同？

2. 中国传统农村社会中为什么以土地关系为核心？

3. 土地关系问题的解决对于农村社会稳定有什么积极意义？

思考题

1. 土地价格大幅度变动是经济持续健康增长的反映吗？如果不是，究竟如何看待城市土地价格大幅度波动现象呢？

2. 在城市商业用地中，其房地产开发用地所占的比例较高，而房地产的土地价格变动也最为剧烈，在大中城市的土地拍卖中屡屡出现"地王"现象，这说明土地价格大幅度上涨已成为政府出让土地交易中的普遍现象。你对此有什么看法？

3. 在我国经济快速发展中，全国各地都出现相当多的经济开发园区，而园区所占有的土地大多是农地，开发区究竟如何保护农民的土地权益？

作业题

1. 简述中国传统农村社会土地关系对今天的土地流转有什么借鉴意义？

2. 现代土地制度与传统社会的土地制度有什么异同？

3. 你认为中国传统社会的土地制度也适用于今天的农村社会吗？

参考文献

1. 郑景骥，葛云伦．中国农村土地使用权流转的理论基础与实践方略研究［M］．西南财经大学出版社，2006

2. 陈晓娜．基于制度视角下我国农村土地流转市场的发展［D］．厦门大学硕士学位论文，2009

3. 赵志毅，张丽华．农村土地承包法律解读与操作指南［M］．中国法制出版社，2005

4. 张凤龙．税费改革后吉林省农地流转研究［D］．吉林大学博士学位论文，2009

5. 惠海霞．我国农村土地流转制度研究分析［J］．西安石油大学学报（社会科学版），2009（3）

6. 许恒周，曲福田．农村土地流转与农民权益的保障［J］．农村经济，2007（4）

7. 徐旭，蒋文华，应风其．我国农村土地流转的动因分析［J］．管理世界，2002（9）

8. 詹和平．农村土地流转问题实证研究综述［J］．安徽农业科学，2008（10）

后 记

我开始接触传统社会的土地关系资料，大概是在 20 多年前。当时因到皖南徽州地区进行古建筑考察，需要从当地的文献资料中查找资料来确定古建筑的年代，所以到当地的档案馆、博物馆、图书馆查阅相关文献。其中我所见到的徽州地区的土地契约文书，大都是明清时期农村中的土地房产的买卖、典当及田地租佃契约。当然，想查到建筑的年代是相当困难的，但却引起我对土地契约问题的兴趣。从当时所见的地契看，大部分是赤契，可见是交易时到官府登记的，也有私下交易的白契，大体上可以说明是当时发生过交易的文书，这一点是可信的。此外，因我所见到的土地文书等私家文献，大多为解放初期土改时作为研究资料保存下来的，因此不仅数量较多，而且大多是集中在一个家族或一个村落的文书，其交易人的姓名、交易地产的地名也相对集中，加上还有相当数量的租批、合同、字据、书信、遗嘱、分家书及收租账簿、置产簿等，这就为研究当时农村的土地制度及土地交易情况提供了第一手资料，很是宝贵。要进一步弄清楚当地的土地关系，还需要将此问题放到当时的土地制度中去理解，因此我对于土地制度问题就更感兴趣，甚至我的博士学位论文也是《明清沿海荡地开发研究》，是作为土地问题研究较为集中的成果。这就对地处山区的徽州及沿海地区的土地关系问题有了较为完整的看法。我以为，我国是农业国家，对土地有深厚感情及处理问题的经验，今天有机会将过去的认识重新梳理并整理出来，也有助于我们对今天实行的土地流转政策有更深的认识。而将土地关系与中国传统农村社会变迁的问题作为大学通识教育课程；也是很有必要的，这不仅有助于来自农村的学生了解新农村建设的意义，也有助于其更好地学习大学阶段经济管理类的课程。

是书属于"全国大学通识教育系列教材"，感谢广东工业大学校长张湘伟教授对通识教育课程建设的高度重视和支持，他多次鼓励我们要将学术研究的理论与方法介绍给学生，使学生通过学术研究提升思考、认识、判断的能力。工科学生将来也需要同土地问题打交道，了解土地经济与管理的理论与方法，因此本书对于工科学生也是很有意义的。此外，在本书编辑过程中，还得到广东工业大学通识教育中心齐顺利博士的帮助，他利用业余时间帮助我整理以前的文稿；在出版过程中，得到暨南大学出版社徐义雄社长、古碧卡主任的支持，在此一并表示感谢。

由于本人水平有限，舛误在所难免，希望大家批评指正。

编　者

2010 年 11 月 5 日于广州翠云山下